천년을 숨겨온 진실

계룡도읍지 천시원
天市垣

모성학 지음

창조와 지식

천년을 숨겨온 진실
계룡도읍지 천시원(天市垣)

초판 1쇄 발행 2020년 2월 20일

지은이 모성학(E-mail : starinmos@hotmail.com)
펴낸이 김동명
펴낸곳 도서출판 창조와 지식
디자인 주식회사 북모아
인쇄처 주식회사 북모아

출판등록번호 제2018-000027호
주소 서울특별시 강북구 덕릉로 144
전화 1644-1814
팩스 02-2275-8577

ISBN 979-11-6003-204-8

가 격 26,000원

이 책은 저작권법에 따라 보호받는 저작물이므로 무단 전재와 무단 복제를 금지하며,
이 책 내용을 이용하려면 반드시 저작권자와 도서출판 창조와 지식의 서면동의를 받아야 합니다.
잘못된 책은 구입처나 본사에서 바꾸어 드립니다.

지식의 가치를 창조하는 도서출판 창조와 지식
www.mybookmake.com

천년을 숨겨온 진실
계룡도읍지 천시원(天市垣)

| 서문 |

계룡도읍지로 가는 길목에 서서

　진실이란 단어를 사전적인 의미로 찾아보았다.
　"진실 또는 참은, 거짓이 아닌 왜곡이나 은폐나 착오를 모두 배제했을 때에 밝혀지는 바를 말한다."
　이러한 사전적 의미를 보았을 때 역설적으로 진실이란,
　왜곡된 진실일 때도 은폐된 진실일 때도 착오된 진실일 지라도 시행착오를 거치면서 껍질을 벗기듯 겉포장을 걷어내면 언젠가는 진실이란 참 모습을 만나 볼 수 있는 사안으로 본다.
　여기 계룡도읍이란 진실의 알맹이를 만나보기 위해서 독자여러분과 더 나아가 국민여러분과 다 함께 진실을 공유 하고자 이 글을 펴고 있다.

과거 수백 년 간 민초들이 갈망해왔던 미래의 땅 계룡도읍지는 실제 존재하는가?

계룡도읍지란 말은 원래 정감록이란 도참서 에서 처음 등장한 글이다.

필자는 평소에 정감록은 예언적 성격을 띤 도참서이긴 하나 다 믿을 만큼은 안 되는 정도의 책이라고 인식하고 있었다.

본인은 1990년대 중반께 부터 풍수지리가 학문적으로 충분한 이유와 가치가 있다 생각하고 발을 들여 놓았지만 줄곧 풍수학을 연마하면서도 계룡도읍지란 용어는 마음에 담아두지 못했다.

그것은 계룡도읍이라는 이상향의 세계를 예언 한 내용이 천년이 넘도록 실제 장소가 확인되지 않고 있다는 사실 때문 이기도하다. 이는 고달픈 민초들의 희망으로 남는 가상의 현실을 얘기한 것이 아닌가 하는 생각이 지배하고 있었기도 했다.

정감록은 이조 초기 혹은 중기에 제작된 것으로 전해지고 있는데 내용은 여러 시대 많은 도인들이 지은 비기들을 규합해서 완성된 작품이다.

대부분 풍수지리설과 참위설이 혼합된 내용들로 구성되어 있는 것이 특징이다.

많은 도인들이 계룡도읍을 주로 언급을 하고 있지만 내용은 거의 같다고 보면 된다. 즉 폭정에 억압받고 지친 민초들의 마지막으로 기대해보는 희망, 공정하고 자유로우며, 살기 좋은 나라의 등장을 그리고 있다.

또한 계룡도읍지는 항상 같이 따라다니는 존재가 있다. 정도령이다.

이조가 망한 후 어느 때 정도령이란 영웅이 나타나 계룡에 도읍을 하는데 선경 같은 신세계를 만든다는 것이다.

필자도 어릴 적부터 웃어른들로부터 귀동냥으로 들은 기억이 새롭다.

지금의 장년층과 노년층 세대들에겐 정도령과 계룡도읍지 이야기는 낯설지 않은 친근함을 갖고 있다.

이 때문에 현재 세종행복도시도 알게 모르게 계룡도읍설이 작용하여 계룡산 자락 언저리에 도시건설을 하는데 일조를 한 셈이다.

1970년대 박정희 대통령도 공주 금강 변에 새로운 도읍을 비밀리에 구상했으나 10·26사태와 함께 연기처럼 사라졌다. 천년이 넘는 아득한 과거에 후대를 위한 도읍지를 지정한일은 지구역사이래 세계 어느 나라에서도 있지도 않은 일이며 누구도 해내자도 못한 일을 한 우리의 선조들이다. 계룡도읍지의 존재가 사실일 경우 세계사적인 쾌거이자 자랑스러운 일이라 할만하다.

본인은 지혜가 짧아 이런 비기류를 해독하는 전문가적 기량이 전무한데 이일에 전력하는 스스로의 모습에 불가사의를 느끼기도 한다. 천삼백 년 동안 숨겨져 있던 진실을 찾아 국민과 함께 긴 여행을 떠나 보자.

우리나라에 풍수지리가 뿌리 내린지 1100여년이 훌쩍 넘어서고 있다.

풍수학의 비조인 도선국사 시대를 서두로 해서 그렇다.

도선국사는 우리나라 산천을 방방곡곡 답산 하면서 지은 저서들을 지리산 청학동에 들어가 그곳의 석굴 속에 비밀스럽게 숨겨두고는 500년 후 성사겸(成思謙)이 찾으리라는 예언을 석문에 새겨놓았다.

그 후 실제로 그의 예언대로 500년 후에 지리산 청학동에 찾아들어 간 사람이 있었으니 그가 곧 무학대사이다.

무학대사는 청학동에 찾아들어 석굴 속에든 삭아 닳아진 도선국사의 저서들을 다시 필사본으로 만들어 그 곳에 숨겨놓고 후일 자기와 같은 사람을 기다린다는 유서를 남겼다고 역사는 전하고 있다.

그 이후로는 청학동의 실체를 알아낸 자취가 전무하여 하나의 전설이 되고 말았는데 필자가 2005년 가을 실제 청학동을 찾아 들어가게 되었다.

무학대사 이후 600여년만의 일이다.

지리산 청학동에 찾아들어간 것은 그 자체가 과학이다.

왜냐하면 1100여 년 전 산천을 구분하여 바라보는 눈과 지금의 산천을 구분하는 눈이 같다는 의미가 되기 때문이다. 이는 이 자연산천에는 엄연히 풍수지리라는 과학적 학문의 체계에서만이 설명할 수 있는 법칙과 질서가 존재하고 있는 것을 내 보이는 실증적 사례가 될 수 있기에 그렇다.

요즈음의 학문은 서구의 학문이 대세이지만 우리 고유의 학문인 풍수지리학이 서구의 학문에 밀리지 않는 살아있는 학문, 생명이 살아 숨 쉬는 학문으로 자리매김 하였으면 하는 마음이다.

또 우리만의 풍수역사를 세대별로 구분한다면 도선국사를 제 1세대라 할만하고, 무학대사를 2세대라 부를만하며 이에 다시 현세대로 이어진 지금은 제 3세대라 부르고 싶다.

그 이유는 우리들은 그분들의 지혜를 빌려 쓰며 유업을 따르고 꽃 피울 수 있는 세대(시대)라고 보기 때문이라.

필자는 그동안 천리강산을 유산하면서 우리나라 유수의 천하의 대명혈들을 찾아보고도 무언가 부족한 듯 항시 한편이 비어있는 듯 2%의 부족함을 느끼고 있었다.

우복동, 자미원국, 청학동 등 그 외 숱한 대 혈들을 찾아보고도 항상 왠지 모를 부족한 듯한 느낌은 2008년 서울 남산 아래 천시원국을 찾아 알아보고 그동안 2%의 부족함이 채워짐을 알았다.

이 천시원은 가야산의 자미원과 함께 세계 최고최대의 대 명당인데도 우리나라 풍수역사 속에서 흔적조차 없었던 것에 의아함과 함께 크게 놀랐고 한편으로 아! 이제는 세상에 이바지 할 수 있는 무언가를 내놓을 수 있겠다싶어 수년간 암중모색 원고를 준비 하고 있던 중에 2011년에 뜻밖에 남산아래 천시원이 전설속의 계룡도읍지라는 사실을 알게 되었다.

현실적으로 신청와대가 들어앉을 새로운 터를 말한다.

너무도 의외의 사실에 큰 충격을 받았다.

평소 귀동냥으로 몇 번 들은 "이조가 망한 후 어느 때 정도령이 나타나 계룡에 도읍 한다"는 것 이외는 아는 것이 없었으며, 또 그쪽에는 관심도 없었다.

오히려 평상심은 예언서를 허황된 요서에 가깝게 치부하고 있었는데 본인의 숙명이었는지 나의 원고가 이미 내가 원하든 원치 안하든 그것과는 관계없이 시대의 거대한 물결에 휩쓸려 계룡도읍의 중심에 서있다는 것을 후일 깨달았다.

너무도 놀라운 이치였다. 그리하여 새로이 남사고 선생이 지은 예언서 격암유록을 일부 해독하여 이 책의 후반에 실었다.

이전의 지식인, 전문가들이 풀지 못했던 부분인 격암유록 최고의 주제인 계룡도읍지와 정도령이 누구인지를 해독하여 이 글을 읽는 국민여러분에게 사실 인증을 받으려 하는 것이다.

개인에게 운이 있다면 국가에도 운이 있을 것이다.

무한한 허공에 보이지 않는 기운이 존재하여 순환하는 에너지이자 파동일 것이다.

생각해보면 이 책이 세상에 나오면 그때부터 계룡도읍과 정도령의 시대에 들어선다고 볼 수 있다. 아니 이미 들어서 있는 것이다.

이 책의 글 하나하나가 우리가 발붙이고 몸담고 있는 대한민국의 국운이 욱일승천하는데 초석이 되었으면 하는 맘 간절하다.

도도히 흐르는 천명(天命)을 무엇으로 막을 것인가.

우리에게 기회가 오고 있음에 순응하는 것만이 하늘을 따르는 일인 것이다. 미래는 이미 우리 곁에 와있다.

己亥年 (2019年) 12月 동짓날에

智山 모성학

서울의 남산전경이다.

풍수지리 적으로 남산은 보배 중에서도
으뜸가는 보배로운 산이다.
백두산의 정기를 이어받은 한북정맥의
최 종단에 우뚝 솟은 좌보성체로서
그 아래에 지상 최고최대의 명당,
천시원(天市垣)이 있기 때문이다.
이 천시원은 천자지지(天子之地)이며
가야산의 자미원과 그 격을 같이한다.
하늘의 천자가 천민(天民)을 다스리는 곳으로서
왕도처(王都處)이며 즉 도읍지(都邑地)이다.
풍수지리 최고의 가치와 덕목을 갖춘 곳이다.

차례

| 서문 | 계룡도읍지로 가는 길목에 서서 | 04 |

|1부| 대지는 살아 숨 쉬는 생명체다

자웅(雌雄)으로 된 산천	19
서산의 서우망월형과 대우그룹 김우중 회장의 모친 선산	26
충청도 최대혈 해복형(解腹形)을 찾아서	34
계룡산 최대혈 마화위룡(馬化爲龍)을 찾아서	43
비인 복종형(伏鍾形)을 찾아서	49
성주산의 화장골목단형은 어디에	56
양각목단	62
천하복지 우복동을 찾아서	64
자미원(紫微垣)은 어디에 있는가?	73
인연 그리고 필연! 자미원의 비밀	83
자미원의 라성 간월도(看月島) 개발을 경고 하는 터	105
파괴 되었다는 승달산의 호승예불형을 찾아서(노승예불형)	114

통명산 장군대좌(將軍大坐)를 찾아서	125
호남대지 2위 회문산의 오선위기형(五仙圍棋形)	129
호남 4대 명당 태인의 군신봉조(君臣奉詔)	137
보현산 상제봉조형	140
지구를 떠난 일월산 장군대좌형(將軍大坐形) 천하명당이 부뚜막이 되다	145
* 후기 - 수술로 살아나는 장군대좌형	156
정족산(鼎足山) 상제봉조형(上帝奉朝形)	161
쓰기를 거절하는 내장산 자봉포란(雌鳳抱卵)	167
하늘의 도움으로 혈을 얻은 스님	186
아이 못 낳는 터 그리고 비봉형(飛鳳形)	203
지리산 천왕봉 下 49대 제왕지지	212
신화가 된 전설 청학동을 찾아서	218
도선국사 유산록 영암(靈巖)편	242
도선국사 비결록이 숨겨진 석굴을 찾아서	244
천관산 42대 군왕지지	255
가야산 남연군 묘는 아무것도 없는 빈묘이다	257
신명의 선택을 받은 가문	266
발복이 않되는 사람들(1)	270
발복이 안되는 사람들(2)	287
발복하고 있는 사람들(누가 노력하면 잘살아진다고 합디까?)	292
지령과의 약속을 어겨 꿈에서 혼나는 손자	296

* 후기 - 조빈석부(朝貧夕富)는 실제 있는가?　　　　　　　303
　　　　　아침에 장사 지내면 저녁에 부자가 된다는 터
* 후기 - 세계에서 제일가는 명 가문으로의 길 겹치는 우환의 원인은?　306
풍수지리의 전수(傳授)는 없다　　　　　　　　　　　　311
풍수이론의 허점(삼성의 고 이병철 회장 묘소)　　　　　314
동작동 국립묘지　　　　　　　　　　　　　　　　　　319
관악산 28대 제왕지지 帝자 혈을 찾아서　　　　　　　　326
천년의 고도 경주(서라벌)　　　　　　　　　　　　　　331

| 2부 | 청와대 터와 용산 천시원의 풍수지리

청와대는 경복궁보다 더 흉지다　　　　　　　　　　　339
경복궁과 청와대가 들어선 북악산　　　　　　　　　　343
관악산은 도적과 강도역할을 하는 산이다 (窺山규산)　344
청와대의 격국은 둘로 쪼개지고　　　　　　　　　　　345
서울의 주산은 남산이다　　　　　　　　　　　　　　350
남산 下에 세계제일의 왕도처 천시원국(天市垣局)이　355
왕도처 천시원의 격국　　　　　　　　　　　　　　　363
예지몽에서 알려주는 천시원! 5산(山) 이정표　　　　　367

남산과 천시원은 국가의 귀중한 자산이다 　　　　　　　　371

현재 천시원 혈에서 무슨 일이 일어나고 있나 　　　　　　380

혈에서 발생하는 파동에너지 　　　　　　　　　　　　　382

천시원 터에 궁궐이 들어서면 무엇이 달라지나 　　　　　　384

천시원의 풍수지리 　　　　　　　　　　　　　　　　　386

북악산 아래 청와대에서 빨리 벗어나라 　　　　　　　　　388

| 3부 | 오백 년 만에 밝혀지는 예언서 격암유록의 실체

1300여 년 전에 계룡도읍지의 첫 등장 　　　　　　　　　393

노스트라다무스 예언보다도 더 정확하다는 격암유록!! 　　　398

우연에서 운명으로 　　　　　　　　　　　　　　　　　399

뜻밖에 밝혀지는 예언! 새시대 계룡도읍지는 서울이었다 　　402

계룡은 서울에 있었다 　　　　　　　　　　　　　　　　405

오백 년 만에 밝혀지는 비밀과 수수께끼 　　　　　　　　　410

움직일때를 놓지지 말라 　　　　　　　　　　　　　　　448

정도령은 누구일까? 　　　　　　　　　　　　　　　　　479

정도령이 되기 위해 나선 사람들 　　　　　　　　　　　487

소 울음소리 정체는? 　　　　　　　　　　　　　　　　489

	미국 백악관의 풍수지리 중국은 미국을 넘을 수 없다	493
	우리가 주목해야 할 미국수도 결정과정	499
	백악관 터에서 일어난 기적같은 발복 〈초 강대국으로 가는 길목에 서다〉	503

맺음말	孟母三遷之敎 맹 모 삼 천 지 교	509

부록	청학동으로 들어가는 길	513
	황토밭에 맺힌 혈	514
	혈을 다룬 현장	515
	천시원국의 산도	516
	워싱턴의 원국(垣局)형 명당 상제봉조의 격국	517
	서산 자미원국의 장대한 초대형 격국	518

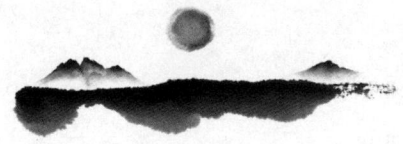

천년을 숨겨온 진실
계룡도읍지 천시원(天市垣)

―
1부
―

대지는
살아 숨 쉬는 생명체다

천년을 숨겨온 진실
계룡도읍지 천시원(天市垣)

자웅(雌雄)으로 된 산천

　이 자연산천에는 사람이 아직 인식하지 못하는 일정한 불변의 질서가 있음을 산에 다니고 나서야 알게 되었다. 이 질서는 과학계에서 통용되는 우주과학이나 자연과학의 그것과 꼭 같은 법칙으로 산이 있어 그곳에 산이 되어있었고 들과 강 도 그 자리에 있어야 될 정교한 질서에서 한 치의 어긋남이 없는 것을 깨달았던 것이다. 지구가 태양을 한 바퀴 돌 때 365일 5시간 48분 몇초 걸린다고 한다.
　헤아릴 수 없는 어마무시한 허공을 지구가 도는데 그까짓 몇 십분 틀려도 아니 몇 초 틀려도 이상할일도 아니건만 일초도 안 틀리는 기이한 질서는 왜 생겼는가?
　그와 같은 정교한 질서가 이 산천에 고스란히 녹아 있었던 것이다.
　고대의 선철(先哲)들이 이 질서를 소급해서 내놓은 것이 지금 우리가 쓰고 있는 풍수지리이다.
　오남용으로 인하여 풍수지리가 의혹의 시선을 받고 있는 것이 현실이나 그 근본은 우주정신이 담겨있는 산천의 에너지를 이용하여 인간의 삶의 질을 한 차원 끌어올리는 것이 풍수의 목적이다.
　그중 하나의 질서로 산천을 구분한다면 자웅이 있어 암놈과 숫놈이 있다고 보아도 좋다.
　이는 인간이 그 표본이기도 한데 여성은 그 자태가 부드럽다. 체형의 곡선이 완만하고 부드러우며 연약해 보인다. 그런데도 자손을 생산해내는 튼튼한 생명력을 가진 자궁이 있는 것처럼, 산천의 혈도 부드럽고 완만하고 연약해 보이는 용맥에 맺힌다는 사실이다.

이러한 질서를 거쳐서 흐른 용맥에 맺힌 혈은 무한한 대자연의 생명력을 품고 있어 인골이 들어가면 이기조화가 일어나기 시작하며 혈 특유의 생명력을 보이며 그 산운(山運)이 다 할 때까지 자손에게 무한한 에너지를 보내주는 것이다. 즉 산맥의 자궁이며 꽃이고 씨앗이며 산맥의 열매이다.

또 남성은 억세고 근육이 울퉁불퉁 기세 좋기만 하고 자손을 생산하지 못하는 대신 여성을 본능적으로 보호하려는 성정을 갖고 있듯이 숫산에 해당되는 산은 공연히 높기만 하고 위풍당당하며 거칠고 기세만 좋을 뿐이지 혈을 맺지 못하고 혈이 맺은 용맥을 가깝게 든 멀리든 에워 쌓고 호위하는 역할을 담당하며 보호하고 있는 것이 이 대자연계의 질서인 것이다.

그 좋은 본보기가 서울의 북악산이다. 공연히 산만 높고 기세가 좋아 보여 사람들의 눈만 현혹시키는 문자 그대로 거친 악산인 것이다. 이러한 산은 절대로 혈을 맺지 못한다.

그런데도 이씨조선시대 들어와 권력의 무리들은 옛 지리서의 이론을 들이대며 북악산 자락이 명당이 되니 궁궐을 지을 것을 강력히 주장하여 지금의 경복궁이 된 것이다.

그들은 학자들로서 이론과 지식으로 단단히 무장된 해박한 학문이 있었으나 풍수지리의 진리는 까맣게 모르는 무식배나 다름이 없었던 것이다.

요즘 얘기로 서울 안 가본 사람이 이긴다는 억지 우스갯 소리가 그 시대에도 통했던 모양이다.

이러한 상황에서 무학 대사가 무슨 일을 할 수 있었겠으며 어떤 의견을 낼 수 있었겠는가 말이다. 사실로도 무학 대사가 새 도읍지를 선정하는데 동참은 했지만 실제적으로는 아무 일도 한 일이 없다. 아니 어떠한 일도 할 수 없었고 어떤 의견도 낼 수 없었을 거란 필자의 판단이다.

어쩌면 잘못 잡은 경복궁터로 인하여 훗날 백성들이 겪게 될 고난과 비껴갈 수 없는 시련이 닥칠 것을 알고있는 무학 대사의 심중은 가슴 아픈 현실 이였을 것이다.

그저 앞으로 일어날 이씨조선의 크고 작은 국난이 적게 일어나기만을 소원하였을 것이다.

그렇다면 암놈에 해당되는 본보기가 될 만한 산을 꼽는다면 어떤 산이 있을까?

역시 서울에서 찾아본다면 남산이 된다 하겠다.

남산은 북악산의 안산이 아니고 당당한 서울의 진산이며 주산이다.

남산이야 말로 곡선이 부드러우면서도 완만하고 겁살을 벗은 기상이 좋은 암산에 해당되어 이곳에서 출맥 한 용맥 만이 진정한 대자연의 생명력이 충만한 혈을 맺을 수 있는 것이다.

그와 더불어 북악산은 남산을 호위하는 호룡에 불과함을 알아야 하는 것이다.

서울의 기상은 이 남산과 함께 국운으로 승화하여 무한한 발전으로 이어나갈 것임을 처음 알리는 것이다.

풍수지리를 바르게만 이용하면 타고난 나쁜 명운도 바뀐다는 학설은 사실이다.

아니 학설이 아니고 과학이다.

필자가 직접 겪은 경험이기도 하지만 혈에 산소를 쓴 사람들을 그 후 관찰하여 보면 확실히 증명됨을 볼 수 있었다. 이보다 더 값진 보물이 세상에 또 있을까?

죽을 사람도 살릴 수 있는 것이 풍수지리요. 산사람을 일찍 단명케 할 수 있는 것도 풍수지리이다. 최소한 번영까지는 아니더라도 안정된 삶의 근원은 대지에 있음을 간과해서는 안 될 것이다.

풍수지리의 최대과제는 제일 먼저 정확한 혈을 찾는 일이 최우선이다.

혈을 찾은 다음에는 또 하나 건너야 할 관문이 있으니 바로 좌향이다.

천신만고 끝에 얻은 혈도 좌향이 어긋나면 무용지물이 된다는 것을 알아야 한다.

이 좌향을 정하는 법도 풍수에 대하여 논쟁하는 것만큼이나 다양하다는 것을 알았다.

포태법에 의한 88향법이 있고 혹자는 좌향은 이유여하를 막론하고 분금을 사용해야 하며 그래야 향에 의한 충살을 피할 수 있는 유일한 방법이라고 한다.

풍수에 있어서 혈은 다행이 눈에 보이는 형상을 하고 있어서 주변 사격들을 포함하여 뭍사람들에게 설명과 함께 이해를 구하는 여지가 있다.

그렇지만 좌향은 공간적 개념에서 출발하는 무형의 학문으로 옳고 그름을 판단해 줄 검증할 시스템이 없는 것이 큰 난제이다.

88향법이 다 맞는다고 어느 누가 검증을 할 수 있으며 무조건 분금을 해야만 맞는다고 어떻게 검증할 수 있느냐는 것이다.

분명한 것은 어느 한 장소를 취할 때는 그 장소에서 요구하는 유일한 좌향이 있다는 점이다. 혹자는 좌향에 대해 너무 쉽게 여겨 용절이 생긴 대로 쓰면 무난하다는 사람도 있고 묘 앞에 잘 생긴 봉우리에 맞히면 된다는 사람, 또 어느 해는 무슨 향은 쓸 수 없다고 주장하는 사람 등등 정말로 다양하게 주장을 한다.

또 중국에서 우리나라에 풍수지리가 유입될 때 풍수서의 향법에 대한 글자를 고의적으로 바꾸어 놓아 발복이 되지 못하도록 했다는 설도 있는데 필자가 풍수에 몸담고 보니 이는 상당히 근거 있는 내용이라고 볼 수 있다. 그 이유로는 중국에서 건너온 풍수서의 내용이 좌향을 정하는 방법이 조금씩 다르기 때문이다.

풍수지리는 진리이다. 진리는 둘이 되고 셋이 되는 그런 것이 아니다.

분명 좌향에 대한 올바른 답이 있을 터 인데 말의 표현이 조금씩 다르다는 것이지 실제는 종이 한 장밖에 안 되는 학문적 차이가 천국이 지옥으로 바뀔 수 있는 것이 풍수의 좌향이다.

처음에 포태법에 의한 좌향법을 익혀서 향을 정해 보았는데 10년이 넘어서야 그것이 완벽하지 않다는 것을 깨닫게 된다. 물론 여기서 그것이 틀린 학문이라는 것은 절대 아니다.

어느 땐 맞고 어느 땐 불발이 되는 것을 경험했기 때문이다.

수세기에 걸쳐 옛 선사들의 노력과 지혜를 모아 완성시킨 것이 포태법이다.

필자도 포태법을 바탕으로 하여 타인의 묘를 감정해 보면 놀라 우리 만치 정확함에 스스로 놀랄 때가 한두 번이 아니다. 인간이 참으로 영물임을 실감케 하는 대목이기도 하다.

옛 선사들이 어떻게 해서 이러한 공간에 숨어 있는 비밀을 알아냈을까?

풍수지리의 심오하고 오묘함을 대변하는 항목 중에 하나이다.

내가 서있는 공간에서 패철을 정확히 놓고 어느 방향은 길 방향이 되고 어느 쪽은 흉 방향이 되어 인간에게 길흉화복에 절대적으로 미친다는 자체가 신비로움이다.

인간이 땅에 발을 딛고 생활함에 있어 알게 모르게 풍수지리의 영역권 안에서 지대한 영향을 받고 살아간다. 풍수지리는 한걸음 더 나아가면 이 우주와 대자연계와 맞물려 있다.

대우주의 조화로움과 신비는 아직도 과학의 접근을 쉽게 허용하질 않고 있다.

밀물과 썰물의 작용은 지구에서 38만km 떨어진 달의 영향 때문에 생긴다는 것이 과학계의 정설이다. 또 인간은 우주의 중력권 안에서 진화를 하고 오늘에 이른 것이다.

여성의 생리주기도 달의 영향을 받아서 진화한 것이라고 과학계에선 받아드리고 있다.

38만km 떨어진 아득히 먼 곳에서의 보이지 않는 무형의 중력을 받아 인간을 위시하여 모든 생물이 영향을 받고 있는데 땅에 발을 딛고 가장 가깝게 몸을 의지하는 대지에게 아무런 영향이 없다고 무시한다면 오히려 그것이 잘못된 발상이며 허구일 것이다.

우리나라를 위시해서 동양권에서 풍수지리라는 학문을 사용하는 것은 서구문화권에서는 없는 우리 인간 생활에 삶의 질을 높이는 근원적 학문이라는 것을 국민 여러분이 자각했으면 하는 바램이다.

풍수를 이용하는 것이 오남용은 있을지언정 그 자체는 우리가 결코 간과해서는 안 될 보석 같은 학문이기에 그렇다. 광활한 우주의 신비는 파헤치면 파헤칠수록 불가사의에 부닥친다.

그러나 정작 신비로운 것은 지구와 인간일 것이다.

서산의 서우망월 형과
대우그룹 김우중 회장의 모친 선산

사람이 주변상황이 다급해지면 지푸라기라도 잡고 싶은 심정으로 바뀐다. 사업이 부도가 난 후 필자의 생각은 집안을 빨리 일으키는 일은 풍수지리를 통해서만이 가장 확실하고 믿을 수 있는 일이라 판단했다.

이는 일반적인 세상 사람들의 의식과는 좀 동떨어진 이해 못할 생각을 하고 있었던 것이다.

어찌 보면 또 뜬구름 잡는 망상과도 같은 행동일수도 있다.

그러면서도 이왕이면 빨리 발복을 받을 수 있는 명당을 찾아야겠다고 판단했다.

그 중 하나가 경기도 화성의 송산면에 해변 가에 인장묘발(寅葬卯發) 지지가 기록되어 있어 그곳을 가보기로 했는데 이는 새벽에 묘를 쓰면 아침부터 발복이 온다는 뜻이다. 그리고 국부(國富)가 난다고 했다. 보통 일반론적인 상식으로 접근한다면 세상에 웃음거리가 될 수도 있는 내용이다.

그런데 필자는 이러한 기록들의 내용들을 조금도 의심하거나 혹세무민 하는 사람들의 약한 마음을 현혹시키는 것이라고는 전혀 생각이 들지 않았다.

단지 확실한 혈만 찾아내서 쓰기만하면 그 다음부터는 하늘과 땅이 알아서 하겠지 하는 신앙과도 같은 생각을 하고 있었다. 그때가 96년도다.

송산면에 있는 천등산을 바라보며 동리로 접어들어서 보니 드넓은 지역에 해안 근처라 그런지 공간이 확 트여서 주변을 살펴보기는 좋았다.

이때는 모든 게 낯설고 어설퍼서 산세를 보고 척척 알아서 움직이는 단계가 못되고 나경을 보고 물의 오고 나가는 기록을 보고 따라 움직이는 지극히 초보에 준한 수준이다.

그렇지만 이러한 방법도 판단여하에 따라 엉뚱한 곳으로 갈수도 있음을 알아야 하는데 다행이 운이 좋아 제대로 찾아들었다고 판단했다.

나경을 손에 들고 기록된 대로 물의 득파를 즉 물의 들어오고 나가는 방향을 맞춰보니 동리 한가운데로 천등산에서 출맥한 용맥이 흘러 들어가 얕은 동산을 이루었다. 이 동산의 기상이 예사롭지 않았다.

이 동산에서 흘러나간 용맥을 따라가니 끝 절에 이르러 혈을 맺었는데 논으로 만드는 바람에 혈이 완전히 파손 되었다. 참으로 애석한 일이다.

동리 어귀로 흘러나간 평퍼짐한 용맥은 혈을 보호하는 내 백호에 해당하는 용맥이 되었다.

인장묘발의 명지를 얻는 것이 쉬운 것이 아니구나! 싶다!

인장묘발의 꿈을 접고 철수를 한다.

집에 돌아와서는 공연히 마음이 심란하다. 필자의 거주지에서 가까운 곳부터 돌아보아야 그게 순서 일것 같다.

서산의 서우망월형(犀牛望月形)을 찾아보고자 했다.

서산에서 태안 쪽으로 20여리 가다보면 오른쪽에 장군봉이 수발한데 산의 모양은 여느 산과 다를 바 없지만 장군봉 정수리 쯤 되는 부분에 괴암괴석이 특이하게 무리되어 있어 금방 표가 나는 산봉우리이다.

서우망월형이란 뜻은 코뿔소가 서산에 뜬 달을 바라본다는 형상을 말하고 있다. 충청도의 8대 혈에 속하는 대 혈이며 또 풍수가 언저리에서 들리는 얘기로는 대우그룹의 김우중 회장의 선산으로 이미 사용했다는 소문이 자자하여 심심치 않게 흘러나오고 있는 장소이기도 하다. 이미 발복을 받고 있다는 뜻이다.

대개 지리학에서 물형론을 얘기할 때 와우형이란 용어를 많이 인용하는 편이다. 누워있는 소를 뜻하는 것으로 산의 생김새를 동물의 형상에 비유한 것이다.

그런데 이곳은 와우라는 용어 대신 코뿔소를 알리는 서우라고 지칭한 것을 보면 와우보다 다른 좀 특별한 것이 있어서 그런 이름을 지었겠다 싶기도 하다.

80년대 까지만 해도 서산 시내에서 이곳 장군봉까지는 거리가 20여리가 족히 되었는데 지금은 10리 도 안 되는 거리에 있다. 그만큼 서산 시내가 확장되었다고 보아야 되겠다.

풍수지리의 초보 중에서도 초보생 으로 장군봉에 오르긴 올랐는데 생각과는 달리 뭐가 뭔지 알아낼 수가 없었다. 기록에는 장군봉 아래에 혈이 있다고 했는데 정상에서 산 아래를 바라보면 들녘과 야산뿐이지 이렇다 할만한 산이 눈에 들어오질 않았다.

물이오고 나가는 수법이 해득(亥得)에 경파(庚破)인데 도대체 그리 될 만한 지형지세가 눈에 띄질 않는 것이다. 주변을 돌아보아도 눈에 들어오는 것도 신통치 않고 아는 것도 없고 무엇 하나 없으니 짚어 낼 수가 없다. 암담하고 답답하다는 생각이 꼭 학창시절에 시험지를 받아 들고 예상치 못한 문제 때문에 쩔쩔매는 모습과 같은 심정이다.

집에서 상상할 때는 장군봉 밑에 있다했으니 쉽게 접근 할 수 있으리라 했는데 막상 와보니 도무지 어디서 어떻게 풀어야 할지 캄캄하다.

산자락을 타고 내려와 이 용맥 저 용맥을 밟아보지만 이름 모를 초목들이 바람에 살랑거리며 "네가 감히 서우를 찾아?"하며 조롱하는 듯하다.

이러기를 세 차례나 다녀 봤으나 결국 아무 소득 없이 주저앉고 말았다.

산을 읽어내지 못하고 있을 땐 앞이 꽉 막힌 듯 그저 암담하고 옛 기록을 원망하는 마음이 절로 일어난다. 좀 자세히 찾기 쉽게 기록을 남기지 못함을 탓하고 있는 것이다.

어찌 보면 백사장에 떨어진 진주알 찾기와 같고 보물섬에 보물찾기와 다를 바 없다는 생각이 든다. 일상에 돌아와서도 아쉬움은 쉽게 가라앉지 않았고 그렇다고 뾰족한 묘책이 있을지 없으니 왕도가 따로 있을 수 있나.

두 계절이 지나가고 가을이 돌아왔을 때다. 유산록을 뒤적이며 군데군데 읽어가던 중 다시 그 목차에 이르러 "평지과협을 지나"라는 문구가 무심코 눈에 들어왔다.

그때 머리에 번쩍 스치는 것이 있었다. 아! 어쩌면 그럴지도 모른다라는 새삼스런 자각이 들었다. 생각한바 있어 다시 서산의 장군봉으로 줄달음쳐 달려가 다시 용맥을 살피니 과연 평지 과협처가 눈에 들어온다. 이제는 굳이 장군봉 정상에 오르지 않아도 된다.

저 용맥을 따라가면 될성싶어 부지런히 발걸음을 재촉한다.

한번 과협한 용맥은 기봉을 하여 한참을 끌고 가더니 다시 과협처가 또 나온다.

용맥이 한번 과협할 때 마다 살겁을 벗는 법칙을 이때 처음 실감을 하게 된다.

또다시 기봉을 하여 단아한 자태로 산봉을 이루었는데 기슭에서 떨어져 멀리서 바라보는 필자는 그때 비로소 코뿔소를 본것이다. 코뿔소가 저산이 아닌가?

정녕 그것은 코뿔소 였다.

산의 모양은 소의 형상이 완연한데 특이하게도 머리 부분이 뿔처럼 산봉이 솟아있어 서산에 뜬 달을 바라보는 듯 백화산이 안산이 되었다. 그 뿔 참 잘도 생겼다 싶다.

찾아냈다는 희열이 온몸을 휘감는다. 아! 내가 해냈다는 포만감이 몸과 마음을 상기 시킨다. 보물을 찾아 논 기분이다.

장군봉 정수리부분에 괴암괴석이 뿔처럼 솟았더니 자식이 부모를 닮은 듯 저 서우는 험한 괴암괴석 대신 살겁을 벗어던지고 고운자태로 뿔을 대신하고 있음이 신비스럽기만 하다.

말없는 산천에 저러한 질서가 있음을 보니 우연으로만 볼 수 없는 비밀스러움을 엿볼 수 있었다.

그 옛날 이곳을 처음 찾아 본 어느 선사가 이 모습을 보고 서우망월형이라 이름 지은 것이 탁월한 감각 이였다고 말하고 싶다.

코뿔소를 뒤로하고 앞을 바라보니 충청도의 팔대 혈의 명성과 어울리게 그 정경이 밝고 잔잔하며 안대는 산줄기가 겹겹이 늘어서 삼천분대 칠백연화라 이름 붙이고 좌우의 호룡 들은 모두 혈장에 엎드려 호위하고 있었으며 태안의 백화산이 안이 되었고 물이오고 감이 해득에 경파라 결록과 일치하니 감개무량한 희열 애써 감출수가 없었다.

그러나 그 희열도 잠시 용절은 찾았으나 혈을 찾을 수가 없으니 난관에 부닥친 것이다. 수만 평에 이르는 평지에 한 평 남짓한 혈을 찾자니 더구나 용맥이 평평한 채 무맥지 로 내려와 알아볼 수가 없었다. 지금은 지중으로 흐른 맥도 짚어낼 수 있지만 그 당시는 안목이 없어 혈의 행적은 오리무중 이였다.

결국 그날은 혈을 못 찾고 일 년 후에 좀 나아진 안목으로 혈을 찾아보니 말 그대로 천장지비였다. 하늘이 감추고 땅이 숨겼다는 뜻이다. 그날 근처 밭에서 일하는 농부에게 말을 걸어보니 자기네 종토라고 알려준다.

참 좋은 땅을 갖고 있구나! 부러운 생각이 든다.

그러면 서우가 이렇게 생생히 살아 남아있는데 대우 김우중 회장의 선친 묘는 어디에 있는 것일까, 풍수가에서 나도는 헛된 낭설인가? 왜 그런 소문이 났는지 알 수가 없다. 그로부터 삼년이 지난 후에 김회장의 선산을 아는 분을 만나 그곳을 가보니 지금은 태안군으로 바뀐 인평리 이다.

태안읍에 도달하기 전 오른쪽에 풍후하게 자태를 한 토산이 있는데 그 산 8부 능선쯤 되는 곳에 김회장의 모친인 故 전○항 여사의 묘소가 깔끔하게 단장되어 있었다.

비문을 보니 1981년도에 작고하여 여기에 안장되었다고 적혀있다.

입향을 보니 유좌묘향으로 서산의 서우망월형과는 정반대이다.

앞을 바라보니 저멀리 장군봉이 앞에서 조응을 하고 좌측으로는 팔봉산이 기세 좋게 위용을 뽐내며 맞이한다. 우측에는 도비산이 연이어 포진하고 있어 얼핏 보기는 금수장막을 친 것처럼 보여 지는 국세이다.

그런데 내당을 가만히 유심히 살펴보니 아니! 이게 왠일인가?

내당을 흐르는 자연수는 좌우로 각기 흐르고 있는 것이 아닌가!

거기에다 엎친 데 덮친 격으로 오른쪽 수구는 바다로 되어있어 수문이 열려있고 아니 아예 없다. 왼쪽을 살피니 오른쪽 보다는 나은 편이나 부실하다.

풍수지리의 가장 기본이 되는 형태도 못 갖춘 최악의 망지이다.

또 한 가지 참담한 것은 묘소가 너무 높은 곳에 위치하여 후룡이 취약하여 후면이 훤하게 뚫려있고 좌청룡은 아예 받쳐주는 용신의 형태도 없다. 이는 장손에게 불리하다.

그리고 묘가 산 정상 가까이 있는 관계로 주변이 허허롭다. 고독한 상이란 뜻이다.

이 대자연계의 현상 즉 이러한 구조적 불합리한 조화로움은 그 자손의 생활상하고 한 점도 다를 바 없다.

묘 자체가 홀로 섯는 독산의 형세인데다 너무 높은 곳에 있어 자연히 기운들이 모아지지 못하고 흩어지는 허허로운 형상인 것이다.

여러 해를 걸쳐 산천을 답산 하여 보지만 내당의 자연수가 좌우로 흐르는 곳은 처음 본다.

이는 재물의 흩어짐을 예고하는 것이며 설상가상으로 수구를 내룡들이 막아주지 못하고 열려 있으니 인정도 재산도 흩어지는 것은 당연지사인 것이다.

무엇으로 재화를 막을 것인가?

더구나 전○항 여사의 체백은 지기없는 땅에 수맥에 노출되어 있어 그 형상이 보기 흉한형태를 하고 있을 것이다. 이러한 최악의 흉지에 있음으로서 영혼은 좋은 곳으로 못가고 자손들의 꿈에 수시로 나타나 보였을 텐데 자손들은 전혀 알아채질 못하고 있는 것 같다.

혼백이 힘든 것만큼 자손들도 그와 똑같이 힘든 것이 이 자연계의 법칙이다.

이대로 방치하는 한 대우가의 재기는 요원하다.

서우망월형의 주산이다.

왼쪽의 산봉이 높게 수발하여 코뿔소의 뿔로 형상화하여 서우망월 형이라 이름이 지어졌다고 본다. 저 단정한 산봉우리 기슭에 혈이 맺혀있으나 2009년 겨울쯤 되는 시기에 밭을 만드는 바람에 무참히 파손되었다.

충청도 최대혈 해복형(解腹形)을 찾아서

우리의 옛 선사들은 팔도강산의 명혈대지들을 답산 하여 밝혀낸 것을 지역별로 묶어서 특별한 애정을 표시한 장소들이 있다.

즉, 충청8대명당, 호남8대명당 등 경기, 영남 지역별로 천하무쌍의 대 혈들을 순위를 정하여 여덟 곳씩 묶어서 기록에 남겼다.

그중 충청도 팔대혈중의 하나인 해복형은 그 순위가 첫 번째로서 세상에 알려져 있다.

충청지역에서 첫째가는 명당이라면 우리나라에서도 손꼽히는 대혈이다.

해복은 바닷게의 복부를 의미하고 있는데 혈을 맺고 있는 산의 형상이 바닷게의 복부와 같은 지형을 갖추고 있다는 뜻이다.

예산을 중심으로 하여 인근의 지방민들은 옛 부터 전해져 내려오는 해복의 명당이름을 아는 분들이 많으며 전설 같은 설화들이 심심찮게 거론되는 장소이기도 하다.

그만큼 세인들의 관심과 흠모를 받고 있는 명당으로서 그러나 실제로는 찾아본 사람이 없으니 구전으로 말만 전해오는 신비감만 더해지고 있는 혈이다.

유산록을 보면 해복형은 만대영화지지요 부(富)와 귀(貴)는 입으로 논할 수조차 없다 했고, 대성인이 출생하며 그 후손들의 수명은 백세를 넘긴다고 했다.

기록대로라면 오복을 갖춘 꿈같은 장소이다. 명당의 순위를 첫 번째로 올릴 만하다.

복이 있어 이런 장소 하나만 얻는다면 여한이 없을 것 같은 생각이 든다.

98년도에 신양 땅을 찾으니 때는 가을이다.

신양 소재지를 중심에 두고 주변에 늘어선 산줄기들은 해발2~300m여 미터의 산봉들이 양쪽으로 주밀하게 늘어서서 하나의 거대한 국을 형성하고 있어 그 경관이 참으로 시원하고 명랑한 기운이 감도는 곳이다.

예산 북쪽의 도고 산에서 출발한 용맥이 금오산에 이르기 전 토성산에서 가냘프게 떨어진 일맥이 남쪽으로 흐르며 산정 리를 거쳐 귀곡 리 까지 다 달아 드넓은 들녘 한가운데에 자리를 정하고 멈춘다.

산자락 밑에 조그만 가게에 들려 목도 축일 겸 주인에게 말을 걸어보니 이곳 주민들은 동네 뒷산에 해복형이 있다고 스스럼없이 말할 정도로 오랜 세월 이전부터 알고 있었으며 해마다 숱한 순례자들이 찾아든다고 하며 그 해복이 어디에 있는지는 모르지만 혹자는 누구 아무개가 썼다고도 하고 하는데 자세한 것은 알 수가 없다고 한다.

가게주인의 말을 뒤로하고 발길을 돌려 산등성이에 올라 앞을 바라보니 눈에 들어오는 석국은 정말로 천하가경이다. 이때까지 보던 중 최고의 조물주의 걸작 품이라 할만하다. 차령산맥의 준령들이 남으로 흐르면서 천봉인지 만 봉인지 아니 수천수만의 산줄기가 겹겹이 늘어선 광경은 황홀하다 못해 어떤 형용사나 수식어로도 표현할 수가 없을 정도이다. 그저 감탄 감탄할 뿐이다. 국세가 이러하니 충청도 제일 지지로 올라있음에 토를 달 사람이 누가 있겠는가! 이곳 주봉에서 흘러내린 일맥은 산중에 평지를 이루었는데 이 일대가 해마다 찾아오는 순례자들의 발걸음을 멈추게 하는 곳이다. 필자도 이번 답사가 이미 세 번째이다.

여기까지 와서 살펴보다가 답을 얻지 못하고 하산을 하고 또 하산을 한 것이다.

분명 이 근처에 혈이 있을 거란 기대와 함께 또 그만한 판단을 하고 있었다.

이 일대를 면밀히 살펴보면 혈을 맺으려는 주맥은 다른 곳으로 갈 수가 없음을 간파할 수 있다. 평지 아래로 흐른 용맥은 생기는 타고 있으나 혈을 맺을 만큼의 용맥의 조건을 갖춘 곳이 없기 때문이다. 대략 이삼천 평쯤 되는 이 평지 어디엔가 숨어 있을 텐데…

많은 시간을 할애하여 곳곳을 세밀히 살펴보는데 오늘도 못 찾고 헛걸음 할 것인가 하는 우려가 들기 시작한다. 이쯤 되면 정신적으로 지치기 시작하는 것이다.

그러던 중에 언뜻 한 장소에서 갑자기 필자의 시선을 뗄 수가 없었다.

순간적으로 머리가 맑아짐을 느끼며 번개 같은 직감이 스친다.

지금 여기의 지형 상 저 위치를 벗어날 수 없을 것이라는 판단이 서며 주변 지표를 세밀히 살펴본 결과 지금 이곳이 틀림없는 혈이 맺은 장소라고 단정을 내렸다. 판단을 내렸으면 확인을 해야지!.

확인을 하지 않고 이곳이 혈이라 단정하는 것은 있을 수 없는 일이기에 그렇다.

나름대로 지표를 면밀히 살펴 여기다 싶은 곳을 확인하기 시작했다. 휴대용 삽으로 한자쯤 파내려가니 거친 지표증이 걷어지며 고운 토질이 비치기 시작한다. 두자쯤 깊어지니 좀 더 밝아지고 토질이 부드럽고 고운 토질인데 혈인지 아닌지 분간키 어려웠다.

혈성이 보이기는 하는데 혈토라고 단정하기가 좀 그렇다. 무언가 분잡스런 형질의 토색이다. 더 깊이 내려가 두자반쯤을 넘어섰다고 생각될 때 삽날에 무엇이 걸린다.

돌에 걸린 것이다. 참 이상도 하다. 이런 곳에 돌이 나오는 곳이 아닌데 난데없이 돌이 나온 것이다. 돌을 꺼내어보니 그 돌이 또 의문투성이다. 수수께끼 같은 의문이다?

큰 참외만하다고 할까, 신발만하다고 할까.

본시 혈의 특성은 맥분 같은 고운 형질에 견고하며 모래티끌 같은 잡티하나 없는 맑고 밝은 오색의 토질을 갖추고 있다.

또 혈을 맺기 위하여 암반과 같은 석맥이 같이 흘러서 혈을 결성한 곳도 있는데 지금 이곳의 돌은 비바람에 달아버린 표면이 매끄러운 풍화작용에 노출된 돌맹이였던 것이다. 그런데 그 밑에 그런 돌맹이가 몇 개 더 있는 것이 아닌가?

참말 판단하기가 혼란스럽다. 풍화작용에 닳아버린 돌들이 왜 땅속에 있는지 자연적으로 들어간 것이라면 이곳은 혈이 아닌데……

참으로 괴이한 일이다. 그간의 경험으로 볼 때 돌이 나오는 지형과 토질은 익히 알고 있는 터인데 도무지 생각의 정리가 안 되었다.

토질은 완벽한 혈토라 단정 지을 수 없었지만 그렇지만 그것은 혈에 가까운 흙이였던 것이다.

혈에는 돌이 있을 수가 없는 것이 자연의 이치인데 돌이 자꾸만 나오니 도대체 갈피를 잡을 수가 없었다. 다시 흙을 덮어 버릴까 하다가 나도 모르게 무슨 생각인지 돌맹이를 꺼내기 시작했다.

아니! 그런데 더 괴상한 광경이 눈앞에서 벌어지는게 아닌가.

돌 밑에 무슨 그릇 같은 것이 보인다.

처음에는 그때 섬찟하다는 기분이 들었다. 내가 무슨 일을 저질르고 있다는 생각이 들었기 때문이다. 혹이나 옛날 고려장이 아닌가 라고 말이다.

그러나 그 생각도 잠시 의문이 서서히 풀리기 시작한 것이다.

아주 오래전에 누군가가 이곳에 직표를 한 것인지 모른다는 생각이 미치자 더 파내려가니 그것은 분명 이조자기였고 그 아래에는 비로서 황금색 오색이 찬란히 빛나는 태초의 혈토가 빛을 발하고 있었던 것이다.

몇 백 년 전 풍수지리에 달통한자 있어 후일을 기약하고 이곳에 직표를 한 것이다. 처음 파내려 갔을 때 토질이 혼잡한 것도 그제 서야 이유를 명쾌하게 밝혀진 것이다.

필자는 다시 이조자기와 돌맹이들을 원위치로 묻어버리고 잠시 몸을 쉬었다.

만 가지 상념이 스쳐 지나간다.

그 옛날 누군가가 자기의 사후를 대비하여 직 표를 했음직도 하건만 정작 아무도 못 쓰고 유구한 세월을 지나치다 지금 이 시간에 이름없는 촌부의 눈에 띄었다는 사실이 여러 생각을 하게 만들었다.

아마 그 시대에도 이 땅의 임자가 분면 정해져 있었을 텐데 어떤 연유로 쓰지 못하고 저 직 표만 남았을까? 저 직 표를 한 사람은 누구였을까? 필시 풍수에 능한 자였을 텐데!

내 것인들 그것은 영원히 내 것이 아니며 잠시 빌려 쓰고 감인가. 땅은 그저 그 자리에 있을 뿐인데 사람들이 네 것 내 것 점만 찍어 놓고 가는 것인가 싶다.

　사람이 살아 있을 때 욕망이란 것이 허허롭다는 생각이 든다.

　옛 어른들의 말씀대로 명당을 얻을려면 덕을 베풀고 공덕을 쌓아야 된다는 그 말씀들이 정녕 맞는단 말인가? 여기에 직 표를 한 사람은 공덕이 없어서 못 썼단 말인가?

　그 연유야 알 길이 없지만 분명한 것은 그와 해복은 인연이 없었다고 하겠다.

　해복을 지키는 신명이 있다면 그를 외면한 것이리라.

　잠시 상념에 젖어있다 정신이 들어 방금 메꾼 혈처를 바라보니 우연치고는 기막힌 우연이다. 누군가가 수백 년 전에 직 표 한자리를 한 치의 오차 없이 다시 꼭 같은 지점에 점찍었다는 사실이 믿어지지 않았다. 혈은 대략 1평이 좀 넘을 듯 보였는데 구덩이 넓이가 40cm 내외인걸 감안하면 반 발자국 만 비켜서 팠어도 직 표를 만나지 못했을 것이라 생각하니 우연치고는 소름이 날 정도로 기막힌 일이다.

　또 한편 정신을 가다듬고 혈이 맺혀진 장소로 면밀히 검토를 해보니 어느 누구도 눈치 채지 못할 장소이기에 할 말을 잊었다.

　처음에는 이곳의 지형 상 이 근처가 될 것이라 판단이 서서 점찍었지만 잠시 후 주변의 사격들을 돌아본 후 판단해 보니 일순간 아연실색! 놀라운 법칙을 발견한다.

　그 놀라움은 평생 가슴에 남을 일이 되었다.

　저 해복혈은 혈이기 전에 살아 움직이는 생명체였던 것이다.

　살아 움직이는 생명체가 아니고서야 어떻게 저장소에 맺힐 수가 있는가?

　아마도 이 땅에 있는 아니 지구상에 있는 모든 혈들은 저와 같은 질서와 법칙으로 움직여 맺혀 있을 텐데…

움직이지도 못하고 말도 없는 저 산천의 자태는 살아서 움직이는 생물 못지않은 이성을 느끼기에 충분했다.

풍수지리는 공개적으로 남에게 가리킬 수 없는 학문이라는 것을 이때 자각했다 할 것이다.

저 해복은 스스로 살기 위해서 모든 살기를 피하여 저 장소로 택하여 깃들은 것이다.

옆쪽 갑묘방(동쪽)이 개면되어 있어 개울물이 옆구리를 치고 들어오는 반궁수가 되는데 두려운 살기가 된다.

그런데 혈은 이 반궁수를 살짝 피해서 용맥의 측면에 맺혀있는 것이다. 용맥의 정상은 반궁수가 보인다.

그 후 3년이 지난 어느 날 이곳을 다시 찾아 들러보니 뜻밖에 산이 매매가 가능한 여건이 되어 있었다. 태고이래 하늘이 운기를 열어주고 있구나!

필자가 예전 사업할 때 같으면 쉽게 사들였을 터이지만 이러한 단 한 번의 희귀한 기회를 아쉽게도 잡질 못하니 이러함도 하늘의 뜻이려니!

누가 저 보물과 인연이 닿을려는가? 우여곡절 끝에 서울의 한 인사와 인연이 닿아 새 주인이 정해지게 되었다. 그 후 몇 개월이 지나 신양을 방문하여 해복을 찾아가 보니 이미 묘가 들어있다.

간결하고 풍후하게 가꿔 놓았는데 애석하게도 결록 에서 주장하는 좌향 과는 입향이 크게 어긋나 있는 것이 아닌가? 간(艮)좌로 되어 있었다.

천하의 해복도 이렇게 비참하게 다루어 질수 있다는 것이 믿어지질 않았다.

 더구나 엎친 데 덮친 격으로 보기 좋게 봉분을 조성하느라 땅을 깊이 파 내리는 바람에 혈이 깡그리 없어지고 말았다. 통탄할 일이다. 필자와 직간접으로 관계된 장소라 애석하기가 한량없다. 군사정권시절 청와대 주치의를 했던 가문이다. 이 가문 후일이 염려스럽구나.

 천하명당도 비밀스럽게 비장하고 있는 함정을 피하지 못하는 일이 벌어지고 말았다.

 알 수가 없다. 임자가 아니라서 땅이 거부하고 있는 증거인가?

 이런 경우 대자연의 이치에 맞게 안치가 되었는지 아닌지 가려줄 검증할 유일한 방법이 하나있다.

 이 대지는 자체가 생명이며 영성이 깃든 조물주의 창조물이다. 그러므로 유일하게 풍수학에서 만이 대지의 영성을 나타내는 지령(地靈)이란 용어를 쓰고 있는 것이다.

 역시 인간도 영적인 존재이며 사후에도 이 영성은 바뀌지 않는다.

 즉 풍수지리학은 인간의 영성과 대지의 영성이 만나 조화로움을 구성하는 지구상 유일한 영성이 깃든 과학인 것이다.

 사람의 체백이 땅에 묻히면 체백과 지령과의 조화로움의 상태에 따라 삼일전후로 그 자손에게 꿈으로 보여주게 되어 있는 것이 이 자연계의 법칙이다.

 그렇지만 대개는 그러한 사실을 알지 못하고 그냥 지나치는 것이 대부분이고 또 알아도 큰 의미를 두려하지 않는 것이 상례이다.

 흉지에 썼거나 입향이 틀리면 망인의 혼백은 불안정하여 자손들의 꿈에 망인이 불안정한 상태를 보여주는 그와 비슷한 내용의 꿈을 보여준다.

극 흉지에 안장이 됐을 때는 역시 망인이 직접 보이는 때도 있으며 이때는 헐벗고 초라한 모습이며 무서운 꿈으로 보이는 것이 다반사다. 그러면서 수시로 불길한 꿈을 자손들 중에 꾼다.

또 강력한 수맥에 노출되어 냉지에 안장이 됐을 때는 망인이 춥다고 의사표시를 하는 경우도 있다.

이러한 예를 모르고 그냥 방치할 경우 가내에 불길한 일들이 언제 닥칠지 모르는 상태가 됨을 필히 자각해야 한다.

반면 체백이 길지에 안장이 되고 입향도 자연의 이치에 맞게 되었다면 꿈은 확 바뀐다.

대신 상징적인 길몽으로 보여주는데 우리가 통상 길몽으로 여기는 다양한 꿈을 꾸게 된다. 흉지에 썼건 간에 곧바로 꾸는 꿈은 앞으로 그 가문의 앞날을 예고해 주는 꿈으로 보아도 좋다.

이글의 뒤편에 실제로 겪은 목차가 나가는데 그 목차에서 상세히 다룰 것이다.

혼백이 편안하면 절대로 자손에게 손을 빌리지 않으며 불안하면 불안한 만큼 자손들에게 나를 구해 달라는 뜻으로 망인이 직접 꿈에 나타날 때가 많다.

혹간 길지에 썼으면서도 직접 망인이 보일 때가 있는데 이때는 주변 환경이 크게 다른 것이 특징이다. 훌륭하고 큰집에 있는 모습이라든가, 고귀한 의상을 입고 있다든가 하는 주변 상황이 상류급의 행태를 보이는 것이다. 이러한 예를 보면 사후의 세계도 산사람의 세계와 별로 다른 것이 없어 보인다.

해복 혈에 안장한 그 자손들은 어떤 내용의 꿈을 꾸었을까?

불안한 마음 떨칠 수가 없다.

계룡산 최대혈 마화위룡(馬化爲龍)을 찾아서

 계룡산 8대 혈 중에서 으뜸이 된다고 알려진 마화위룡에 대해 유산록에 소개된 것을 보면 한가락 시에 가까운 구절로 읊은 것이 이채롭다.
 그 시의 내용에는 어디 부근을 지명한 것도 없고 용절이나 수법의 힌트도 없이 다만 "대강(금강)을 바라보며"라는 구절만이 어떤 지정학적 위치를 유일하게 암시하고 있다.
 결록 이라는 것이 보통 그렇듯이 애매모호하고 알쏭달쏭! 아는 자만이 그 글귀를 풀이할 수 있게 써 논 것이다. 어디쯤일까? 어떤 풍수서는 공주시내에서 동남방30리 부근에 있다고 소개한 것도 있다.
 필자는 이곳은 아마도 비교적 높은 산에 있지 않을까 하는 추측을 해 보았다.
 산에 나서기 아직 초보였지만 의욕만은 왕성해서 마음이 일어나니 일단 나서고 보았다.
 1998년 한여름이다. 왕촌이린 동리를 찾아들었으나 이곳에선 금강이 전혀 보이질 않는다.
 여기는 아니구나 싶어 동리 어귀로 나와 강변의 산줄기를 타고 용맥을 여기저기 밟아 보았으나 도시 까막눈이다. 무언지 잘못 찾아든 것 같다.
 이곳 마화위룡을 답산 하기 전에 강 건너 장군봉 쪽에 있는 천마등공형을 기적적으로 찾아보았기 때문에 한층 자신감 같은 의지가 돌아서긴 했는데 어쩐지 지금은 별무신통이다. 유산록 에서는 이 혈을 찾으면 신안(神眼)이라 했다.

짧은 답산 기간이었지만 어디든지 혈을 맺는 용맥 근처에 들어서면 주변 경관이 확실히 바뀌는 것을 느낄 수 있는데 오늘은 영 모르겠다이다. 산줄기를 잘못 선정하여 오늘은 소득 없이 더운 여름날 이마와 등줄기에 땀만 흘린다.

혈을 찾는 제1조건은 혈을 맺는 용맥에 정확하게 안착하는 일이다. 어떤 경우도 이 용맥을 찾아내지 못하면 10리 밖, 20리 밖에서 헤매기 일쑤다.

하산하여 집에서 생각하기를 어째서 이곳을 소개할 때 아무런 힌트를 넣지 않고 "대강을 바라보며"라는 표현만 썼을까? 퍼즐풀기 같은 게임하는 생각에 이르렀다.

분명 그렇게 표현할 수밖에 없는 어떤 이유가 있으리라 했다.

그 이유가 무엇일까?

나도 모르게 유산록에 기록되어있는 글속으로 들어가 퍼즐풀기 게임을 하고 있다.

다른 명당을 소개할 때는 그래도 한 두 구절 수법이나 용법 아니면 지명을 넣어서 알리기가 심상인데 도무지 이곳은 힌트가 없다. 아는 게 계룡산뿐이니 참 그렇다.

그러던 어느 날 뜬금없이 한 생각이 스친다. 혹시?? 하는 떠오르는 한 생각을 가만히 분석한 후 틀림이 없을 것 같다는 판단이 들었다.

이 생각이 맞는다면 아무런 힌트를 넣지 않아도 되겠구나 하고 아예 결론을 내버린다.

즉 이러한 생각이나 직감은 그들끼리 통할 수 있는 무언의 대화인 셈이다.

지금 떠오른 생각이 맞는지 행동으로 옮기는 일만 남았다.

다시 계룡산 언저리로 찾아들어가 필자의 생각대로 어느 한 장소로 들어서서 멀리 떨어진 앞산을 바라보니 그제 서야 일목요원하게 판단이 섰다. 틀림없이 맞았다는 결론이 난 것이다.

퍼즐게임을 제대로 풀어낸 셈이다.

산기슭에 이르러 능선을 타고 산 정상에 올라와 보니 흡사 말 잔등같이 펑퍼짐하고 길게 수평을 이루어 고산평지가 되었는데 저 아래 산기슭에서 바라볼 때 금성체로 보이는 것과는 달리 전혀 다른 형체를 하고 있었다.

밑에서는 솥을 엎어 놓은 것 같은 형체로 보인다는 뜻이다.

산 아래에서는 둥근형체이고 정상에 오르면 수평으로 반듯하게 바뀌니 누가 이곳에 말을 연상하고 오르랴, 영락없는 말 잔등이다.

이러한 산봉의 형상은 이곳을 말이 변하여 나는 용이 되었다는 연상을 충분히 했을 거라는 생각을 해본다.

한편 수평을 이룬 산정상의 중심에서 밑으로 용맥 하나가 미끄러져 내려가니 당당한 중심출맥 이다. 용맥은 은밀히 일어나 있는 듯 없는 듯 기문기상에서 나온 혈을 맺기 위한 진맥이 분명했다.

발길 따라 멈춘 곳까지 내려가 보니 이미 고총이 되어버린 묘 한 기가 있었다. 밋밋하고 연약한 평지의 형태로 내려온 용맥은 와체(窩體) 그것 이였고 고총(古塚)은 혈에 적중하지 못하고 대살처에 안장한 탓에 그 자손 고단한 삶이 보이는 듯하다.

지척 간에 혈은 남아 있었다.

생각하나가 의외로 쉽게 마화위룡의 대혈을 찾아보게 되니 의기양양한 이 기분을 누가 알 것인가.

유산록의 "대강을 바라보며" 주인오기 기다릴 거라는 싯귀가 제 몫을 한 셈이다.

금강이 저편에서 흐르고 있는 것이 보이기에 그렇다.

한편 마화위룡격인 비룡은산형(飛龍隱山形)은 말 잔등을 지나 말머리에 해당하는 용맥에 맺혀 있어 같은 산 한 격국에 두 개의 대혈이 맺힌 셈이다.

그렇지만 그 후 3~4년이 지난 후 비룡은산형은 완전히 파괴되어 지구를 떠났다.

공사를 하다말고 무슨 변고가 있었는지 지금은 피폐된 터로 변해버려 그 땅주인 신변이 무사한지 염려된다.

혈은 살아있는 생명체와 같아 그런 생각이 가능하다 하기 때문이다.

이 마화위룡의 대혈은 세인들의 동경과 관심을 많이 받고 있어 세간에서는 이 혈을 서로 썼다는 이야기가 흔히 나돌고 있다.

필자가 청양의 한 인사를 알게 되었는데 마침 산을 구하고 있는 중이라 자연스럽게 의견을 소통하게 되었다. 먼저 선친의 묘를 살펴보러 선산으로 안내를 받아 간곳이 왕촌이란 동리이다. 세간의 많은 사람들에게 이 동리를 형성하는 부근의 계룡산 용맥중 마화위룡이 있을 거란 설이 파다하게 풍수가에 알려져 있음을 후일 알았는데 이 인사도 그러한 설을 믿고 풍수계의 유력한 선생으로부터 마화위룡이란 말을 믿고 산을 구입하여 선친을 모신 모양 이였다.

필자는 그 사실을 모른 채 그 인사의 선산을 가보니 별스럽지 못한 곳에 묘가 들어 있는 것을 보았는데, 대화를 나누는 도중 자연스럽게 마화위룡의 얘기가 나오게 되어 필자의 의견을 들은 그 인사는 갑자기 당황하는 기색이 되어 지금 그곳을 가볼 수 없느냐고 다그치는 것이 아닌가.

필자는 그 인사의 당황한 이유를 모르는지라 산기슭까지는 갈수 있지만 그 장소는 보여줄 수 없다고 하였다.

그렇지만 이 인사는 고집을 부리며 그 곳을 꼭 가보고 싶다고 하는데 필자는 참으로 난감했다. 풍수지리의 가장 큰 맹점이 지금 눈앞에서 벌어지고 있었던 것이다.

이 인사는 사회적으로 유력한 풍수가의 말을 믿고 썼는데 필자의 말을 들어보니 속았을 수도 있겠다 싶었던 것이다.

현실적으로 지금 산소를 모신 이 자리나 필자가 마화위룡이라고 지정하는 장소를 가본다 해도 어디에도 마화위룡이라는 글씨가 써 있는 것이 아니다. 즉 이 이야기는 어디를 가르쳐 줘도 알 수가 없다는 뜻이다.

무슨 방법으로 어떻게 검증을 할 것인가 하는 것이다. 공연히 누설만 되는 꼴이다.

다행이 이 인사가 풍수에 깊은 안목이 있었다면 옳고 그름을 가려 낼 수 있있겠시만 풍수계의 유력한 인사라는 그 명함의 세치혀는 그 누구도 당해내지 못하는 것이 구산자의 마음이고 현실이다.

풍수를 연구하는 자도 서로가 자기가 보아놓은 곳이 마화위룡이라고 서로 옳다고 주장하는 것을 필자는 서울에서도 보고 지방에서도 보았다.

오남용 되는 풍수가 오직 여기뿐이겠는가?

결록에 기록된 명당들의 이름은 그저 아무렇게 막 지어진 것이 아니다.

조금의 안목과 이해를 가졌다면 마화위룡을 만날 려면 강아지 잔등이라도 알아야 할 것이다. 씁쓸한 현실이다. 2019년 지금도 마화위룡의 대 명당 은 남아있다.

비인 복종형(伏鍾形)을 찾아서

　유산록을 보면 도선 국사는 기록에 남기기를 우리나라에서 제일 갑지 는 금강산 천황봉 아래 상제봉조형(上帝奉朝形)이 제일이고 둘째로 말한 것이 비인 문수산下 부내 복종형을 지칭했다고 하니 그 유래와 더불어 호기심을 불러일으키기 충분하다.
　또 한편 비인 복종형은 충청도 8대혈 중 예산의 해복에 이어 순위가 그 다음가는 대 명당으로 세인들은 말하고 있다.
　또 비인 복종은 월명산 복종과 문수산 복종으로 별개의 장소에 되어있다 했는데 금강산에 상제봉조형은 이북에 있으니 지금 가볼 수 없지만 때가 되어서 자유로이 왕래가 될 수만 있다면 금강산에 올라 반듯이 왕후장상지지인 상제봉조형을 찾아보리라 소망해본다. 그리고 또 하나 소망이 있다면 개성을 방문하여 고려건국을 한 왕건의 집터를 꼭 확인하고 싶은데 그러한 기회가 빨리 왔으면 좋겠다.
　도선 국사가 우리 한반도 내에서 두 번째로 지정했다는 것은 개인의 신호도 때문인지 아니면 객관적인 시각에서인지 필자는 알 수 없으나 양개의 복종이 천하 대혈인 것만은 틀림없을 것 같다.
　종천면의 부내복종은 만대영화지지로 당대에 발복하여 삼성칠현(三聖七賢)이 출생하고 부(富), 귀(貴), 수(壽)를 말로서 이루 말할 수 없다 했고, 월명산의 복종도 만대영화지지이며 역시 삼성칠현과 왕후장상이 출생한다고 했다. 사람이 세상에 태어나 부와 명예를 누리고 건강한 몸으로 오래 장수하는 것은 최고의 복록일 것이다. 이러한 오복을 갖춘 곳이 어떤 곳인가?

예전부터 한번 꼭 찾아보리라 기회를 엿보던 중 2001년 봄에 답산코스를 잡았다. 완연한 봄날 그날따라 따사로운 햇살을 받으며 집을 나서니 오늘은 황사현상도 없다. 장항으로 이어진 국도가 군데군데 4차선으로 확장되어 있었고 고속도로도 나있어 개발로 인하여 용맥에 무슨 변고나 있지 않을까 하는 염려하는 마음 떨칠 수가 없다.

개발은 곧 자연의 파괴라는 등식이라서 그렇다.

비인에 도착하여 우선 월명산 복종을 찾아보기로 했다.

멀리서 월명산을 바라보니 큰 산도 아니면서 차령산맥의 일지맥이 해안가에 최종단으로 다달아 활발한 기상으로 우뚝 성봉하여 수발함을 보이니 대혈을 맺을 증좌가 분명하다.

남방으로 흘러간 월명산 줄기는 수차례 박환을 거치더니 갑자기 서쪽으로 방향을 바꿔 두리뭉실한 형태로 산봉을 만들어 놓았는데 이곳에서 다시 흐른 용맥이 종을 엎어논 듯 한 복종인 것이다. 해안가와 가까워 그리 높지 않은 야산수준밖에 되질 않았는데 산의 일부는 석맥(石脈)으로 꽉차있으며 겉으로 드러나 있어 일부구간이 군데군데 그러한 형태를 하고 있었다.

그중에서도 석맥이 없는 곳을 골라 묘들이 즐비하게 들어섰는데 혈을 찾아보니 신기하게도 석맥에서 흘러나와 있는 잡석으로 덮혀있는 게 아닌가. 어느 누구도 이곳을 지정하여 점혈 하지 못하고 피해서 쓰게 되었더라. 아니나 다를까, 하루 이틀 전에 조성한 것으로 보이는 묘소가 불과 2~3미터 옆에 잡석을 피해서 봉분을 만들었다.

그 묘소의 주인이 누구인지 모르지만 참말로 애석하다. 결국은 복종을 지켜주는 지킴이가 된 꼴이다. 몇 십 년, 몇 백 년이 지난 후에 또다시 눈 밝은 사람이 나타나 저 복종을 찾아 쓸려는가. 하늘의 뜻으로 봐야겠다. 더구나 그 잡석도 흙으로 덮어버려 잔디를 심어 놓았으니 또 둔덕으로 되어 있어 세세년년 누가 저곳을 찾아낼 것인가.

어느 누구도 잡석 밑에 혈이 있으리라고 상상도 못할 것 같다. 또 그것이 무엇인지도 모르는 것이 세속 지사들의 안목이다. 하루 이틀 전 이곳을 작업을 하면서 숱하게 혈을 밟고 다녔을 것이다. 언제 시운이 올 것인지 아득하기만 하다.

앞 정경을 바라보면 이곳의 수법은 본인도 돌아보던 중 처음 보는 현장이다.

풍수지리의 모든 향법 수법은 묘소의 향 앞을 냇물이든지 실개천이든지, 강물, 또는 보이지 않는 자연수로 입향과 항상 만나게 되어 있다. 그런데 이곳은 왼쪽에서 발원한 논두렁 정도밖에 될 성싶은 실개천이 묘의 향 앞을 지나가지 못하고 향 앞을 도달하기 전에 흘러내린 산줄기를 감고 돌아서 사라져 버린 것이다. 정미방 으로 사라져 오리무중 보이질 않는다. 참으로 괴상한 개울이다. 수구로(坤破) 빠져나가지 못하고 중간에 없어져 버렸으니.

이러한 현장은 일천 백 년 전에 도선 국사가 이곳에 왔을 때도 저런 모양이었을 텐데 그 실개천 참 명(命)도 길다는 생각이 든다. 일천 백 년 결코 적은 세월이 아니다.

그간에 사람의 힘으로도 얼마든지 변형을 하여 바꿔질 수 있는데 그 유구한 세월을 말없이 견디어 내고 있는 것이 신비감마저 들게 한다. 천지간의 이치리라.

아쉬움을 뒤로하고 발길을 재촉하여 문수산 목종을 보려 종천면으로 향하다 길가 가게에 들러 목을 축이고 있는데 가게주인 되는 분이 "어디서 온 분이냐?"고 묻는다.

필자는 혹시나 하고 "부내복종을 아십니까?" 하고 되물으니

아!~ 그럼요 여기서 사는 주민들은 부내복종을 모르는 사람이 없고 워낙 큰 대 명당으로 중국에 까지 알려져 있다고 한다. 하며 의기양양하게 자기고장에 그런 큰 명당이 있음을 자랑스럽게 여기고 있다. 그러면서 뭐하는 분인데 그런 걸 묻느냐고 말한다.

필자는 풍수지리 공부하는 중이라며 지금 막 월명산 비인 복종을 찾아보고 다시 문수산下 부내복종을 보려 가는 중이라고 했더니 어이 없는 듯 고개를 돌린다.

쉰 소리 그만 하란 뜻이다.

필자는 그 모습에 공연히 한술 더 떠 "사장님 부내 복종을 찾아 보여 드릴 테니 함께 가보시지 않겠습니까? 혹시 또 압니까? 인연이 닿으면 주인이 될지도 모르는데!"

이제는 아예 대꾸도 없고 딴청을 쓰고 있다. 비웃고 있음이다.

네까짓 게 뭘 안다고 존엄한 명당얘기를 입에 올리느냐 하는 표정이 역력하다.

필자는 속으로 그 사람 참 복 없는 사람이구나! 사람을 그리도 알아채지 못하니.

하기야 필자의 행색을 보면 그 사람을 탓할 수도 없다.

필자가 판단해도 풍수지리 행색과는 참 거리가 멀다. 왜소한데다 촌티 나고 안색은 검고 싼 티 나고 진실을 얘기해도 모두 고개를 외면할 상이다. 옛 말에 귀인은 참 못났다하던데.

가게를 뒤로하고 종천으로 들어가 얼핏 문수산을 바라보니 정말 붓

끝같이 생긴 산이 정말 단아하고 예쁘다. 좌우대칭이 균형을 이루어 사람이 다듬어 놓은 작품으로 만들어 놓은 듯하다. 文秀山이란 산 이름이 제격이다.

문수산에서 동쪽으로 일지맥이 굴러 떨어져 넓게 과협을 하고 산 하나를 만들더니 다시한번 급격하게 굴러 과협을 하여 희리산이 되었다.

희리산 정상에서 간인 방으로 출맥한 용절은 행룡 끝에 건해로 입수하여 두리뭉실 지중으로 용맥이 감추어져 입수처가 유야무야 형상은 역시 종을 엎어놓은 듯한 형상으로 평평한 경사진 곳에 형체 없이 혈이 맺혀있다.

자세히 살펴보니 좀 이상하다 낙엽으로 덮여 있어 걷어내고 보니 토질이 분잡하고 긴밀하지 못하다. 왜 이렇지? 누가 파헤쳐 논듯한데 더 깊이 살펴보니 혈이 완전히 깨져버려 파손된 것 이였다.

천하의 문수산 복종이 왜 이지경이 되었을까?

주변을 돌아보니 바로 앞 평지에 묘 몇 기가 있는데 아마 이곳의 토질이 황홀하고 좋아 보이는지라 파내어 묘를 조성할 때 쓴듯하다.

온산이 잡석으로 섞여있는 중에 이곳만이 모래 한 알 티끌 없는 오색토가 나오니 뜻 밖에 쾌재라 하고 파내 쓴 것 같다. 어이가 없다.

또 일부는 봄에 모내기철에 씨 나락 싹틔울 때 쓰는 흙으로 쓸려고 파낸 흔적이 보인다. 이렇게 처참한 상황은 산주인이 무관심 했거나 동리사람들의 무지로 인하여 조금씩 조금씩 파내 쓴 것 같다.

산에서 내려와 근처 논에서 일하는 농부에게 말을 걸어보니 하시는 말씀, "옛날부터 저 앞산에 천하명당이 있다고 전해져 내려오는데 말만 그렇지 누구하나 아는 사람도 없고 전설이여 전설!" 복종이 있는 산을 가리키며 하시는 말씀이다.

"혹시 산주인 아십니까?"

"그거 서울사람이 사놓은 건데 미국 가서 산다는 소리도 있고 잘 모르지!"

외지사람이 주인 되는 산이니 동리사람들이 알게 모르게 조금씩 파내 쓴 것이다.

문수산 복종은 이렇게 지구를 떠났다.

그 옛날 도선 국사가 이곳을 찾아보고 우리나라에서 두 번째 가는 좋은 명당이라 지정한 것도 모두 공염불이 되었다. 그 수고로움의 보람도 없이....

전국산천의 용맥을 한눈에 꿰뚫어 보고 그 길고긴 여정을 일일이 걸어 다니며 얻어낸 결실인데 여기 이 자리도 그 중 하나일 것 이것만 그 수고로움과 아쉬움이 가슴 절절히 배어 나온다. 일천 백 년 전이면 교통수단도 말이나 나귀밖에 없었을 텐데 스님이 말을 타고 산행을 했을 리는 없었을 것이다.

지금이야 차를 타면 하루에 천리를 멀다 않고 달려갈 수 있는 편리한 세상이지만...하고 본인도 가끔은 그런 비교되는 생각도 가져 본다.

문수산 부내 복종을 찾아보고 그곳에 걸터앉아서 아득한 세월인 천년의 공간 저편에서 도선 국사가 쉬어간 자리에 이 시대에 필자가 다시 쉬어감이 감개가 무량하다. 천년이란 긴 세월이 지났건만 풍화작용에 씻기지 않고 그 모습 변함없이 생생히 남아 있다가, 무지한 인간은 천년의 풍화작용을 견딘 인고를 하루아침에 무색하게 만든 것이다.

언젠가 서점에 들러 한권의 책을 골라보니 명당은 고려와 이조시대에 다 쓰고 혹 있다하더라도 풍화작용에 없어져 사실상 명당은 없다고 주장한 책을 보았는데 명당이 없으면 풍수도 없는 것이거늘 풍수에 관한 책은 무슨 이유로 써냈는지 그 아이러니를 알 수 없었다. 본인의 무지는 모르고 남의 탓만 하는 무식배의 소치이다.

성주산의 화장골목단형은 어디에

　필자가 사는 지방은 아무래도 충청지역에 속하는지라 풍수에 좀 어느 정도 관심이 있는 사람들이 모이면 충청8대 명당을 화제에 올리며 이야기꽃을 피우기 상례이다.
　서열 첫 번째가 해복 이었고 둘째가 복종, 세 번째가 성주산의 목단이다. 그중 서열이 세 번째인 성주산 목단형을 찾아가 보자.
　이 목단형은 보령시의 성주산에 있는 것인데 옛 부터 이 성주산에는 목단형의 대 명당이 8개가 있다고 전설이 되어 지금까지 일부기록과 함께 구전으로 구전으로 전하여져 오고 있다. 이름 하여 성주산의 8모란이다.
　보령시의 성주산에 와보면 서해안 해안가와 가까운 산세 치고는 높고 웅장하며 그 규모가 언뜻 강원도 골짜기에 들어선 느낌으로 다가오는 지역이다. 그러면서도 풍후하고 산세가 주밀하게 짜여져 악산이라는 느낌이 들지 않는 거칠고 험한 기운을 거의 벗은 산맥들이라서 대 혈들이 맺혀 있다고 보아야 되겠다.
　도선 국사가 이 성주산을 돌아보고 8개의 목단형을 모두 찾아냈다고는 장담할 수 없으나 그 후부터 전설이 되어 내려오는가 싶기도 하고 그중에 도선 국사가 남긴 기록을 더듬어 보고 등정을 해보자.
　우선 성주산에 들어서면 화장골 자연휴양림 휴식처가 있어 여름이면 깊은 계곡에 더위를 식히고 편의시설까지 갖추어져 있어 인근 지역민들이 즐겨 찾는 곳으로 변모했다.

화장(花藏)골 주차장에 들어서면 커다란 조형바위가 세워져 있는데 이 입석 바위에 음각으로 화장골 목단에 대한 감회를 적은 도선 국사의 싯귀가 쓰여져 있는 것을 볼 수 있다. 화장골이란 이름과 같이 숨어있는 꽃이 있는 골짜기 즉 목단형의 대 명당이 숨어있다는 뜻으로 대신하고 있는 것이다. 이렇듯 지명조차 그 골짜기 안에 천하의 대 보물이 숨겨져 있다고 오늘날까지 세세년년 전설이 되어 이곳 목단을 찾으러 천여 년 동안 순례자들이 끊이질 않고 다녀가는 곳이다.

혹자는 아무개가 썼다고도 하고 또 근자에 모 인사가 펴낸 풍수서를 보니 이미 묘가 들어섰다는 내용을 본적도 있다.

과연 그런지 확인을 해보자.

도선 국사가 이 골짜기에 들어와 목단형의 대 명당을 찾아보고 남긴 싯귀는 커다란 바위에 새겨져 오고가는 이의 발길을 멈추게 한다. 그 싯귀는 다음과 같다.

行行聖住山前流 雲霧重重 下暫開
행 행 성 주 산 전 류   운 무 중 중   하 잠 개

牧丹倚石 何處托 靑山萬疊水千回
목 단 의 석   하 처 탁   청 산 만 첩 수 천 회

"가고 가는 성주산은 앞에 흐르고
구름은 안개 되어 산을 덮어 잠시 묻혔구나
돌에 기댄 저 목단 의지한 곳 어데인가
푸른 산은 만 갈래요 물은 천 번을 돌아가누나!"

이 시를 감상해 보면 이 골짜기 안에 목단 꽃의 혈이 있음을 알 수가 있다.

그러면 어디에 숨어 있을까?

본래 풍수라는 것이 신비스러운 요소가 있어 일반인이 생각하기를 신화적이거나 전설적 요소들로 점철된 부분들이 많아 반신반의 하는 상태로 믿고 있다.

오랜 세월동안 목단 꽃 형태의 명당을 있는지 없는지 썼는지 남아 있는지 조차 알 수 없는 상태로 지금까지 생명력을 이어온 자체가 전설이다.

필자 전설 속으로 여행을 해본다.

계곡 언저리에 난 잘 다듬어진 길을 따라 끝 간 데 까지 걸어 주변을 보면 계곡이 깊은 만큼 산도 높아 밑에서는 산의 형태 즉 격국을 알아볼 수가 없다.

또 용맥들도 몇 줄기인지 불분명하며 이런 때는 높은 곳에 올라 살펴보아야 제격이나 1100년 전의 도선 국사 정신으로 변신해 보는 것도 괜찮을 것 같다.

즉 이렇게 깊은 계곡 높은 산이 바싹 붙어 좁은 협곡처럼 짜여진 곳에서 일일이 산줄기마다 높은 정상에 올라 살펴본다는 것이 수고롭다는 뜻이다.

이는 혜안을 가진 도선 국사가 그리하였을 리가 없다는 뜻이기도 하다.

골짜기 밑에서 위를 바라보고 무언가 산천에서 주는 무언의 힌트를 얻어 정확히 혈을 맺는 용맥을 가려내어 찾아 올랐으리라는 필자의 판단이다.

이는 어느 장소 어느 곳이든 적용되는 산천을 구분하는 관산법이다.

풍수이론상 어찌어찌 하다는 내용들은 한결같이 모두 용맥을 가려내고 혈을 찾는 구절이지만 실제로 실전에서는 어떻게 이론을 적용시키느냐에 따라서 결과는 하늘과 땅으로 갈려 진다고 본다.

필자도 여러 해 동안에 다듬어진 안력(眼力)에 의지하여 화장골 골짜기를 저 아래 밑에서부터 골짜기 끝까지 가보았다.

그리하니 자연히 한 결론에 도달한다. 이미 혈을 맺을 수 있는 용맥을 간파했다는 뜻이다. 자연은 참으로 정직하다. 이 화장골 골짜기는 분명 목단형의 대 명당이 있을 수 있는 준비된 산천이다. 등정하여 확인하는 것만 남았다.

등정을 하니 경사가 가파르고 생각보다 무한이 높고 길게 느껴지는 곳이다.

조금은 숨을 몰아쉬기도 하는데 본시 그럴 수밖에 없는 것이 산길 따라 가는 등산이 아니고 한 곳을 지정하고 길 없는 곳을 만들어 가며 곧장 등정하는 것이라 산에 오르기가 거칠다. 힘들여 정상에 올라와 전후좌우를 바라보니 참말로 가관이다. 웅위중첩이란 풍수용어가 있는데 꼭 걸맞은 표현이다.

웅장하고 규모가 큰 산봉들이 무리지어 둘러섰고 앞에는 아득히 조산까지 갖추어져 있다. 목단이 틀림없다. 그리고 또한 화심(花心)격이다.

이 뜻은 목단꽃의 중심인 수술이 있는 곳과 같은 형상으로 지어져 있다는 뜻이다.

틀림없는 목단꽃의 중심에 있어 사방팔방 모두 이곳을 향한 꽃잎이 되었다.

 지형을 보고 감탄을 하며 느끼는 것은 어찌하여 산줄기들이 이렇게 절묘하게도 만들어 졌을까? 조물주의 뜻은 무엇인가?

 영락없는 한 송이 꽃의 중심으로 되어 있음이 그렇다.

 좌우 청룡백호가 웅장하게 중첩하고 주산이 일곱 봉이 연이어 성봉 중에 중심으로 출맥 하여 주룡이 되었고 북에는 성주산, 남에는 양각산, 동에는 무량산, 서에는 옥마산 4대 명산이 주회백리에 중첩하여 늘어섰으며 세세년년 끊이지 않는 장상봉군(將相封君)지지가 되었다.

 혈처는 두터운 석맥이며 일부는 토산으로 되어 있으나 혈이 맺힌 곳은 석간(石間)속에 있어 천여 년 동안 얼굴을 볼 수가 없었나 보다. 저렇게 숨겨져 있으니 어떻게 찾아내나? 혈 맺는 법칙에 통달한자 이곳에 올 수 있으리라! 태초의 원시상태를 보존하고 있어 천여 년을 지나고도 앞으로도 무한히 끄떡없다. 개발되어 파괴될 염려도 없으니 금상첨화다. 얼마 전에 혹자 있어 화장골 목단에 이미 묘가 들여 있다는 글을 보고 깜짝 놀라 확인 차 방문해 보니 그대로 보존되어 있어 참 다행이며 아무나 혈을 알아보는 것이 아님을 확인시켜 주고 있다. 남는 시간에 주변에 있는 산줄기들을 모조리 밟아보니 근자에 썼을 듯한 산소도 있고 오래된 듯한 산소들이 곳곳에 쓰기 좋은 장소는 모두 골라서 들어서 있었다.

 모두 화장골 성주목단을 염두에 두고 찾아 썼으리라, 모두가 허사다.

 언제 운이 돌아와 주인을 만나려나.

도선국사의 시비

성주산 화장골에 세워진 도선국사가 지은 목단형의 시비이다.
저 시문처럼 목단형이란 천하명당을 찾으려 지금도 순례객이 끊이질 않고 있다.

성주산의 화장골목단형은 어디에

양각목단

또 한편 성주산 내룡에 또 하나의 대 혈이 있으니 양각산의 양각목단이다.

성주산에서 출발한 주룡은 옥마산을 지나서 개화리의 우리치에서 크게 과협을 하고 다시 융기한 용맥은 남으로 흘러 양각산이 되었다.

이 양각산의 주룡은 동쪽으로 방향을 바꿔 천을태을을 이루고 중심으로 천심출맥하여 직룡으로 굴곡하여 흘러간 용맥은 최종단에 이르러 혈을 맺었는데, 앞산은 선교안이 되어 가깝게 있는데 이는 양쪽의 두 신선이 가운데에 다리를 사이에 놓고 건너고 있는 형상과 같다는 뜻이다.

우리나라에서 보기 드문 형태의 안산이 되겠다.

내당은 협소하고 외당은 보령호가 되어 금상첨화가 되었다.

용맥에 있는 묘비를 살펴보니 경주이씨 종산이다. 묘를 여기저기 무리지어 여러 기가 들어섰는데 하나도 혈에 적중하지 못했다.

그중 묘 한기가 혈 근처까지 왔으나 자세히 살펴보니 중심에서 완전히 벗어났다. 묘 터를 보기 좋게 조성하느라 혈처가 심하게 깎여 나갔다. 참으로 안타까운 일이다.

깎여서 반파되고 파내어 혈이 없어진 것에 비하면 그나마 다행스런 일이지만 우연히 근처까지 간 것으로 보인다. 사이비 무식배들의 소행이 여기뿐이겠는가?

지금 우리나라는 많은 인물이 필요한 시기이다.
여기 양각목단이 올바로 쓰여질때는 언제인가?

양각산

성주산 양각 목단형의 주산 전경이다. 능선 양쪽 끝에 귀처럼 솟은 산봉이 천을태을(天乙太乙) 봉이라 일컬어지는 산봉이다. 보기드문 귀한 성체이다.
중심으로 뭉클뭉클 흘러내린 용맥이 정말로 단정 수려하고 전체적인 대칭이 참 조화롭다. 대 명당의 증좌이다. 맨 아래쪽 동산 밑에 계단식으로 묘들이 즐비하게 있으나 어느 하나도 반평이 채안되는 혈에 적중하지 못했다. 하늘의 뜻인가? 무식배의 뜻인가?
조물주가 내린 진정한 명당을 얻을 수 있는 확률은 벼락 맞을 확률보다 더 어렵더라.

천하복지 우복동을 찾아서

2007년 겨울쯤이다. 영등포역 대합실에 커다란 광고 비젼이 설치되어 있어 특색 있는 각 지방의 특산물과 향토 문화 역사를 간단하게 함축하여 홍보하는 장면을 본적이 있다.

그때 경북상주시에서 자기고장의 홍보물을 광고하는 내용을 보았는데 흥미 있게도 그 첫 장면이 천하복지 우복동을 맨 앞에 올려 전시 홍보물로 하는 광고를 본 것이다. 일반 대중들이야 우복동이 어떤 의미를 두는지 잘 알지 못하겠지만 상주시를 정점으로 인근 지역민들과 풍수지리에 관점을 두고 옛 지가서의 언저리라도 한번 읽어본 분이라면 천하명당 우복동의 양택혈을 모르는 이 아마 없을 것 같다.

충청북도 속리산의 천황봉에서 출맥한 용맥 중 어느 하나가 흐르고 흘러 그 산자락 어디엔가 천하에 둘도 없는 명당인 우복동의 양택혈이 세상에 알려진지 천여 년이 지났다. 옛 선사들의 발자취에 의해 기록되어 있음에도 불구하고 그곳이 어디인줄 아무도 몰라 전설 속에 천하무쌍의 대 복지가 된 곳이다.

오랜 세월동안 민초들은 이곳이다 저곳일 것이다 하며 논란이 구구하고 동경만 해왔는데 해방 전후와 6·25동란 피난민 중에 비결파들이 있었다. 그들은 난세를 피해 꿈의 땅인 우복동을 찾아들어 몸을 의탁해 발복을 기다리고 현재 마을을 이루고 있는 곳이 있다.

세상이 혼란한 시기에 이곳에 들어와 전설에서 말하는 우복동이라 단정해 놓고 마을을 이루고 사는 곳이 지금 상주시 화북면 용유리에 있는 우복동 마을이다.

쌍룡계곡의 입구에 자리잡고 있는 마을이다.

입구에 들어서면 牛腹洞이라 새겨진 큰 돌에 길옆에 세워놓고 길가는 사람들의 이목을 끌고 있다. 아예 내친김에 우복동이라 단정해 버린듯하다.

쌍룡계곡은 속리산 천황봉과 문장대에서 출원한 물이 화북면 소재지에서 만나 문경방면 으로 흐르다 쌍룡계곡의 비경과 어우러져 많은 사람들이 여름철에 시원한 계곡물을 즐겨 찾는 곳이다.

예로부터 지리산 골짜기 어느 곳엔가 푸른 학이 살고 세속을 떠난 고결한 도인들이 모여 산다는 청학동과 속리산 줄기 어디엔가 있을 우복동은 우리나라 풍수학에서 전설 속에 이상향의 대 복지로 알려진 곳이다.

그렇다면 천하의 우복동은 과연 어디일까?

옛 비결록의 기록된 내용들을 살펴보면, 우복동의 양택터에 집을 짓고 살면 삼재팔난을 만나지 않고 집집마다 현인과 군자라! 또 장상의 인물과 판서가 속출하고 사업을 하면 천지를 진동할 만큼 대단하여 그 운기와 역량은 지구와 동행한다고 기록되어 있다.

아미도 사업이 천지를 진동할 정도라면 1급 재벌을 뜻하는 것 같다.

또한 조선조 때 임진왜란 당시 명나라 군사와 함께 온 중국인 풍수지리학의 대가인 두사충은 이곳을 발견하고 장문의 기록을 남겼는데 중국의 요동땅에 이와 비슷한 곳이 있지만 명당의 역량이 적어 우복동과는 비교할 수 없노라고 극구 예찬한바 있다.

우리나라의 사십배가 넘는 중국땅에도 우복동과 비견될만한 명당이 없다는 얘기일 것이다. 흥미로운 일이 아닐 수 없다.

한편 우리 동양권의 생활풍습 중에서 삼재팔난은 껄끄럽고 두려운 무형의 대상으로 깊숙이 자리 잡고 있다.

그러한 삼재팔난이 못 미친다니 청학동과 더불어 그야말로 무릉도원 같은 경이의 터인 것이다.

본인도 이러한 내용을 대할 때마다 도대체 우복동의 산세가 어떻길래 삼재팔난이 못 미친다 했을까 하고 궁금증이 일어 호기심만 쌓여 갔다.

또 이조시대의 선사로서 이름을 날린 "일이승"의 결록을 보면 속리산 천황봉아래 천하에 둘도 없는 복지가 있는데 덕을 쌓은 사람으로 신안(神眼)을 가진 사람이 그곳을 차지할 수 있으며 하원갑운이 도래하면 호남변두리 지방 사람들 십여 인이 처자를 데리고 자연적으로 들어와 터전을 잡고 대대손손 만대에까지 복을 누리는 보물이라 하고 예언을 했는데 참으로 기이한 일이 아닐 수 없다.

지금 이 시기가 하원갑운에 해당하는 시기라서 그렇다.

감회가 남다를 수밖에 없다. 참고로 금세기 하원갑운의 시기는 1984년부터 2044년까지이다. 또 어느 결록은 천황봉에서 동쪽으로 5리 떨어진 곳에 있다 했고 또 다른 결록은 30리 떨어진 곳에 있다 했다.

어떤 이는 20리 떨어진 곳에 있다 했는데 어느 곳이든 실제로 답산하여 보면 알 수 있으리라.

이 장소가 우리나라에서 별천지가 되어 사람들의 가슴속에 이상향의 터전으로 새겨져 있어 여러해 전에 TV방송에서 우복동의 천하복지를 찾아 방영을 했지만 결론을 낼 수가 없었다. 어떻게 결론을 낼 수가 있었으랴! 오히려 세인들에게 궁금증을 더 일으켰었다.

2000년 10월 깊어가는 가을이다. 대망의 우복동 답산 길에 나섰으니 오늘 그 신비와 수수께끼를 꼭 풀어보리라!

가는 길에 준비해온 도시락으로 점심을 야외 쉼터에서 먹으니 별미가 되어 맛도 좋으니 어릴적 학창시절에 소풍 나온 기분이다.

풍수인 길에 들어선지 4년만의 일이다. 무모한 도전일 수도 있겠지만 누구도 해내지 못한 일을 해낼 수 있다면 그 이상 보람과 의미 있는 일이 또 있을까?

충북 보은땅에 들어서니 저 멀리 소백산맥에서 흐르는 거대한 산줄기 들은 천봉만봉 겹겹이 늘어선 형세가 한 폭의 산수화 같다.

필자가 사는 서해안 일대의 산세와는 또 다른 모습이다.

흐르는 물은 맑고 산들이 수려하니 소위 산자수명이라! 들녘 또한 드넓고 기름지니 인간이 생활하기 좋은 선택된 땅이라 부를만하다.

정감록의 십승지로 일컬어지는 그중 한곳이 있는데 증항 이란 곳이 있다.

대동여지도를 펼쳐 놓고 살펴보면 지금의 만수동 골짜기가 증항이 아닌가 하는 생각이 든다. 승지라 하면 사람이 풍수지리 적으로 기거하기 좋은 조건이 갖추어져 있는 것이 첫째조건인데 이 골짜기가 무슨 이유로 승지의 반열에 올라있는지 이해가 되질 않는다.

산은 거칠고 농토 또한 주먹만 하니 무얼 먹고 살란 말인가.

본시 천황봉은 제좌(帝坐)의 기상이 서려 있는 산봉우리이다.

그 증거로 천황봉은 쌍태로 되어있는데 여기 만수동 골짜기 막다른 곳에서 바라보면 쌍태의 모습이 완연하여 아름다운 자태를 보이고 있다.

　천황봉 정상에서 건해(乾亥)로 출맥한 용맥이 있는데 이 용맥 이야말로 용맥 중 최귀룡이다. 이 용맥은 만수동 계곡을 끼고 앞으로 흐르면서 천변만화! 그 기상이 활달하고 기복함이 청룡이 구름을 헤치고 승천 하는 듯 그 형상이 가상하더니 기필코 저 산줄기 어디엔가 천하의 대 명당이 비장 되어 있으리라.

　본시 혈이라는게 용맥이 처음 출발할 때는 힘이 넘쳐 기백이 충만하고 기세등등하여 중간에 걸리는 것이 있으면 그 무엇이라도 해치울 것 같은 기상으로 나아가다가 가면 갈수록 그 기운이 떨어지며 쉬어가기를 자주한다. 그리하는 용맥 자신은 결국은 기운이 떨어질 것을 아는지라 쉴 곳을 찾아가며 임무를 띠고 흐르는 것이다.

　그리하다 기운이 다 떨어지기 전에 마지막으로 한번 용트림 하며 기세를 올리기 십상인데 이때 용트림하여 기세를 올리고 나면 그 기운은 급격히 떨어져 아예 기진맥진 하다가 탈진하여 마지막 쉬는 곳이 혈이다.

　더 이상 나아갈 힘이 없어 아예 여장을 풀고 살림 준비하는 성숙한 여인과 같은 것이다.

　혈이 맺혀 있는 산은 여인의 몸체요 혈은 여인의 자궁이자 씨앗이다.

　여기 흥미있는 일화가 있어 소개한다.

　필자가 4년 전에 청량리에서 활동하는 풍수인을 알고 지낸 적이 있었다.

　생각하면 이분은 참으로 독특한 방법으로 길지를 가려내는 기인이였던 셈이다.

산에 올라 산세를 살펴보고 여기쯤이 길지가 되겠다 싶으면 그 자리에 텐트를 치고 잠을 잔다는 것이다. 겨울이 되었건 여름이 되었건, 상관없이 그러한 과정을 반듯이 거친다는 것이다.

그리하여 잠을 청하면 반듯이 꿈을 꾸어 길지인지 아닌지를 판별하는 것인데 그곳이 더없는 최상의 자리일 경우 꿈 내용이 기발했다.

누워있는 나신의 처녀 자궁에서 꽃송이가 피어오르는 꿈을 꾸는데 그 꽃이 한 송이일 때 두 송이, 여러 송이로 꿀 때마다 다르다고 하는 경험담을 들었다.

그 꿈을 꿀 때가 가장 좋은 길지가 틀림없었다고 한다. 자리가 나쁘면 흉몽을 꾼다고 하는데, 참 이 세상에는 기인도 많구나! 풍수가에서 회자(回刺)되는 이야기를 모으면 또 필자의 경험으로 비추어볼 때 이 대지는 여성의 모태와 같다는 비유는 최상의 비유법이라 할만하다.

다시 본론으로 돌아가 천황봉 에서 건해방 으로 흘러간 용맥은 수십 리를 가더니 기운이 다 떨어지기 전에 마지막으로 한번 기세를 올리니 그 기상이 자기성(목형의 산)으로 우뚝 솟아 있어 봉황의 자태 그것이다. 필시 얼마 안가서 대 혈을 맺고자 하는 소조산이 분명하다. 이곳에서 여러 갈래로 나누어져 흐른 용맥 중에서 동쪽으로 떨어진 산줄기 하나가 푸른 서기를 품고 마지막 안간힘을 다하여 나아가는 것이 눈에 들어오매 한번 성봉하고 엎드릴 때마다 거칠었던 어지러운 살기를 벗어 던지니 마지막 탈진상태에 들어가 쉴 곳을 찾는 듯하다. 횡으로 나아간 산줄기는 끝으로 겨우 봉우리3개 세우더니 그 나머지는 아예 유야무야 그냥 미끌어져 흘러가 형체를 마쳤다.

마지막 세운 산봉이 필자의 눈을 현혹한다.

주산에 올라 주변을 자세히 살펴보니 보필입수! 즉 형체 없이 떨어진 형상은 탈진한 용신이 퍼진 상태로 평지를 이루어 혈을 맺었는데 중심부는 5~600평이 될 것 같고 혈의 여기(餘氣)는 2~3천 평에 이르는 넓은 지역을 덮고 있다. 처음 보는 혈판의 장관이다. 작은 동리하나는 충분하다. 얼핏 보기 밋밋하고 개성이 없어 사람의 눈에 들지 않으며 일부는 잔자갈로 덮혀 있고, 사람들이 천시하게 되었다.

조물주가 천하의 진기한 보물을 감추는 법칙을 헤아릴 수가 없다.

인간이 값진 보석을 장롱 깊숙이 다른 사람의 찾기 어려운 곳에 숨기는 이치와 무엇이 다르랴.

혈판에 서서 앞 정경을 바라보니 주변에 살기를 띤 산들은 모두 자취를 감추었고 수구(물이 나가는 곳)에는 수문장이 장대 같이 버티고 섰는데, 오호라!

저것이 바로 세상 사람들이 애써 찾아 밝히려는 석수문 이로구나!

우복동의 석수문이 저런 형상으로 있을 줄 꿈에도 생각 못했는데…

이 석수문은 우복동의 상징이자 표적물이 되어있는 수수께끼에 쌓인 형상물이다. 옥룡자(도선국사)비기에 보면 우복동의 양택지는 석수문이라는 것이 있어서 그 들어가는 입구를 막고 있다가 운기가 도래하여 사람이 살게 될 때가 되면 벼락이 쳐서 석수문이 깨지고 문이 열려 사람의 출입을 용이하게 한다고 전설 속에 설화처럼 기록되어 있는데 바로 저 수문장을 보고 기록을 한 것이구나! 정말로 기묘한 이치다.

인간의 필요에 의해 만들어진 절묘한 작품처럼 내청룡 내백호가 마주보고 있는 수구 한가운데에 천연적으로 정교하게 가로막고 서있는 저 수문장을 바라볼 때 말도 없고 생각도 없을 것 같은 저 대자연 속에 산들의 교묘한 배치와 그 질서 정연함에 그저 감탄감탄 머리가 숙여진다.

　본인이 산에 다니기 시작하면서 얻은 지리사상은 이 말없는 산천에도 생명력이 있어서 인간의 지혜로는 도달할 수 없는 그들(자연) 나름대로의 법칙과 질서가 엄연히 존재하고 있음을 각처에서 확인한다는 사실이다. 그래서 이 세상은 우연은 없다고 보는 것이다.

　당위성과 필연만이 존재한다고 판단하는 것이다.

　또한 이 석수문에 신비함이 또하나 있었으니 기이하게도 혈이 맺힌 위치에서만 정교하게 보인다는 사실이다.

　혈처에서 다른 곳으로 조금만 벗어나도 석수문의 위상은 꺾이고 자취가 묘연하니 정말로 경이로운 지경이 아닌가?

　감회에 젖어 혈을 뒤로하고 동네 어귀까지 걸어 나와서는 가는 발길 아쉬워 돌아서서 바라보니 아! 명당의 이름을 牛腹洞이라 지은 뜻을 알 수 있었는데 혈을 맺은 산은 소의 형상을 하고 있었고 혈은 소의 복부에 해당되는 장소에 있었던 것이다.

　흡사 숨은 그림 찾기와 같으니 어느 누가 저 형상을 알아챌까.

　내당은 궁핍하고 외당은 광활하여 농토가 많으니 생활터전으로는 금상첨화다.

　이러한 천하무쌍의 대 복지를 세상 사람들이 동경하여 이곳을 찾으리 속리산 이 골짝, 저 골짝을 얼마나 많이 헤매였던가.

　우리나라 풍수지리 내역을 보면 한반도의 형상이 동물과 같은 모양으로 되어 있어서 한편으론 호랑이와 같이 그렸고 또 한편으론 토끼와 같다고 한다.

　그 형상이 어느 쪽이든 실제 우복동이 차지한 위치는 이들의 자궁과 같은 위치에 존재하고 있다.

즉 자궁은 외부로부터의 모든 재해를 보호해주는 그야말로 구중궁궐과도 같은 곳이다. 또 한반도의 지도를 놓고 자세히 살펴보면 우복동의 위치가 남한의 정 중앙에 위치하고 있다. 태백산맥을 정점으로 하여 갈라진 남한의 모든 산맥들은 우복동을 감싸고 있는 형국이 된다. 여러 가지 결록 에서 밝혔듯이 천하의 복지의 여건을 두루 갖추고 있는 것이다.

이러한 우복동의 위치적 형세는 엄청난 상상력을 동원하고 있는데 반해 그러나 실제로는 허망 하리 만큼 얼핏 특징이 없어 보인다.

그도 그럴 수밖에 없는 것이 모든 살기를 벗었으니 그럴 수밖에 없는 것이다.

우복동의 골짜기에 들어와서도 자기가 지금 서있는 곳이 우복동인지 깨닫질 못한다. 이렇듯 이 장소가 허술해 보이는 장소에 있어서 범인의 눈으로는 알아채기가 쉽지 않아 지금껏 온전하게 비어 있었을 것이라 판단된다.

본인도 이곳을 찾아내기 전에는 나름대로 상상속의 우복동의 형상을 그려보았는데 심심계곡에 천하절경을 갖추고 있을 줄 알았었다. 중국에도 짝이 없다 했으니 그럴 수밖에...

본인이 이곳을 다녀간 후 정말로 사람이 들어가 살 때가 되었다고 여겨지는 징후가 일어나고 있었다.

난데없이 수문이 넓게 열리고 있었든 것이다. 벼락대신 벼락같은 힘을 쓰는 중장비로 인하여 길을 넓히는 공사를 하더니 자연 사람들의 출입이 자연 많아지게 되었고, 지금이 또 하원갑운이 아닌가.

그러나 제일 중요한 것은 이렇게 무명의 촌부에게 보여 지게 되어 세상에 알려지게 되었음이 옛 선사들의 예언들이 허사가 아닌듯하다.

자미원(紫微垣)은 어디에 있는가?

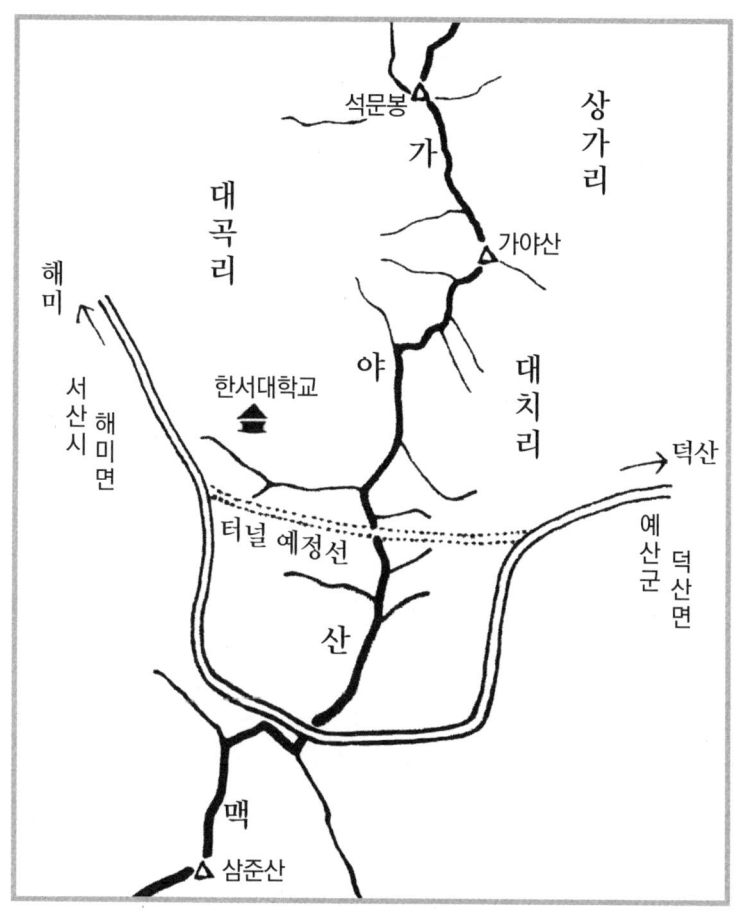

변경된 가야산 터널공사

김대중 정부시절때 자미원에 대하여 있었던 일화가 있다.

요즈음 전국적으로 새로운 도로가 신설되고 있다.

굽은 것은 반듯하게 바로잡고 큰 산맥은 돌아가는 노선대신 굴을 뚫어 직선으로 내고 현재 구불구불한 기존도로를 보완하여 도시외곽을 돌아 지름길을 내어 전국도로에 일대 혁신을 기하고 있다.

여기 차령산맥의 가야산은 능선을 사이에 두고 서산시와 예산군의 경계로 나뉘어져 있어 예전의 도로는 산자락을 따라 구불구불 산 고개를 넘어 해미와 덕산을 넘나들었다.

그러다가 새로운 도로의 필요성이 제기되면서 덕산과 해미사이에 있는 가야산에 굴을 뚫어 터널을 만들고 직선코스로 4차선이 설계가 완료되어 공사가 착공단계에 이르렀다. 그런데 이 가야산은 세인들이 알다시피 자미원이 있게 한 소조산이다.

자미원의 모태가 되는 가야산에 4차선 터널이 생겨 바람이 통과하게 됨을 알게 된 당시 수덕사의 법장스님이 권력의 최고 상층부에 찾아가 행여 자미원의 위상에 손상이 가해질지 모르는 터널작업을 중단을 건의하게 되었다.

세계에서 하나밖에 없는 신화 같은 음택 자미원의 위상에 상처가 될 수 있는 것을 막기 위해서다. 법장스님의 이 건의를 김대중 대통령은 흔쾌히 받아드리고 설계를 우회하도록 다시 지시하여 지금의 해미와 덕산간의 우회도로가 생긴 것이다. 덕분에 가야산의 본체는 그대로 보존이 된 것이다. 이러한 사례는 세계유일의 자미원이 위상을 더 높이는 계기가 된 것이다.

천하의 명당은 종국에는 일개 개인이 쓰게 되겠지만 그것은 국가의 보물이며 큰 자산으로 평가를 받을 시기가 왔다고 본다. 인재가 탄생하면 그는 결국은 우리국가를 위해서 몸을 바칠 수 있기에 그렇다.

풍수지리의 핵심은 두말할 것도 없이 혈이다.

보통 명당이라고 부르는 이 혈도 역시 최고최상의 혈이 있으니 그가 곧 자미원이다.

풍수지리에 관심을 갖고 발을 들여 논 사람이라면 주저 없이 자미원국을 최고의 명당이라고 입을 모으며 그것이 어디에 있는지 한번 볼 수만 있다면 찾아가 보는 것이 풍수인 최대의 로망일 것이다.

지금은 일반인들도 자미원이란 이름 석 자 쯤은 알고 있는 사람들도 의외로 많다.

풍수가 믿을 것이 못된다고 치부하는 사람들도 말이다.

그것은 90년대 초 육관도사라는 분이 펴낸 책에서 소개하기를 세계 인구를 다스릴 인물을 배출할 대 명당이라 소개가 되었고 이곳을 찾아주면 오백억 을 내놓겠다는 사람도 있다하여 세인들에게 많은 관심과 화제가 된 적이 있었다.

아마도 스스로 그 장소를 실제로 알던 모르던 관계없이 풍수적 권위와 위상을 내보이고자 한 표현이었을 거라고 필자는 판단한다.

보통 명당의 이름을 살펴보면 무슨무슨형 이라 해서 형용사로서의 명칭을 사용하여 부르는데 예를 들면 비봉형, 포란형, 상제봉조형 등등 일일이 다 얼거할 수 없을 만큼 수많은 형국의 이름을 사용하고 있다. 그런데 이러한 형이상학적 요소에 바탕을 둔 명당의 이름을 쓰지 않고 하늘의 성좌 이름을 빌려서 명칭을 붙인 것이 자미원이다.

고대의 철학자들은 지상의 모든 산들이 태양계의 모든 별들과 상호 연관 작용을 하고 더 나아가 광활한 대 우주에 있는 별들과도 유기적인 상호작용이 있다고 했다. 특히 자미성좌가 있는 북두칠성과 북극성은 상호작용하는 요소가 보다 밀접한 관계여서 지구상의 인간을 위시한 모든 생명체뿐만 아니라 지상의 산맥들까지도 연관 작용이 있다고 보았다.

그리하여 하늘의 천체의 북방에는 자미(紫微)성좌 동방에는 천시(天市)성좌 남방에는 태미(太微)성좌 서방에는 천원(天苑)성좌가 있어 그 각성좌마다 고유의 성군을 거느리고 배치가 되어있다고 본 것이다.

이러한 천체의 성군배치는 지구의 표면을 덮고 있는 지상의 산맥에도 영향을 주어 산맥이 흐르다 상호연관 작용으로 하늘의 성군과 같은 산봉의 배치가 되면 원국(垣局)이 되어 지상최대의 명당이 된다고 했던 것이다.

그리하여 천상에는 성좌의 명칭이 지상에서는 원국이라는 이름으로 각기 불리워지고 있지만 그 원류는 동일한 것이다.

따라서 북에는(亥)해방에 자미원국이 동에는(艮)간방의 천시원국 남에는(巽)손방의 태미원국 서에는(庚)경방의 천원국이 지상의 명당으로 결성될 때 천상의 성좌와 지구상의 산맥이 상호 호응하여 각기 동일한 정신의 산봉으로 배치가 되어 결혈 된다고 한다.

또 천상의 4대 성좌 중에서도 자미성좌, 천시성좌, 태미성좌를 삼원(三垣)으로 꼽으며 천상의 천시성좌는 천자의 수렵(獸獵)궁이며 태미성좌는 천자의 포정(布政)궁 자미성좌는 천자의 침(寢)궁으로 상징하며 그 중에서도 자미성좌가 가장 완전한 아름다운 구성을 갖췄다고 한다.

따라서 지구상의 자미원국도 각 원국 중에서도 가장 완전무결하게 성봉이 포진되어 가장 미려함을 갖춘 곳으로 제일로 친다고 한다.

이러한 원국은 일대간룡이 흘러가 최 종처에서 대 명당으로 결실하게 되는데 대개는 양택지로 혈을 맺는다고 한다. 이러한 산맥의 구성은 원국을 명당 중에서도 왕후장상지지 그 이상을 말하는 것으로서 최고 최상의 명당이고 한국가의 도읍지이며 왕도처로서 나라를 통치하기에 알맞은 지형이 된다하였다.

다행이 옛 부터 우리나라의 차령산맥에는 자미원국이 있다고 전해오고 있는데 그 중에서도 가야산이 있는 내포지역에 있다고 구전으로 전설이 되어 오늘날 까지 이어지고 잇는데 그곳은 양택이 아닌 음택지로 결혈 되었다고 전해오고 있는 것이다.

여간 다행스런 일이 아닐 수 없다. 우리한반도에 천하의 대국을 갖춘 명당이 있다는 것이... 우리보다 사십배가 넘는 이웃 중국에는 자미원이 2개 정도 있다고 전해지나 그 어느 것도 자세히 알려진바 없어 혹자는 장안, 낙양 등이 아닌가 하지만 밝혀진바 없다. 후일 필자가 기회가 있을 때 중국의 자미원을 탐사할 예정으로 계획을 세워두고 있다.

이러한 천하 유일한 자미원국의 옛 기록은 별로 자세한 것이 없는 것 같다.

통일신라 때 당나라명사 양태진이라는 사람이 당진에 도착하여 내포일대의 격국을 보고 알았다는 설과 한편으로는 우리나라의 원효대사가 차령산맥의 가야산에 도달하여 역시 내포지역의 지세를 돌아보고 기록을 남겼다는 설이 있다.

일천하고도 수 백 년 전의 일이다. 그 후로는 우리나라의 선사들도 찾아본 일이 없다고 하는데 지리학의 비조인 도선 국사도 기록을 남기지 않은 걸 보면 이곳을 찾아보지 않은 것이 사실인 듯하다.

한편 이조말엽 대원군도 이를 찾으려 지대한 욕망을 냈던 인물이다.

당시 최고의 풍수사 정만인에게 자미원에 인도하기를 간청했으나 정만인이 꾀를 내어 달아나 숨어버리는 바람에 뜻을 이루지 못했다는 야사가 있는데 그때 대원군은 정만인 으로부터 자미원이 그려진 산도를 전달받고 흠모와 동경심에 산도에 금분으로 착색을 하여 보관했으나 중도에 없어져 행방을 모른다고 한다.

그러던 중 20세기가 끝날무렵 남긴 고 장익호 선생이 이곳을 찾아내어 유산록에 그 기록을 남기었다.

고대기록에 의한 자미원국의 설명을 우선 살펴보면,
중국의 양균송은

> 北辰一星, 天中尊, 上相上將居四垣, 天乙, 太乙明堂照,
> 북진일성   천중존   상상상장거사원   천을   태을명당조
>
> 華蓋三台相後先
> 화개삼태상후선

이라고 간단히 4구절만 논하였고

또 어떤 고서적은

> 太微垣方正, 天市垣有四門, 皆有帝座, 而星辰 未能全具,
> 태미원방정, 천시원유사문, 개유제좌, 이성진 미능전구,
>
> 獨紫微垣前後有門, 華蓋七星 在後
> 독자미원전후유문, 화개칠성 재후

> 三台六星在前 御溝 中間抱城屈曲, 而東西兩垣十五星,
> 삼태육성재전 어구 중간포성굴곡, 이동서양원십오성,
>
> 居垣四方, 天乙, 太乙 在垣南畔, 兩兩對立, 北辰一星
> 거원사방, 천을, 태을 재원남반, 양양대립, 북진일성

> 正臨天門亥地, 四面環列 如萬派之朝海, 衆星之拱辰,
> 정림천문해지, 사면환열 여만파지조해, 중성지공진,
>
> 其餘千山萬水, 皆暗暗朝拱, 九回九曲, 此最尊之局
> 기여천산만수, 개암암조공, 구회구곡, 차최존지국

> 然三垣皆有輔弼, 爲帝 近侍而 其形甚隱微,
> 연삼원개유보필, 위제 근시이 기형심은미
>
> 非若兵衛顯然傍羅也
> 비약병위현연방라야

이라고 보다 상세히 자미원국을 설명하고 있다.

자미원에 대한 상기의 문장은 혈을 중심으로 하여 짜여진 산천의 형상과 조건을 글로써 나타낸 것이다.

자미원의 조건이 되는 이 문장을 해석한다면

혈의 전면과 후면에 삼태라 하여 세 개의 산봉이 서로 마주보고 있어야 되며, 혈 후에 있는 세 개의 산봉은 천을태을이 되며 또한 북두칠성과 같이 일곱 개의 산봉을 거쳐야만 되고, 전면에는 삼태육부라 하여 세 개의 큰 산봉 옆에 구슬 같은 작은 산봉 여섯 개가 연이어서 늘어서있고, 국을 이루는 산맥의 격국은 동쪽과 서쪽에만 있어서 양쪽 끝이 고리처럼 맞닿아 있으며, 그 안에 바닷물이 들어와 있어야 되

고, 주산 뒤편 에는 해방(亥方)에 단정한 산봉하나가 받쳐주고 있으며, 모든 물은 한곳으로 모여들고 모든 산봉은 엎드려 공손하고 혈을 호위하는 산은 가깝게 있으며, 격국의 형세는 얕은 담장으로 길게 늘어선 지상 최고최대의 존엄한 원국이다.

그러면 우선 홍성과 당진의 중간에 있다는 유산록의 기록을 근거로 하여 자미원을 찾아보기로 하니 때는 98년 가을이다.

우선 가야산 맥의 흐름을 살펴보면 소백산맥의 속리산에서 출맥 하여 충남지방의 중심으로 통과한 차령산맥은 남쪽으로 흐르다 청양의 백월 산에서 서북쪽으로 방향을 바꾸어 오서산을 크게 세우더니 다시 북방으로 출진하여 홍성의 백월산, 수덕사가 있는 덕숭산을 거쳐 가야산에 이르렀다.

차령산맥의 이러한 흐름 때문에 가야산의 동쪽방면 즉 아산, 예산 서쪽에 대분지가 생겨 낮은 구릉과 대 평원으로 이루어졌다. 예산의 금오산에 올라 백리 밖 서쪽의 가야산을 바라보면 가야산 맥의 일대 간룡이 장차 대 혈을 맺기 위한 정신으로 일사불란한 흐름을 일목요원하게 읽을 수 있다.

가야산 맥은 가야 봉에서 석문봉, 옥양봉을 거쳐 운산면 와우리 근처에서 일대 과협을 하고 다시 점점 융기하여 당진의 이배산을 지나 다불산, 아미산으로 직룡이 되어 점점높이 성봉한 것이다.

이와 같은 차령산맥의 일대간룡의 흐름은 천하의 대 혈을 맺고자 하는 정신의 발로이며 풍수이론의 교과서 같은 보기가 된다 할 것이다.

특히 다불산은 좌보성의 진면목이다. 평지에서 우뚝 솟은 이배산과

연맥으로 이어진 다불산은 그 장엄한 형체가 타처에서 볼 수없는 수발한 좌보성의 기상을 하고 있는 것이다.

다시 아미산에서 남방으로 급전하여 흐른 용맥은 면천면으로 흘러 일대 개장을 하고 중심으로 천심 출맥 하여 성상리에 이르러 천하의 대 혈인 자미원국을 결혈한 것이다.

이 자미원국은 남북으로 연소형과 괘등형 맺혀 있다는데 위쪽에 있는 연소형은 생기는 약간 있으나 혈로 볼 수없는 지형이었다. 그러나 이연소형은 혈처가 분명 아니다. 부근이 습이 많고 땅이 모래가 많아 푸슬거리고 힘이 없어 묘가 1~2기 있으나 이미 고총이 되었다. 묘를 써서는 안 될 곳이다.

괘등형은 그대로 보존되어 있어 다행이다. 그러나 장선생이 어느 지점 을보고 혈이라 정하였는지는 솔직히 알 수가 없다. 다만 본인이 괘등형이라고 한 지점은 혈이 분명하나 세월이 지나는 동안 인작으로 약간 파손이 되었다. 장선생이 정한곳과 본인이 정한 곳이 일치하는지는 수수께끼이다.

아미산下의 자미원을 천신만고 끝에 찾아 확인하고 일면 가슴 뿌듯함을 느꼈으나 마음 한구석 미흡한 점을 감출수가 없었다.

왜냐하면 앞장에서 언급한 고서의 내용과 같이 자미원의 구성요건들이 합치뇌는 사격들을 아무것도 발견하지 못했기 때문이다.

제일먼저 혈의 전후에 배치되어 있어야 할 천을 태을을 구비한 3개의 산봉을 즉 삼태 화개성을 발견치 못했기 때문이다. 또한 바닷물이 있어야 된다고 했는데 내륙에 무슨 바닷물이 있을까?

그 나머지 모든 부분들의 아무것도 확인할 수가 없었다.

무엇보다도 격국이 대국이 아닌 소국이었다.

그러나 이러한 부분은 본인의 공부가 아직 미약하여 여타의 사격의 조건들을 헤아리지 못함으로 치부하고 다만 장선생이 지정한 장소를 찾아 확인했다는 것으로 위안을 삼았다. 고 장선생의 저술에 대하여는 그동안 한 점의 의혹이 없을 것이라 생각했고 또 완벽한 것으로 신뢰를 했기 때문에 이 장소가 자미원국 이라고 확신 하였든 것이다.

인연 그리고 필연! 자미원의 비밀

1998년도 늦봄!

우연히 예산의 수덕사에 바람이나 쏘인다는 마음으로 들러 대웅전 법당에 들어가 절을 하고 나오려는데 처음 보는 스님이 말을 건넨다.

"시간이 허락하면 잠시 쉬었다 가시지요!"

자석에 끌리는 듯한 그 무엇이 존재 했을까? 집에 가서도 딱히 예정된 일도 없어 스님말씀에 따르기로 하고 예불시간이 끝나길 기다린다.

예불이 끝나고 요사체 스님 방에서 만나 예를 갖추고 담소를 나누니 내생에 처음 스님한분을 알게 된 인연이 시작된 것이다. 그런데 이 인연은 참으로 기묘한 만남이 되어 엉뚱하게도 후일 자미원국의 진실을 알아내는 필연이 될 줄이야!

그 당시 본인의 생활이 퍽이나 옹색하였는데 스님이 이를 간파하시고 우리집아이(당시고2)의 학자금을 졸업 때까지 대주신다고 한다.

사나 깨나 기도로만 몸이 배인 분으로 이 생애에 꼭 성불을 하여 세속의 때를 지워버리는 것을 원을 세우신 분이다.

그런 분이 아무런 대가나 이유도 없이 그런 은혜를 베푸니 고맙기도 하지만 나 자신이 왜소하게 느껴짐은 어쩔 수가 없었다.

이 스님은 수덕사에서 1000일 기도의 원을 세우고 공양과 잠자는 시간을 빼고는 오로지 기도로 일관된 생활을 하고 있는 중이었다.

그런 진지함에 본인도 감동이 되어 끝날 때까지 동참을 하게 된다.

1000일 기도를 끝낸 1999년 가을 수덕사를 떠난 스님은 강화도 보문사에 몸을 담고 역시 자나 깨나 염불기도에 정진하더니 어느 날 덜컥 안면마비(구안와사)가 되어 몸져 누워있게 된다. 3~4개월 동안 인천에 있는 한방병원에서 치료를 해도 좀처럼 낫지를 않더니 반신마비의 중풍기운까지 겹치게 된다.

병원에서 치료가 안 되니 한방병원에서 중간에 퇴원을 하여 의정부의 어느 불자의 집에 몸을 옮겨 신세를 지고 치료를 하신다기에 위병차 들리기로 하였다.

가는 길에 생각한바가 있어 경동시장에서 치료에 필요한 약재를 구해서 의정부 스님 있는 곳에 들려보니 예전보다 입은 심히 더 돌아가고 한쪽 눈마저 일그러진 상태에 충혈까지 되고 손발의 일부는 혈액순환이 잘 안 되는 탓인지 일부가 썩고 있었다.

스님을 모시고 있는 신도를 보니 부처가 따로 없었다.

이렇게 몸이 불편한 스님을 내 가족같이 돌보심이 살아있는 부처였다.

이틀 동안 머물며 혈 점을 찾아 뜸뜨는 요령을 알려드리니 좋아하는 기색이 역력하다.

집에 돌아온 후 20여일이 지났을까?

의정부에 전화로 안부를 물어보니 조금씩 차도가 있는 것 같다고는 하는데 정말차도가 있어서 하시는 말씀인지 인사치레로 하시는 말씀인지 알 수가 없다. 그 후 20여일이 지나서 이번엔 직접 의정부로 가보았다.

의정부 불자 댁에 들려 스님을 바라보니 입은 정면으로 돌아왔고

썩어 들어가던 살은 새살이 돋아나와 발그스레 분홍빛이다. 거의 완치라 보아도 될 것 같았다.

못 고칠 것 같았던 무거운 병에 기적 같은 회복이 된 모습을 보니 반갑고, 고맙고...

정말로 사람의 인연이라는 것이 생각할수록 기묘하다. 항상 아들 녀석 학자금 도움 받은 것이 짐으로 남아있던 터에 이렇게 어려운 병을 고치게 되었으니 어느 정도 짐을 덜게 된 것이다. 그때 도움을 안 받았더라면 스쳐지나가는 인연 이였을 텐데...

스님은 그 후 건강을 이후로 따뜻한 남쪽지방인 전남장흥의 천관산 자락에 몸을 의탁해 계속 수양 생활을 하게 된다.

멀리가 계신 것이 궁금 도 하여 일 년 이면 두어 차례씩 찾아뵈었는데 갈 때마다 공교롭게도 어느 중년의 여인이 기도 차 와있었.

약속한 바도 없었건만 일 년에 아무 때고 한두 번가는데 그것도 같은 날 올 때도 있었고 하루격차를 두고 서로 천관산 자락에서 만나 재후를 하니 이 또한 기묘한 인연이다. 서글서글하고 그러나 무언가 고심이 있는 듯 기도 차 서울서 천리 먼 길까지 온 것 보면 무언가 사연이 있겠지? 강화도 보문사에 계실 때 스님의 기도하는 그 자태에 감동을 받아 여기까지 찾아와 기도를 종종 하는 것 이였다.

수차례에 길쳐 꼭꼭 만나게 되니 자연 대화를 주고받게 된다. 말이 오고가고 보니 자기의 형부가 한 분 있는데 형부도 풍수지리에 몸 담은지 수 십 년째인데 두 분이 만나서 교류를 하면 서로 도움이 될지도 모르니 한번 만나 보라고 권한다. 스님도 옆에서 한번 그리 해보라고 하시니, 처음엔 귓가로 흘려들었는데 한번만나 볼까 하는 마음이 일어난다.

필자는 지금 우리나라에 풍수학에 관심을 두고 연구하는 인사들이 몇 만을 넘어 몇 십만 이 될지도 모르지만 몇 명이나 진실에 접근 했는지는 항상 의문 속에 있었기 때문에 별로 개의치 않고 싶었다.

　그러나 이 여인은 형부의 전화번호를 적어주고 필자의 얘기를 이미 해놓았으니 꼭 통화를 해 보라고 거듭거듭 권한다. 이리되면 떠밀리듯 갈수밖에 없다.

　이 여인에게는 아마도 내 모습이 궁색하게 보였던지 자기형부를 통해서 서로 간에 무언가 얻어질 것이 있으리라 보고 또 한편으로는 도움도 될 거라 여기는 것 같다.

　이리되고 보니 어떤 사람인가 하는 호기심도 일어난다. 나이는 필자보다 훨씬 많은 12살 위라고 한다. 이제는 간청에 따라 낯모를 그분과 통화를 하여 만날 장소를 정하고 날짜를 잡아 서울로 올라가기를 약속했다.

　약속한 날짜에 서울로 올라가 서초동 어느 장소에서 기다리고 있는 중인데 그 여인으로부터 전화로 연락이 와 들어보니 좀 겸연 쩍인 목소리다. "조금 전 스님으로부터 말씀을 전해 들으니 우리 형부보다 아저씨가 공부가 월등히 앞서 있다고 전해 들었노라고 하며 이왕 만나게 되었으니 알고 지내면 서로 좋을 것"이라 말한다.

　필자입가에 미소가 진다.

　약속시간이 되니 형부로 보이는 분과 만나게 된다.

　통성명이 끝나고 대화를 나눠보니 그 여인의 형부가 되는 "박" 모씨는 공기업 출신으로 정년 퇴직하고 지리학은 30년 넘게 산에 다니고 연구했다고 했다. 그러면서도 풍수학에 아직 미진한 것이 있고 가슴에 와 닿는 것이 없어 사람을 찾고 있는 듯한 인상을 받았다.

서울장안에 풍수에 관한 유명한 인사는 물론 우리나라 최초의 풍수지리학회를 필두로 하여 여러 학회를 빠짐없이 섭렵한 분이였다.

30년 넘게 지리학을 연구하고 수많은 사람을 만나봤는데 지금은 정신수양을 하고 있는 중이라고 덧붙인다. 현재 우리나라의 풍수지리의 형태가 춘추전국시대라 사람마다 주장함이 다르고 확실한 "이것이다"라는 정답을 얻지 못한 상태라고 했다.

후일 홍성에 내려와 몇몇 장소를 답산 하고 싶다고 뜻을 밝힌다.

많은 대화를 나누고 다시 만날 날짜와 장소를 정한 뒤 집으로 내려오니 그때가 2001년 10월경이다.

약속날짜에 다시 홍성에서 두 번째 만나니 예산 신양의 귀곡리에 있는 "해복"을 보고 싶다고 한다. 이 해복형은 이미 알다시피 충청도 최대 혈이다.

이곳은 필자에게 많은 것을 깨우치게 한 혈이다. 자연을 벗 삼고 산천을 스승삼아 홀로 다니며 공부하는 중에 이곳에서 비장되어 있는 혈을 보고 크게 감동과 감탄을 했기 때문이다.

박선생도 예전에 수차례 다녀갔었다고 한다. 풍수학회에서 아니면 뜻이 맞는 사람끼리 어울려 전국의 유명한 명당을 찾아보려 어딘들 안 가보았으랴.

그런데도 또다시 해복을 보고 싶다고 하는 것은 필자의 안목을 시험해보는 성격도 있다고 봐야 될 것 같다.

필자와의 이번 만남의 기회에 모르지만 무언가 확실한 답을 얻어냈으면 하는 그런 열망도 있는 듯하다. 신양에 도착하여 해복을 보여주며 이미 묘가 들어 있음을 상기시켰다.

그런데 박선생은 이리저리 주변을 돌아보고 묘에도 올라서 보고 하는데 확실한 감이 안 잡히는 표정이다.

하기야 필자의 주장이 해복이지 그것이 사실인지 아닌지 무엇으로 알아낼 것인가?

박선생은 "이 근처에서 또 다른 혈을 보여줄 수 없느냐"고 말을 하니 이제는 필자가 난감해진다.

여기서 멀지 않은 곳에 또 하나의 대 혈이 있는데 어떻게 할까?

박선생의 성품이 조용하고 곧아 보이기는 하지만....

한참을 망설인 끝에 건너 산에 인도하여 혈이 있는 장소를 짚어주니 혈에 다가가서는 가만히 올라서는 자세를 취한다.

박선생은 잠시 후 소스라치게 놀라며 필자를 향해 하는 말!

"모선생은 신안 이십니다" 필자는 그 소리에 깜짝 놀랐다.

"제가 신안이라니요!"

박선생의 이야기는 계속 이어진다.

"나는 지기(땅)기운을 감지하는 능력이 있습니다. 어느 장소이건 그곳에 발을 딛고 서있으면 지기를 느낄 수 있는데 어느 누구도 이러한 장소에 혈이 있어 땅의 기운이 뭉쳐 있다고 상상도 못하는 곳입니다. 더구나 지금 이곳은 제가 지기를 느끼던 중 가장 강력한 힘을 느낍니다. 내가 보기는 여기 이런 장소는 신안이 아니면 이렇게 정확히 짚어 내기가 불가능한 장소라 여기는데 모르긴 해도 아마 몇 백 년 동안 이 장소를 찾아낼 인사는 없으리라 생각 합니다" 그의 얘기는 오히려 힘이 있었고 당당했다.

아직도 모르는 것이 많아 길길이 먼 필자에게 신안이라는 수식어를 붙여 들려주니 어안이 벙벙하다. 참 어울리지 않는다.

아마도 박선생이 오늘 이곳에 두말없이 서울에서 내려온 것을 보면 나름대로 시험할 수 있는 능력이 있었기에 필자의 풍수 수준을 저울질 해보고자 함도 있었던 것 같다.

방금 전 해복혈에 쓴 봉분에 올라가서 아무런 반응이 없었던 것은 묘를 쓸 때 모양내느라 너무 깊히 파헤친 관계로 혈이 밑뿌리까지 파손되어 무용지물이 된 관계로 지기를 못 느꼈던 것이다.

그리고 박선생이 들려준 얘기는 그가 수십 년 풍수를 알고자 다녔지만 이때까지 알고 있던 내용과는 확 다른 그 무엇을 알았기 때인지도 모른다.

30여 년 동안 풍수지리에 몸 바쳤으나 오리무중에 있다가 오늘 명쾌한 정답을 얻을 수 있는 기회를 만났다 싶은지 박선생의 얼굴을 보니 보다 밝아졌고 감회 어린표정을 읽을 수 있었다.

그날 처음으로 혈(穴)이란 개념을 이해했을까?

박선생의 말은 계속 이어진다.

"혹시 자미원이 있는 곳을 알고 있습니까?" 그렇다고 대답하자

"그곳을 가볼 수 없을까요?"

조심스러운 물음이었지만, 박선생이 오버를 하고 있는 것 같다.

그곳이 어딘데 함부로 가자고 하나! 슬그머니 어이가 없어진다.

처음만나 첫 산행을 하고 있는 마당에 무리한 청을 하니 가관이다.

"곤란 한데요!"

"오늘은 이만 산행을 끝내지요!"

박선생은 며칠 후에 다시 내려오겠다며 서울로 올라가는데 그 표정과 자세는 의기양양, 힘이 넘쳐 보인다. 평생 풀지 못할 것 같은 풍수의 미스터리한 숙제를 풀어 낼 수 있겠다는 가능성을 보았는지도 모른다.

박선생이 스스로 갖고 있는 지기를 감지하는 능력은 그동안 실제로 산천에 나가서 진가를 어느 정도 가릴 수 있는 기능으로 활용 했던 것 같다.

오늘도 그가 갖고 있는 기능을 십분 이용하여 나름대로 소기의 목적을 달성했다고 봐야 될 것 같다. 필자가 뜬구름 잡는 풍수인 인지도 말이다.

필자보다 훨씬 많은 풍수에 대한 연륜으로 오늘 필자를 만났던 시간은 그간 숱한 다양한 사람을 접해보고 나름대로 어떤 류의 풍수학문에 임했는지도 쉽게 간파하고 있을 것이다.

며칠후 재차 홍성에 내려오니 이번에는 서산의 서우망월을 아느냐 묻는다.

박선생이 그렇게 묻는 이유가 있었다. 이 혈도 세인들에게 많이 알려져 있어서 그곳을 찾으려 여러 풍수학계의 사람들이 서산을 다녀가 곤 하는 곳이다.

조그만 메모지에 예전에 찾아 헤매이던 산 이름을 적은 것을 보여주며 가보기를 청한다. 아마 팔봉산 일원을 헤매였던 것 같다.

서산으로 향하기 전에 중간에 다른 곳에 들러 또 하나의 혈을 보여주고 나서 서산 서우망월이 있는 산으로 들어갔다.

이곳은 못 보여줄 장소는 아니라고 여겼기에 온 것이다.

혈 근처에 오면 벌써 동물적인 느낌으로도 알 수가 있다. 풍수지리를 전혀 모르는 사람도 혈 근처에 있으면 그 바라다 보이는 정경이 다른 곳 하고는 전혀 다르다는 것을 직감적으로 느끼게 되어 있다.

박선생을 이번엔 필자가 시험을 하고 있다.

즉 혈처를 알려주지 않고 한번 찾아보시라고 주문을 했는데 전혀 찾아가질 못한다. 정확한 지점을 가려내질 못하는 것이다.

　몸으로 지기를 감지를 하는 초능력을 갖췄다 해도 눈에 비할 바가 안 되는구나.

　눈은 산천을 이성적으로 분석을 하고 판단하여 혈처로 찾아 들어가는데 반해 그런 초능력은 아예 혈처로의 접근을 할 수가 없었던 것이다. 다만 그 혈장에 와서는 그 기능이 제 역할을 해 참고적으로 할 뿐 이였다. 밝은 눈 하나가 보배였구나 생각이다.

　사실 필자도 그런 능력이 부러웠다. 내가 저런 능력까지 있다면 참 편리할 때가 많을 텐데 라고 말이다.

　필자는 남들이 하는 기구를 이용하여 감지하는 수맥을 가려내는 기능도 없다.

　엘로드나 추를 가지고 연습을 해도 참말로 먹통이다. 연습을 해도 아예 움직일 줄을 모른다. 하늘은 정말 사람에게 재주를 한가지씩 밖에 주질 않는 것 같다.

　산에서 내려오면서 박선생은 속에 담아둔 얘기를 꺼낸다.

　"오늘 이틀째 모선생을 따라 산을 와보니 내가 30년 넘게 풍수 공부한 것이 아무 쓸모없는 쓰레기 인 것을 알게 되었습니다. 그동안 배운 내용은 전혀 모선생의 학문과는 비교할 수도 없고 맞질 않는 것을 직접 보았기 때문이지요. 지금 우리나라에서 이름이 나있는 사람치고 내 돈 안 쓴 사람이 없을 정도로 서울이건 지방이건 풍수 잘 본다 하면 달려가 배우길 자청하기며 지금까지 해왔는데 가서 조금 산을 따라다니면 실망을 느끼고 또 이게 아닌데 했는데 그것들이 모두 쓸모없는 것들 이란 걸 알게 되었습니다. 우리나라 풍수가 모두 허사인 것 같은 심정입니다!..." 하며 탄식하듯 회한이 드는지 토해내는 한마디 한마디가 깊은 감성이 배어 있다. 그러면서 필자의 생년월일을 알고 싶다고 한다.

이양반 내속속들이 알고 싶어 하는구나 싶다.

"생년월일은 내 밑천까지 다 내보이는 것이라서 싫습니다!"

필자의 생년월일을 놓고 내가 누구인지를 알아내려고 하는 것이다.

"그러질 말고 일러 주십시오!"

"!............"

필자의 대답이 없자 박선생은 "오늘 자미원으로 갈 수 있겠습니까?" 또다시 공세를 취한다.

그것 참 사람을 괴롭히는 것도 여러 가지다.

"곤란 한데요! 오늘도 시간이 많이 되었으니 그만 끝내지요!"

마음이 조급해서인가, 갈구증 때문인가.

자미원을 쓰고 안 쓰고는 별개이다.

자미원이 어느 곳에 어떻게 숨어있는지 알고 있다는 자체만으로도 풍수에 대한 포만감을 느끼기에는 충분하리라 싶다.

필자는 또다시 거절하니 수일 후에 다시 내려오겠다고 하며 서울로 올라갔다.

몇 번 박선생을 처해 보니 사람은 진솔해 보이고 가식이 없어 보이며 흔히 쓰는 용어로 고진으로 보이는 분 같이 느껴졌다.

조금은 필자의 속내를 보여도 뒤탈이 없을 것 같은 생각이 든다.

다음에 내려오면 자미원으로 같이 동행하리라.

몇 번 박선생을 통하여 느낀 것은 현재 우리나라의 풍수지리학 수준이 생각보다 진실과는 상당한 거리감이 있음을 느꼈다.

박선생 스스로 실토했듯이 수 십 년 동안 우리나라의 맨 처음 풍수학회를 필두로 해서 내노라 하는 학회, 유명 인사를 통해 배우고 알고 있었던 지리학이 아무 쓸모없는 허구라고 단정했다는 것은 일개 개인에 한정된 판단은 아니라고 본다.

그러기에 이렇게 시골에 몸 처박고 있는 이름 없는 12살 아래의 촌부에게 내려와 예전과는 전혀 다른 성격의 답산을 하는 과정은 흥미진진할 수밖에 없을 것이다.

필자의 이러한 판단은 훗날 박선생의 선산을 가보고 박선생의 탄식에 가까운 실토가 거짓이 아님을 눈으로 보았다.

풍수에 앞서갔던 인사들이 그곳을 천하대지라 해서 썼는데 아무 쓸모없는 땅에 그의 조상들을 안장했던 것이다.

몸으로 지기를 느끼는 초능력도 아무 쓸모가 없는 것 이였구나!

지기를 느끼면 무엇 하나! 이름 그대로 지기일 뿐 혈에서 방사되는 에너지는 그 파동이 다른데 그것까지 가려내질 못했든 것이다.

며칠 후 박선생이 홍성으로 내려오니 그날은 당진군 면천에 있는 자미원으로 향했다.

박선생 안면에 희색이 만연하다.

몇 번 스스로도 망설였지만 나도 모르게 그곳으로 향하는 발길은 알 수 없는 노릇이다. 아무에게나 함부로 보여줘서는 안 되는데 말이다.

면천으로 향하는 박선생의 행동은 이번엔 좀 다르다.

도중에 약간의 과일과 술을 준비한다.

아마 자미원에 대한 존엄함을 내보이는 행동 같다.

면천에 도착하여 좌보성인 다불산을 시작으로 해서 아미산을 거쳐 흘러간 용맥과 최종처의 주산에 올라 혈처를 일러주니 박선생은 과일과 술을 차려놓고 신명께 예를 갖춘다. 대망의 자미원이니 이쯤 되는 예의는 신선함을 준다.

그리고 장선생의 자미원산도에 그려진 중심부분의 알 수 없는 도형 표시는 면천저수지를 그린 것이라고 설명했다. 저수지의 모형이 그 도형과 일치함을 알 수 있을 것이다.

이날의 산행은 이것으로 끝내고 인근의 용맥을 타보는 것으로 마쳤다.

그 후로도 박선생은 홍성에 내려와 부여 인근지역, 공주지역 등 여러 군데를 답산 하게 되었는데, 어느 날 하루는 박선생이 정색을 하고 작심을 한 듯 충격적인 말을 들려준다.

"내가 지리공부를 나름대로 열심히 했으나 제대로 된 사람을 못 만나고 진실을 몰라서인지 후에는 지리공부가 다가 아니라는 생각이 들면서 어느 땐가부터 정신수련 쪽으로 마음을 굳히고 지금껏 수련을 하고 있는데 그 과정에 저의 스승님이 한분 계십니다.

스승님께 모선생님과의 만남을 말씀드리고 자미원에 대하여 서도 설명을 드렸지요.

저희 스승께서는 면천의 그곳은 대혈인 것만은 분명하나 자미원이 아니라고 말씀 하셨습니다.

저도 스승님의 말씀에 크게 놀랐고 이런 사실을 모선생에게 전하려 했으나 모선생이 놀라고 실망할 것 같아 몇 번 망설이다 지금 말씀을 드리니 다시한번 찾아보면 어떻겠습니까? 저희 스승께서는 모선생이 충분히 찾아낼 수 있는 눈을 갖고 있다고 했습니다!"

"뭐요?"

한마디로 기가 막혔다. 이 양반들 날 놀리나! 혈(명당)을 점을 치고 있다니!

 산수의 이치가 분명한데 어떻게 안방에 앉아서 자미원이 아니라고 할 수 있나. 말문이 막혔다.

"그럴 리가 없습니다."

"그러면 장선생이 잘못 보았다는 겁니까?"

"제가 잘못 보았다는 겁니까?"

"저는 분명히 장선생이 지정한 장소를 틀림없이 찾아낸 것입니다."

"그런 이치에 맞지도 않는 말씀을 하지 마십시오."

 그 당시 까지만 해도 고 장익호 선생에 대해서는 나에게 신과 같은 존재였다.

 생전에 일면식도 없었지만 항상 그분을 흠모하고 존경해온 것이 사실이다.

 그런데 자미원이 아니라니?

 필자의 한번 정해진 마음은 박선생이 바꾸질 못했다.

 박선생은 다시 입을연다.

"그렇게 서운하게 생각하지 말고 지금껏은 모두 백지로 돌리고 한번 다시 판단하여 찾아보십시오. 분명 진실을 찾을 수 있을 겁니다. 모선생은 해낼 수 있습니다."

 박선생은 아에 나를 달래고 간곡히 사정하는 모습이다.

 필자는 일갈을 한다.

"누가 뭐라고 해도 면천에 있는 장소가 자미원이 틀림없고 장선생이 잘못 보았을 리가 없습니다."

 박선생은 서울에 올라가서도 전화를 하면서 다시 찾아보라고 계속 주문을 한다. 그분이야 자기 스승되는 분의 말씀을 하늘같이 여길 터니 들려준 말을 진실로 확신하고 있을 텐데 그 또한 뜻을 바꿀 수가 없을 것이다.

필자는 며칠동안 충격에서 헤어나지 못하고 뒤숭숭하여 마음이 갈피를 못 잡고 있었다. 어떻게 방에 앉아서 자미원이 아니라고 한단 말인가? 그렇게 잘 알면 본인들이 나서서 찾으면 될 것이 아닌가?

그 이후로도 박선생과 재차 만났을 때도 똑같은 말로 필자를 설득시키려 안간 힘을 들인다.

오랜 시간 동안에 걸쳐 굳어진 면천의 괘등형이 자미원이라는 확신을 박선생의 말로는 바꾸지 못했다. 그만큼 장선생에 대한 신뢰가 컸기 때문이다.

나중에서야 안일인데 박선생은 필자와 같이 다닌 장소를 그의 스승에게 검증의 절차를 가졌던 모양이다. 즉, 해복을 위시하여 마화위룡, 서우망월, 상제봉조, 복종, 하물며 목단형 까지 또한 그 외 결록에 등재된 곳을 검증을 해본 모양인데 유독 자미원만 아니었고 다른 명당들은 결록과 검증이 일치했던 것이다.

오히려 이런 일도 있었다. 한번은 박선생이 우복동을 보고 싶다고 했다. 우복동 또한 풍수인 들의 로망이다.

필자야 이미 찾아보았으니 그런 궁금증이야 없지만 못 본 사람들이야 신화 속에서나 있을 명당을 얼마나 동경을 하고 있을 것인가.

그의 소원을 풀어주기 위해 보은에서 만나길 약속하고 약속한 날에 보은에 도착했다.

박선생과 만나기로 한 장소에 가서 보니 그의 스승도 함께 온 것이 아닌가? 초대받지 않은 손님이 동행했으니 필자는 좀 당황했지만 할 수없는 일이라 셋이서 천하의 복지로 일컬어지는 우복동 혈판에 안내를 하니 박선생의 스승은 혈에 올라서 보더니 대뜸 한 말씀 하신다.

"우복동이 맞아! 그런데 아! 허망하다!"

그렇다! 그 허망함이란 그간에 귀동냥으로 들어왔을 우복동에 대한 환상이다.

그 환상이 깨지는 걸 지금 보고 있기 때문이다. 필자도 그 과정을 거쳤으니 그렇다.

그 스승은 이어서 필자를 바라보더니 한 말씀 던진다.

"당신이 참 난 사람이네! 여기가 우복동 인줄 어떻게 알고 찾아왔는지, 그리고 무얼 보고 우복동 인지 알아냈는지 그것이 신기하네!"

그들은 영적으로 발달되어 있어 신명과 교감을 통해 알 수 있는데 필자 쪽에서 보면 그들이 신기한데 그들은 또 필자보고 신기하다고 한다. 이 세상은 참 알 수없는 일이 너무 많다.

박선생은 줄기차게 자미원을 다시 찾아 볼 것을 종용 했으나 필자는 요지부동 이였다.

이제까지의 자미원은 무로 돌리고 백지 상태에서 다시 시작해 보라고 틈만 나면 주문을 하는 데 실제로는 필자도 흔들리고 있었다.

서울 양반들 의견이 무언가 진실성이 있을지도 모른다는 생각이 조금씩 드는 것이다.

어쩌면 서울 양반들 얘기가 맞을지도 모르지!

그와 더불어 이전에 필자가 미흡한 점으로 여겼던 자미원에 대한 고서의 내용을 실제 산에 와서 아무것도 확인할 수 없었던 점이 눈앞에 등장하기 시작한다.

그것은 현실이 되어 의문으로 가기 시작한 것이다.

실제적으로 보면 면천에 있는 자미원은 고서에서 언급한 여러 가지

구성요건을 한 가지도 발견할 수 없는 것이 사실이다. 고서의 내용과 실제 산천의 배치와는 전혀 다르단 뜻이다.

다만 장선생의 주장하는 곳은 틀림없을 거라는 무형의 신뢰를 전적으로 믿었다. 사실적 근거 보다는 일종의 맹신에 가까웠다고 보아야 되겠다.

필자는 어느새 본인도 모르게 발길이 가야산 쪽으로 향하고 있음을 알았다.

면천에 있는 자미원을 찾아갈 때는 그래도 장선생의 글을 참고하여 윤곽이라도 정하고 답산 했지만 아무런 근거도 없어진 지금 심정은 막막하기만 하다.

몇 번인가 가야산 맥 주변을 얼쩡거려 보지만 이렇게 어수선한 마음으로는 어디서 매듭을 풀어야 할지 갈피를 잡을 수가 없었다.

이런 식으론 평생을 찾아도 헛수고 일 것은 자명한 일이다.

우선 마음부터 가다듬고 청명한 날을 잡아 가야산 석문봉 정상에서 맥을 짚어 산봉을 타기 시작했다. 짚히는 것이 있어 가고 싶은 정상의 산봉우리를 살펴 세밀히 관찰하니 한줄기 서기를 띤 산맥하나가 눈에 들어온다. 용맥의 흐름이 남다르다.

임무를 띠고 흘러가는 성정이 보이며 내포지역으로 행룡 하여 나아가고 있다. 그날은 날이 어두워 질것 같아 하산을 하고 다음날에는 정상에 오르지 않아도 되기에 어제 보아둔 용맥을 찾으니 뚝 떨어진 용맥은 나아가다 성봉를 하여 산을 하나 만들고 다시 구불구불 흐르다 또다시 기봉 하여 산을 세운다. 산봉을 세운 용맥은 이번엔 뚝 떨어져 흔적이 없다. 종잡을 수 없는 용맥이다. 그렇지만 이 종잡을 수 없는 용맥 이야 말로 귀룡 이며 임무를 띠고 목적지를 향해 흘러가고 있는 것이다.

　이 용맥은 방향을 틀어 성봉 하고 흐르기를 여러 차례 드디어 여장을 풀고 쉬려함인지 마지막 힘을 다하여 발군 성봉 하여 산봉이 밀집된 총생 지역을 만들더니 그중에 기상이 예사롭지 않은 산봉우리 하나가 눈에 확 들어온다. 이미 필자의 생각은 저산이 대 혈을 맺고자 하는 주산이 틀림없다고 판단하고 있다.

　범상치 않은 산이다.

　주산에 올라 전후 사방을 관망을 해보니

　아!~ 이곳이 자미원국!...

　네가 바로 이곳에 실제로 있었구나.

　진실로 대자연의 경이로움이 이곳에 도달하여 꽃을 피웠다.

　천을태을을 갖춘 산이요 극품에 이르는 롱이며 귀룡 중에 최고의 귀룡 이다.

　정녕 대한민국의 축복이구나.

　조물주의 뜻이 어디에 있는가.

　유사 이래 너를 동경한자 얼마이며 대원군도 너를 얻고자 지대한 욕망을 냈으나 뜻을 이루지 못하고 야사 속에 신기루로 남아있고 혹자는 이러한 혈은 실제는 없고 전설 속에서나 있다하였든 것이다.

　멀리 속리신에 전황봉 으로부터 천리를 넘게 쉼 없이 달려와 그 힘이 다하여 이곳에 여장을 풀고 머물렀으니 어느 신안 알아볼 것인가.

　이름 없는 나그네 갈 길을 멈추고 너와 같이 쉬어 봄이라.

　아득한 태고의 신비 속으로 빠져드는 듯하다.

　제일먼저 의문이 일어나는데 어찌 이곳이 옛 선사들의 기록에 빠져 있었을까? 하는 점이다.

자미원인줄 모르고 결록에 올렸을 가능성이 있기 때문이다. 너무 허술한 곳에 있기 때문이기도 하다.

행여나 근처의 지명으로 기록된 유사한 명당이 있을까, 결록 들을 눈을 씻고 찾아봐도 찾을 수가 없다. 우리의 옛 선사들이 한사람도 못 찾아 냈단 말인가?

아니면 알면서 누락을 했을까? 그러면서도 놀라운 것은 앞장에 고서에서 언급한 자미원국의 구성요건이 한 점 오차 없이 완벽하게 모두 일치하니 그 경이로움을 어찌 다 필설로 표현할 것인가 말이다.

그 고서의 내용은 여기 서산의 자미원국의 형세를 완벽하게 그려낸 한편의 보물섬 지도였든 것이다.

보령 앞바다의 삽시도, 원산도, 효자도, 고대도, 그 밖의 크고 작은 점들은 자미원의 외수구가 되었고, 보령시, 홍성군, 예산군, 당진군, 서산시, 태안군, 안면도와 함께 거대한 내포를 이룬 접경지는 자미원의 울타리 즉 성곽이 되어 거대한 국이 형성이 되어 우리나라 최고, 최상의 아니 세계 최대의 혈이 되어 죽도와 간월도는 극품의 라성이 되어 인사가 되었고 옥인은 외 백호에 알듯 모를 듯 정좌해 있으니 원국의 둘레는 장장천리에 이르고 있다.

그야 말로 천하가경이다.

천하에 유일한 자미원이란 이름에 걸맞게 6개 시군의 접경지가 울타리처럼 둘러싸여 하나의 성곽처럼 되어 있어 이쪽 끝에서 저쪽 끝은 시야에서 보이지 않을 정도로 광활하다.

이글을 읽는 독자 여러분들은 홍성에서 안면도로 가는 서산A지구의 도로를 타고 간월도에 이르기 전에 도로의 중간에 들어서면 자미원국의 마당(명당) 한 가운데에 들어서게 된 셈이다. 그곳에서 동서남북 사방을 돌아보시라.

그 온화하고 장대한 국세와 끝없이 펼쳐진 광활한 정경을!....

이것은 한 폭의 산수화를 뛰어넘어 자미원국의 정겨움을 함께 눈으로 느낄 것이다.

여기서 더 놀랍고 가공할 일은 자미원의 산봉배치는 고서의 내용과 같이 천상의 북두칠성과 꼭 같은 배열의 형태로 일곱 봉이 성봉한 후에 혈은 포근히 감싼 그 안쪽에 맺혀 있음이다.

육부 문창성인 여섯 개의 구슬 같은 봉우리는 앞에 있고 온화함과 부드러운 형세는 영락없는 천자의 침소 그것이다.

자미원의 울타리가 되는 안면도는 이미 그 상징을 암시한 지명 이라는 것을 이제야 알 수 있었다. 즉 편안한 잠을 잘 수 있는 곳이란 뜻이다. 이는 자미원의 상징인 천자가 잠자는 침궁 이기에 옛 우리의 선사는 이미 그 뜻을 알고서 지명을 지었다는 것이다. 산세의 형상도 모든 살기를 벗어내어 유순한 산봉으로 되었으니 임진왜란때도 6·25동란 때도 이 지역은 참화로부터 멀리 비껴 설수 있었으리라.

또한 하늘의 북극성과 같은 위치와 같은 방위로 산봉하나가 일치하여 혈 후에 보이지 않게 정좌해 있었으니 이것이 북진일성이요. 해방(亥方)에 있는 천상의 문이 되었다.

이와 같이 하늘의 성좌의 기운이 지상의 산맥과 유기적으로 작용하여 성군과 산봉이 똑같은 배열로 성봉을 하고 혈로서 우주의 생명력을 나타내니 이 같은 조물주의 창조 정신은 우리에게 무얼 뜻하고 있는가?

인간의 지혜로서는 도저히 도달할 수 없는 지경인 것이다.

하늘의 성좌와 지상의 산맥이 어떤 연유로 이와 같은 현상이 이루어졌을까?

필자는 고대 철학가들이 앞장에서 주장한 천상과 지상의 어떤 미지의 에너지에 의해 유기적으로 상관관계에 있다는 내용은 어디까지나 동양철학의 구성상 미완의 추상적인 학문으로 치부하였는데 여기 서산의 자미원을 찾아보니 그 주장이 허언이 아님을 알게 된 것이다.

우리가 알고 있는 지금까지의 과학세계는 불확실성을 안고 있다는 것을 확인하는 자리가 된 것 같다.

자미성좌의 천기를 받고 있는 자미원의 기상은 부드럽고 온화하며 고요한 중에 장엄하고 추상같은 위엄이 서려 있어 우리나라의 국운에 영향을 미칠 것은 물론이고 세계사에 영향을 미칠 것이다.

조물주는 무슨 뜻으로 우리 대한민국의 땅에 이러한 축복을 내렸을까?

이러한 지상 최고의 대혈도 사람이 다니는 길옆에 있었으니 그 형상이 추하여 모두가 눈여겨보질 않는다. 소위 "천장지비" 하늘이 감추고 땅이 숨겼다는 뜻일 게다.

우리나라 옛 선사들의 지혜를 빌려보면 앞으로 우리의 국운이 상승하는 시대가 열려 세계사의 모범국이 되어 이끌어 감을 한결 같이 예언한바 있다.

필자의 소견도 이와 같음이다. 왜냐하면 전국산천에 맺혀있는 수많은 천하무쌍의 대혈들의 운기가 이미 도래했음을 말없이 대변해 주고 있기 때문이다.

인걸(人傑)은 지령(地靈)이라.

이 한구절의 글 뜻은 분명히 만고불변의 법칙이다.

국운의 상승을 맞이하고 이끌어가는 힘도 결국 인간이 주체가 되는 까닭에 지리학을 통하여 많은 인물들을 배출하여 우리 국민의 자긍심과 위대함으로 세계사의 모범국이 되길 바라는 마음 간절하다.

그럼으로 이 자미원국은 그러한 기상의 상징적 정점에 있다 할 것이다.

그러나 그렇지만 인간의 무지는 헤아릴 수 없을 만큼 길어 안타까운 마음과 비통함을 감출 수가 없으니 그것은 개발이라는 미명아래 국토가 무참히 파헤쳐지고 있어서 혈은 일단 파손되면 회생 불가능하기 때문이다.

이 자미원도 주혈과 차혈 두 개소에 맺혔으나 차혈은 이미 개발로 인하여 파손되어 그 흔적조차 없었더라 통탄지사가 아닐 수 없다. 애석하고, 또 애석하다.

외국에는 경관이 좋은 자연을 보호하고자 여러 개인들이 힘을 모아 사들여 개발을 막고 자연 환경 보호에 큰 역할을 하고 있다고 들었다. 우리나라는 어찌하여 그러한 일을 못하는지 마냥 가슴이 시려옴을 느낄 뿐이다.

이 지상의 유일무이한 천하의 자미원도 개발을 면키 어려운 지경에 처해 있으니 이 일을 어찌하나? 이러한 대혈은 일개 속된 명당으로서가 아닌 국가의 보물이며 크나큰 재산인 것을....

본인의 힘으론 어쩔 수 없음을 신세타령 한들 무엇하리!...,

결국 장선생이 지적한 홍성과 당진 사이에 있는 장소는 오판임이 밝혀졌고 그 곳으로부터 이백 여리 떨어진 곳에 진실이 있었다.

필자는 가만히 지난 수년간의 우여곡절의 천리를 돌아 이루어진 인연들을 돌이켜볼 때 자미원의 진실을 밝히고자 하는 다리역할을 한 것이 아닌가 하는 생각이다.

모두 고맙고 소중한 인연들이다.

자미원의 울타리가 되는 천수만과 안면도의 석양

자미원의 라성 간월도(看月島) 개발을 경고 하는 터

현대그룹 창업자 정주영 회장이 서해안의 천수만을 끼고 홍성과 서산 안면도를 잇는 AB지구를 건설했다. 그로 인하여 천수만 한가운데에 자리 잡고 있는 간월도가 섬이 아닌 육지로 탈바꿈하게 되었는데, 이 간월도는 이제까지 지구상에서 발견된 것 중 세계에서 유일한 음택지인 자미원국의 일등 나성이기도 하다.

홍성과 간월도 새중간에 도로 쉼터에서 전후 사방팔방을 바라보면 끝간데 없이 타원형을 이루고 둘러선 크고 작은 산줄기와 산봉우리들은 자미원의 장대한 위용을 느끼게 한다.

가슴 시원하게 펼쳐진 광활한 바다와 호수 그 너머로 그림같이 그려진 대 가집 울타리같이 원을 이루어놓은 수많은 산줄기들은 풍수를 모르는 사람일지라도 한번쯤은 그 풍광에 아니 천하의 대 국세에 매료 될만하다 하겠다. 이렇듯 풍수지리는 사람의 머리에서 지어낸 것이 아닌 우주적인 자연 산천 속에 엄연히 존재하는 한편의 과학이다. 풍수과학의 성점에는 항상 혈이 생성되어 있어 실존하고 있다.

간월도가 자미원의 나성으로 천연적으로 지어졌는데, 그 아래에 또다시 복결하여 나성이 되었으니 이름이 죽도이다. 자미원의 나성이 쌍으로 되어있는 것이 희귀하다.

간월도는 무학대사와 깊은 관련이 있는 섬이다.

그가 생전에 이 섬에서 한동안 수양을 했었던 듯하다. 어느 날 달을 바라보다가 깨달음을 얻었다해서 간월도(看月島)라 불리워지기 시작했다는데 대덕 고승의 행적은 이 섬이 예사롭지 않았음을 일찌감치 간파했음을 알 수 있다.

보통의 나성은 그 크기가 조그만 동산의 규모로 되어있는 것이 상례인데 간월도란 나성은 한 동리를 이룰 만큼 넓은 장소로 이루어져 있으면서 방파제로 육지와 연결된 도로로 인하여 그 생동감을 더해주고 있다.

자미원을 중심으로 본다면 방파제로 인하여 생긴 호수는 그야말로 금상첨화라 원국에 +알파가 된 격이다.

모든 것이 시운이 되면 자연 산천도 인위적인 힘을 빌어서라도 유리한쪽으로 변하게 되기 마련인가 보다.

필자가 08년 늦여름 어느 때 간월도에 나들이를 간 적이 있었다.

필자가 거처하는 홍성과는 과히 멀지않은 장소라서 많은 사람들이 색다른 별미를 찾아서 즐겨 찾는 관광지이기도 하다.

그때 마침 예전부터 알고 지내던 스님 한분과 그리고 지인, 이렇게 셋에서 간월도의 간월암에 들른 적이 있었다. 간월암은 섬 중에서도 섬으로서 썰물 때는 모섬과 연결이 되어 걸어서 들어갈 수 있고, 밀물이 되면 섬으로 고립되어 쪽배를 타고 건너야만 되는 독특한 장소이다. 그리고 현재 간월암이 있는 섬의 형상은 으진 거북이의 머리에 해당되는 듯 거북이의 두상처럼 생겼고, 거북이의 등에 해당되는 곳은 주차장과 솔밭으로 되어 있어 사람들의 쉼터가 되고 있기도 하다.

굳이 이름을 붙인다면 영귀잠해형 이라 붙여도 될 듯싶다.

신령스런 거북이가 바다로 들어간다는 뜻으로 보면 될 것이다. 풍수학에 있어서 명당의 이름을 짓는 경우는 분명한 조건이 갖추어 졌을 때만이 가능하다.

그것은 혈이 생성 되었을 때만이 가능한 것인데, 요즈음은 어찌된 일인지 혈이 없는데도 산의 형상이 그럴듯하면 무슨무슨 형이라고 이름을 짓는 것을 볼 수가 있다.

풍수의 해악중 하나라고 볼 수도 있다. 그럴듯한 명당의 이름을 붙여 사람들의 이목을 끌고 현혹시키는 사례라고 볼 수 있을 것이다.

풍수학을 연구하다보면 명당의 이름 따라 혈이 맺혀진 장소를 미루어 짐작할 수 있는 경우가 더러 있다. 거북이의 형상을 한 명당이라면 으레 혈은 거북이의 등에 맺혀있는 것이 상례다. 이곳 간월도의 간월암도 그 법칙을 벗어나지 못했는데, 지금의 주차장으로 쓰고 있는 등에 해당되는 일부분이 혈로 맺혀 있는 것이다.

일반인들은 무엇으로 혈을 증명하느냐는 질문이 나올 법도 한데, 이는 혈과 혈을 벗어난 지역의 토질이 완연히 다르다는 것이 그 핵심이다. 지상에 맺히는 모든 혈은 고유한 형질의 토질을 갖추고 있다. 풍수학의 실전 중에 눈으로 확인할 수 있는 유일한 부분이기도 하다. 이러한 혈처에서 바로서서 내룡을 뒤로하고 서쪽방면으로 시야를 돌리면 나를 맞이하는 높고 낮은 수많은 산줄기와 산봉들이 안면도를 이루어 거북이형의 혈을 반겨 맞이하는 형국으로 그 질서를 유지하고 있는 것을 간파할 수 있다.

이곳 간월암의 스님과 함께 인사를 나누고 차를 마시는 중에 필자를 향하여 간월암 스님이

"이 분이 풍수를 알고 있는 분입니까?" 하고 동행한 스님께 질문을 한다.

"그렇습니다!"

이전에 간월암 스님과 동행한 스님 사이에 필자의 얘기를 나누었던 듯하다.

"아! 예. 그렇지 않아도 제가 절을 지으려 계획을 하고 있는 중인데, 잘하고 있는 것인지 못하고 있는 것인지 알지를 못해 궁금하던 차에 한번 말씀 좀 들어봅시다."

하시며 설계도를 꺼내 자세히 설명을 한다.

설명하는 말씀을 들어보니 현재 혈이 맺혀있는 거북이등을 파내어 지하를 크게 만들고 혈도 몽땅 파내어 들어내고, 그 자리에도 지하실과 함께 건물을 올려 편의 시설과 함께 그 위에 절을 짓도록 설계가 되어 있었다.

언뜻 일반인들 생각대로 하면 넓지 않은 땅을 효율적으로 이용하면서 그 가치를 높이는 구상을 한 것이다. 그 외에도 건물이 몇 채가 설계가 되어 있었는데, 필자가 보기엔 땅을 생명체로 인식하는 필자와의 사고와는 거리가 한참이나 멀었다. 설계 내용을 정리하면 결국은 거북이 등을 거의 깊이 파내어 혈을 포함하여 그 주변에 솔밭도 모두 사라질 판이다.

설계도 다 끝나고 시공업체도 선정되어 조만간에 공사를 시작할거라고 한다.

필자는 조심스럽게 말을 꺼내기 시작했다.

"스님의 구상대로 절을 지으면 참으로 대단하고 훌륭한 사찰은 될지 모르나, 그때는 이미 죽은 절이 되어 있을 것입니다. 그 이유는 간월암의 이 땅은 일반 땅과는 달라서 살아서 숨 쉬는 땅입니다. 일반 땅 같으면 지하를 얼마를 파던 하등 문제될게 없지만, 이곳에 절을 지으려면 지하는 절대 금물입니다. 오히려 지상에 보토를 하여 규모에 맞게 지으십시오."

스님은 뜻밖의 필자의 논리에 당황스런 표정이다.

설계를 끝내고 시공업체까지 선정했다는데 지금에 이르러 필자의 논리는 전면 백지화하라는 뜻이니 어찌 당혹스럽지 않겠나?

스님은 다시 묻는다.

"그러면 지하를 깊이를 반 정도 파고 보토를 하면 어떨지요?"

"예! 제가 드린 말씀은 자연의 질서를 말할 뿐입니다. 스님께서 저희의 말씀을 알아채시어 공사에 반영을 하셔도 좋고, 안하셔도 좋습니다. 다만 저희가 여기에 대한 말씀을 드렸으니 앞으로의 일은 스님의 판단과 몫이 되었습니다. 저희가 재차 드릴 말씀은 땅을 파내지 말고 혈 위에 집을 지으십시오. 다행이 혈의 크기는 건물을 지을만하게 넓어 충분히 지을 만합니다.

자연의 법칙에 의해 좌향을 맞추어 절을 지어 사용하면 상서로운 기운이 있어 여기에 오고가는 수많은 사람들에게 심신의 안식처가 될 수 있고, 부처님 앞에 그 예를 갖춘다면 또한 좋은 기운을 받아 큰 성지가 될 수 있을 것입니다.

그렇지만 스님께서 애초에 계획하신 원안대로 공사를 강행하신다면 만에 하나 스님은 공사의 완공을 못 볼 수도 있습니다."

필자의 입에서 거침없이 말이 쏟아져 나온다.

그때 옆에서 잠자코 듣고 있던 지인이 한 말씀 보탠다.

"스님 명 길게 하기 위해 드리는 말씀입니다."

그래도 스님은 실감이 안 나는 듯 못내 아쉽고 난감해하는 표정이다.

그때 마침 옆에서 이런 대화내용을 듣고 있던 젊은 신도 한분이 나서며 좋은 방법이 없겠냐며 재차재차 질문을 한다.

어찌 보면 안 들은 것만 못하게 된 셈이다. 문제만 잔뜩 떠 안겨주고 집으로 돌아오니 간월암 쪽에서 보면 절묘한때에 간월도에 가서 공사에 방해만 한 셈이 되었다.

그렇지만 사람도 살리고 땅도 살리는 모두를 살리는 일이 분명하기에 오히려 마음 한구석 다행스러움도 있다.

생명은 천금과도 비교할 수가 없는 일이라 그렇다.

그 후 한 달여를 지난 후 다시한번 간월도에 가보니 스님께서 반갑게 맞아 주신다.

공사 때문에 걱정이 태산 같다고 하신다.

많은 설계비하며, 모두를 취소를 해야 하니 진작에 이런 얘기를 들었더라면 많은 참작을 했을 텐데 많은 손실과 수정이 불가피하게 됐다고 한다.

필자는 혹시나 스님께서 풍수지리를 추상적으로 받아들이는 것이 아닌가 싶어서 간월도의 거북이 등에 맺힌 혈을 확인시켜 드릴 필요가 있을 것 같았다.

어차피 공개를 해도 별다른 변고는 없을 터이니 말이다.

삽으로 땅을 헤쳐 보니 자갈로 다져진 주차장이 꿈쩍도 않는다. 삽으로는 어림도 없다.

스님은 그 광경을 보더니 인근에서 작업을 하고 있던 굴삭기 한 대를 부른다. 잘됐다 싶다.

굴삭기로 혈이 맺혀있는 곳을 한 삽 파내니, 태고적 천연의 혈토가 오색 찬연히 모습을 드러낸다. 스님께 이것이 세상 사람들이 말하는 명당이라고 설명을 하고, 몇 군데 더 파서 혈의 크기를 보여주고, 또 혈토를 벗어난 지역도 한삽 퍼내어 그 형질을 설명을 하였다. 보통 일반인들이 보아도 확연히 차이가 나는 토질을 각인시키기 위해서다. 혈을 벗어난 지역은 벌써 그 윤택함이 떨어지고, 부분적으로 소석(小石)이 섞여있고, 그 색이 탁하다. 그리고 거칠다.

실제로 혈의 크기를 눈으로 확인시켜 드리고, 혈 위에 절을 지어야 하는 당위성을 다시 설명을 했다. 그리고 스님은 정말 억세게도 운이 좋은 편이라고 덕담도 해 드렸다.

그러면서 지난번 저희가 다녀간 후로 혹시 기억나는 꿈이라도 꾸었는지를 물었는데, 스님은 그런 적은 없다고 한다.

필자는 이 자연계를 하나의 생명체로 보고 있다. 더구나 혈이란 자연산천에 존재하는 지기(地氣)와 천기(天氣)가 결집된 불가해한 장소이다.

이 장소는 또한 인간의 수긍하기 힘든 자연계의 생명력이 고도로 결집된 장소이기 때문에, 살아있는 생물과 똑같은 의식이 있다고 보는 것이다.

그러기 때문에 혈 쪽에서 보면 지금 현재 이곳 간월도의 암자에서는 자기를 해하려 파괴하려는 모의를 하고 있는 셈이다. 당연히 어떤 반응이 나갈 수 있는 상황인 것이다.

이 같은 상황을 염두에 두고 스님에게 혹시라도 꿈을 꾸었는지를 물었던 것이다.

혈이란 형질과 개념을 스님에게 다시한번 뚜렷이 각인시켜드리고, 집으로 돌아왔는데 필자의 의중이 스님에게 충분하게 전달되었으리란 생각에 마음을 놓고 있었다. 필자는 보통 풍수에 관한한 특히 혈에 대하여는 상대에게 이해와 설득의 과정을 생략하는 편이다. 왜냐하면 혈(명당)과의 인연은 특별한 일로서 선택적으로 이루어진다고 알고 있기 때문이다.

이미 저 하늘 높은 곳에서 정해진 것이라면 우연찮게 명당을 쉽게 차지할 것이며, 그렇지 않다면 아무리 명당에 대해 이해시키고 설득을 해도 알아듣지 못하는 부정적이며, 소귀에 경 읽기와 같은지라 소용이 없다는 것을 경험을 했기 때문이다.

아무튼 간월도에 가서 우연찮게 암자를 신축하려는 과정에서 욕심으로 인한 무차별 자연의 개발(파괴)을 막고 인간과 자연 모두에게 이로운 조언을 해줄 수 있었음이 흡족한 기분 이였다.

그런데 문제는 예기치 않은 곳에서 생기고 있었다.

간월암의 스님은 필자가 다녀간 후로 생각하시기를 한사람만의 의견으로 무언가 미흡하단 생각이 들었는지 불교계에서 터 잘 잡기로 유명하단 스님을 초빙해 자문을 구했던 모양이다. 그런데 문제는 필자의 의견과 정반대의 의견을 폈던 것 같다.

지하는 파도 되고, 혈은 건드리지 말되 혈을 비켜서 집을 지을 것을 논리를 주장했던 모양이다. 노른자만 남기고 흰자는 모두 제거해도 된다는 뜻 일리라. 모두 논리가 서질 않는 억지 내용들이다. 이래가지고 거북이가 부화가 되겠나? 필자 생각이다.

후일 간월암에 또다시 들렸을 때 스님이 들려준 말씀이다.

그러면서 한마디 하시는 말씀!

"꿈을 한 가지 꾸긴 꾸었는데…."

"예? 꿈을 꾸셨어요?"

"아 글쎄, 꿈에서 간월도 상공에서 비행기 한 대가 빙빙 돌더라구요. 빙빙 몇 바퀴 돌더니 냅다 내 앞으로 향하여 쏜살같이 내려오면서

기관총을 다다다다다…. 헉! 죽는 줄 알았습니다. 얼마나 놀랐는지."

아마 터 잘 잡는다는 스님이 다녀간 후로 꿈을 꾸신 모양이다.

거북이혈의 혈 쪽에서 보면 이제는 그대로 놔두면 안 되겠다 싶었던가 보다.

확실한 자리매김을 할 필요를 느꼈으리라.

독자 여러분은 이 꿈이 무얼 뜻할 것 같은가 풀이를 해보시라.

스님은 이 꿈을 꾸고 모든 것을 백지화 하였다.

간월암

거북이 형상을 하고있는 간월도의 아름다운 조경. 만조가 되면 목 부분이 물에 잠겨 배를 타고 건너야 된다. 머리 부분에 간월암이 있다.
무학대사가 수도하던 중 달을 보다 홀연히 깨달음을 얻었다 해서 看月庵이다. 등판 한가운데 혈이 맺혀있어 청룡 백호 없이도 혈이 맺히는 오묘한 풍수지리의 살아있는 현장이다.
스님의 꿈 하나가 개발을 멈추게 하고 스님도 살고 모두를 살린 곳이다.
혈을 쓸 수 있는 때는 언제 이려나? 간월도 전체가 자미원의 라성이 되고 있다.

파괴 되었다는
승달산의 호승예불형을 찾아서(노승예불형)

우리나라에서 풍수지리학을 연구하는 인사는 호남의 무안 승달산에 있는 호승예불형을 모르는 인사는 거의 없다. 특히 전남의 목포, 무안 그리고 인근 접경지역의 나이든 촌로들과 주민들은 노승예불형 이야기를 않는 분이 없고 전설속의 명당으로 여기고 있으나, 아무도 어디에 있는지 몰라 설만 무성하고 수수께끼에 쌓인 곳으로 인식 되고 있다.

특히 전남지역의 주민들은 신라말기 도선국사가 이 지역 사람이어서 그런지 지리학 에 대한 관심이 타지역 보다 남다르다.

어느 지역에는 어느 명당이 있고, 어떤 지역에 있는 것은 아무개가 썼다고 하는 명혈대지에 관한 이야기들이 다른 지역보다 훨씬 많다.

이러한 관심은 호남지방 사람들은 돈을 벌면 사람 사는 집보다 묘소를 먼저 관리하고 돌본다는 지역적 특성을 보이고 있다.

그러든 중에 근세에 이르러 장선생의 유산록을 통하여 호승예불형은 왜정 때에 왜놈들이 고의적으로 파헤치어 파손되어 있음을 확인하고 지면에 남겼다.

그 애석함과 통탄스러운 마음과 함께....

특히 호남 지역의 인사들 중 지리학에 뜻을 두고 있는 분들은 승달산의 호승예불형이 호남팔대혈중 첫 번째일 뿐 아니라 전국에서도 첫 손꼽는 명당이라고 주저 없이 입을 모은다.

이러한 장소가 왜놈들에게 파헤쳐져 없어졌다는 유산록의 기록은 보는 이로 하여금 분노와 애석함을 느끼기에 충분했다.

왜정 때에 왜놈들은 우리민족의 정기를 말살키 위하여 전국명산에 쇠말뚝을 박아놓고 우리민족 정신을 끊어 놓고자 혈안이 된 것은 우리는 너무도 잘 알고 있는 사실이다. 쇠말뚝 하나 박아놓는다고 산천 정기가 끊어지는 것도 아닌데 말이다.

천백 년 전 옥룡자(도선국사)가 무안 승달산에 들어와 호승예불형을 찾아놓고 남긴 글을 보면 그 애석함이 더 가슴에 스며온다.

묘를 쓴 후 98대 동안 부귀 복록을 누릴 것이라 예언했다.

성현까지 탄생한다고 했다.

1대는 30년으로 친다. 이러한 숫자의 풀이대로 한다면 근3000년 가까운 세월에 그 가문에 영광과 복록이 이어진다 했으니 정말로 가공할 희대의 대혈인 것이다. 필자는 가끔은 서점에 들러 풍수에 관한 서적을 골라 볼때가 있다. 그중에 한권의 책을 골라보니 작가의 주장은, 풍수론 자체가 황당하고 명당을 찾아 쓴다는 그 행위가 자기만 생각하는 그릇된 이기주의와 욕심의 산물이라고 부정적이며 극단적인 불신으로 표현한 글을 읽은 적이 있다. 대개가 이런류의 글을 쓰는 사람은 풍수의 진리를 모르는 글쓰기 좋아하는 대학출신의 학자이다. 또 이러한 식견을 갖고 있는 인사는 명당을 만들어 쓸 수 있다는 괴기하고 황당한 주장도 서슴치 않고 있다. 이러한 저급한 생각으로 저질의 풍수계라면서 왜 발을 디밀어 스스로 몸을 더럽히고 있는지 빨리 발을 빼야 할 것이다. 풍수를 모른다고 솔직히 말하라.

필자의 평소 갖고 있는 풍수사상은 이와는 정반대다!

지리학을 통하여 정말 운 좋게도 명혈을 차지할 수 있는 가문이 있다면 작게는 한가문의 영광이겠지만 크게는 국가와 사회를 이끌어 갈 지도자적 책임이 따른다고 생각한다. 즉, 이 행위는 국가적 대사인 것이다.

크게 보면 풍수학을 이용하여 얻어진 인물은 이 사회를 이끌어 갈 지도자적 자질과 임무가 주어진다고 생각한다. 그것이 부를 이루던 명예를 이루던 지령을 통하여 각각 선택된 인물이 이 사회에 등장했다면 그들은 이 사회를 위해서 일을 해야 하는 책임과 의무가 따를 수밖에 없고 부산물로 권리도 함께하는 것이다.

어떻게 지리학을 이용하여 삶의 질을 높이는 것이 이기주의의 산물이 될 수 있는가? 대개 이러한 주장은 진리를 모르고 겉핥기식 학문에 치중한 사람들이 본인들의 무지를 알지 못하고 떠드는 공허한 발상이다. 풍수를 모르면 솔직하게 모른다고 해야 할 것이다.

보다 나은 삶을 사는 사람이 많으면 많을수록, 이 사회는 건강하고 부강한 것이거늘 어떻게 편협한 주장으로 진리의 풍수를 먹칠을 하고 있나!

우리는 우리의 산천이 **빼어나고** 생기가 충만한 땅에 살고 있음을 축복임을 알아야 하고 큰 에너지로 삼아야 할 것이 아닌가 한다.

필자는 우리의 옛 선사들이 몸과 마음을 바쳐 남겨 논 학문은 우리의 후손들, 다음세대를 위한 그들의 애정 어린 산물이라 여긴다.

적어도 우리는 그들의 땀과 노력으로 일구어 놓은 바탕을 욕되게는 하지 말아야 할 것이다.

모두가 본인의 무지는 모르는 채 단편적이고 편협한 무식배의 산물이 아닌가 한다.

옥룡자가 남긴 결록을 보면,
43절(節) 건해맥(乾亥脈)의 승달산(僧達山)이 특립(特立)하니
금수병장(錦繡屛帳) 두른곳에 우리스승 계시도다.
당국(當局)이 평순(平順)하여 규모가 광대(廣大)하고
제좌기상(帝坐氣像) 높았는데 산수회동(山水回同) 하였구나.
천장지비(天藏地祕) 하온 혈(穴)을 저마다 구경하리.
만산(萬山)이 공조(拱朝)하고 백천(百川) 폭주(輻奏)하니
갑산정기(甲山精氣) 뫼인 곳에 설법가사(說法袈裟) 벌였으니
아름다운 저 안산(案山) 열두상좌(十二上佐) 분명하다.
발우(鉢盂)는 동에 있고 운암(雲岩)은 남에 있다.
저 노승(老僧) 거동보소 백팔염주(百八念珠) 손에 쥐고
칠근가사(七斤袈裟) 떨쳐입고 모든 제자 강(講) 받을제
그 중의 늙은 중이 스승에게 문안(問安)할제
염주(念珠)하나 떨어져서 수구원봉(水口圓峯) 되었구나.
간태금성(艮兌金星) 충천(沖天)하니 혈(穴)은 방원개점처(方圓蓋粘處)라,
사륜귀석(四輪鬼石)은 뒤에 있고 금어옥대(金魚玉帶) 아래 있다.
팔백연화(八百煙花) 놓여있고 삼천분대(三千粉袋) 뫼왔도다.
건곤간손(乾坤艮巽) 특립(特立)하니 왕자사부(王子師傅) 흔히나고,
병정손신(丙丁巽辛) 높았으니 장원급제(壯元及第) 대대로다.
호로산(葫蘆山)이 나타나니 여작왕비(如作王妣) 할것이요,
운증귀지(雲篜貴趾)하였으니 응천상지삼광(應天上之三光)이라,
토불토이작금(土不土而作金)하니 현목혹심(睍目惑心) 되오리라,
북진천주(北辰天柱) 높았으니 각우주지무궁(覺宇宙之無窮)이라.
태구한문(鮐龜垾門) 놓았으니 이름이 만방(萬邦) 떨치리라.

교쇄직결(交鎖直結) 하는 모양이 사자(四字)가 분명하다.
회천명개조화(回天命改造化)는 귀신이 도우리라.
금강(錦江) 이 백리(百里) 둘렀으니 어관대진(魚貫大陣) 되었구나.
성현(聖賢)은 여덟이요 장상(將相)은 백대(百代)로다.
이후 자손 천억만만세(千億萬萬世)에 장구(長久)하리라.
이산 운로(運路) 헤아리니 98대(代) 장구하겠도다.
주인나서 쓰려하면 일야간(一夜間)에 영장처(永葬處)라,
칠척(七尺)하 은단석(銀端石)은 귀신도 도우리라.

옥룡자의 이러한 싯귀로 볼 때 왜놈들에게 파헤쳐져 천하의 보물이 없어졌다니 얼마나 통탄스러운 일인가!

용맥이 살아 있고 뿌리가 남아 있다면 본인의 눈으로 확인하여 살려낼 수 있는지를 가늠해 보고 싶었다. 어찌 보면 황당한 착상일 수도 있다.

그러나 이러한 마음이 일어난 것은 나 스스로 감내할 수없는 안타까움 때문이다.

호남제일의 천하대지가 온전치 못하고 일개 구덩이로 변했다니 그 아까운 맘 두고두고 아쉬움 속에 있다. 처음 그 글을 읽었을 때는 어차피 그리된 것 체념해 버렸는데 해가 갈수록 정말로 어떻게 해서 그 지경이 되었는지 확인해 보고 싶다는 생각이 자꾸 피어오른다. 혹시나 만에 하나 구덩이 속에서 뿌리가 남아있어 혈토를 채우면 살아나지 않을까 하는 엉뚱한 발상까지 든 것이다. 그리해서 정말로 살아난다면 필자의 선산으로 써도 괜찮을 것 같다는 꿈같지 않은 꿈도 꾸어본다. 어차피 없어졌던 혈인데 이리되면 소설이 되겠구나 싶다.

2005년 늦가을이다. 한번 일어난 마음은 확인을 해 봐야 가라앉게 마련이다.

11월 늦가을이 완연하여 막바지에 다 다른 때다.

파손된 장소를 확인하기 위하여 먼 답산 길에 나서니 홍성에서 목포까지 두 시간 반 만에 무안에 도착하여 어쩌면 무의미한 산행이 될 수도 있을 승달산을 향하여 발길을 옮겼다.

승달산의 계곡에 들어서서 두루두루 살펴보니 계곡은 길고 넓어 상류로 올라갈수록 좁아지며 산세가 중후하다. 승달산의 계곡 밑에서 산정을 바라보니 산이 높아 볼 수가 없다.

하는 수없이 승달산의 여러 산봉우리 중 그중하나를 선정하여 등정을 시작하니 잡목이 무성하여 가파르고 여간 고생이 아니다.

산길도 없는지라 방향만 정해놓고 무작정 올라가려니 힘들고 서서히 몸이 지쳐온다.

목도 마르고 미련스럽게도 배낭엔 마실 물조차 준비하지 않아 낭패 중 낭패다.

배낭은 왜 짊어지고 왔는지 한심스럽다. 호남의 첫째간다는 호승예불형을 찾아본다는 생각만 앞세워 준비도 없이 산행을 하니 어찌하나. 겨우 산등성이에 올라 지친 몸을 쉬려니 배도 고프고 물도 없고 더 이상 걸음을 내딛기가 힘들어 오늘 답산은 실패작이다.

잠시 흐르는 땀을 식히고 하산을 시작하니 오후2시가 넘었다.

뒤돌아 생각해도 어이가 없다. 승달산을 너무 얕보고 온 것이 실패의 원인이다.

다음에 올 때는 단단히 준비하고 와야 되겠다고 벼른다.

한번 마음에 일어나 불이 붙으면 온통 그 생각으로 꽉 차게 마련이다.

　더구나 이미 한번 다녀까지 왔으니 집착 아닌 집착이 더 일어나는 것이다.

　며칠 후 다시 무안으로 향발하니 이번에는 먹을 것 마실 것 충분히 배낭에 담아 챙겼다. 먼저 날에 오르던 곳을 제쳐놓고 이번에는 정상으로 직접 오르니 가파르고 더 길며 힘들다. 일단 능선에 올라서니 힘도 덜 들고 잡목도 덜 무성하다.

　목적지 산봉우리에 정상에 올라 전후 사방을 바라보니 천봉만산이 이 몸이 서있는 곳에 구름처럼 운집한 중에 저 멀리 북쪽의 연등산에서 출맥하여 남쪽으로 흘러온 일대 간룡은 승달산을 세워 소조산이 되고 이곳에서 다시 출맥한 내룡은 목형의 산으로 봉봉이 주옥이요 흡사 봉황과 같고 학이 날개를 편것 같이 수발하니 일대 장관을 연출했다.

　한편 남쪽을 바라보니 승달산의 좌맥은 청룡이 되어 지엽을 늘어트려 혈장을 에워 쌓고 우맥은 백호가 되어 명당을 형성하며 20여리 까지 흘러 광대한 격국을 만들었다.

　이러한 좌우의 용맥은 주맥을 호위함이 수십겹, 겹겹이 늘어서 있고 봉봉마다 귀사가 되어 그 격국은 극품이 되었으며 아득히 남쪽에는 월출산이 조산이 되어 소위 삼천분대 칠백연화가 되었다. 천리를 흘러온 영산강은 외당에서 조당하니 눈앞에 펼쳐진 국세는 크고 광활하여 과연 천하일품이다.

　전후좌우 일대 장관의 정경에 취하고 있는 중에 문득 생각한 바가 있어서 용맥을 따라 발길을 옮기니 능선은 살찌지도 않고 여위지도 않으며 한참을 따라 걸어가니 이윽고 고즈넉한 산봉우리에 도달한다.

혈성이 느껴지는 산봉이다. 살겁도 벗어 던지고 부드러운 자태로 눈에 들어오니 주변을 살펴보기 시작한다. 혹시 이곳이 파헤쳐진 혈처가 있을지도 모른다는 생각에.... 그러던 중에 어느 한곳에 잡목이 무성한 속에 혈처로 판단되는 곳이 깊이 파여져 있는 곳을 발견했다.

장선생은 이곳의 광경을 보고 왜놈들의 소행으로 파헤쳐져 없어진 것으로 판단했을까? 면밀히 주변을 세찰해보니 깊이 파헤쳐진 곳은 70~100여년이 흘러서인지 자연적으로 어느 정도 메꾸어 졌는데 낙엽층을 걷어내 보니 잔 자갈층으로 덮여 있었다. 혈의 성정으로 보기에는 무언가 석연치 않다.

이 부근의 지형은 텐트를 치고 막사를 지을만한 장소로서 산중에 약간의 평지를 이룬 곳인데 만에 하나 혈흔이라도 발견하기를 기대했지만 구덩이를 이룬 자갈층은 혈을 생성시키는 석맥이라고 단정하기는 좀 그렇다.

내가 잘못 판단했을까? 여기 말고 다른 곳일까?

부근에 오래된 듯한 산소하나가 있었는데 그곳은 혈처가 아니다.

전체적으로 이 산봉의 주변은 혈을 맺을 만한 지형적 조건이 미흡한 곳이다.

왜놈들이 풍수에 능한 조선 사람들을 앞세워 여기 승달산의 호승예불형을 파헤쳐 없애려 텐트를 치고 묵으면서 작업을 했다는 이 아래 나이 많은 동리사람의 이야기는 그것이 사실일지라도 혈에 적중하지 못한 것이 아닌가 하는 필자의 판단이다.

필자가 그만한 결론을 내는 이유는 일반적으로 소혈인 경우는 동네 지관이든 풍수를 체계적으로 공부를 하였던 누가 보아도 좋다고 판단이 서는 눈에 띄기 쉬운 장소에 맺히기 일쑤다.

필자가 그동안의 경험에서 볼 때 그러한 경우는 수없이 보아왔다.

그런데 대혈인 경우는 상황이 많이 다르다. 대혈은 기기묘묘한 곳에 맺히기가 다반사인데 흔히 어떻게 이런 곳에 묘를 쓰나? 할 정도로 괴상망측한 곳에 혈이 맺는 경우가 많다.

그 증거로 여기 호승예불형에 대한 앞장의 도선국사의 시를 살펴보자.

"천장지비 하온 혈을 저마다 귀경할까!" 이 구절 같이 아무나 볼 수 없다는 뜻이 숨어있다.

그리고 실제적으로 한 예가 있는데 충남 가야산의 남연군묘가 그 한 예이다.

뒷장에 자세히 설명을 하겠지만, 이러한 대명당의 성향 때문에 여기 호승예불형도 적중하지 못하고 엉뚱한 곳을 파헤치고 대명당을 없앴다고 한 것이 아닌가 한다.

물론 장선생이 4~50여 년 전에 이곳을 방문하였을 시는 이 구덩이가 덜 메꾸어져 그런 판단이 섰을지 몰라도 예전에 필자가 혈처만 깊이 파헤쳐진 곳을 본적이 있는데 그런 상황하고는 지금 여기는 지형적 형세가 많이 다르다.

실제 혈처를 깊이 파냈을 경우는 나머지 구덩이 벽에 남아있는 혈흔의 구조가 보이기 마련이다.

어떠한 상태일지라도 혈맥은 독특한 형질을 구성하고 있기 때문이다.

어느 곳은 혈을 구성할 때 석맥과 같이 따라 흘러들어 올 때도 종종 있어 구분이 되는데 이때 석맥도 혈과 같이 생기를 띠고 있는 경우가 대부분이다.

그런데 여기 구덩이는 그러나 생기 있는 자갈이 못 된다는 필자의 의견인 것이다.

신통한 확답을 얻지 못한 채 용맥의 흐름이 끝나지 않고 계속 나아간 기상을 느껴 용맥을 따라 발길을 옮겼다. 무성한 잡목을 헤치고 나아가다 어느 한곳에 도달하니 전날에 힘들게 와서 땀을 식히며 쉬던 곳이 아닌가? 참 절묘한 타이밍이다. 혈처 부근까지 왔다가 철수한 셈이다.

그곳은 앞으로 나아가던 용맥이 멈춘 곳 이였다.

산줄기는 이어지지만 더 갈수 없는 법칙을 헤아리기에 그곳에서 짐을 내려놓고 세심히 관찰하기 시작했다.

분명 승달산의 주맥이 이곳에 와서 멈춘 곳이 확연하다. 우선 구덩이가 있는지부터 살펴보았다. 혹시라도 모르는 일이라 그렇다. 그러나 구덩이를 발견할 수 없었다. 또한 전후 사방팔방 둘러친 산봉우리들의 배치를 헤아려 볼 때 이장소가 완벽한 혈장이 있을 수 있는 조건이 되어 있었다.

아니나 다를까! 유력한 장소에서 혈심의 주변에서 생성되는 혈장이 두껍게 쌓인 낙엽 속에서 은은히 보이는 것이 아닌가. 저것이 혈은 아니지만 분명한 것은 혈이 살아있다는 것을 보여주는 증표이다.

이 근처에 분명코 혈이 있을 것이다. 어느새 심장은 고동치고 있었고 몸은 후끈 달아오르는 상태다.

왜놈들 소행으로 파손돼 없어졌을 거라 지레 짐작하고 선입감에 젖어 구덩이만 눈에 띄기를 고대하고 있는 중에 살아있는 생명체의(혈) 언저리를 보니 이미 얼굴은 상기 되고 있었다.

면밀히 곳곳을 세세히 살펴보던 중!

아! 호승예불형은 살아있었다. 분명히 완벽하게 태고적 원시상태의 모습으로 살아 숨쉬고 있었던 것이다.

천고의 비밀을 안은채 이러한 깊고 깊은 산중에 이리도 괴상한 곳에 비장되어 있을 줄이야.

1100년 동안 아무도 눈치 채지 못했구나. 장선생도 이곳을 놓쳤다. 숨이 끊어져 사장되었을 거라고 여기고 널 살려보려고 왔는데 하늘도 무심치 않아 살아있는 너를 보니 이 몸이 있는지 없는지 그 희열을 어디에다 비길 소냐! 죽은 자식 살아 돌아온 것만 같다. 깊고 깊은 산중에 홀로 앉아 상념에 젖어본다. 아득한 시간 저편에 도선국사는 이 몸이 앉아있는 자리에서 분명 쉬었다 갔으리라. 외롭고 고독하기는 동병상련이다.

나를 알아보는 자 세상에 없으니 어느 누구에게 건네줄까?

통명산 장군대좌(將軍大坐)를 찾아서

전라남도 곡성지방에 통명산이란 고봉의 명산이 있다. 해발 765m의 수발한 산이다.

도선국사의 결록을 살펴보면

"통명산(通明山) 올라가니 고봉상상정(高峯上上頂)에 장군대좌(將軍大坐) 맺혔도다. 이 한 혈(穴)을 위해 왕자맥(王字脈) 삼십절(三十節)을 뻗어 장상룡(將相龍)이 되었구나. 음래양작(陰來陽作) 하였으니 문무겸전(文武兼全) 만호후(萬戶侯)에 만마등공(萬馬登空)이라. 그 누가 차지할꼬. 감계방(坎癸方)에 요수(曜水)놓고 건해방(乾亥方)에 투구로다. 손신(巽辛)은 병기(兵器)되고 병오정(丙午丁)은 제장(諸將)되어 전후좌우 벌여있고, 만산(萬山)이 공조(拱朝)하여 입수성봉(入首星峯) 처신보니 호남대지(湖南大地) 이뿐이라. 천년향화(千年香火)뿐이랴. 백대장상(百代將相) 나리로다. 운사(雲砂)가 나열하고 간병(艮丙)이 중중(重重)하니 백자천손(百子千孫) 억만세(億萬世) 문천무만(文天武萬)하리라. 태팔절(兌八節)에 경십절(庚十節) 간수(艮水)가 귀손(歸巽)하는구나. 대강(大江)이 폭주(輻湊)하니 산승수승(山勝水勝) 되었구나. 이 혈을 얻어쓰려면 토산간괘(土山艮卦)를 해득하소. 순양국(純陽局)에 태극(太極)되니 알아보기 어려워라. 일후(日後)에 잘못쓰고 수호(守護)하니 불쌍하도다. 천장지비(天藏地祕)하였으니 허욕을 내지마라. 주인봉(主人峯) 높았으니 갑과(甲科)도 대대로 나고 인물(人物)도 많이 나리로다. 최고봉(最高峯)에 묻힌 혈(穴)

을 아무리 알자한들 낱낱이 말할소냐."

호남 통명산 고봉 정상에 장군대좌란 명당이 있는데, 문무겸전이요. 아들 백에 손자는 천에 이르며 귀인은 제후, 재상, 임금, 장관,과 같은 인물이 가가호호에 날것이요 무관은 수를 셀 수 없이 나고 발복은 백대(3000년)까지 갈 것이며, 천년향화 할것이요 하늘이 감추고 땅이 숨겼으니 허욕을 내면 재앙을 부르니 욕심을 내지 말 것이요 호남대지는 이것 뿐이다, 라는 뜻이다.

기록으로만 보면 참으로 대단한 명당이다. 이미 알려진 호남 제일의 명당인 무안의 호승예불형이 98대까지 발복이 이어진다 했는데, 여기 장군대좌는 100대에 이른다고 하였고, 또한 호남대지는 이것뿐이라 한 대목에서 필자는 호남에는 어찌 이리 좋은 대명당이 많은가 하는 동경심이 인다.

그 동경심은 호기심으로 바뀌고 오래전부터 이곳을 꼭 찾아보리라 다짐을 하던 중, 2018년 12월 겨울에 탐방의 기회를 가졌다.

그러나 이 장군대좌형의 대명당은 이미 장익호 선생이 1976년경 김창현(金昌鉉)氏의 선산으로 썼다는 기록이 있어 큰 의미를 두지 않았다. 호남의 제일가는 대명당일수도 있는 보물을 임자가 정해졌다 하니 찾아가볼 마음을 접었던 것이다.

그러다 본인의 풍수연륜이 쌓이면서 이 곡성에 통명산에 있는 장군대좌형이 살아있을 수도 있겠다는 생각이 들기 시작했다. 그동안 장선생의 오류를 많이 보아왔기 때문이다.

예를 들면 서산의 자미원국, 승달산의 호승예불형, 회문산의 오선위기 등 그 외 많은 장소가 장선생의 기록과 실제 장소가 많은 차이를 보였기 때문이다.

2018년 가을 곡성의 통명산을 찾으니 765m의 장중한 산이 남북으로 수 십리 장막을 치고, 죽곡을 가운데 두고 휘감아 금수병장을 하였는데 그 규모가 웅장하여 한눈에 보아도 대혈이 있을 증좌가 분명했다. 그 중 한곳을 바라보니 산봉이 연이어 수발하게 솟아 목성채로 되었는데 그 기상이 활달하고 아름다우니 필시 저 고봉 정상에 장선생이 썼다는 장군대좌형의 장소가 틀림없다.

　그 곳은 장군대좌형의 명당이 아니다.

　대 명당이 살아 있을 거라는 추측이 불행인지 다행인지 맞았다 할 것이다.

　이곳은 묘 앞으로 20여리 계곡수가 직거(直去)하여 대흉격의 국세를 갖췄으니 아무리 천하명당이라 한들 어찌 저런 곳에 쓸 수 있을까? 본인의 경험상 저렇게 큰 결함이 있는 곳은 혈이 맺히지 못한다는 것을 알기에 눈길을 다른 곳으로 돌려 산세를 살폈다.

　통명산에서 흘러나온 용맥을 세밀히 바라보니 한줄기 산줄기가 가기를 멈추고 수발한 봉우리를 세웠는데, 등정하여 자세히 살펴보니 용맥은 음래양작으로 결실하였고, 통명산에서 뻗어나온 산맥은 장중함으로 둘러쳐 거대한 격국을 이루고 있었다. 그러나 무언가 말로 표현못할 2%의 부족한 생각은 어인 일일까. 의구심을 풀지 못 한 채 하산하여 후일을 기약했다. 그러다가 2019년 1월에 다시 통명산을 살피러 고봉 상상봉에 등정하여 전후좌우 내맥을 살펴보니 이 곳이 그 유명한 호남대지 장군대좌가 틀림없었다.

　도선국사의 옛 기록과 맞춰보니 한 점 의혹 없이 일치하였고, 무엇보다도 결록 중에 "감계방에 요수놓고"하는 뜻을 헤아리지 못했는데, 감계방(북쪽방향)을 바라보니 실제로 빛을 발하는 신기한 현상을 경험하게 된 귀중한 시간이 되었다. 도선국사가 들렸던 천백 년 전에 본 것을 금일에도 변함없는 현장으로 남아 있으니 그 감계무량 감출 수 없어 찬사를 연발하니 동행했던 친우 역시 찬사를 아끼지 않았다.

　올라오는 도중 산 짐승의 헤쳐놓은 발자국이 경계심이 들었으나, 천하대명당을 찾아보는 열정을 막을 순 없었다. 근처에 묘 한기도 없이 원시상태로 혈처는 깨끗이 보존되어 있어서 마음이 놓인다. 마침 이 곳을 원하는 인사가 있어 혹이나 신명께 허락하기를 여쭈어보니 허락의 대답이 없어 발걸음을 돌리게 되었다. 누가 내게 말을 먼저 걸 을 소냐.

호남대지 2위 회문산의 오선위기형(五仙圍棋形)

2006년 3월 중순! 춘색이 서서히 느껴지는 때에 전남 순창의 회문산을 방문키 위하여 여정을 챙겨 나서게 된다.

회문산으로 가는 도중에 추월산 서쪽으로 흘러간 산줄기 하나를 따라 살펴보니 비룡등공격이 되었는데, 이미 어느 어리석은 자가 혈 후 뇌두에 점혈을 잘못하였는데 이곳은 대 살 처 해당된다. 1~2년 전에 장을 한 듯한데 생전에 유명인사 이건만 치장을 잘하면 무엇 하나. 체백은 수화(水火)겸전 못 견디어 그 후손 후일이 두렵다.

재앙은 이미 시작되었으리라!

한 가문의 흥망성쇠가 이 한 장소에 있건만 너무도 소홀히하고 가볍게 여기는 것 같다.

이곳도 장례를 지낼 때는 생전에 유명인사 신분에 걸맞게 풍수공부를 많이 했다는 유명 인사를 모셔와 점혈을 하였을 것이다.

애석한 마음 뒤로하고 회문산 가는 길에 다시 순창군 용추봉 下의 비봉귀소형(飛鳳歸巢形)을 빼놓을 수 없어 산의 위치를 정하고 발길을 옮기니 어느덧 날이 저물어 간다. 산중이라 어둠이 쉽게 진다.

계곡을 끼고 계속 올라가니 어느 부분에 이르러 계곡이 예사롭지 않은 부분이 있어 혈을 맺은 용맥이 멀지 않음을 예지할 수 있었다.

갈 길을 멈추고 산마루에 오르니 비봉귀소가 틀림없었다.

혈처에서 사방을 바라보니 한 송이 꽃이다. 격국이 화심격이다.

이곳도 무식배 점혈을 뇌두 대 살 처에 영장을 하였는데, 오래된듯한데 이미 그 가문 재앙이 깊어 후손이 몇이나 남았는지 다녀간 흔적이 없으니 참으로 딱하다.

지금쯤 인재(人災)와 손재(孫災)로 인하여 황폐했으리라.

아마도 그 자손 어려운 세상 탓만 하고 완전히 패가한 듯하구나!

무서운 일이 아닐 수 없다.

앞서 방문했던 비룡등공형도 여기와 같이 될 것이다.

풍수지리를 부정하는 자는 이러한 사례들을 인정치 않을 것이다.

죽은 백골이 어떻게 풍운조화를 일으켜 산사람의 운명을 좌지우지 할 수 있느냐고 비웃기 일쑤다.

지금 시대가 달나라 가는 세상인데 말이다.

인간은 살아있는 동안은 대지의 품에서 한시도 떠날 수 없다.

날씨만 달라도 사람의 기분을 달라지게 되는 것은 알아도, 대지의 품은 알아채지 못한다. 우리의 선조들은 땅을 숭배해 왔다.

지금은 가장 한국적인 것이 세계적이란 말이 자주 등장한다.

다른 나라에는 없는 학문이 고대로부터 우리의 선조들은 지리학을 경험철학으로서 사라지지 않게 지켜왔던 것이다. 요즘 사회일각에서는 가난이 대물림하고 있다고 걱정을 하고 있다.

또한 부자는 부를 대물림한다고 아우성이다.

이 자연계에서는 가난을 대물림하는 것도, 부를 대물림하는 것도 지극히 자연스러운 자연계의 질서이다. 그런데 나라의 법은 부를 대물림하는 것을 막고 있다. 자연의 법칙 쪽에서 보면 아이러니가 아닐 수 없다. 가난을 대물림하는 것도 법으로 막아야 공평한데 말이다. 근래에 TV 어느 프로에서는 선천적으로 불치의 병을 안고 힘들게 살아가는 어린아이들의 실태를 종종 방영하는 것을 목격할 수 있다.

그런데 불공평하게도 그들의 부모는 거의 한결같이 경제적으로 힘든 겹친 고통에 시달리고 있는 것이다. 왜 그럴까? 어째서 부귀 복록을 누리는 가문은 상대적으로 불치의 병고도 적은가 말이다.

종교에서는 인간에게 평등함을 가르치고 있다.

과연 그러한가? 종교의 섭리와는 전혀 무관하게 아니 그보다 앞서 있는 것이 풍수지리이다.

좋은 땅과 인연이 있는 가문은 병고의 재화도 적고 안정적이며 부의 복록도 누리지만, 흉한 땅과 인연이 있는 가문은 입에 올리기도 싫은 재앙과 어려움 속에 살아가는 것이 자연의 법칙이며 질서이다.

땅 즉 대지의 조건은 인간의 명운에 절대적으로 영향을 주는 것이다.

이것을 바꾸지 않는 한은 주어진 환경을 대물림할 수밖에 없는 것이 자연의 순리이다. 가정에 힘들고 어려운 일이 연이어 일어날 때는 선조들이 묻힌 곳을 점검해 보는 지혜가 필요하다.

대기업을 운영하는 가문도 예외일 수가 없다.

기업의 운명이 손바닥 뒤집듯 여반장이 될 수 있기에 그렇다.

이렇듯 안타까운 사례를 보고 나오려니 뒤통수가 끌린다.

날이 저물어 회문산 기슭에 자리를 정하고, 하룻밤을 묵으니 오늘 본 장소들이 눈에 아른거린다. 흉한 곳을 가리지 못하고 쓴 그 자손들 불쌍하기만 하다.

이러한 실례들은 전국적으로 비일비재하다.

아침에 일찍 일어나 회문산을 멀리서 바라보니 중후하고 살찐 부드러운 산이다.

회문산 정상에 올라 용맥을 살펴 답산 하는 것이 이치에 합당하지만, 아무래도 오늘 그럴 시간이 부족할 것 같아 십조통맥의 관산법을 이용하여 10여리가 넘는 회문산 기슭에서부터 세밀히 살피고 산봉우리 하나를 정하여 등정을 하기 시작했다.

이른 아침에는 차가운 계곡의 냉기가 몸을 감싸더니, 태양이 점점 높이 올라오는 햇살을 받으며 산행을 하니 몸이 더워짐을 느낀다.

대지는 춘색이 완연한데도 산정에 다다를수록 눈이 쌓여있어 목이 마른 참이라 눈을 뭉쳐 입에 넣어본다. 차가움이 입안 가득하다.

이렇듯 하나의 산봉을 정하고 오를 때는 산길이 없을 때가 많아 길을 만들어가면서 곧장 올라가기 마련이다. 잡목이 발길을 더디게 한다.

올라가는 도중에 종종 고개를 돌려 산 아래에 펼쳐진 일대 장관의 풍경을 바라보는데 산 아래 전체가 엷은 운무에 가려 한 폭의 산수화 같다.

그런데 참으로 괴이쩍은 현상을 보게 되는데 등정을 할수록 고개가 갸웃거리게 된다.

산 능선에 도달하려면 한참을 더 올라야 되는데 전후 사방에 늘어선 산줄기와 산봉우리의 자태와 위치는 이미 어느 기준점에 도달해 있었던 것이다. 지금 산 아래 전체를 관망하는 서있는 자리에는 이미 현장에 비추어지는 응집점의 초점각의 한계점에 도달해 있었던 것이다.

즉 산정에 더 오르면 이 집합점에서 멀어지는 관계로 응집점이 모호해져 사방에서 펼쳐진 수많은 산봉우리에서 나오는 방사선을 거둬들이지 못하기 때문이다.

이러한 현상은 볼록렌즈의 초점과 같고, 접시 안테나의 집합점과 같은 것이다. 볼록렌즈의 초점이 맞아야 종이를 태울 수 있는 이치와 같다.

필자가 지금 서있는 위치는 볼록렌즈의 초점이 될 수 있는 한계점에 해당하는 높이까지 도달해 있는 것이다.

여기서 더 산으로 올라가면 렌즈의 초점에서 멀어지는 현상과 꼭 같아진다. 이것은 더 올라가봐야 소용이 없는, 즉 혈을 맺지 못하는 장소가 되기 때문이다. 풍수지리학의 진실은 이론으로서 한계가 있는 학문이다.

답산을 정할 때 청명한 날을 택하는 이유도 그 저변에는 이러한 현상을 판단하는데 도움이 되기 때문이다.

현재 본인이 서있는 전방에 펼쳐진 장대한 사격들을 판단할 때 더 이상 위로 올라가면 혈을 맺을 수가 없는 것이 자연의 질서이며 법칙이다.

아무리 흘러내려온 용맥이 출중하여 용신이 살아있어도, 지극히 불리한 흉지가 된다. 어쨌든 여기까지 올라왔으니 바로 위에 있는 능선까지는 올라가봐야 되겠다 싶다.

공연히 잘못 판단하여 올라왔는가 싶기도 하고, 몸의 맥이 풀려 힘이 빠져나가는 듯 하다. 판단을 잘못했으면 오늘 산행은 허사가 되고, 그냥 하산하여 집으로 가야된다. 맥빠진 걸음을 재촉하여 능선에 오르니 암반투성이의 삐쩍 마른 용맥 이었다. 바라보고 있자니 더욱 더 난감해진다.

그래도 한가닥 혹시나하는 기대를 걸어보고 올라왔건만 갈수록 태산이다.

용맥이 흘러내려온 상두를 바라보니 부드러운 토산으로 되어있어 이왕 온 김에 더 오르기 시작했다.

지금 서있는 곳도 너무 높은 위치인데 더 올라가는 심정이야 이미 풀죽은 발걸음이다.

혈을 찾아본다는 것은 이미 포기한 상태로 발걸음을 재촉하여 토산의 정상에 올라와보니 뜻밖의 일대 장관이 되어 있었다.

산정에 일대에 넓은 평지가 생겨 보는 이로 하여금 평탄을 지어내기에 충분했다.

이곳이 바로 회문산의 오선위기형의 바둑판에 해당되는 장소가 되었다.

후면에서 받쳐주고 있는 주산에서 흘러나온 용맥은 기이하게도 혈을 품기 위한 용맥으로 나왔는데 아주 전형적인 교과서 같은 틀을 간직하고 경(庚)입수로 맥을 지었다. 주산에서 혈을 맺기 위한 정신으로 분명히 흘러나왔으나 정작 이곳은 혈을 맺지 못하는 허갱의 터인 것이다.

장선생의 유산록에 오선위기로 기록된 장소인 것이다. 경 입수에 장와혈(長窩穴)체다.

이미 묘가 커다랗게 지어져 있어 3~4기가 들어서 있었다.

장선생은 이곳을 혈처로 보고 기록에 남긴 것이 틀림 없었다.

3~4기의 묘는 이미 고총이 되어있었고, 터 자체는 혈을 짓지 못하는 곳으로 생기가 없고, 따라서 토질 자체가 힘이 없으며, 수(水)기가 많아 음산한 기운이 감도는 곳이다. 입향과 관계없이 묘를 써서는 안되는 패망지이다.

또한 장선생은 이미 묘가 들어있어 회운이 다시 올 때 까지는 쓸수 없게 되어 있다고 기록을 한 것을 보면, 이 바둑판에 해당하는 장소를 혈장으로 판단한 것이 분명하다.

이곳은 필자가 예측한대로 너무 높은 위치에 있기 때문에 용맥은 훌륭해도 혈을 맺을 수가 없다.

필령 바둑판이 이곳에 있으니 이 부근 어딘가에 혈이 숨어 있으리라는 판단이 섰지만 어디로 흘러갔는지 알 수가 없다. 어디로 갔을까?

이산으로 올라오는 과정을 뒤돌아 더듬어 봐도 영 알아낼 수가 없다.

마음을 가다듬고 정신을 집중하여 생각에 빠져 있는 중에 반짝 번개같이 스치는 판단이 섰다. 이곳으로 올라오는 도중에 의문으로 삼았던 부분을 분석을 하면 대략 혈이 어디쯤 맺혀있을 건지는 계산이 섰다.

그렇다! 그 아래로 발길을 돌린다.

즉 볼록렌즈의 초점이 되는 장소를 찾아 들어가면 되는 것이다.

발걸음이 힘이 들어가니 몸까지 가벼워진다.

괴이쩍은 용맥을 살펴 정확히 계산을 한 후 두껍게 쌓인 낙엽을 걷어내니 아! 오선위기! 오선위기가 필자의 눈에 모습을 보여준다. 이게 웬일인가. 주변에 묘 1기도 없다.

이 산친을 대상으로 그동안 깨달은 점을 적용시켜보니 의외로 쉽게 오선위기를 찾아진 것이다.

언젠가 어느 풍수서에서 본 적이 있는데 여기 오선위기를 도선국사가 기록하기를 혈이 땅위에 표출했으니 얕게 파서 보토하기를 권한다는 글을 본적이 있었다.

실제로 오선위기는 잡목 속에서 낙엽 속에 덮혀 있어서 손으로 낙엽을 걷어내면 표토에 드러나 있어 그 황홀한 자태를 뽐낸다. 천년의 풍화작용도 힘을 쓸 수가 없었나보다. 그것이 진리다. 더구나 이곳 역시 사람발길이 닿질 않아 그대로 태고적 원시상태를 보존하고 있는 것이다. 여기도 역시 하늘이 감추어놓고 주인오기를 기다리고 있으며 신기하게도 바람 싫어 돌아 앉아있었던 것이다.

호남 팔대혈중에 서열이 두 번째다.

이름 그대로 다섯 신선이 저 위에 있는 바둑판을 기웃거리는 형상이 완연하다.

거기에는 훈수꾼도 있었다. 장중한 회문산의 기상을 닮아 장엄하게 짜여진 국새는 강룡의 면모를 유감없이 보여주고 있다. 바로 혈 앞에 인사가 다정하다.

증산도의 강증산 선생이 이 오선위기형을 떠올린 이유를 알겠더라.

회문산 자락에서 흘러나온 모든 계곡물은 혈 앞에서 모여 흘러나가니 부는 태산 같고, 귀는 극품에 이르러 소위 만대영화의 자리가 되었다.

필자가 오선위기의 대명당이 묘를 잘못 쓰는 바람에 언제 회운이 올지 모른다는 유산록의 기록에도 불구하고 찾아 나선 이유가 있다. 그것은 이미 묘를 잘못 썼다는 것은 그 가문이 패망했을 거라는 예측이 가능하기 때문이다. 차라리 이러한 상황은 때에 따라선 오히려 주인을 찾아줄 기회가 의외로 쉬울 수가 있을지 모른다는 기대감이 들어 답산의 기회를 가렸는데 생각지 못한 일이 기다리고 있어 깨끗이 보존되어 있고, 주변에 묘 1기도 없는 원시상태의 오선위기를 보게 되는 행운을 얻게 된 것이다.

어느 누가 내게 먼저 말을 건넬까보냐!

호남 4대 명당 태인의 군신봉조(君臣奉詔)

　호남 4대 명당중에 하나인 태인 군신봉조형을 찾아보자.

　이 명당도 세인들에게 많이 알려져 옛 비결록을 한번이라도 읽은 인사라면 너무도 낯익은 잘 알려진 장소이다.

　그런 관계로 여기다 저기다 심각한 논쟁의 대상이 되기도 했으며, 이미 어느 재벌가에서 썼다는 등, 시시비비가 많은 장소이다.

　풍수를 연구하는 인사들은 무리지어 한번쯤 들러보는 장소이다. 본인도 예외일수가 없어 궁금증과 호기심으로 남아있던 중 태인 산내면 예덕리로 향발하니 때는 2016년 봄이다.

　산내면으로 들어서면 첫 인상이 순한 산봉이 두껍게 밀집되어 첩첩이 중첩되어있어 기운이 설기되지 못하도록 천연적으로 요새처럼 이루어진 곳이다. 왕지산을 바라보니 주맥이 서쪽으로 출맥하여 크게 돌아 예덕리를 이루면서 감싸고, 남으로 출진하였는데 윗보리밭리에 이르러 여러 산줄기 형상이 신하가 공손히 고개숙여 인사하는 듯 하니 그 모양이 기이하다.

　이런 산줄기의 형상으로 동네 이름이 예덕리라 불리어진 듯하다.

　예덕리 입구를 지나면서 산줄기가 단아하니 묘들이 즐비하게 들어서 있는데 산세를 살펴보니 생기는 있는듯하나 혈처는 아니더라. 예덕리 인근은 유순한 산봉들로 중첩되어 있고 근처에 옥정호가 생겨 금상첨화가 되었다. 이러한 관계로 일천 오백년 병화불입지지(兵禍

不入之地가 되어 풍수인을 비롯한 수많은 민초 들에게 동경의 대상이 된 곳이다.

즉 전쟁과 같은 재앙이 닿지 않는 곳으로 선망이 된 곳이다. 그 중 한 용맥을 가려내어 출진한 용맥을 살펴보니 어인일인지 청룡백호도 없고, 입수로 내려온 주맥의 용맥도 없는데, 기이한 곳에 혈이 맺혀있는 게 아닌가? 참으로 하찮은 곳이며, 보기도 쉬운 곳에 혈이 맺혀있건만 천년이 넘는 세월, 수 없는 사람들이 지나친 아이러니의 현장을 보고 말았다.

통명산의 장군대좌형은 깊은 산속에 숨겨져 있어 사람들의 눈길을 외면하고 있어 그렇다 치더라도 여기 태인의 군신봉조는 찾아보기도 쉬운 곳에 천하의 명혈이 있었으니 지금껏 풍수가의 눈길을 외면하고 있었던 것이다. 재벌가에서 썼다는 설도 허상이요, 여기다 저기다 하는 풍수가의 논쟁도 허허롭다.

다른 명혈도 그렇지만 특히 이 장소는 풍수이론으로 대비해서는 천년이 흘러도 찾을 수 없는 곳이다.

풍수지리의 심오한 깊이를 알 수 있게 한 장소가 아닌가 한다.

도선국사의 결록을 소개하면

"남쪽으로 내려가서 제좌봉(帝坐峯) 올라가니 상제봉조(上帝奉朝) 일대혈(一大穴)이 용호(龍虎)없이 생겼구나. 배례(拜禮)밭 뒤에두고 삼태봉(三台峯) 옆에 놓고 언연히 앉았으니 알아볼 이 그 뉘런고. 주안(走案)이 중중(重重)하여 천문(天門)이 넓게 열리니 보기도 쉽건만 주인없이 생겼구나. 대간맥(大幹脈) 가는 용(龍)이 횡작(橫作)으로 돌아서니 경유득(庚酉得)에 을진파(乙辰破)로다. 49대(代) 장상지지(將相之地)에 여천지(與天地) 동행하리."

※현재 윗 보리밭이란 지명은 원래 배례밭이란 지명이 오랜 세월이 지나는 동안 변해서 생긴 지명이라 한다.

주인 없이 생겼구나! 이 뜻은 주산에서 흘러내린 용맥이 없다 라는 뜻이다.

입수처의 형상이 없다는 뜻이다. 이러한 상황에도 천하의 대명당은 존재한다. 풍수지리 이론은 진리가 아니다.

보현산 상제봉조형(上帝奉朝形)

 경북 영천에 소재한 보현산에 답산키 위해 홍성을 나선 때가 04년 3월 초순경이다.
 영천에서 청송방향으로 국도를 타고가다 화남면을 지나치면 저 멀리 북동쪽방향에 장대한 태산준령이 가로막고 섰는데 그 중심 되는 산이 일천 미터에 이르는 보현산이다. 보현산 기슭에 다 달아 정상을 바라보면 우리나라에 하나밖에 없는 천문대가 아득히 자리 잡고 있다.
 보현산 정상에 천문대가 아득한데 저 풍경은 이미 낯이 익은 정경이다. 보현산에 와본지가 두 번째이기 때문이다. 보름 전쯤에 일차로 답산키 위해 왔었지만 예기치 않은 일이 생겨 집으로 철수를 했다.
 그날도 보현산 주변을 관망키 위해 산봉우리 하나를 정해놓고 등정을 하는데 보현산이 워낙 장대한 산이라서 골도 깊고 산줄기도 크고 높아 일단 산에 들어서면 깊은 산중에 들어온 듯 한 주변의 상황이다. 산자락 기슭을 벗어나 가파른 경사를 오르고 있는 중인데 어디선가 웅웅 거리는 소리 같기도 하고 바람소리인 듯한 산울림이 계속 들려왔다. 그날은 바람이 좀 부는 편이었는데 별다른 생각 없이 등정에만 정신을 몰두하고 능선의 정상에 막 다다라 올라서는 순간 헉! 눈앞에 갑자기 나타난 광경을 보고 아연실색 혼비백산 하고 말았다.
 바로 눈 앞에서 멧돼지 떼들이 우글거리고 땅을 헤집고 다니는 것이 아닌가. 그때서야 올라오던 중에 낙엽과 함께 땅이 패이고 흙무더기가 뭉쳐 있던 것이며, 무슨 소리인지 알 수 없었던 웅웅 거리던 소리가 저놈들 소행이었던 것이다.

동물적인 감각으로 몸을 숨겨야 할 텐데 순간적으로 오금이 떨어지질 않는다. 너무 놀라서 수 십초 동안 발걸음이 떨어지지 않는 경험을 처음 해봤다.

다행이 저놈들이 코앞에 있는 나를 눈치 채지 못하고 있는 것 같아 슬금슬금 뒷걸음질 쳐 산중을 내려오는데 그때 처음으로 산이 무서울 수 있는 존재라는 걸 인식했다.

이제까지 숱한 산을 다니고 보현산보다 더 깊고 높은 산(태백산)을 홀로 다녔어도 산이 무섭다는 생각이 들어본 적이 없었는데 이렇게 막상 산짐승과 맞닥뜨리니 혼자 산을 다니는 것이 얼마나 위험한 행동인지 등골에 식은땀이 다 흘렀다.

이제까지 천방지축 깊은 산 무서운 줄 모르고 다닌 것이 하룻강아지 범 무서운 줄 모르고 다닌 격이었나 싶다. 뭘 믿고 그리 다녔는지 모르겠다.

그 일로 인하여 그 날은 산에 오르고 싶은 맘이 없어 그냥 철수하고 말았던 것이다. 그렇다고 보현산을 포기할 수 없다.

보현산의 상제봉조형은 경북에서도 손꼽는 명혈대지라 유산록에 기록되어 있으니 어찌 아니 찾아볼 소냐. 재차 답산의 기회를 잡아 찾아온 것이다.

먼저 번에 답산 내용을 상기하며 보현산의 주맥을 살펴보고 살아있는 왕의 기상을 가진 용맥을 가려내어 일약 등정을 하기 시작했다.

이렇게 큰 산에서 판단에 착오가 생기면 그 날은 혈 찾기를 포기해야 한다.

　한 번의 판단 착오는 보통 몇 km에 달하는 헛걸음을 하게 되며 몸과 마음을 지치게 만들기 때문이다.

　지정한 산봉우리에 이르니 기슭저변에는 암반으로 튼튼하게 지어져 있어 무척이나 견고한 지세이다. 산봉에 올라서니 상서로운 기운이 서려있다.

　천문대가 있는 정상에서 출맥한 용맥은 일대 과협을 하여 정각리에 이르러 박환성을 세우고 이곳에서 다시 서쪽으로 흐른 용맥은 5리를 굴곡하고 흐르더니 다시 남방으로 급전하여 간인방 으로 흐르다 마지막 박환성을 세웠고, 그 아래 혈장을 지었는데 계좌(癸坐) 곤파(坤破)가 되었다.

　장선생의 유산록에 기록과 같이 틀림이 없는 장소인데 좀 무언가 이상하다. 2%가 부족한듯한 느낌인 것이다.

　첫째, 혈을 맺기 위해 용맥을 내려보낸 주산이 단정치 못한 점이다.

　주산이 가지런하지 않고 단정치 못하면 어떤 경우도 생기는 있을지라도 혈을 맺는 경우는 전무하다. 즉 혈을 못 맺는다.

　둘째, 수구가 곤파에 좌향은 계좌이다. 좌향이 계좌이면 머리 부분은 계방이다. 근데 이 계방이 문제이다. 계방에 받쳐주는 산이 없고, 측면에서 느럭느럭 내려온 용신밖에 없다. 즉 둔덕밖에 없고, 배산임수의 꼴을 못 갖춘 것이다.

　풍수지리는 어떤 경우에도 흔히 이론으로 등장시키는 내용은 거짓이 없다. 그나마 단정치 못한 주산이라도 간인방에 위치하고 있어 배산임수의 격을 못 갖춘 것이다.

　셋째, 군신봉조 격이면 제왕지지다. 제왕지지는 반드시 귀사가 있어야 되는데, 눈을 씻고 보아도 없었고, 또하나 혈전에 늘어선 격국은 광활하나 짜임새가 긴밀함이 없고 산만하다는 점이다.

풍수지리는 창작소설이 아니다. 이 자연산천에 모든 혈을 맺기 위한 용맥과 그에 따라서 갖추어진 격국은 따로 가 아닌 한 몸체와 같다.

이 이야기는 혈을 에워싸고 있는 격국이 섬세하게 갖추어지지 못했다면 따라서 혈을 맺질 못하고, 또 용신에 따른 주맥에 불합하면 혈도 없으며, 또한 이에 따라서 격국도 그 격에 미달하는 것이다.

풍수지리가 깨우치기 힘들고, 배우기 힘들고, 사람마다 주장이 다른 이유가 이러한 풍수지리 이론의 건너편에서 분명히 존재하는 조화로움이 버티고 있기 때문이다.

물론, 지금 풍수에서 통용되는 이론을 대비시키긴 했지만, 실제적 결론은 조화로움의 부재일 수밖에 없는 것으로 귀착됨이다. 그리하여 혈처를 다시 한번 정밀히 조사를 해보니, 혈이 아니고 생기가 뭉쳐있는 처소였던 것이다. 혈과 생기의 차이는 그 품격부터 다르다.

장선생이 지정했던 장소는 군신봉조형의 혈은 아니었고 보현산에서 낙맥할시 호룡의 기상이 분명했다. 모종의 임무를 띤 용맥을 가려낼 때는 기본 정신을 알아야 한다.

그 첫 번째 과협처가 그 기본정신인 것이다. 그중 하나가 혈을 맺기 위한 기본 정신을 안고 흐른 용맥인듯 세밀히 살펴보니 흡사 비룡이 승천할 때 변화무쌍의 모습을 보이듯 하니 진맥이 틀림없다.

맥을 따라 확인해보니 상제봉조형 틀림없다. 혈은 유두혈로 맺혀 여성의 유방과 똑같이 생겼더라. 생생하게 남아있다. 근거리에 귀사가 그 격을 말해주고 있었다. 그러나 이 유두 혈은 장선생의 주장했던 장소의 파구와 똑같은 곤파(坤破)였던 것이다. 기이한 일이었다.

이렇게 산짐승과 만나는 곤욕을 치르고도 천신만고 끝에 보현산의 상제봉조형의 대지를 만나봤으니 그간의 노고와 수고로움이 말끔히 가신다. 이 순간을 위해서 천리길 마다않고 산행을 하는 것인가?

지구를 떠난 일월산 장군대좌형(將軍大坐形) 천하명당이 부뚜막이 되다

보현산에서 하산하여 다시 일정을 이어 잡아 경북 영양군에 있는 일월산(日月山)으로 향발하니 구불구불 몇 십번 아니 몇 백번인지 가도가도 끝이 없다.

직선거리라면 그리 멀지 않은 것 같으나 태백 준령의 산줄기 계곡을 따라 생긴 도로가 정말 지루하다. 온통 산 산 산이다.

영양군 소재지를 지나면서 일월산 산기슭에 가까워지고 나니 멀리 일월산의 어마어마한 장중한 자태가 눈에 보이니 보현산은 게임이 안 된다.

그저 무지무지 크고 육중한 느낌은 땅이 가라앉지 않을까 하는 기우 같은 생각이 든다.

저산 수백수천 산줄기 중 어느 맥이 진맥이 되어 우리나라의 국운에 영향이 미친다는 상운봉일형(祥雲奉日形)과 장군대좌형(將軍大坐形)이 어디에 숨어있나.

일월산의 기슭을 지나면서 산중으로 가기 시작하는데 처음 계곡 입구엔 드믄드믄 민가가 있더니 장군대좌형 부터 찾아보고자 계곡에 들어서자 민가는 물론이고 아예 인기척도 없다.

여느 산풍경과 다를 바 없지만 그래도 산봉우리에 오르면 멀리서나마 가옥이나 들녘에 논밭이 보이기 다반사인데 아예 이곳은 문자 그대로 첩첩산중이다.

보현산이 높고 깊다 해도 이곳과는 비교가 안 되었다.

먼저 번에 멧돼지 떼를 만나 혼난 일이 있어 이번에도 그런 걱정스런 마음이 없지 않아 있었지만 내킨 발걸음은 그런 일은 아랑 곳 없다는 듯 계곡을 따라 발걸음을 재촉하여 산중으로 산중으로 들어간다. 계곡 양 옆으로 바짝 붙어있는 산등성이 때문에 하늘만 보이는 격이니 사람이 다닌 기척도 찾아볼 수 없다.

얼마나 계곡을 따라 들어왔을까?

갑자기 계곡이 양 옆으로 갈라지며 확 트인 계곡과 앞에 맞은편은 일월산 일지 맥이 장군이 되어 수하 장수를 이끌고 진을 쳐 수루에 앉아 있는 듯 장엄한 기상이 시야를 압도한다.

7부 능선쯤에 장군의 투구 같은 봉우리를 만들었으니 필시 장군대좌형의 주산이 틀림없다. 제대로 찾아 들어왔다. 산천의 정기를 머금고 혈을 맺으려 흐른 산맥은 그 주변을 돌아보면 한결같이 맑은 기운으로 충만해 있는 것을 볼 수 있는데 이것이 산천의 법칙이다.

이렇게 아무리 깊은 계곡을 끼고 첩첩히 흐른 산줄기들이 무질서하게 얽히고 설켜 있는듯해도, 임무를 띠고 생기 있는 용맥에 혈이 있는 곳이면 명당이 형성되니 밝고 넓으며 명랑한 경관으로 바뀌는 것이다.

이곳에서 계곡 건너편 용맥을 바라보니 산기슭에 목조로 된 집 한 채가 있는 것이 아닌가? 이런 깊은 산중에 집이 있는 것을 보니 왠지 마음이 훈훈해진다. 역시 사람은 사람과 함께 있을 때 그 존재를 느끼는 것이 아닌가 싶다. 이 계곡에 들어올 때 알게 모르게 적막감과 왠지 모를 혼자라는 무거운 고독감 속에서 마음조차 어둠속에 있는 듯

한 느낌으로 있었는데, 지금 이렇게 밝은 곳으로 나와 있고, 거기에 저렇게 깊은 산중에 집이 있는 곳을 보니 그러한 무겁고 칙칙한 기분은 싹 날아가 버린다.

근데 저 집은 무슨 집인가? 의아심으로 일어나고 있는데 집에서 좀 떨어진 곳에 웬 노인이 무슨 볼일을 보는듯하다. 계곡 밑에서 올라오는 필자를 보고 있는듯한데 이렇듯 깊고 깊은 산중에 낯선 이방인이 올라오니 경계심도 들리라.

그렇지만 필자의 생김새와 분위기는 경계심을 푸는 듯 물끄러미 서서 바라보고 있다. 필자야 이런 산중에 노인을 보니 우선 반갑고 훈훈한데 가만히 노인 서있는 곳을 보니 토종 벌통이 여러 개가 놓여있다.

산길을 오르는데 마침 그 집 앞마당을 지나치게 되어있어서 노인에게 인사를 하고 길을 묻는다.

"어르신! 저 위에 동산으로 갈려고 하는데 지금 이 앞을 지나가도 되겠습니까?"

"예. 올라가세요"

걸쭉한 경상도 사투리가 싫지 않다.

집 앞 마당을 거치면서 잠시 집을 살펴보니 옛날 목조집 구조인데 그래도 비바람은 충분히 막아주고 깔끔하게 정돈된 집이었다.

다시 걸음을 옮겨 고즈넉한 산허리에 서서 내룡을 관망하고 주변을 살펴보니 더 이상 오를 필요가 없었다. 투구를 쓴 산봉우리에서 흘러나온 푸른 서기를 띤 용맥 하나가 이 몸이 서있는 곳을 지나 바로 옆에서 동산을 이루고 가기를 멈추니 앞에 있는 계곡물을 바라보고 있는 것이었다.

이쯤 되면 장군대좌형은 이미 다 찾은 것이나 다름없다.

동산에 들어서보니 온통 암반으로 되어있었는데 흙은 얼마 없다. 동산의 정중앙부분에 이미 고총이 되어버린 오래된 묘가 1기가 있는데, 아마도 동네 지관이 점혈 하지 않았나싶다. 이런 곳에선 어느 누구라도 지금 묘가 들어서있는 자리를 제일 선호하는 장소가 되어 사람들의 이목을 끌기에 충분하다. 풍수지리가 그렇게 쉬운 것 이라면 우리나라에 혈은 하나도 안 남았을 것이다.

여기 장군대좌형은 본인도 이러한 격국은 처음 보는 형세라 실은 동산에 들어서면서부터 크게 놀라고 있었다.

눈에 보이는 격국이 정말로 가관이다. 기치창검으로 진지를 둘렀으며 군사와 신하들이 출정을 앞두고 일사불란하게 도열한 듯한 형상이 필자 처음 보는 국세라 그 위세가 무관의 위용으로 기세등등함을 느끼기에 충분했다.

여기 일월산의 장군대좌형은 본인이 보던 중에 제 일격으로 손색없고, 당당함과 장군의 위엄이 서려있고 그 기상이 엄숙했다.

풍수가에 언저리에 있는 사람들이 이러한 격국을 그냥 놔둘 리가 없다.

대개는 권세가 들이 먼저 들어와 자리를 잡아 묘를 쓰기가 일쑤일 텐데, 그러한 욕망의 흔적이 저기에 있는 고총이 되어버린 묘의 임자 인 것이다.

필경 눈에 보이는 형세는 말이 필요 없는 격국 이지만, 저 고총이 되어버린 저 임자 자손이 몇이나 남았는지, 찾아다녀간 흔적도 없다. 점혈 해준 사람은 무식배의 무리에서 벗어날 수가 없다. 그 자리에서는 소석과 단단한 석비례 층이 나왔을 것이다.

필자는 부지런히 동산을 여기저기 옮겨가며 혈을 찾고 있다. 이러한 대혈이 교과서처럼 정직하게 있을 리가 없을 거라 이미 결론을 냈기 때문에 숨어있을 만한 곳을 샅샅이 찾고 있는데, 전혀 생각지 못한 곳에서 웬 구덩이 하나가 깊게 패어져 있는 것을 보았다. 언뜻 보기에 커다란 김장구덩이도 같은데 낙엽이 많이도 쌓여있어 무슨 구덩이인지 알 수가 없었다. 바짝 다가가 낙엽을 걷어내고 구덩이 벽을 살펴보니 혈흔이 보인다. 낙엽을 걷어내고 구덩이 바닥을 헤쳐보니 혈이라고 볼 수 있는 흔적이 남아있었다. 무엇 때문에 이지경이 되었을까?

혈처가 분명한데 혈토가 깡그리 파헤쳐져 커다란 김장 구덩이로 변했으니 이것이 무슨 변고란 말인가? 구덩이 벽은 거칠은 외피에 해당하는 토질만 남아 황홀지경의 오색의 황금빛 혈토만 싹 걷어낸 것이다.

인생사를 알 수 없는 것처럼 혈 또한 그 운명도 알 수가 없구나.

이러한 심심계곡 깊은 산중에 있는 혈이 이지경이 된 것은 특별한 경우라 하겠다.

개발과는 거리가 멀어도 이렇게 될 수도 있구나! 애석하고 애석하다.

아까 그 노인에게 이 구덩이에 대한 내력을 물어나 보아야 되겠다 싶어 목조 집으로 발걸음을 돌렸다.

노인은 처음부터 필자에게 계속 주시를 하고 있었다. 홀로 등산복 차림도 아니고, 무슨 약초를 구하러 산에 온 것 같지 않고 그러면서도 집 옆의 동산을 이리저리 옮겨 다니며, 무엇인가를 찾고 있는 듯한 행동은 괴이쩍으면서도 예사롭지 않게 느꼈을 것이다.

토종 벌통 근처에서 일보는 노인에게 다가가서는

"어르신네 죄송합니다! 말씀 좀 여쭙겠습니다! 저기 저 동산 옆에 생긴 구덩이는 어떤 연유로 생겼는지 혹시 아십니까?"

"그건 왜 묻소?"

"예! 저는 풍수지리를 공부하고 있는데 옛 기록에 일월산에 천하명당이 있다 해서 그것을 찾아보려 충남 홍성에서 이곳까지 왔는데 혹시 저 구덩이가 어찌 생겼는지 아시나 해서요."

"아! 풍수지리를 하신다고요? 그 구덩이는 우리 사촌형이 파낸 거요!"

"예? 아이고!"

노인은 의아한 듯 되묻는다.

"그 구덩이가 왜요?"

"어르신네! 홍성에서 이곳까지 오려면 천리가 넘습니다. 제가 풍수를 공부하고 있는 중인데, 바로 저 구덩이의 원래 모습을 보려 천리 먼 길을 온 겁니다. 저 구덩이가 세상 사람들이 말하는 명당이라는 겁니다. 바로 혈이지요. 제가 산에 다니면서 여기까지 온 것도 지폐가 생기는 일도 아닌데 무엇 때문에 왔겠습니까. 이 먼 길을….

단지 저 혈을 보려고 왔는데 혈은 없어지고 구덩이만 남았으니….

필경 저 구덩이를 팔 때 그 흙이 상당히 황홀했을 텐데요! 오색이 빛나는…."

노인은 그제 서야 알아듣겠다는 표정을 지으면서 반색을 하면서 화들짝 놀라는 기색이다.

"아! 그렇습니까! 어쩐지…."

노인과 필자는 금새 친해진 듯 분위기가 좋아지고 경계심은 사라지고 부드럽게 바뀌어져 있다. 노인은 걸쭉한 경상도 사투리로 자기의 생각을 말로서 하기 시작했다.

"아까 젊은이가 이곳으로 올라올 때 누구일까 하고 의아심이 들었는데 금새 우리 집에 귀인이 오고 있구나 하고 생각이 들었습니다."

"예? 제가 무슨 귀인이 됩니까? 저는 귀인하고는 거리가 먼 사람입니다."

필자가 당황해하며 사양하자 노인은 말을 계속 잇는다.

"나는 이곳에서 토종벌을 키우고 약초를 캐서 생활을 하고 있소! 그런데 오늘 새벽에 꿈을 하나 꾸었는데 꿈 얘기를 해야겠소.

아 글쎄 꿈에 일월산 산신령이 보이더니 큰 자루에 천마가 가득 찬 것을 들고 있었는데, 그 자루를 나한테 건네주는 거였소. 천마가 가득 든 자루를 받아들면서 꿈을 깨었는데 지금도 너무나 생생한 꿈이었소.

젊은이가 동산에서 왔다 갔다 하는 것을 다 지켜보았소. 예사 젊은이가 아니라는 것을 알았는데, 지금 젊은이의 말을 들어보니 내 꿈이 맞는 것 같습니다."

필자는 전혀 예상치 못한 노인의 꿈 얘기를 전해 들으니 한 대 얻어맞은 듯 당황스럽고 어안이 벙벙했다.

내가 무슨 대단한 사람이라고 일월산 산신령까지 등장한단 말인가?

더구나 세상에서 나를 알아보는 이 아무도 없는데! 산신령이 내가 이곳에 올 줄 알았단 말인가?

"어르신네! 그러면 사촌형님이 저 흙은 왜 팠습니까?"

"아! 그거! 그 흙 파다가 저 집에다가 다 쓰고 깔았다오!

부뚜막도 만들고, 방바닥도 깔고, 바람벽, 토방, 부엌바닥, 마당…. 뭐 쓸 만한 곳은 다 썼지요. 정말 그 흙 참 좋았어요. 노랑, 빨강, 분홍,

검정, 형형색색 모래 티끌 하나 없이 분가루 같았지요. 무지개 같은 흙이었소. 이 동산이 온통 암반인데 그 장소만 흙이 있어서 그렇게 된 것이지요. 그것이 명당인줄 우리네가 어떻게 알았겠소. 미리 알았으면 무슨 일이라도 났지요."

말을 들어보니 어이도 없고, 기가 막혔다.

하기야 그 흙이 무엇인지 알 턱이 있을 리 없었겠지만 이미 엎질러진 물이다.

"젊은이 집안으로 들어갑시다! 점심때도 넘었는데 아침에 밥은 다 먹어서 밥은 없고 라면이라도 끓여서 점심을 해결하소."

노인을 따라 집안에 들어서니 정말 마당부터 집안에 부엌바닥 부뚜막 혈토로 풀어서 맥칠을 하여 단장한 것이 보였다.

일부 구석진 곳은 아직 부서지지 않은 혈토가 덩어리로 된 채로 뭉쳐있는 곳도 간간이 있었다.

방안으로 안내되어 들어와 보니 옛날 흙집에서 나오는 방 냄새가 상긋이 낸다.

방안이 어두운데 전기를 켜는데 말뚝전구다. 조그만 바나나 크기로 된 전구인데 필자한테 손님대접 한다고 휴대용 발전기를 돌려 전기를 켜는듯하다.

노인은 특별할 때만 이동 발전기를 돌린다고 한다. 지금이 특별한가 보다.

사촌형이 여기서 살다가 나가고 노인은 7년 전부터 들어와 살기 시작했다고 했다.

"어르신네! 혹시 사촌형님께서 저 구덩이를 판 후 무슨 변고라도 있었습니까? 횡액이라든지, 무슨 사고라도 있을 수 있고…. 왜냐하면 저 명당은 하늘이 설계를 하고, 땅이 만들어 놓은 조물주의 인간에 대한 최고의 선물이자 보물입니다. 알고 파냈던 모르고 파냈던 이미 대자연에 대한 큰 잘못을 저지른 꼴이 되었으니, 벌을 받게 되어 피할 수가 없습니다."

필자의 의외의 색다른 질문에 노인은 놀란 표정이 되어 대답을 하신다.

"아! 그러고 보니 형님께서 집을 짓고, 저 구덩이를 판 후, 얼마 안 되어 다 키워놓은 아들을 교통사고로 잃었소!"

노인은 놀라고 있었다. 그런 일이 정말로 일어날 수 있는가 라고 상기된 표정으로 반문을 한다. 나는 계속 말을 잇는다.

"아마 그 형님 되시는 분은 평생 고단하게 살고 있을겁니다."

"맞소! 아들을 잃은 후 상심이 되었는지 시내에 나가서 살고 있는데 하는 일마다 안 되고 지금 근근이 힘들게 살고 있소. 야아! 그것 참 무서운 일이네!"

필자는 다시 말을 잇는다.

"옛 기록을 보면 일월산에 상운봉일형이란 대명당이 있다했고, 또 그 곳으로부터 10여리 떨어진 곳에 장군대좌형 이라는 큰 명당이 있다고 했습니다.

그 중 하나인 장군대좌형이 저 구덩이에 해당되는데 저지경이 되었으니 하늘과 땅이 그냥 무심히 있을리 없습니다.

저도 참 속이 상합니다. 이 먼길까지 왔는데….

만약에 저 명당이 살아 있었다면 어르신네가 임자가 될 수도 있었을텐데 말입니다."

"아! 예! 말씀이라도 고맙습니다.

나도 오래도록 이 곳에 살아오면서 그런 전설 같은 얘기는 들어서 알고 있었소. 저 구덩이가 명당인줄 모르고 저리 됐으니….

이 가근방에서는 나이든 사람이면 일월산의 대명당 얘기는 들어서 거의 알고 있는데, 소문으로는 이미 썼다는 말이 있기는 합니다.

요 넘어 산 건너편에 명당이 있다고 입소문이 나있는데 아무개 되는 사람이 좋은 자리에 썼다는 소문이 무성하지요.

나도 그 장소를 알고 있는데 젊은이는 그 곳을 가보았소?"

"아닙니다! 이곳부터 찾아볼 양으로 먼저 들어왔습니다."

"젊은이! 이왕 이곳에 와서 알게 되었으니 내 신후지지를 부탁하오. 내 죽으면 묻힐 곳 말이요."

노인은 목에 힘을 주어 부탁을 하는데 실없이 하는 소리는 아닌 것 같다.

혹시라도 지난밤 꿈에 산신령한테 천마를 받는 꿈 때문에 마음을 일으켜 부탁을 하고 있는지도 모른다.

"예! 알겠습니다. 여기 깊은 산중에까지 들어와 어르신을 만난 것도 인연일 수 있겠습니다. 제가 기회가 닿는대로 힘써보겠습니다."

그러자 노인은 주소와 성명을 전화번호와 함께 적어 건네주는데 이름을 보니 권상진氏였다.

이 노인을 못 만났으면 이 산중에서 쫄쫄 굶을 판이었는데 다행이 이렇게 융숭한 식사까지 대접받으니 몸이 허기질 염려는 없겠다.

"산에서 내려가면 어데로 갑니까?"

"아무래도 집으로 가야될 것 같습니다.

온 김에 나머지 한 곳을 더 찾아보고 싶은 마음 굴뚝같지만 찾아 나서기엔 오늘은 시간이 너무 늦은 것 같습니다.

이 다음에 다시 와야 될 것 같습니다."

노인과 작별을 하려니 여러 가지 아쉬움이 든다.

바깥에 나와 장군대좌형의 아까운 격국을 돌아보고는 산을 내려가는데 노인은 그 아래 계곡이 있는 산기슭까지 따라나선다.

그러면서 호주머니에서 무엇인가를 꺼내는듯하더니 봉투를 내 손에 꼭 쥐어주며 갈 때 기름값 이라도 보태라 하신다. 참말로 기름 값도 아쉬운 때라 여간 고마운게 아니다.

정말로 따뜻한 마음을 오랜만에 느껴보는 듯한 감회다. 약초 캐며 생활하는 삶이 그리 넉넉하게 보이질 않는데 노인의 따뜻한 마음 때문이라도 천상 기회를 만들어 다시 이곳에 와야 되겠다 싶다.

애석함과 아쉬움을 뒤로하고 노인과 작별을 하고 빨갛게 녹슬은 1톤 트럭을 몰고 계곡을 빠져나와 다시 일월산 기슭으로 다 다르니 상운봉일형을 찾아보고 돌아갈까 하는 마음이 없지 않아 갈등이 진다.

상운봉일형을 답산 하고 나오려면 시간이 좀 늦어질 터인데 실제로는 이렇게 한번 철수하면 언제 이곳에 다시 올 것 이라 기약하기 힘들기 때문이다.

고개를 들어 하늘을 보니 날씨도 흐려진다.

에이 그냥 집으로 그냥가자. 시간도 그렇고, 더구나 날씨가 꾸물꾸물 좋질 않다. 고물이 된 쪼터를 끌고 덜덜거리며 귀향길을 재촉하는데 대전쯤 오니 진눈깨비가 쏟아지기 시작한다. 밤 11시 쯤이다.

집에 1시경에 무사히 도착하여 푹 쉬고 아침나절에 TV를 켜보니 온 나라가 아수라장이다. 경부고속도로가 폭설로 눈이 수십 센치 쌓이는 바람에 교통대란이 일어나 아비규환이 된 것이다. 참말로 아슬아슬하게 빠져나왔네!

> 후기

수술로 살아나는 장군대좌형

    2000년대 초에 영양을 방문하여 일월산 기슭에서 어느 노인과 있었던 잠깐의 시간은 지금현재까지 긴 세월이 흘렀어도 머리에서 지워지지 않는다. 노인이 죽으면 묻힐 곳을 부탁하던 말씀과 산신령한테 천마자루를 건네받은 꿈이 필자에게는 약속된 짐으로 남아 있어서이다.
    언제고 한번은 가봐야 할 텐데…
    요즘에 이르러 가만히 따져보니 십 육칠년이 지난듯하다. 무심한세월 어느새 이리도 많이 흘렀는가?
    그 노인이 살아있을지도 알 수 없는 세월이다. 그러하다 근자에 이르러 일월산을 한번 다녀와야겠다고 마음을 정했다. 투구같이 생긴 장군대좌형의 주산을 사진에 담고 싶어서이기도 하다.
    2019년 11월초에 일월산 기슭에 도달하여 멀리 바라보니 옛 기억이 희미해서인지 처음 보는 산세로 느껴진다.
    동산으로 다가가 벌통이 있던 곳을 바라보니 두통밖에 없다. 목조집은 그대로인데 그때는 없던 철망으로 담을 쳤는데 엉성한 출입문은 잠겨있다.
    사람의 기척이 없는 오래된 듯 한 빈집이다.
    아마도 그 노인이 이승을 떠나 집이 비어 있을 꺼라는 생각이 든다.

길을 돌아 목조집 뒷동산에 올라 주산을 바라보니 처음 갔을 때 옛 기억이 새롭다. 그때 앞 숲속에서 사람의 기척이 보이는가 싶더니 왠 허술한 노인이 배낭을 짊어지고 엎드려 무언가를 하고 있다. 허리를 펴고 필자 쪽을 바라보는가 싶더니

"누구요?"

노인이 일어서며 한마디 던진다.

나는 혹시라도 예전에 만났던 노인일까 싶어서 자태를 언뜻 살펴보니 그 노인이 아닌 듯 했다.

얼굴은 흙빛에 가까운 구리 빛이요 이마에 생긴 깊게 패인 주름과 쪼그라든 앙상한 볼은 그동안 살아낸 흔적을 말해주고 있었다. 처음 왔을 때 그 노인의 자태와는 너무도 달랐다. 키도 작았다.

그런데 서있는 모습이 왠지 낯익어 보인다. "저~혹시 목조 집에서 살던 권상진씨 아니세요?"

"그렇소만!"

"아~ 저는 옛날에 왔었던 풍수공부 하는 사람입니다."

말이 떨어지기가 무섭게 노인의 앙상한 얼굴이 환하게 바뀌며 버선 발로 뛰어오듯 달려온다.

"아이고! 이게 얼마만입니까? 누구인가 했는데 몰라보게 변했소!"

정말로 반가워하는 모습이다. 벙글벙글 웃음 띤 얼굴이 그것을 말해주고 있다.

필자더러 예전에는 안경을 안 썼는데 지금은 안경을 쓰고 얼굴이 그때보다 훨씬 좋아졌다고 하신다.

"그랬지요! 그때는 제 얼굴도 새까맣고 왜소해서 참 볼 품 없었지요. 또 세월도 많이 흘렀고요."

잡는 손을 바라보니 뼈만 앙상하고 사람이 이렇게 변할 수도 있구나, 하는 생각이다. 나이가 90을 훨씬 넘긴 얼굴이다. 그러나 필자를 바라보는 얼굴은 진실로 반가워하는 모습이 배어 나온다. 내가 다녀간지가 17년이 지났단다. 생활은 저 아래 나라에서 지어준 집에서 지내며 저 목조 집에서는 추워서 지낼 수가 없다 하신다.

필자가 이곳을 다녀간 후로 전화를 몇 번 했는데 연락이 안됐다고 하신다.

그러면서 한 생각이 든다.

오늘 이곳을 다녀가지만 이 노인을 못 볼 수도 있으련만 다시 만나게 된 걸보면 이 노인과는 특별한 인연이 있다고 느껴진다. 산신령한테 선물을 받은 꿈이 이유가 있으리라.

"어르신! 그때 그 구덩이 있는 데로 가시죠!"

노인과 함께 파헤쳐진 혈 구덩이에 이르니 낙엽이 수북하게 쌓여있었고 예전에 본 기억보다 훨씬 구덩이가 커 보였다. 혈 중심은 물론이요 혈 기운이 들어오는 입수처의 혈토까지도 깡그리 파헤쳤으나 그 뿌리는 남아있다.

혈의 맨 밑바닥에는 혈을 받쳐주는 단단한 석 층과 함께 혈토가 약간 남아 있어 혈의 기운은 올라오고 있다.

노인은 말 한다. 이 골짜기에 아무리 센바람이 불어도 이 장소는 이상하게도 바람이 와 닿질 않아 항상 포근하다고 한다.

"예! 맞습니다. 이 자리에 있으면 왠지 모르게 아늑하고 안정된 마음이 들지요."

"어르신! 이제 제가 드리는 말씀을 잊지 말고 들어보세요."

"어르신이 명이 다하면 쉴 곳이 이 자리이니 여기 낙엽을 깨끗이 다

걷어내고 아까 처음 뵈었던 곳에 있는 황토 흙을 넓게 걷어내서 돌이나 작은 자갈은 버리고 황토 흙만으로 이곳을 채우세요. 명당의 뿌리가 살아 있으니 황토 흙을 채우면 다시 명당의 기운이 살아날 터이니 가족한테 일러서 잘 가꾸어서 쓰세요."

누울 자리를 정확히 가리키며 말씀을 전하니 그 노인 어린아이처럼 좋아한다. 평생의 숙제를 푸는 순간이리라.

주름이 깊은 앙상한 얼굴에 화색이 도는 듯 하더니 한 말씀 하신다.

"난 가족이 없소!"

"예? 그럼 결혼을 안 하셨어요?" 하!...참으로 기막힌 일이다.

"그러면 조카 분은 없으세요?"

"조카는 몇 명 있소!"

"어르신! 조카 분한테 잘 일러서 어르신을 묻어줄 조카가 나서면 단단히 일러서 후일을 다짐받으세요. 다행이도 그런 조카가 있어서 어르신 사후에 제사까지 지내준다면 발복이 그 조카한테 갈 터이니 전후사정을 잘 일러서 꼭 소원을 이루세요."

세상에!......

결혼도 못하고 홀로 늙어버린 가엾은 삶이다. 몸에서 묻어나는 고단한 삶의 흔적이 측은지심을 일게 하다. 깊은 산중에서 야초 캐며 평생을 살아온 순백의 저 영혼에게 일월산 산신령이 장군대좌형의 대명당을 선물로 주는가 싶다. 그 노인은 본인이 묻힐 곳을 정했다는 기쁨에 필자와 헤어질 때 까지 벅찬 감동 때문인지 들떠있는 마음이다. 그 마음을 보는 필자의 심중도 흐뭇한 것을 감출수가 없다.

오래된 약속의 짐을 벗어내니 또 하나의 명당이 임자가 정해지는구나.

일월산

왼쪽 상단에 있는 단정한 산봉이 일월산 장군대좌형의 주산이다.
실제 장군이 쓰는 투구처럼 보이는 형상이다.
그 아래의 용맥에 장군대좌형의 혈이 맺혀있다.
파손 되었으나 혈의 기초와 벽체가 잘 보존되어 있어 보토하여 쓸 수 있다.
온전치 않은 명당을 누구라도 원치 않을 것이니 일월산 신명(神明)은 그 노인을 선택한 듯하다.

정족산(鼎足山) 상제봉조형(上帝奉朝形)

경부고속도로를 타고 부산방면으로 가다보면 부산을 바로 앞두고 왼쪽에 양산시에 정족산이 있다. 이 정족산은 같은 용맥에 천성산이 있는데, 천명의 성인이 났다는 전설이 있는 산이라 한다. 이 정족산은 유산록의 기록을 보면 상제봉조형이 하나의 산에 두곳에 혈이 맺혀 있다고 소개가 되어 있다.

그 기록을 보면 상제봉조형이 천봉융결하여 크게 혈을 맺었는데, 태백산맥에서 출맥한 일대 강룡으로 그 기세는 웅장하기 그지없고, 학의 무리가 흰구름 가득한 하늘에 날아 오르는듯하여 문무장상(文武將相)과 대현(大賢)의 출생과 혈식천추지지(血食千秋之地) 즉 천년동안 고기밥을 떨어지지 않고 먹을 수 있는 자리라 기록되어 있다. 유산록의 이러한 기록들은 풍수를 연구하는 필자에게는 호기심과 함께 꼭 찾아내고 싶은 욕망을 끌어내는 마력을 보이고 있다.

우리 한반도 전역에는 수많은 大小의 혈이 있다. 도선대사 이후 지금까지 천년이 넘었지만, 이렇게 많은 명당이 있어도 천년동안 명당을 쓴 비율은 1~2%정도밖에 쓰질 못했다고 보아도 틀린 말이 아니다. 또 그나마 천하의 대혈은 거의 그냥 남아있고, 1~2%의 명당을 쓴 내용을 보면 대부분 중소의 혈을 썼을 뿐이다.

이는 중소지의 혈을 쓸 수밖에 없었던 가장 큰 이유는 누구든지 눈에 쉽게 드는 장소에 혈이 있었기 때문이다. 또 천신만고 끝에 혈을 맺는 용맥을 찾아냈다 해도, 혈이 맺힌 곳을 알아내기는 참으로 어렵다 할 것이다. 소위 신 의 눈을 가진 자 만이 이러한 천하의 대혈을 알아볼 수가 있다고 우리의 선조들은 한결같이 주장을 하였고, 무례한자, 악한 자에게는 인도해서도 안 된다 하였다.

그런데 이렇게 찾아 쓰기 힘든 명당이건만, 근세에 접어들어 30여 년 동안 개발되어 파괴되고 없어져 못쓰게 된 명당은 천년동안 쓴 것의 10배가 넘을 정도로 파괴된 것이 많으며, 이러한 사실을 실제로 현장목격을 하면 정말 가슴 깊은 곳에서부터 안타깝고 애석한 마음 감출수가 없다.

그러할진대 좋은 혈을 찾아보게 되면 이 혈은 누구와 인연이 닿게 될까, 하는 마음이 자연스럽게 든다.

여기 정족산의 상제봉조형도 기록으로만 보면 군왕지로서 대혈의 면모를 충분히 갖춘 것으로 판단되어 어느 때고 한번 찾아보리라 심중에 두었었다.

정족산과 연이어진 천성산 모두 산의 높이가 700m와 811m 인데 이러한 높이의 산이라면 풍수학적으로는 결코 낮은 산이 아니다. 이렇게 높은 산이라도 산봉우리 자체가 수없는 과협을 거치면서 거친 살겁을 웬만큼 벗어난 상태라면 충분히 혈을 맺을 수가 있다.

이보다도 더 높은 1566m의 태백산 같은 태산준령에도 우리나라 갑지의 혈이 맺혀 있는 것을 상기할 때 태백산의 절반밖에 안 되는 높이의 산인데 더 무슨 말이 필요하랴.

여기서 한 가지 짚고 넘어갈 부분이 있다. 태백산이 그렇게 높은데도 불구하고, 우리나라의 최고 갑지의 대 명당이 있는데 이는 태백산 자체가 부드러운 토산으로 되어있어, 험한 기운을 벗어던지고 살기를 벗었기 때문에 가능한 것이다.

　04년 초겨울 경남 양산의 정족산 下 상제봉조형을 찾아 나섰으니 이곳은 희귀하게도 한산봉우리에 두 개의 용맥이 출맥 하여 똑같은 역량의 제왕지지가 된 곳이다.

　이러한 희귀한 장소를 어찌 찾아 나서지 않을 손가.

　간편한 차림으로 애마를 끌고 양산으로 가서 오후에 가지산의 입구에 들어서게 되어 그날은 일찍 쉬기로 하고 내일 아침 일찍 움직이는 것이 일정에 도움이 될 듯하다.

　예부터 경상도의 음식은 그리 특별한 별미를 찾아볼 수 없다고들 하는데 관광지라 그런지 필자가 운이 좋은 것인지 음식이 괜찮은 편이다.

　다음날 아침 차에서 일찍 일어나 가거산 계곡에 들어가 세면을 한다. 차거 움과 시원함이 살 속으로 파고든다. 어짜피 계곡으로 들어섰으니 오늘은 계곡을 따라 행선지로 가보리라.

　계곡으로 발걸음을 옮기니 길이 있는 듯 없는 듯 사람이 다니지 않았는지 흐릿하다.

　길이 없는 곳은 만들어가며 계곡 속으로 올라가는데 가도 가도 끝이 없다.

　정족신에 오르려 계곡을 따라가는데 얼마나 시간이 흘렀을까?

　한 시간이 훌쩍 넘은 듯 한데 계곡은 끝날 줄 모르고 깊어만 간다.

　오고가는 사람도 없고 까마귀 소리만 간간히 울려오니 그야말로 적막강산이다.

　오다가다 사람이 있을법도 한데, 등산길이 아니라서 그런지 그림자도 없다.

골짜기는 깊어지고 산은 높아지고……

사람이 그리워진다. 고독과 외로움이 몸에 절절히 파고든다.

그러다가 말라비틀어진 귤껍질이 길 옆 떨어진 곳에서 눈에 띈다. 반갑다.

내가 가는 이 길목에 예전에 누군가 지나갔었구나. 말라비틀어진 귤껍질이 저리도 반가울 수가 있나! 이 깊은 산중에 사람을 만난 듯 훈훈함을 느끼는 것은 어인일인가. 또 한참을 가다보니 캔디를 싸던 조그만 비닐 포장지가 보인다. 예전 같으면 쓰레기로 보일 텐데 그게 아니고 사람냄새가 나는듯하다.

으진 방금 사람이 지나간듯한 사람을 만난 것 같은 착각을 들게 한다.

그저 비닐조각이고 과일껍질에 불과한데 사람의 온기를 느끼는 듯 평온함과 훈훈함으로 덮혀 지는 것은 오늘따라 왠일인지 모르겠다. 동행자를 만난 듯한 반가움으로 바뀐다.

아득한 옛날에는 이보다 더 나무도 많았고, 길도 험했을 터이고, 길이 있다한들 꽤나 거칠었을 것이다.

필자가 거주하는 서해안일대는 산세가 300m 내외의 높이가 대부분이다. 일반적으로 야산수준에 혈이 많이 맺혀있어, 산과 계곡의 깊다는 느낌이 드는 곳은 얼마 되질 않고, 거개가 얕은 수준이다.

반면 여기 경상도는 서해안의 산세 그것과는 사뭇 다르다. 상대적이겠지만, 웅장하면서도 장엄하고, 장엄하면서도 구조적 짜임새가 강원도의 큰 산과는 또 다른 조화로움과 용맥의 강약이 잘 짜여 져 있어 전국의 산세의 조화로움 중에서도 단연 으뜸이다.

서해안 일대의 호남지방, 호서지방을 위주로 자주 산행을 했던 때와 비교하면 경상도지방 일원에서의 답산은 다를 수밖에 없는 운치와 분위기가 있다.

계곡을 따라 오르면서 몇 시간째 배낭하나 짊어지고 홀로 산속을 걷는 그림은 결코 낭만의 그림은 못될 것 같다. 계곡이 거의 끝나 가는가? 눈앞에 산줄기와 행세가 사뭇 다른 모습으로 변해가고 있다.

이렇게 국이 변하는 모습은 산천이 혈을 맺기 위해서 그들만의 조화로움으로 만들어가고 있는 모습이다.

이러할 때 혈을 맺을 수 있는 용맥을 정확히 찾아내면 그곳을 정점으로 하여 그 형세를 이루려 산봉우리들과 수많은 용맥 들이 대혈의 격국을 갖추어가며 질서정연한 조화로움으로 짜여져 조물주만의 전공을 볼 수 있다.

이러한 산천의 조화로움은 대혈 이든 소혈 이든 혈이 있는 곳에서만이 볼 수 있는 또 하나의 금수강산이다.

주산이 참으로 단아하다. 주산에서 출맥한 용맥을 찾아보니 혈은 유두혈로 지어져 있는데 이미 어느 권세가인 듯 거대한 묘가 대살 처에 들어서 있는데 혈과는 거리가 멀다. 이미 고총이 되었는데 작품이 동네지관 수준이다. 묘를 쓴 후 극히 불리하였을 것이다. 혈은 은은히 남아있으며, 그 옆에 용맥 하나가 또 생겼는데, 역시 상제봉조형 그것이다. 주산하나에 쌍유혈로 혈이 나있으니 이제까지 산행을 하면서 수많은 혈을 보았지만, 이렇게 깊은 산 곡간에 쌍유혈로 두 개의 군왕지로 혈이 나있는 것은 처음 본다. 하늘은 누구에게 허락할 것인가.

필자는 생각하기를 저 고총을 바라볼 때 옛날에 어떤 인사가 대단한 열정으로 이 깊은 산속에까지 찾아들어와 묘를 쓴 것을 보면 옳고 그름을 떠나 대단한 집념의 소유자인 것 같다.

정족산(鼎足山) 상제봉조형(上帝奉朝形)

그러나 천하의 대혈이 그렇게 쉽게 아무에게나 얼굴을 보일 리가 없다.

묘를 쓴 것을 보면 그때 그 시절이나 지금이나 풍수지리의 수준은 별반 달라진 게 없는듯하다. 풍수를 연구하는자 이 장소를 보여주면 이 묘를 쓴 장소가 제일 합당하다하여 또 쓸 것이기 때문이다.

쓰기를 거절하는 내장산 자봉포란(雌鳳抱卵)

 필자가 몇 명에 불과하지만 명당에 인도해준 분이 몇 분이 있다. 그 중에서도 오래도록 기억에 남을만한 과정을 거쳤기에 사례로서 들어보기로 한다.
 필자에게는 바로 손아래 누이동생이 둘이 있는데 모두 서울에서 살고 있다. 이렇게 떨어져있는 관계로 누이들은 필자가 어느 때 부터서인가 산으로만 다닌다는 것을 어렴풋이 알게 되었고, 그저 산 공부를 하고 있나보다 하는 정도로 알고 있었다.
 그러다 필자가 잠시 서울에 1년여 동안 머무를 기회가 있었는데, 아무래도 서울이라는 한 지붕 밑에서 지내다보니 자주 만나게 되고, 이런저런 이야기도 나누다보니 그동안 필자에 대해서 자세히 몰랐던 부분들, 즉 산 공부에 대하여 알게 되며 이해를 하게 되었다.
 이전에는 부모님 생신 때나 1년에 한두 번씩 고향집에 잠깐 다녀감으로 마주앉아서 깊은 내용의 대화들을 나눌 시간적 여유가 없었는데, 필자가 풍수지리에 뜻을 두고 깊은 공부에 열중하고 있음을 안후로는 누이동생들이 필자를 대견스럽게 여기는 수준까지 되었다.
 그러는 중에 큰 여동생이 자기와 같이 절에 다니는 친구가 있는데 한번 만나보라 한다.
 07년 2월 달에 서울에서 유명한 스님으로부터 시아버지를 경남청도군에서 천안 인근지역에 옮겨 드렸는데 한번 점검을 받고자 한다고 했다.

　이장을 한 후 집 창고에서 불이 난 것이 자꾸 마음에 걸려 신경이 쓰인다고 하면서 말이다.
　여동생은 필자의 풍수공부가 의심의 여지가 없는 튼튼한 실력자라는 확신에 차있어 자별하게 지내는 친구에게 이야기 끝에 필자의 얘기를 한 것이 기회가 된 것이다.
　어느 날 그 부부내외를 만나서보니 모두 점잖고 예의가 바른 근본이 되어있는 바른 사람들이란 느낌으로 다가왔다. 박○○ 이란 명함도 받고 이다음 선산으로 동행을 하여 산소를 점검할 날짜를 정하고 헤어졌는데, 그들 부부의 얘기를 들어보면 부친의 묘소를 옮기긴 했는데 무언가 켕기는 것이 있는 듯한 인상을 받았는데, 풍수가 애매한 것이 어디에다 대고 옳고 그름의 검증을 해줄 시스템이 없어 불가능하다는 점이다. 일반적인 관습에서 볼 때 객관적인 검증이 어렵다는 것이 풍수를 바라보는 시각을 색안경을 끼고 보는 면이 있다 할 수 있겠다.
　풍수에 있어서 검증을 하는 방법이 없는 것은 아니다. 그 검증이란 것이 객관적이고 일반적인 수준이 아니지만 그렇지만 분명히 있다.
　필자는 이유야 어떻든 산에 나가 산바람도 쐬어보고 땅을 밟아보고 내 뜻을 피력한다는 것이 즐겁고 일종의 나들이인 셈이라 신선한 기분으로 다가온다.
　약속날짜에 맞춰 그들 부부내외와 같이 천안으로 동행을 하니 필자에게는 꼭 소풍가는 기분이다. 가는 도중 차안에서 이야기를 좀 들어보니 박사장의 부인이 평소에 불심이 깊어 어느 절에 열심히 다니고 있는데, 그곳의 스님으로부터 모든 의견에 따라 부친을 옮겼다 한다.

장소를 정할 때도 스님은 세상에 놓치기 아까운 장소이며, 모그룹 재벌에게 넘어갈 것을 자기들에게 돌아가게 되었으니 뒷날 발복 받는 일만 남았으니 그리 알고 있으라 했단다.

대략 이야기를 들어보니 너무 싼 티 냄새가 풀풀 나는 내용이다.

정말로 좋으면 그런 수식어가 필요 없어도 심정적으로 좋음을 느끼게 되어있다. 그들 부부내외는 스님의 신분으로 한 말이라 그 말을 전적으로 믿고도 싶었을 테지만 오늘 필자를 대동하고 재확인하는 절차를 밟는 것을 보면 한편으론 이들의 용기가 대단하다. 필자 또한 이들 부부 쪽에서 볼 때 누가 옳은지 스님과도 별반 다를 것이 없어 보일수도 있을 터인데 말이다.

어찌됐든 차는 이미 천안부근 어느 산골 동네에까지 들어와 한쪽에 차를 세워놓고 셋이서 산 쪽으로 발걸음을 옮기는데 필자는 본능적으로 어! 그쪽으로 가면 안 되는데! 하고 나도 모르게 한마디가 튀어나왔다. 차에서 내리자마자 눈에 들어오는 산세를 이미 간파한 뒤였기에 별스럽지 못한 쪽으로 발길을 향하니 나온 말이다. 그렇지만 이들이 앞장서서 가고 있는 방향은 가지 않아야 될 쪽으로 자꾸 가고 있으니 속으론 이미 결정이 나있는 상태다. 산등성이에 올라 묘소를 살펴보니 참말로 한심한 생각부터 들었다. 도대체 이런 곳에 어떤 연유를 빗대어 본인의 절에 다니는 순진한 불자의 조상 유골을 안장했는지 그 이유를 알 수가 없더라.

묘가 들어서있는 용맥을 살펴보니 주산이 없다. 모체가 되는 산에서 흘러나와 그저 느릿느릿 무기력하게 흘러가다 방향을 틀어댄 용신이니 후방이 휑하니 뚫려있었고, 첫 단추가 이런 식으로 꿰어있으니 다른 것은 무엇을 보랴! 이렇게 풍수의 조건이랄 수 있는 ABC가 전혀 갖추지 못하면 모든 것이 불합하게 짜여 진다. 즉, 생기 있는 맥이 될리도 없고, 용맥은 주변 산세와 같이 이미 죽어있는 맥 빠진 용절이 되어 눅눅하고 습이 많다. 풍수라는 용어를 쓰기가 부끄러울 정도로 그저 어느 산속에 불과했다. 땅을 파보면 습이 많아 삽날에 흙이 묻어날 정도이고, 소석(小石)이 여기저기 널려있었으며 땅은 무기력하여 밟고 지나가면 발자욱이 찍힐 정도이다. 패철조차 꺼내놓고 볼 필요조차 없는 땅이다. 사용해서는 안 될 최악의 흉지 였다.

필자는 혹시나 해서 좌향은 어떤 식으로 놓았을까 해서 패철을 놓고 맞춰보니 더욱더 가관이다. 수구가 묘절방 으로 되어있는데 향을 그쪽으로 했다.

이쯤 되면 일의 잘잘못을 떠나서 분노가 일기 시작한다. 스님이란 신분을 등에 엎고 순진한 신도들을 농락하고 있는 것이 보이기 때문이다.

일반 독자들은 풍수의 전문지식을 모르기 때문에 약간의 설명이 필요하겠다. 즉 수구가 묘절(墓絶) 방이면 이 뜻은 문자 그대로 끊어질 절과 묘소의 묘자다. 여기에 향을 그쪽으로 했으니 쉽게 풀이를 하면 생애에 필요한 모든 것이 끊어지고 절단되어 무덤 속으로 들어가는 격이라고 이해하면 되겠다.

풍수이론 이라는 것이 생각하기에 따라서는 황당무계 하다고 평가할 수도 있겠지만 이것은 사실이다. 필자가 틈만 나면 풍수가 미신이나 잡술대접을 받는 부분이 있음으로 매우 애석하게 생각하고 있는데 지금 이러한 현장 때문에 일조를 하고 있는 것이다.

사회적으로 존대 받는 스님의 신분으로 자리를 지정하여 주었으니 적어도 겉으로는 모양새가 좋아 보이는 것이 사실이다. 이름나고 존경받는 신분의 사람으로부터 일을 했기 때문에 100% 완전할 것 이라고 생각하는 사람은 참으로 순진한 사람들이다. 그렇다면 도대체 어떻게 해야 산소를 쓰고 나서 잘잘못을 가려내는 방법은 없는가?

독자 분들은 이 책을 끝까지 읽어보시면 길지에 써져있는지 흉지에 써져있는지 스스로 검증할 수 있는 안목이 있을 것으로 커다란 도움이 되리라 믿는다.

터 자체가 이렇게 나쁘면 주변 산세도 조잡하기 이를 데 없다.

모든 것이 같은 수준으로 동화되기 때문이다. 시세말로 끼리끼리 어울리게 된다는 말이 있다. 풍수지리도 그렇다.

필자는 이들 부부에게 이 땅의 불가함을 조목조목 이해하기 쉽도록 설명해주었다.

이 상태로 그냥 놔둘 경우 노후에 비참해짐은 물론 그들의 자손부터 재앙이 먼저 미칠 것으로 말을 아끼지 않고 전해주었다. 그리고 비장의 카드를 꺼냈다. 즉! 이들 부부에게 질문을 던지기를 이곳에 부친을 모시고 나서 분명히 껄끄러운 흉몽을(예지몽) 꾸었을텐데 들려달라고 했다.

이들 부부는 사뭇 심각한 표정이 역력하다. 누구의 말이 옳고 그른지 고민하는 모습이다. 상대는 사회에서 인정받는 스님의 신분이고, 필자는 무명의 야인이다.

한 장소를 놓고 정반대의 의견이 나오니 풀이 죽어있다. 그런 중에도 이들의 몸짓과 얼굴의 안색과 표정은 지금이라도 진실을 알게 되어 안도하는 것을 읽을 수가 있었다.

정말로 나쁘면 옮기면 되니까 말이다.

박사장이 한심스럽고 회한이 드는 듯 힘없는 소리로 조심스럽게 입을 여는데 부친을 이곳에 이장을 하고나서 그날 저녁에 아버지가 꿈에 나타나 하시는 말씀이 "얘야, 박○○아! 너희들 터를 잘못 잡았다"

하는 소리에 놀라 꿈을 깨었다고 한다. 듣고 보니 정말로 기막힌 꿈이었다. 꿈 해몽 전문가에게 들을 필요가 없는 꿈이다. 그런데 그 꿈 내용보다 더욱더 가관인 것은 꿈 내용을 스님에게 전했더니 하시는 말씀! 꿈은 현실과 반대라며 좋은 길몽이라고 발복 받을 일만 남았으니 한턱내야 한다고 했단다.

박사장은 그 말씀에 그런 줄만 알고 있었다고 했다. 필자는 할 말을 잊었다.

하기야 스님도 그 말밖에 할 말이 없었을 것이다. 실수를 인정한다면 꼴이 말이 아니니 그런데 풍수지리는 다른 것도 그렇겠지만 본인이 본인을 제일 잘 안다. 이는 풍수지리에 대한 공부의 깊이를 이야기하는 것이다.

이들 순진한 부부는 스님에게 농락을 당하고 있는 것이다.

달이가고 해가 갈수록 집안에 흉액이 닥칠 텐데 무슨 놈의 발복 인가?

이번에는 필자가 분노를 느끼고 있었다. 종교의 해악을 보는듯 하다.

많은 정성을 들여 스님을 믿고 청도에서 천안으로 그야말로 혁명을 하는 마음으로 부친을 옮겼는데 최악의 흉지 라니 얼마나 허탈하고 불안한 마음일까?

얼마 전 집안의 화재도 이와 무관치 않을 거라는 심증이 가는 모양이다.

필자는 땅에 대한 이해를 돕기 위해 우선 알기 쉽게 토질과 주변의 용맥 들을 실례를 들어가며 최대한 눈에 보이는 대로 과학적인 논리로 설명을 하니 이들도 이해가 가는지 어떤 결심을 했는지 필자에게 의사를 던진다.

"그러면 어떻게 해야 되겠느냐, 좋은 터가 있으면 소개를 해 달라"
고 의사를 표시한다.

필자에게 어떤 신뢰감을 엿본 것일까? 필자의 의견에 공감하고 있다는 표시 일게다.

그래도 이들에겐 지금 이 시간 이자체가 행운이다. 이장한지 석달밖에 안 되어서 또 옮긴다는 것이 모양새가 좋진 않지만 이러한 시간을 갖고 토론할 수 있다는 기회가 아직은 운이라는 것이 이들 부부를 외면하지 않았다고 보아야 할 것 같다.

이들 부부와 잠시 많은 시간은 아니지만 얼굴을 맞대고 때론 심각한 얼굴이 되어 이야기를 나누다보니 어딘지 이들에게 사람이 근본을 갖춘 사람들이란 느낌으로 다가왔다.

필자는 벌써 어느 곳을 이들에게 안내를 해야되나하고 두뇌는 분주하게 움직인다.

한참 이전에 내장산 근처 어느 혈을 찾으러 갔을 때가 떠오른다. 두 번이나 답산 했었는데 혈을 찾지 못하고 아쉽게도 그냥 하산을 한 곳이 있었는데 이들에게 그곳을 찾아줘야겠다고 생각이 섰다. 이들에게 내장산 근처는 어떻겠느냐고 물으니 좋다는 의사표시를 쾌히 승낙한다. 그래서 그곳의 상황을 간략히 설명을 하고 아무 날에 같이 동행을 하여 혈을 찾아보자고 했다.

만약 그 혈을 찾게 되면 당신들하고 그 땅은 인연이 있는 것으로 간주를 해도 좋으니 쓰면 될 것 이라고 하고 날짜와 시간을 약속을 하고 다 같이 서울로 올라오게 되었다.

그런데! 이때부터 필자를 비롯해 이들에게 전설 따라 삼천리 같은 희귀한 야사가 벌어질 줄 누가 짐작이나 했을까?

필자는 만약 그 혈을 찾지 못한다 하더라도 그때 가서 다시 대안을 세우면 되겠다싶어 계획을 세웠는데 그 이튿날 부인으로부터 전화가 왔다.

아침에 이상한 꿈을 꾸었다는 것이다.

꿈속에서 어딘가 산길을 따라 가는데 1톤 트럭 더블 캡이 떡하니 길을 가로막고 못 가게 하더란다. 얼핏 보기에 산림감시 보호차량 같은데 사람이 나타나 하는 말이 이곳은 갈 수 없으니 다른 곳으로 갈 것을 권하더란다. 그러면 어디로 가면 되겠느냐고 재차 물으니 어디어디 가면 아무개가 있는데 그 사람한테 물어보라고 하더란다.

그리고서 꿈에서 깨어났다고 한다.

꿈 얘기를 듣고 보니 어째 좀 기분이 그렇다. 야릇하기도 하고 참 묘한 기분이다.

알 듯 말 듯 또 혹시나 하는…. 꿈은 꿈으로 치부해도 그만인데….

그래도 좀 찝찝한 면이 있어 생각해낸 것이 그곳 하늘과 땅의 신명님께 제를 한번 올려보는 것이 좋을 것 같다고 나름대로 어설픈 풀이를 했다.

그리하여 내장산으로 향하는 날 이들 부부는 제물을 정말로 정성껏 차려서 준비를 해왔다.

필자는 속으로 아무렴! 명색이 세상사람 들이 전설같이 여기는 명당을 얻느냐 못 얻느냐 하는 판국에 이만한 정성쯤은 당연한 것이 아닌가! 했다.

이윽고 내장산 기슭에 다 달아 먼저 인근 절을 찾아서 산신각에 들러 정성껏 차려놓은 술과 과일, 떡, 향을 그릇에 담아 제단에 가지런히 올려놓았다.

그러던 중에 그 부인이 접시에 사과를 담고 그 위에 참외를 두 개 더 얹어서 제단에 올리려고 일어서는 순간 노란 참외 두 개가 굴러 떨어지더니 금이 쩍 갈라지는 것이 아닌가?

그것을 보는 순간 난감한 생각이 들었으나 그럴 수도 있는 일이라서 모두 개의치 않고 부인은 다시 참외 두 개를 얹어서 제단에 조심스럽게 올려놓았다. 준비한 제물을 모두 제단에 올려놓고 향을 켜고 촛불을 켜고 정성을 담아 예를 갖추어가니 그나마 위안이 좀 되는 것 같았다.

필자는 준비해온 발원문을 모두 읽고 다시 모두 예를 갖추어 끝내려 하며 발원문을 접어 호주머니에 넣고 있는데 난데없이 제단에 놓여있던 아까 그 참외 두 개가 또다시 굴러 떨어지는 것이 아닌가? 그런데 이번에는 하나는 쿵하고 떨어지면서 금이 쩍 가고 또 하나는 제단에서 뚝 떨어져 데굴데굴 구르더니 필자가 펴 논 방석에 정확히 한가운데로 굴러 앉는게 아닌가! 하도 의아해서 그 참외를 들어봤더니 그 참외는 금이 안가고 멀쩡했다. 정말로 생각지 못한 희한한 광경에 넋을 놓았다. 이게 뭔 일이지? 야릇하기도 하고 묘한 느낌! 그것은 분명 좋은 기분은 아니다.

아주 구겨진 나쁜 기분도 아니다. 형용 할 수 없는 기분 이었다!

무엇인지는 모르지만 첫 번째 과일을 들어 옮기다 떨어져 깨졌을 때는 실수로 여겼는데 지금은 제단에 가지런히 놓여있던 똑같은 참외가 저절로 떨어져서 무엇인가 메시지를 전달하고 있는 듯한 징조 같은데 도무지 모르겠더라 였다.

　명당을 쓰기위해서 신명께 제를 올리는 것도 처음 갖는 일이었고, 이런 일은 누구한테 전수받아 배워서 하는 것도 아니라 스스로 마음이 일어나 하는 행사였는데 사실 옳게 했는지도 판단이 서질 않았다.
　그러다가 더 이상 별일이 없으니 곧 잊었다.
　제례가 끝나고 이제는 산에 올라 혈을 찾아야 한다. 지난해와 지지난해에 와보았던 곳이다. 이미 와본 곳이라 낯익은 풍경이지만 혈의 행적이 역시 오리무중이다. 전국처처에 있는 명당을 찾으려 답산을 나가면 행적이 묘연해서 제때에 못 찾아 낼 때가 더러 있다.
　답산을 나가서 혈을 못 찾으면 찾을 때까지 와보는 것이 필자의 집념이다. 어느 곳은 정말로 12번을 간 곳도 있다. 그런데 기이한 것은 항상 같은 장소에 와서는 찾지 못하고 그냥 가는 것이다.
　왜냐하면 혈을 맺는 법칙이 수학의 방정식처럼 일정한 룰에 의거해서 맺기 때문에 이리저리 용맥을 따라 살피다보면 결국은 수 십 평 내외로 간격이 좁혀지는데 항상 같은 장소에서 헤메다 찾아내지 못하고 그냥 하산할 때가 종종 있다. 이번에도 다시 세밀히 용맥을 살펴 찾아보는데 결국은 지난번에 살피던 최종적인 장소에로 귀착되는데 이번에도 쉽게 보이질 않는 것이다.
　그간의 경험을 총 동원하여 용맥을 살피지만 혈이 있는 곳은 역시 알 수가 없었다.
　이번에도 찾지 못할 것인가? 더구나 손님까지 대동하고 온 상태에서 못 찾아내면 체면이 말이 아닌데 이렇게 되면 기운이 빠지기 시작한다. 정신적으로 먼저 지쳐오기 때문일 것이다.
　나무에 기대어 잠시 쉬고 싶다. 적어도 이들 부부에게 혈이란 것을 보여주어야 할 텐데, 풍수학의 진면목을 눈으로 보여줘야 한다는 책임감이 느껴지니 그대로는 갈 수가 없다. 이들 부부는 지금 필자의 행동 하나하나에 호기심과 의구심으로 보고 있을 것이다.

저 사람이 도대체 어떤 형태를 찾기에 꼭 보물찾기처럼 행동을 할까? 할 것이다.

지난번에 와서도 그랬던 것처럼 근처 나무에 기대어 잠시 숨을 돌린다. 그러면서 눈을 자연스레 밑을 보고 있는데 혹시 이 나무 밑이 아닌가 하는 생각이 번개같이 스친다.

먼저 번에도 또 지금도 이 나무에 등을 기대기도 하고 손을 짚어 숨을 돌린 나무다.

그 나무 밑을 헤쳐 보았다. 아! 그랬었다. 혈 위에 나무가 서 있었던 것이다.

그러니 혈을 어떻게 찾을 수 있나?

그 나무 밑둥치 아래는 뿌리가 혈을 뚫지 못하고 옆으로 맷돌호박 같이 둥그렇게 펴져 있었던 것이다. 일반적으로 혈의 특수성은 그 어느 물질도 침입을 허용치 않는 특성을 갖고 있다. 곤충 벌레 풀뿌리 나무뿌리 심지어 물까지도 침입을 못하게끔 조물주가 인간만을 위해서 창조한 것이다.

나무뿌리 가 혈을 쌓고 있었으니 그동안 눈에 띄질 않았던 것이다.

그 나무는 그 혈의 지킴이 였던 것이다. 황금빛 오색찬란한 혈토가 나무 밑에서 보인다.

비결록에 나와 있는 자봉포란(雌鳳抱卵)형 그것이다.

이제껏 십년 넘게 산행을 하던 중 처음 보는 광경이다. 한편으론 또 기어이 찾아냈다는 감동과 희열이 온 몸을 휘감았으나 그것은 순간뿐이었다.

　필자는 그들에게 혈을 보여주며 이것을 찾기 위해 이곳까지 온 것이며, 이것이 세상사람 들이 전설처럼 말을 하는 명당이라고 설명을 하니 처음 보는 밝고 곱고 황금색 토질에 수긍을 하는 듯하다. 혈에서 옆으로 반 발자국 만 벗어나도 전혀 다른 형태의 악질의 토질이 되는 것과 그들에게 구별해 보였다. 그야말로 보물찾기 식으로 찾아내긴 했지만 그렇지만 이곳은 쓸 수가 없으니 포기하고 서울로 그냥 올라가자고 뜻을 전했다.

　필자는 그때서야 뒤늦게 알아차린 것이다.

　출발하기 전 부인이 꿈을 꾼 내용과 조금 전 제를 지낼 때 참외가 연거푸 떨어져 금이 간 것하며, 그 중 하나가 필자의 방석한가운데 들어앉아 금이 안 간 것은 혈만은 보여주겠다는 여기 자봉포란형을 지키는 신명의 뜻이 아니었나 싶었다.

　필자 이런 경험은 처음이었다. 정말로 이 산천에는 보이지 않는 신의 세계가 있는 것인가? 정말 기기묘묘한 현상이다.

　서울에서 여기 내장산에 있는 명당을 찾아가기를 약속한 것을 벌써 천리 바깥에서 이 산천의 정기들은 필자의 뜻을 감지하고 사전에 꿈으로서 부인에게 알려주었으니 아무래도 예삿일은 아닌 것 같다.

　알려준 대로 해야지 인간이 무슨 힘이 있나.

　어떻게 생각하면 보이지 않는 세계에서 필자의 생각과 행동을 하나하나 감지하고 있는 듯한 착각도 든다.

　모두들 이렇게 황당한 일을 겪고 올라오는 도중에 이들 부부도 어쩔 수 없는 지라 걱정스러운 얼굴이 되어 앞으로 어떻게 했으면 좋겠느냐고 묻는다.

그렇지. 무슨 대책을 세워줘야지! 그들은 하루하루가 가시방석 같은 시간일거다.

공동묘지는 어떻겠느냐고 물으니 필자가 정해준 자리면 다 괜찮다고 한다.

이들 부부는 오늘까지의 과정을 통해서 필자의 말과 행동을 직접 보고 판단이 섰는지 이제는 전적으로 깊은 신뢰를 보인다. 정말 잘하면 그 꿈만 같던 명당을 얻을 수 있는 기회를 만날 수 있을 것 같은 생각도 들었으리라.

공주부근에 한 공동묘지가 있는데 혈을 찾아보진 않았지만 모든 산세를 볼 때 좋은 혈이 있으리라고 예감한 장소가 있으니, 그곳의 혈을 찾으면 일을 진행시켜 보자고 했다. 이들은 금방 얼굴에 화색이 돌며 근심을 떨친 모습을 보여준다.

그러면서도 이제는 좀 여유로운 마음이 드는지 내장산의 혈과 공동묘지의 혈중 어떤 곳이 더 좋은 명당이냐고 엉뚱한 질문을 한다. 그럴 것이다. 이왕 혈을 차지할 인연이 있다면 더 좋고 나은 장소를 택하고 싶은 것이 인지상정이리라!

내장산의 혈보다 비교할 수 없을 만큼 더 훌륭한 대혈 이라고 알려줬다. 이들의 얼굴이 더 환해진다.

만약 혈을 찾게 되면 내가 굳이 설명이 없어도 직접 그 위용을 느껴볼 수 있을 거라고 말을 해줬다.

필자의 말이 사실인지 아닌지 본인들이 알아차려야 하니까! 필자가 그랬더니 특히 그 부인의 말이 "그러면 진작에 그곳을 먼저 말씀해주시지 않고…." 볼 멘 소리를 한다.

다음날 필자는 공주의 어느 공동묘지로 가 평소 지정해두었던 장소에 가 용맥을 면밀히 살펴보니 예상을 빗나가지 않고 혈이 맺혀 있는 곳을 찾아내게 된다.

다만 처음 예상했던 장소와는 전혀 다른 엉뚱한 곳에서 혈을 찾아 본 것이다.

물론 처음 예상했던 부근은 묘가 즐비하게 있었지만 혈이 맺힌 곳은 상대적으로 한적한 묘군 들이 들어서 있는 곳이다.

평소 때 이 근처를 지날 때 마다 분명히 주혈이 남아있을 거라는 예상이 적중한 것이다.

지체할 것 없이 서울에 있는 그들에게 전화를 걸어 혈을 찾았으니 여기 내려와 직접 보고 가부를 결정하라고 전했다. 그들은 다음날 열일 제치고 내려왔는데 우선 주봉에 올라 주회(主回)천리의 대국을 보여주며 주혈을 중심으로 설명을 했다.

겹겹이 늘어선 수많은 산줄기와 봉봉마다 주옥이요, 사신팔장이 준해있는 빈틈없는 격국을 무어라 형용할 수 있을까? 이 같은 대자연의 조화로움을 설명하고 혈이 맺힌 곳을 숨김없이 알려주니 이들도 내장산에서 혈이란 존재를 확인했는지라 금 새 이해를 한다.

어저께 내장산에서 보던 자봉포란형의 격국의 경관과 이곳의 경관은 또 다른 맛을 느낄 수밖에 없었을 것이다. 풍수지리가 무엇인지 전문적인 지식이 없어 딱히 짚어낼 수는 없어도 이곳의 경관은 이미 심증과 느낌으로 마음이 흡족한 표정들이다.

그러면서 필자는 어느 한 곳을 지정하여 혈이란 것을 설명을 하고 보여주니 이들도 이제는 혈이 무엇이라는 걸 아는듯 적어도 필자가 자신들에게 속임수나 거짓이 없는 자세로 대하는 것이 전달이 된 듯 깊은 신뢰를 보내는 자세이다.

어찌 보면 이렇게 혈을 만나는 인연은 하늘에서 번개 맞는 확률보다도 어렵다고 필자는 단언한다. 이들 부부는 참으로 운이 좋은 사람들이다. 또 한편으론 이들이 풍수에 대해서 전혀 아는 것이 없는 무지한 상태라는 점이 명당을 만나게 된 결정적인 동기라고 보아야 된다.

이들 부부의 성품을 볼 때 남편은 이 사회의 권모술수를 모르는 사람이었고 그의 부인은 마음 씀씀이 아름다운 사람이다. 어찌 보면 한편으론 천운을 타고난 사람들일수도 있다. 이 남편은 오늘 공주에 오는 동안 내내 찜찜한 기분이었다고 실토한다. 왜 그런 가 했더니 오늘 새벽에 꿈을 하나 얻었는데 지렁이가 자기 몸속으로 들어오는 꿈을 꾸었단다.

그 뜻이 무언지 알 수 없고 개운한 느낌이 아닌 것 같아 그랬다고 하는데 그 부인은 남편의 꿈 얘기를 듣고 좋은 꿈이라고 해몽을 해줬단다.

옛날 후삼국시대 때 견훤의 어머니가 지렁이가 몸으로 들어오는 꿈을 꾸고 견훤을 낳았다는 야사도 있는데 이는 필경 좋은 꿈이니 걱정할 것 없다고 위로를 한 모양이다.

그런데 이 부인의 꿈 해몽이 정말로 멋지면서 그 뜻이 맞는다는 생각이 들었다.

지렁이는 땅속에서 사는 룡 이라 부른다. 몸속으로 들어왔다는 것은 땅과 일치된다는 의미도 되겠고, 더 나아가 여기 공동묘지의 대혈을 허락한다는 뜻이라 볼 수 있기 때문이다.

아무튼 길몽이 분명했다. 이곳에 오기까지 우여곡절이 있었지만 이 장소는 이들과 인연이 있음을 알리는 상서로운 징조로 봐도 될 것 같다.

어쩌면 우리는 모르지만 저 높은 곳에서는 이미 정해진 프로그램에 따라 이 땅의 임자로 정해지고 있는지도 모를 일이다.

이들에게 대 역사를 치른 날짜를 정해주고, 준비할 것을 상의하며 차질 없는 계획을 짰다. 이장을 하는 날이다. 청도에서 체백을 옮긴지 4달 만에 다시 하는 셈이다.

아침 일찍 천안에서 만나 그의 산소에 도착하여 파묘를 하는데 예상대로 물기가 보이기 시작하며 유골은 새카맣게 변해 있었다. 필자의 전번에 방문했을 때 땅의 대한 판단이 스님이 들려준 길지라는 관념을 뒤엎는 순간이다.

또 한편으로는 박사장의 마음속은 씁쓸함을 감추고 있을 것이다.

스님에게 농락당했다는 현실이 무엇보다도 가슴이 시렸을 것이다.

말없이 부친의 유골을 추스린다. 유골은 칙칙하고 힘이 없어 물렁거린 듯 한 촉감이며, 짙은 검은색으로 변해 보기에도 흉한 모습이다.

일반적으로 생기 충만한 땅에 묻힌 유골은 우선 보기에도 깨끗하고 단단하며 누런 황골로 되어 눈으로도 좋고 나쁨을 식별할 수가 있다.

그러나 지금 박사장의 부친 유골은 보기에도 혐오스럽다. 부친이 꿈에 나타나 네가 터를 잘못 잡았다고 한 부친의 말씀이 허사가 아니었던 것이다.

천안 이곳에서의 작업은 속히 마무리 짓고 공주로 내려가 필자가 지정한 장소를 다 같이 파내려갔다. 이 세상은 무엇이든 알아야 속지 않는다.

혈처를 파내려가며 그 부인에게도 보길 권했다. 평생 혈을 파내려가는 광경은 두 번 다시 볼 기회가 없을지도 모르기 때문이다. 반 평이 채 안되는 좁은 혈토의 경계가 극명하게 드러난다. 무엇보다도 명당이란 개념을 떠나서 기분이 좋을 수밖에 없다.

토질이 황홀하고 미려하며 우선 보기가 좋기 때문이다. 밝고 빛나고 색상도 곱고 보는 이로 하여금 탄성이 나올만하니 방금전 천안의 칙칙하고 눌어붙은 생기 없는 토질과는 많은 차이를 드러낸다.

아마도 천신만고 끝에 지옥에서 천국으로 이사 가는 심정이리라. 또 실제적으로도 그렇다.

부친의 유골을 아까처럼 말없이 정성스럽게 추슬러 맞추고, 다시 복토를 하고, 잔디를 심고 일을 다 마친 후에 박사장은 그동안 있었던 일을 누구에게도 말 못한 솔직한 심경을 토로한다.

처음 청도 고향에서 부친의 산소를 스님께 보여줬는데 나쁘고 불길하니 이장을 권고하는데 혹시나 싶어 또 다른 사람을 불러 다시 감정을 의뢰하니 부친의 산소는 괜찮으니 그냥 두라고 했단다. 그렇지만 땅속을 모르니 사회적인 신분도 그렇고 해서 스님의 의견을 더 믿는 마음에 날을 정하여 산소를 파보니 부친의 유골이 깨끗하고 황골이 되어 밝은 것을 보고 아! 내가 크게 일을 잘못 저지르고 있구나 하고 큰 후회를 했단다.

형제에게도 다른 누구에게도 말을 할 수가 없더란다.

그렇지만 천안에 있는 장소가 이곳보다 좋다하니 다소 위안이 되긴 했는데….

천안으로 옮기고 나서 계속 꿈자리도 사납고 뒤숭숭하고 저승사자가 나타나질 않나, 모 선생에게 감정을 받고 들려준 이야기는 그것이 모두 맞아 돌아갈 것 같아 쉽게 옮기기로 마음을 정했다고 했다.

이제 와서 누굴 원망할 수 없고…. 돌이켜 생각해보면 이곳으로 올려고 그런 과정이 있게 된 것 같다고 긍정적으로 생각하고 싶다고 한다.

박사장 본인 나이가 40이 훨씬 넘었는데 이 나이를 먹도록 오늘 생전 처음 돈을 가치 있게 쓰고 있다는 생각이란다. 정말 그 말은 안도감과 함께 가슴 깊은 곳에서 우러나오는 말이었다. 산역을 무사히 마치고 제를 지내는데 그 부인은 옆에 있는 타인의 묘까지 제물을 챙겨와 술을 따르고 예를 갖춘다. 과연 평소에 느꼈던 그녀다운 자세다. 저러한 심성이니 명당 하나를 차지했구나 싶다. 그리고는 이들에게 3일안에 꿈을 꿀 터이니 그리하면 꼭 연락해줄 것을 일렀다.

서울에 올라 간지 하루가 지나고 이틀이 지났다. 또 3일이 지났는데도 아무 연락이 없으니 이번에는 오히려 내쪽에서 궁금증이 있어 도무지 견딜 수 없었다.

매장을 하든 이장을 하든 대개 3일까지 가지도 않는다. 일이 끝나면 그 날로 대부분 꿈을 꾼다. 그 꿈은 혈의 역량에 따라 다르며 자연의 이치대로 좌향을 비롯한 모든 법칙들이 정확히 맞았는지 검증의 잣대도 될뿐더러 앞으로 그 가문의 번영함을 상징적으로 담고 있다. 또한 상대적으로 잘못되었을 경우도 마찬가지로 이것은 대자연의 실체가 풍수지리학은 영성의 과학을 담고 있는 실증적 사례라고 볼 수 있다.

풍수지리학에서의 꿈이란 살아있는 실존 세계와 영적 세계의 교류에서 오는 현상으로 일반적인 꿈과는 그 격이 다르다는 것을 알 수가 있다.

이는 어떠한 상태의 매장이나 이장에 관해서도 한결같은 영적 교감에서 나온 산물이다.

3일이 지나도 박 사장한테 아무 연락이 없어 필자는 궁금증 끝에 내가 먼저 전화로 연락을 취했다. 근데 박 사장의 대답이 의외였고 호기심을 더 불러일으켰다.

박사장은 그날로 꿈을 꾸긴 했는데 일주일 있다 말씀드린다고 했다.

지금은 말씀드릴 수가 없다는 것이다. 이건 또 무슨 해괴한 일인가. 지금 말을 할 수가 없다는 것이 나를 더 궁금하게 만든다. 너무 좋은 길몽을 꾸어서 방책을 쓰는 것 인가 도 싶다.

그렇게 일주일이 지난 후 박 사장과 명동에서 만나 꿈 얘기를 들어보니 가관이다.

벌려진 입을 다물지 못했다.

박사장은 꿈 얘기를 하면 행여나 복이 감복될까봐 또 혹시 불경스럽지 않을까 해서 7일을 기다렸다고 했다.

천안에서 그냥 방치 되었드라면 패망할 가문이었건만 정말 천운을 만난 가문이다.

하늘의 도움으로 혈을 얻은 스님

산에 다니다보면 절이든지 암자 던지 만날 때가 종종 있다.
산속에 절이 있기 때문이다. 또 절은 산속에 있어야 제격이다.
예산 어느 산속 조그만 암자가 하나 있다. 산속에 절이 있으니 풍수지리를 연구하는 사람이 산을 타다가 절에 들러보는 건 자연스런 모양새다. 법당에 들러 부처님 앞에 예를 갖추고 나오는데 스님이 한분 나와 계신다. 차한잔 하고 갈 것을 권하신다. 필자는 기독교든 불교든 종교에 관한한 사고가 단순한 편이다.
그들이 종교에 몸을 담고 살아감을 영위하는 데는 종교의 빛깔만 다르지 신앙의 바탕은 거의 다를 바 없다는 생각이다. 그래서 그런지 몰라도 종교에 대하여 깊이 알려고 하지 않는 편이다.
기독교가 동적이라면 불교는 정적이다. 종교도 음과 양이 있는 셈이다.
그런데 산 또한 정적이다. 기독교보다 아무래도 불교가 산과 잘 어울린다. 산과 절, 그리고 풍수! 모두 자연과 잘 어우러지는 동화되는 것들이다. 필자가 알고 있는 스님 한 분은 고즈넉한 절에서 그렇게 절을 지키고 스스로를 수양으로 심신을 지켜가는 분이 있다.
예전에 이 절에 다니는 신도 한분이 미국 하와이 교포로 있는데 고국에 올 때면 이 조그만 절에 꼭 들려 예불을 하고 가는 여자 불자 한 분이 있었다. 필자와도 자연스럽게 알게 되었는데 풍수에 관심이 남

달랐다.

풍수지리에 관심이 많았던 이 교포는 자기는 미국에 있기 때문에 고국은 다 내 고향 같으니 대한민국 어디라도 좋으니 명당한곳을 찾아 달라고 하는데 그 뜻이 간곡 했다. 대개는 본인이 살고 있는 거주지 부근에서 좋은 땅을 찾아달라는 편인데 이 교포의 배포가 웬만한 남자보다 낫다. 이 정도의 마음 이라면 명당 한곳은 차례 갈 듯도 싶었다. 이 교포는 이왕이면 경상도 쪽으로 찾아 주었으면 했다.

경상도는 다른 지역보다도 산이 더 웅장하고 그 지맥이 굵어 강룡이 많고 대혈 또한 많다.

덕분에 필자가 그동안 가보지 못한 지역들을 답산 할 수 있는 기회가 생겼다.

영천에 보현산 부근과 주왕산, 그리고 경주 일원을 가보기로 했다. 그러나 막상 명당을 찾아보려 나가보면 취득하여 사용할만한 장소를 만나기는 하늘의 별따기이다.

왜냐하면 대개가 이미 주변에 묘가 잔뜩 들어차 있는 경우가 많고, 혹은 매입할 땅이 너무 넓어 또한 어렵고, 그렇지 않으면 타인의 종중 땅 이거나 하면 아예 꿈도 못 꾸고 또 천신만고 끝에 사용하기 좋은 조건을 갖춘 곳을 만났다 해도 주인이 땅을 팔 의사가 없으면 그 또한 헛수고 이다. 그래서 지금 이 시대에 명당을 만난다는 것이 하늘이 점지하여 선택되어야 할 정도로 힘든 일인 것이다.

우선은 선사들의 비결록을 따라 답산을 해보지만 대개는 신통칠 않다. 그러한 중에 보현산 근처 어느 야산에 당도하여 비결록을 따라서 산에 등정하여 살펴보니 한적한 장소에 혈이 나있는 것을 찾게 되었는데, 부근에 이미 묘 1기가 들어있어 고총이 되어 있다. 그렇지만 혈에서 벗어나 대살 처에 들어있으니 임자 없는 묘소가 된지 오래인 것 같다. 사람의 발자국을 찾아볼 수가 없다. 혈은 묘소에서 6~7m 떨어진 곳에 원시의 태초의 모습으로 맺혀 있었지만 사람의 눈길을 받지 못 한 채 수 많은 세월 숨어 있었다.

가끔은 스스로 이런 깊은 곳까지 들어와 이러한 기기묘묘한 장소를 찾아보게 되면 혼자 감동에 취할 때가 있다. 나 자신 스스로가 대견스러움을 느낄 때가 있다는 것이다.

내룡을 보고 산세를 보니 비룡형이 틀림없다. 그야말로 깨끗이 보존되어 있는 것을 보니 대 자연 앞에 고마움을 느낀다.

하산하여 인근동네 주민을 붙들고 자세한 것을 물어보니 개인 산과 국유지의 경계에 있는 산 이였다. 후일 시간을 내어 더 자세히 알아보니 혈이 맺힌 곳은 개인 산의 경계를 벗어나 있었으며 놀랍게도 임자 없는 빈 땅이었던 것이다.

하늘이 지상에 명당을 하나 지어낼 때는 거기에 들어갈 인물도 하나를 낸다는 풍수가에 회자되는 이야기가 있다. 하늘은 누구에게 내어줄려고 이곳에 혈을 맺혀 놓았을까.

한편 암자에 스님은 본시 경상도 태생인데 고향이 군위 지방이라고 한다.

필자가 풍수에 밝은 편이라고 판단이 섰는지 스님은 나들이 삼아 고향에 한번 가보지 않겠느냐고 한다.

필자는 산에 간다고 하면 항상 소풍가는 아이처럼 기분이 좋은걸 마다할 리가 있나.

그리하여 경상도 군위 땅의 스님의 고향집에 들러 보았는데 집 뒤 뒷동산에 스님의 부모님의 산소를 보게 되었다. 보니 땅 자체부터 무맥지 이다. 즉 생기가 없는 지맥이라는 뜻이다.

이렇게 생기가 없는 지맥의 경우 십중팔구 수기가 침범하게 되어 있다.

아니나 다를까 자세히 관찰을 해보니 틀림없이 수맥의 기운이 보인다.

이러하니 다른 것을 무엇 볼 것인가? 장을 쓴지 6년이 되었다고 하는데 대개의 경우 체백이 육탈이 안 된 채 처음 그대로 있기 십상이다.

스님에게 이러한 상황을 가감 없이 설명을 하니 난감해한다. 부모님을 여기에 모시게 된 것도 풍수에 도통했다는 스님한테 맡겨서 일을 한 것이라 한다.

본인도 스님이건만 이러한 세상살이가 아이러니일 것이다. 또 당신 자신은 머리를 깎았지만 세속에는 형제 자매도 있고 조카도 있다.

그 한 몸이라면 화장을 하여 깨끗이 할 터인데 그리 할 수도 없는 일이고, 몰랐을 때는 별 마음이 가질 않았는데 차가운 무맥지에 물속에 잠겨 있을 수 있다는 말을 듣고는 나를 낳아준 부모님 일진데 혼백이 편할리 없을 것이니 마음이 불효를 하는 것 같아 어찌하면 좋겠느냐고 탄식을 한다. 스님은 이제까지 부처님 공부밖에 한 것이 없는데 돌이가신 부모님의 유해는 나로서도 어쩌지 못하는 또 다른 현실이라. 기회가 주어지면 부모님을 편안한 곳에 모시고 싶다고 간곡하게 뜻을 보인다.

언뜻 생각하기는 불도를 닦는 스님이 좋은 자리 운운하며 산소 쓰는 얘기는 시류에 어울리지 않는 소견 같으나 실제는 지극히 자연스럽게 일어나는 마음일 것이다.

그 몸이 어디서 받았는가 하는 근원적 물음에서는 은혜와 고마움밖에 달리 표현하지 못하리라! 불경에도 부모은중경이란 경도 있고 보니 내 부모님 편한 곳에 모시는 것은 하등 이상할 것이 없다.

필자는 이와는 무관하게 풀고 싶은 수수께끼가 있어서 스님더러 증조와 고조의 산소를 보고 싶다고 했다. 한편으론 이 스님이 있기까지를 근원적인 이유를 파헤치고 싶었기 때문이다.

그리하여 그 윗대 조상에게로 따라 올라가보면 무언가를 알아낼 것 같아 안내를 받아 가보니 증조 되는 산소가 한 용맥의 아주 높은 곳에 있는데 혈장도 아니며 약간의 생기가 있는 겨우 죽은 용절은 피한 곳에 홀로 고독하게 안치되어 있음을 본 것이다. 여기에서 나오는 증조의 에너지는 그대로 새로 태어날 자손들에게 직접 영향을 주어 고독하고 외롭게 지낼 운명을 지닌 스님 팔자를 만들게 한 것을 알 수가 있었다. 우리나라의 풍수지리학의 비조인 도선국사도 이런 장소는 쓸 것 없다고 고작 승려밖에 나오질 않으니 사용하기를 삼가라고 한 것은 도선국사 자신도 승려이면서도 승려가 나는 걸 꺼려했던 것이다. 이유는 승려는 쓸데가 없다고 하면서 말이다.

여유 있는 시간에 스님의 가족관계를 알아보니 제일 큰형님 한분만 결혼을 했고, 3남 1녀중 누이동생도 스님이요, 본인은 물론이고 남동생이 오십대 중반이 되었는데도 결혼을 안했다고 한다.

그나마 장손이 결혼을 하여 손은 이어놨지만 단명하여 젊어 요절하였으니 그 값을 톡톡히 치르고 있는 셈이다.

이 자연계는 음과 양으로 크게 구분되어 이루어져 상생과 소멸의 법칙을 따르는데 도선국사도 승려는 고독할 수밖에 없으니 사람 노릇 못함을 지적한 것이 아닌가 싶다.

그러나 여기서 그냥 지나칠 수 없는 부분이 있다. 바로 스님의 조부모 묘소이다.

사실은 증조의 묘소를 보기 전에 조부모의 묘소를 검증을 했는데 필자가 스님에게 던진 질문이 우스꽝스러운 부분이어서 기억이 새롭다. 스님을 앞에 놓고 현재 자손 중에 자손을 두지 못하는 자손이 있느냐고 질문을 던진 것이다. 묘소를 보고 깊은 생각 없이 던진 질문인데 스님 대답에 필자가 정신이 확 들었던 것이다.

"내가 자손이 없지 않은가?"

그런데 실은 스님의 뒷담화가 필자를 놀라게 한 것이다.

즉 앞에서 밝힌 요절한 형님을 제외하곤 모두 결혼을 안했으니 증조의 고독한 에너지를 조부모의 에너지가 상쇄시키지 못하고 오히려 불난 집에 기름을 끼얹은 모양새가 된 것이다.

이러한 스님의 가족관계가 스님에겐 부모님이라도 편안한 곳에 모시어 겨우 손을 이어가는 장조카의 문중이라도 번성함을 바라고 있었던 것이다.

필자와의 인연도 필연이라 생각이 들으니 보현산 비룡혈을 안내해야겠다고 생각에 이르렀다.

교포로 인하여 찾게 된 혈을 스님의 가문으로 인연이 닿는 것도 어찌 보면 필연이요 하늘의 뜻일지도 모르는 일이다. 스님과 동행하여 보현산 기슭에 다 달아 산길을 따라 오르는 데 뱀 한 마리가 또아리를 틀고 있다가 우리를 보고 쏜살같이 달아난다.

산에서 뱀 보는 것이야 다반사이니 별스러운 일이 될 수 없다.

혈이 맺힌 동산에 올라 혈을 보여주고 설명을 하니 흡족해 하는 표정이다.

그러면서도 궁금한 것이 많은지 질문도 많다.

이곳은 어떻게 알고 왔느냐? 이렇게 심심산골에 무얼 기준으로 삼고 들어 왔느냐?

여기 동산에 혈이 있는 곳을 어떻게 무슨 방법으로 정확히 찾아냈느냐? 정작 찾아낸 본인도 신기한테 타인이야 오죽 신기하랴!

그렇다! 어디서 이러한 장소를 만날 수 있을까 보냐, 재미교포로 인하여 찾게 된 혈 터가 전혀 생각지 못한 이에게로 가고 있으니 앞날의 일은 알 수가 없더라.

스님이 결과에게 질문이 많은 이유가 있다. 이 스님도 지기를 몸으로 느끼는 능력을 보유했기 때문이다. 고개를 갸웃거리는 스님에게 혈이 맺힌 곳을 짚어주니 그 위에 가만히 서본다. 지기가 느껴지는 모양이다.

몸으로 지기를 느끼는 사람을 보면 나로서는 그것이 신기하게 느껴지는 부분이다.

요즘 유행하는 기의 세계를 보는 듯 한 것이다. 이러한 특기는 옐로드나 추로서 수맥을 감지하고 지기도 감지하여 땅의 속내를 알아내는 능력과 같은 선상으로 봐도 될 것 같다.

그런데 스님의 생각은 필자가 더 신기하게 보이는 모양이다.

몸으로 지기는커녕 옐로드 조차 못 움직이는 사람이 어떻게 생전 처음 가보는 산에 올라 그것도 보이지 않는 땅 속에 있는 혈을 찾아내는지 그것도 아주 정확하게 말이다. 스님은 풍수를 모르니 그러한 의문과 호기심이 질문으로 나올 수 있다고 본다.

이전에 어느 책에서 기구를 능숙하게 다루는 인사가 펴낸 책을 본 일이 있는데 필자가 그 책을 보고서 쓴 웃음을 지은 적이 있다. 내용의 요지는 몸으로든지 기구를 통해서든지 기감을 감지하지 못하는 사람은 명당(혈)을 찾는 다는 것은 있을 수 없는 일이라고 단호하게 주장한 글을 본적이 있다. 그 글을 보고 한치 앞을 못 보는 사람이구나라고 필자는 생각했다. 그러한 인사야말로 풍수지리는 전혀 무지함으로 지기는 감지 할지 몰라도 혈을 모르는 사람이기 때문이다.

지기와 혈의 기운은 그 파동이 다르며 또 격국도 다르다는 것을 전혀 가려내질 못하니 본인의 무지는 전혀 알지 못하는 것이다. 그 인사의 주장이 사실로 인정한다면 도선국사는 한낱 사이비 승려 밖에 안 될 것이다. 도선국사는 눈으로 전국산천을 다니고 혈을 찾아낸 사람이다. 오죽하면 도안이니 신안이니 그런 말이 풍수가에서 나돌겠는가 생각을 했어야 할 것이다.

풍수지리는 눈으로 가능한 학문이다. 이는 눈은 속임수가 없기 때문이다.

눈으로서 산천을 보고 판단하며 눈을 따라 용맥을 살피고 혈을 찾아내는 것이다.

그것은 자연은 아주 정직하기 때문에 가능한 일이다. 사람은 정직하지 못한 반면 이 우주와 발을 딛고 있는 대지는 진리이다. 사람의 눈과 자연은 상호 정직한 것을 교감하는 그 무엇이 있다. 아마 그것을 보고 개안이 되었느니 도안이니 신안이니 그러한 수식어를 쓰는 지도 모를 일이다. 필자는 별다른 큰 재주가 없다. 다만 자연은 정직하다는 것을 알기에 혈맥이 흐르든지 흐르지 않던지 또 흘러가기를 멈추어 그 기운을 뭉쳐 있던지 하는 것들을 아주 작은 흔적이라도 남기게 되어 있는 게 이 자연이다.

그러한 아주 작은 흔적이라도 놓치지 않고 가려내는 것뿐이다. 눈으로서 말이다.

한편 기구를 통해서 지기를 가려내든 몸으로 느껴서 지기를 가려내든 그러한 특별한 능력은 반듯이 풍수학으로 학문적 기초가 바탕으로 갖추어져 있을 때 실수를 막기 위한 참고용, 재확인용으로 쓸 수 있는 기능들이다.

이러한 기능들이 아주 요긴하게 쓰인 경우가 종종 있다. 평지에 떨어진 혈처 부근에 이미 어떤 건축물이나 어떤 구조물들이 설치되어 있는 경우 눈으로는 식별이 불가능하다.

원래 자연 상태라면 땅을 보는 즉시 가려볼 수 있지만 구조물이 들어와 있는 경우는 기능인들의 특기를 마음껏 발휘할 수가 있다.

다만 그러한 능력들이 결정적으로 갖고 있는 큰 문제점은 풍수지리학 견지에서 볼 때 불길한 장소에서도 지기가 감지되는 것이 가장 큰 모순이다.

이러한 혼란은 명당 즉, 혈에서 나오는 지기의 파동과 일반적인 지기의 파동을 구분하여 가려내지 못하는 데서 오는 혼란인 것이다.

굳이 비유를 한다면 혈에서 나오는 지기의 파동은 모든 험하고 거친 살기를 걸러내고 순수한 기운만을 내뿜고 있는데 반해 혈이 아닌 그렇치 못한 장소에서는 충살, 겁살등 수많은 살기들을 걸러내지 못하고 있는 에너지라고 단정해도 무리가 없을 거라고 본다. 우리가 먹는 물에 비유해도 좋을 것이다. 먹는 물이라고 다 같은 물이 아닌 것은 여러분들이 더 잘 알 것이다.

다시 본론으로 돌아와 스님과 필자는 집으로 돌아와 구체적인 일정을 계획하고 있었다. 그러든 어느 날이었다. 스님이 보현산에 다시한 번 갈 수 없느냐고 묻는다.

그러면서 이어지는 말씀은 보현산에 가서 제를 지내고 싶다고 한다. 일명 산제이다.

그 말씀을 듣고서

"참 잘 생각하셨습니다. 그렇지 않아도 그런 의견을 한번 드려볼까 했는데 먼저 마음을 내주시니 제가 오히려 다행스럽고 고맙습니다." 라고 말씀을 드렸다.

그 후로 날을 정하여 다시 보현산에 가게 되었는데 스님이 마음에 담아두었던 속내를 털어 놓는다.

"전에 보현산에 갔을 때 길에서 우연히 뱀을 보았잖소!"

"예! 그때 뱀을 저도 보았죠! 뭐 뱀이야 볼 수도 있는 거 아닙니까?!"

"나는 그 뱀을 보았을 때 흠칫 놀랐는데 보는 순간 네가 감히 여기에다 써? 어디 맘대로 쓸 수 있나 보자?" 그런 생각이 들더란다.

왠지 모르지만 그러한 전율을 느꼈다고 한다. 하기야 자연의 현상이나 행위가 어떤 앞날에 대한 예지적인 사전 징조로도 볼 수 있을 것이다. 이러한 것들은 또 어디까지나 자의적인 해석이긴 하나 당사자에게는 정신적으로 버겁게 생각할 수도 있다. 필자도 뱀을 안 보았으면 더 좋았을 텐데 일단 보았으니 좀 찜찜하긴 했다. 허구한 날도 많은데 하필이면 그 시각 그 장소에 뱀이 보일게 뭐람!

단 몇 분만 빨리 갔거나 늦게 갔으면 마주치지 않았을 텐데!

그러나 일단 마주 했으니 가정은 쓸데없는 몽상일 뿐이다.

뱀 이야기가 나왔으니 필자의 지난 경험담을 잠시 열어 놓을까 한다.

필자에게는 수시로 산으로의 답산이 있기 때문에 뱀을 볼 때가 더러 있다. 산에 생물이 있으니 생물을 보게 되는 것을 자연스런 현상이다. 그런데 필자도 뱀을 보면 기분이 좋질 않다.

우선 그 생긴 모양이 대단히 혐오스럽기 때문이다. 어떤 징크스를 논하기 전에 징그러운 생김새가 잡친 기분이 되어 달갑지 않다는 것이다. 보통 삼사년에 한번 꼴은 본다고 해야겠다. 처음 산에 다니기 시작하면서부터 뱀을 몇 번 봤는데 10여년이 지난 후 네 번째인가 보게 되었을 때 그날은 용맥은 잘못 판단하여 헛수고를 하는 바람에 혈을 찾지 못했다. 결록에 적힌 곳을 찾아 따라가거나 아니면 그저 산기슭을 지나가다 용맥의 형상이나 산줄기의 흐름을 보고 세심히 관찰하고 판단하여 산에 오르는데 이러한 과정은 풍수는 어떤 막역한 영성을 갖고 신명의 기운으로 이끌려서 혈을 찾는 것이 아니란 것을 밝히고자 하는 것이다. 뛰어난 무속인 이나 뛰어난 영적 능력을 갖추고 소위 신의 힘을 빌려 산에 올라 명당을 찾아내는 것이 아님을 말하고자 하는 것이다.

혈을 찾아내고 거꾸로 용맥의 흐름을 더듬어 보면 일정한 패턴이 있음을 알 수 있다.

그 일정한 패턴은 대혈 이든 소혈이든 항상 똑같은 질서로 녹아있음을 알 수 있는데 막상 최종지에 와서 혈을 맺을 때는 혈을 맺는 법칙이 따로 존재함을 알 수 있다.

이는 풍수의 이론으로도 어느 지가서에서도 기술한 서적이 없다.

이러한 법칙들을 옛 선사들은 일일이 기록할 수 없으니 천장지비, 즉 하늘이 감추고 땅이 숨겼다는 표현으로 대신하고 있는 것이다. 그렇지만 혈이 맺힌 곳에서 보면 그곳에 맺혀야만 되는 당위성이 있다.

이런 글을 쓰는 이유는 풍수지리는 철저한 과학이란 것을 말하고 싶어서이다.

　어떤 감으로 지정하는 것이 아니란 얘기이다. 일부 풍수 학자들이 저급하게 여기는 발복에 관해서는 자의적인 해석이 될 수 있는 부분이라 접어두고 일단 혈만을 논할 때는 그것이 대자연 속에 산천은 그들 나름대로의 질서와 법칙 하에 흐르고 생성되어 있다는 것을 알리고 싶은 것이다. 산에 오르면서 혈을 못 찾을 때도 더러는 있는데 그것은 얼마든지 있을 수 있는 일이다. 산줄기에 관하여 잘못 판단하고 오르면 못 찾아내는 것은 당연하다. 답산 한지 십여 년이 지난 후 그 날은 산에서 뱀을 보기도 하고 혈도 못 찾고 했는데 이유는 엉뚱한 산줄기를 밟았기 때문이었다. 아예 무맥지를 골라서 산을 탄 것이다.

　그러고 있는 중에 자연스럽게 지난 세월에 뱀이 보였던 때가 떠올랐다.

　몇 번 안되기에 어느 장소에서 어떻게 본 기억이 확실하게 생각을 해보니 뱀을 본 날은 한 번도 혈을 만나지 못하고 혈을 맺는 용맥 과는 상관없는 생뚱한 산줄기에서 뱀을 만났던 기억을 떠올릴 수 있었다.

　그래서 지금은 일단 뱀을 보면 내가 잘못 가고 있을 수 있다는 경고로 삼는데 굳이 징크스를 삼을 필요는 없다고 본다.

　뱀에 대한 이야기가 너무 싶어진 것 같다.

　한편 스님은 그때 뱀을 보고서 무언가 대비책을 세워야 되겠다고 생각한 것이 보현산에 가서 정성을 다하여 산제를 지내는 길 밖에 없다고 판단한 것 같다.

　실제 명당을 얻는 그 자체는 특별한 선택을 받은 가문이라 정할만 일이다.

우리 조상들이 이야기 해왔듯이 공덕을 쌓고 덕을 베풀어야 또는 3대를 덕을 쌓아야 명당을 만난다고 했다. 또 2500년 전 공자는 이런 말을 남겼다고 한다.

자식에게 재산을 물려주면 그것을 지킬 수 있을지 염려되고 책을 물려주면 학문을 닦을지 염려가 되니 차라리 명당하나 물려준 것만 못하다고 말을 남겼다고 한다.

공자라는 성인도 대지의 힘! 명당의 힘을 논쟁한 것이 새롭다.

이러한 것들을 볼 때 명당이란 그저 대지 그 이상의 가늠할 수 없는 신앙 그 이상의 품격을 갖춘 보물과 같으니 하늘과 땅에 대한 신성함에 제를 지내어 구하고자 함에 순탄함을 비는 것이리라. 필자와 스님은 다시 보현산 근처 암자의 산신각에 준비해온 제물을 제단에 올리고 예를 갖추니 한결 몸과 마음이 가벼워지는 듯한 것은 기분만일까.? 대자연에서 원하는 보물을 구하고자 하는 우리의 의식이 정성으로써 하늘과 땅에 닿았으면 하는 맘 그것 밖에 없다.

자연에 대한 경외심으로 산제를 올린 다음 다시금 비룡혈이 있는 곳에 들렸다가 갈 생각으로 골짜기에 들어서서 산길을 따라 한참을 가다보니 그 전에는 없었는데 계곡을 끼고 있는 평지에 텐트 하나가 쳐져 있는 것이 보였다. 언뜻 보기에 이상하다 싶어 가까이 가서 보니 사람의 흔적이 남아 있는데 야영하는 것은 아닌 것 같고 기도하는 사람이 있어서 그 숙소로 사용하는 게 아닌가 싶은데 수건, 식기, 휴대용 렌지 등등 금방이라도 쓸 수 있는 도구들이 널려있다.

사람이 보이질 않는 것을 보니 잠시 비워두고 수시로 들렸다 가는 듯 싶었다.

스님은 집으로 돌아와 일정을 잡고 작업을 도와 줄 신도를 선정하여 계획을 구체적으로 짠 모양이다. 그중에는 여신도를 한 분 포함시켰는데 그 성품이 남자 같은 기질이 있어 대담함도 갖춘 여신도였다.

언뜻 생각하기에 이장하는데 여자가 불경스럽진 않을까 하는 노파심도 있을 수 있으나 이상하게도 필자에겐 큰 안도감이 든 것은 알 수 없는 일이었다.

드디어 정한 날짜가 되어 경상도 군위로 일행들이 승용차 두 대로 나누어 타고 출발하니 2006년 가을이다. 스님의 고향에 도착하여 아침 일찍 부모님 묘소를 파묘하니 6년이 지났건만 예상대로 장례 모실 때의 그 상태로 고스란히 남아있었으니 물이 찼다가 빠지고 한 흔적이 남아있고 꼭 바닷가 뻘 처럼 되어 있었다. 지옥이 따로 없다.

혼백에게는 지금 이 상황이 지옥이나 다름없다. 망자는 지금 지옥에서 건져지고 있는 것이다. 체백을 추수려 정리하고 다시 보현산으로 출발하니 오후 늦게 보현산 기슭에 도착할 수 있었다. 내일 아침에 번거로움을 덜 양으로 지금 미리 도구들을 현장 근처에 날라다 놓는 게 좋을 듯싶어 일행들은 한 가지씩 연장을 챙겨 산으로 올라갔다. 일행의 맨 뒤에는 스님과 여신도가 따라오고 있었는데 가다보니 걸음이 늦어서인지 뒤에서 보이질 않았다. 벌써 날이 해질 무렵이 되어 어슬어슬 산 속이라 땅거미가 일찍 지고 있다. 도구들을 다 날라 놓고 내려오는데 어디서 도란도란 대화하는 소리가 들리는데 어떤 건장한 젊은 남자가 스님과 여신도와 같이 무엇인가 열심히 대화를 나누고 있는 중이었다.

필자는 그 남자를 보는 순간 그 텐트 속에 있던 사람이란 걸 알아차릴 수가 있었다.

우리 일행들에겐 불청객이요 방해꾼이 될 수도 있는 인물이다.

일행들과 모두 합쳐서 산기슭으로 내려가며 그 젊은이로부터 자초지종 얘기를 들어보는데 "세상에 이런 일이 일어날 수가 있을까?" 듣고도 필자의 귀를 의심할 정도였다.

이 중년의 남자는 뜻한 바 있어 1년 전부터 텐트를 치고 기도 생활을 해오고 있었다고 했다. 대개 이런 사람들일수록 사회생활에 적응하지 못하고 사회에 기피하는 성향이 있을 수가 있는데 사업에 실패를 했거나 가정적인 문제들로 인하여 산으로 혹은 사찰로 기도 생활을 하는 사람들이 더러 있다.

거의 대부분 일과성으로 끝나는 사람들이 많으나 개중에는 산에 들어가 기도 생활에서 영성과 함께 무언가 얻어짐이 있을까하고 끈기 있게 물고 늘어지는 사람들도 있다. 지금 우리가 만나고 있는 이 중년의 남자는 아마 후자에 속하는 사람 같았다. 무언가 얻어질까! 깨우쳐질까! 1년여가 넘도록 기도생활을 해오고 있었는데 정확히 3일전에 한 신통한 꿈을 꾸었다고 한다.

꿈에 산신령이 나타나 말씀하기를 기도하는 자신을 위로한 뒤 하시는 말씀! 3일 후에 여자를 보낼 테니 그 여자를 따라가거라! 하곤 사라지더란 것이다.

놀라서 깨고 보니 꿈이라. 꿈치고는 너무 선명하고 예사로운 꿈같질 않아 3일이 되기를 꼬박 기다렸단다. 드디어 3일째 되던 날 아침부터 여자를 맞이할 양으로 텐트 안을 어지럽고 지저분한 것을 모두 치우고 정리하여 설레는 마음으로 아침부터 계속 여자만 나타나기를 기다렸단다.

그런데 문제는 이 골짜기는 사람이 다니는 골짜기가 아니란 것이다. 사람도 안다니는 골짜기에 더구나 여자가 골짜기를 지나간다는 것은 상상도 못 할 일이라. 그렇지만 산신령의 말씀이고 보니 거짓 일이 없을 것이라는 생각으로 온종일 기다렸단다. 점심때가 지나서도 소식 없고 오후도 어느덧 접어들고 이젠 어슬어슬 해는 떨어져 가고 있는데 젊은이는 서서히 지쳐가고 있었다. 낮에도 사람이 안다니는데 어둠의 목전에 있는데 무슨 사람이 오겠는가? 3일 전 꿈이 개꿈을 꾸었는가? 의심이 들기 시작 하드란다. 그러고 있는 판인데 어디서 희미하게 사람의 기척이 들리는 가 싶더니 여자목소리가 드디어 들리더란다. 아! 드디어 여자가 나타났구나. 산신령의 말씀이 옳았구나 싶어 텐트를 박차고 나왔던 것이다.

중년의 남자가 텐트에서 나올 때는 스님과 여신도가 제일 뒤에서 걸어 올 때라 셋이서 마주친 것이다. 우리 일행 쪽에서 보면 난데없는 불청객인 셈이다.

당황하지 않을 수가 없는 상황이다. 양쪽이 모두 놀란 것이다. 참말로 난처한 입장들이다. 그러하다 이 남성의 이야기를 듣고 나니 조금은 여유가 생겼다. 아니 여유가 생겼다가 보다 세상에 이런 일이 있을까 하는 생각으로 오히려 혼란스런 상황이 된 것이다. 이 남자가 기다린 사람은 바로 우리들 일행 이였으니 말이다.

이때 여신도가 기지를 발휘하여 위기를 기막히게 모면한다.

"젊은 처사가 산속에서 고생이 많은데 우리는 산제를 지내려 여기까지 온 사람들인데 내일 나와 같이 부처님 도량에 가서 참배를 하는 것도 처사를 위해서도 좋을 듯하니 처사가 응해주면 내일 아침 일찍 내가 차를 저 아래 산기슭에 대고 있을 테니 나와 주겠소?!" 이 중년의 남자야 꿈속에서 산신령이 여자를 따라가라 했으니 거절할 이유도 명분도 없다. 아니 나갈 수 없게 된 것이다.

"예 좋습니다. 내일 아침 6시에 산기슭에 나와 있겠습니다."

숙소에 돌아와 저녁을 마치고 쉬면서 조금 전의 일을 생각하니 요즘 같은 문명시대에 이해하기 힘든 일이 눈앞에서 벌어지고 있으니 전설 따라 삼천리가 따로 없다.

아무래도 지난번 보현산에 와서 산제를 지낸 것이 그 발음을 보는 것이 아닌가 싶은데 그렇다 해도 실감이 나질 않는다.

사실상 산신제를 지내는 당사자들도 어떤 정신적으로 위안이 될지언정 그 효과란 것이 무형의 것이라서 꼭 그로 인한 것이라고 검증확인을 할 수 없는 것인데 지금 필자가 겪고 있는 현실은 상상 그 이상이다. 처음 팀을 구성 할 때 여신도를 참여시킨 것부터 극적인 상황을 만들기 위한 시작이라고 보아도 무리가 없을 것 같다.

풍수지리학은 그 자체가 생명이며 그 핵심인 혈은 살아 움직이는 생물과 똑같은 위상을 갖고 있음을 다시 한 번 깨닫게 한 또 다른 영적인 경험이다.

지령은 인간에 대해 회천명개조화(回天名改造化) 할 수 있는 유일한 방책임을 다시 한 번 자각하게 되었다.

필자가 지금 겪고 있는 희귀한 영적인 경험도 지령에 의해서 만이 나올 수 있는 일이라고 본다. 지금 경험하고 있는 전설 같은 일은 역설적으로 보면 비룡혈의 명당은 이미 임자가 정해져 있었다는 의미로 봐도 될 것 같다.

결국 다음날 스님의 부모님의 이장은 무사히 마칠 수밖에 없었다.

우리네 평범한 생활상에서 나누는 얘기로는 하늘이 도와서 불가능할 수 있었던 일을 무사히 마칠 수 있었다고 보아야 될 것 같다.

아이 못 낳는 터 그리고 비봉형(飛鳳形)

2005년 10월경

서해 고속도로를 타고 목포항까지 도착하여 신안군의 암태도, 자은도로 운항하는 여객선을 타려 대합실에서 시간을 기다리고 있다.

평소 알고 지내며 친분이 있던 섬 청년 이선진 씨의 부친 이장이 있어 가는 것이다.

2년 전 처음 대면했을 때 사람이 건실하며 선한 이미지로 느껴지는 사십을 막 넘은 성실해 보이는 청년이었다.

자주는 아니지만 섬에서 육지로 나와 홍성에서 종종 재회의 기회가 있었는데 아직 결혼을 못하고 있는 것을 알았다. 사람이 성실한 지라 어느새 친숙한 관계로 자연스레 이루어졌다.

농어촌에 살면서 주위 환경 탓으로 이 청년 역시 짝을 찾는데 어려움을 겪고 있구나 싶었다.

기회가 주어지면 선진이 사는 섬에 가서 생활상을 살펴보고 선산도 가보고 싶다는 생각을 은근히 갖고 있었다. 그러나 선진이는 풍수에 별 관심이 없었는지라 붙들고 종용 할 그럴 처지도 안 되었다. 그러다가 우연찮게 2005년 2월에 섬으로 초대를 받아 지인 몇 명과 함께 나들이겸 볼 일도 볼 겸 자은도를 가게 되었다.

목포에서 1시간가량 여객선을 타니 암태도 선착장에 다다른다. 여간 편리한 게 아니었다. 더구나 여객선에다 자동차까지 실어 나르니 섬이라는 인식이 안들 정도로 생활하기가 육지와 별반 다를 게 없었다. 또 막상 자은도에 들어와 눈에 들어오는 풍광은 육지의 그것과 똑같다.

선진네 집에 도착해 보니 홀어머니와 생활 하는 것이 적막해 보인다. 며느리 없이 장성한 아들을 데리고 사시는 모습이 어딘가 쓸쓸해 보이는 것은 나 혼자만의 생각인가?

선진이 더러 기왕 여기까지 왔으니 선산에 가볼 것을 청했다. 도움말이 될지는 모르겠지만 필자가 갖고 있는 재주는 풍수 밖에 없으니 초청받은 인사는 해야겠다 싶었기 때문이다. 집에서 그리 멀지 않는 곳에 선산이 있었는데 조부와 부친의 묘소에 안내를 받았다.

막상 필자가 풍수 공부를 하고 있다 보니 어디를 가도 제일 먼저 대지의 상태부터 살피는 것이 어느새 필자의 습관이 되어 가고 있었다. 어디를 가도 그곳의 토질의 형태를 나름대로 분석하는 버릇이 생긴 것이다.

이는 경상도 지방, 전라도 지방, 중부 내륙 지방 등 지방마다 토질의 형질이 다른 것을 관찰했기 때문인데 섬에 들어와 첫 번째로 느낀 것은 토질이 우리나라의 중부지방의 전형적인 토질과는 많이 달랐다.

경기 충청지역의 토질을 보통 표현하자면 기름지다고 하면 적절할지 모르겠지만 다른 지방보단 기름지고 찰지다는 표현이 어울릴 것 같다. 그런데 여기 섬 지역의 토질은 좀 찰지면서도 함께 푸석거리는 듯한 그리고 뭉쳐 있는 듯한 토질이다. 비유를 어떻게 하면 적절할까? 보리가루와 콩가루 같다면 적절할까 싶기도 한데 이러한 토질의 형질에서도 혈이 생성되어 있다고 유산록 에서는 기록하고 있으니 대한민국 어디를 가도 풍수지리의 A,B,C만 갖추면 명당이 존재한다는 데는 참으로 축복받은 땅이 아닐 수 없다.

　선진이 조상이 묻힌 선산으로 가보니 할아버지와 아버지가 높지 않은 산에서 흘러내려온 평지에 나란히 10여 미터 떨어져 있는 상태로 모시어져 있었다.

　자세히 묘소와 땅의 질감, 수구와 좌향 등 여러 요소들을 살펴보니 아주 불길한 형세다. 조부의 산소보다 부친의 산소가 같은 선상에 있어도 부친의 산소가 더 불리한 상황이었다. 이것은 순전히 산소의 좌향 때문에 더 불리함으로 판단되는 것이다.

　산소의 관찰은 끝냈는데 어떻게 무슨 말로 전달을 해야 하나?….

　말을 아낄 이유가 없어 있는 그대로 해야만 했다. 나쁜 것을 감추고 좋은 말로 완곡하게 말을 한들 의미가 없을 것 같아 입을 열기 시작했다.

　"우선 이곳은 땅의 기운이 다 빠져버린 곳이어서 대지 자체가 습한 기운이 많아 지맥의 기운을 받지 못하고 차가운 냉한 기운이 있네! 또 여기에다 설상가상으로 좌향이 아주 불길 한데 조부보다 아버지의 산소가 좌향이 아주 나쁜데다 주변의 지형지세가 썩 좋질 않네! 이러한 부친의 산소는 자손에게 아이를 가져도 유산을 한다네! 설사 유산을 하지 않고 아이를 낳는다 하더라도 기를 수 없으니 즉 자손을 못 보니 인간의 종족보존의 본능을 잃어버린 격이니 어쩌나?

　따라서 생활은 무슨 일을 시작해도 마무리를 못 보게 되어 아기가 엄마의 뱃속에서 유산하는 것처럼 무슨 일을 시작하면 낭패부터 불러들이는 격이니 재물도 모아지질 않으니 어찌하나? 만약 이 어른들의 산소를 이곳에 그냥 방치하면 선진이는 노후에 참담한 상황을 맞이할 텐데….

내가 좋은 말을 할 수가 없는게 참으로 미안한데, 어떻게 보면 이렇게 본대로 판단하여 그대로 말해 주는 게 나을 것 같아서 말을 아끼지 않고 막 했는데…."

선진이 잠자코 듣고만 있다.

필자가 던진 말이 맞는지 틀리는지 선진이의 표정을 살핀다. 그러나 아무 표정이 없으니 알 수가 없다. 필자는 묘를 보고 감정한 것을 전하는 말이 틀릴 수도 있고 맞을 수도 있는데 한 가지 분명한 것은 좌향을 정하는 포태법에 의거하여 전달해준 것 뿐이다. 그런데 사실은 선진이 한테는 그런 말이 해당이 안 된다. 총각이기 때문이다.

앞으로의 일은 모르겠지만 하여튼 당장은 필요가 없는 말이다.

그저 어른들의 묘가 나쁘다는 실례를 구체적으로 말한 것 뿐이다.

그런데 한참동안 잠자코 듣고만 있던 선진이 이윽고 입을 여는데 필자는 선진이의 그 말에 너무 놀라 입을 다물지 못했다.

"나 실은 결혼을 했는데…. 이상하게 여러 해가 가도 식구가 아이가 들어서질 않는 거였어. 후에 병원에 가서 검사를 해보니 아이를 가질 수 없는 여자였는데…. 몇 해 안가서 오래 못살고 제 발로 나갔지. 내가 외아들인데 아이 못 낳아 주는 것이 미안한 생각이 들어서인지…. 결국은 그 결혼은 그렇게 깨어지고 말았지….

그러고 나서 후에 다시 부인을 얻었는데, 이번엔 아이가 들어서면 매번 꼭 유산을 하는 바람에 마음고생을 많이 했는데….

아버지 묘 때문에 그렇다니 황당하기도 하고 무섭기도 하네요."

말을 하는 선진이는 필자의 말에 큰 충격을 받은 것 같았다.

조상의 산소 때문에 유산을 한다는 말은 도무지 믿어지지 않은 듯 보였다. 필자도 남의 가정사를 꼬치꼬치 캐물어 볼 수도 없는 상황이라 그저 농어촌 총각 정도로만 알고 있었는데, 선진이의 얘기를 듣고 보니 이번엔 필자가 충격을 받고 있는 것이다. 정말로 알 수 없는 일이다. 알아도 알 수 없는 것이 천지간의 일이다. 옛날 선사들이 어떻게 해서 공간과 이러한 땅의 비밀을 알아냈을까.

필자가 선진이 한테 해준 말이 맞았다는 것 보다, 풍수의 이론적 이 기법의 정확함에 필자 스스로 놀라고 있는 것이다.

필자가 선진이한테 묻는다.

"이때까지 살아오면서 선조들의 산소가 살아있는 자손에게 영향을 줄 수 있다는 생각은 한번이라도 해 보았나?"

라고 물으니 그런 생각은 꿈에도 몰랐다고 한다.

"그러면 지금 부인은 어디 있는가?"

"연변 아가씨인데, 아이도 없는 생활이 즐거울리 없어서인지 집에 다녀온다고 연변으로 갔지요! 그러고 보니 그 전에 이상한 일이 떠오르는데…. 그 전에 식구가 임신을 하면 태몽은 꼭 꾸었는데 꿈을 꿀 때마다 아버지가 나타나 태몽속의 동물을 목 졸라 숨지게 하는 꿈을 꾸었는데 그 꿈을 꾸고 나면 어김없이 유산을 하는거 였지요. 형의 말을 듣고 보니 정말 아버지 묘와 관계가 있기도 한데…."

말을 주고받다보니 선진이는 무언가 감이 잡히는 듯한 표정인데도 그래도 설마 묘 때문에 라는 것을 백프로 확신할 수 없는 그 무엇이 있어 보인다.

요즘 현세의 젊은 세대는 물론이고 기성세대들조차도 사람이 죽어 땅에 묻힌 유골이 어떻게 살아있는 자손에게 풍운조화를 부릴 수 있느냐고 일소에 부치고 하는 일이 대부분이다.

필자는 이러한 사고력은 우리의 교육내용들이 서구적 학문을 중시

하는데서 비롯됐다고 보는 것이다. 원인과 과정이 결과로 확실하게 나타나야 만이 과학이라는 용어로서 학문이 되어 교육의 장에서 통하기 때문이다.

　인류가 근대에 이르러 광활한 우주 속의 대자연계의 비밀을 일부 풀어내어 과학으로서 인간 생활에 큰 영향을 끼친 것을 간과할 수가 없다. 그러나 대우주의 비밀을 밝혀낸 것은 고작 10%에도 훨씬 못 미친다. 아직도 연구발전 시켜 밝혀낼 일이 많은 것이다.

　그 중에 하나라고 볼 수 있는 것이 풍수과학이다. 풍수학을 과학의 대열에 세워놓고 연구하면 얼마든지 과학의 반열에서 수수께기 같은 비밀스러움을 하나 둘 밝혀낼 수 있으리라고 본다. 그렇기 때문에 현재 과학이라는 것도 불확실성을 안고 있을 수 밖에 없는 한계를 지니고 있다 해야 될 것이다.

　선진이는 계속 말을 한다.
"성님요. 그러면 어떻게 하면 좋겠습니까?"
"방법은 한가지 밖에 없네! 생기 있는 땅으로 옮기는 수밖에! 선진이가 생각이 있으면 좋은 땅을 한번 찾아 볼 수 있지."

　다행이도 자은도와 암태도에도 유산록에 명혈대지가 몇 군데 산재해 있다고 기록이 있는지라 그 중에 하나라도 인연이 닿을 수 있을지 찾아 나서기로 했다.

　동리에서 멀지 않은 곳에 두봉산이 수발한데 이 산에서 동쪽과 서쪽으로 흔른 용맥에 각각 혈이 있다는 기록을 따라 우선 서쪽을 살펴보기로 했다.

　자은도에서 제일 높은 366미터의 두봉산은 서쪽으로 일지맥이 급하게 굴러 떨어졌는데 이때는 거의 용맥이 미비하여 있는듯 없는듯

한 모양으로 흘렀는데 최종처 까지도 이렇게 은은미미 하게 흘러와 그 종적을 알아보지 못하게 되어 있었다.

700여평 되는 밭에 떨어져 혈이 맺혔는데 결록에 있는 비봉형 그것이었다. 주봉산은 몸통이 되고, 청룡백호는 좌우의 날개가 되어 있고 혈을 맺은 용맥은 봉황의 길다란 목이 되어 범인이 보아도 나는 새, 즉 봉황의 형상 그것이 틀림없다.

한편 두봉산에서 동쪽으로 떨어진 용맥은 몇 번 갈지(之)자로 구르다가 3부 능선쯤에 영귀입해형이 되었는데 이미 개발되어 무자비하게 파괴되어 있었다. 오지의 섬이라도 개발의 삽날은 때와 장소를 가리지 않으니 안전한 장소가 되질 못했다.

육지나 섬이나 조물주의 인간에 대한 최고의 선물인 명당이 지구상에서 사라지고 있음은 별반 다를게 없다. 두봉산 서쪽으로 떨어진 용맥이 구영리에 맺힌 비봉형이 살아있으니 그나마 위안으로 삼아야겠다.

선진이한테 봉황이 날 준비를 하고 있는 그 밭을 보여주고, 뜻이 있으면 그 밭을 꼭 구하라 당부하고 집에 돌아오니 두봉산이 천 년의 침묵을 깨고 과연 하늘이 임자를 정해 줄 것인지 한번 기대를 해본다.

그로부터 8개월 후에 그 밭을 매입을 했다고 전갈이 오니 정말 복이 많은 진구구나 싶다. 섬지역은 육지와 여건이 판이하게 달라서 우선 땅값이 매우 낮은 편이다. 한 평에 불과 몇 천원에 불과하다. 우스개 소리로 육지에 나가 술 한번 먹을 돈이면 밭떼기 하나는 장만할 수 있다는 농담이 있다고 한다.

태고이래 세세년년 숱한 세월 임자 없이 떠돌던 봉황이 이제야 임자를 만났구나.

날을 정하여 자은도에 도착해보니 친지를 비롯한 식구들이 반갑게 맞이한다. 모두가 기대와 설레임에 분주하다. 새날이 밝기를 기다려 봉황의 혈처에 이르니 동네분도 여러분이 동참하는 풍경이 시골의 정취가 물씬 난다.

그런데 이 비봉형은 얄궂게도 수백평 가운데서도 한 귀퉁이에 혈이 맺혀있어 보는 이로 하여금 의아심만 가득하다. 그것도 혈 가운데로 실도랑물이 흐르게 되어 있어서 상황이 고약한데다 또 밭길과도 맞닿아 있어서 모퉁이 중에서도 아주 협소한 장소다.

제상 차려놓고 절을 할 수 있는 공간이나 나올까 의문스러울 정도로 참으로 얄궂고 볼품없는 처소이다. 그 쬐끄만 귀퉁이 그 자리에 표피를 걷어 내려고 작업을 지시하자 거기 모인 사람들 모두들 어이없어 하는 얼굴들이다.

삼삼오오 수군수군 하는게 걱정반 호기심 반이다. 아니나 다를까, 그 중 친지 어른되는 한분이 근심어린 얼굴로 큰 걱정 하신다.

"수 백 평 땅을 사놓고서 밭 한가운데 넓적한 곳에 보기 좋게 치장도 하고 꾸며서 할 것이지 어째 이런 곳에 굳이 할려고 하는가?"

걱정이 태산같다.

육지에서, 그것도 충청도에서 어느 볼품없는 사람을 데려오더니, 이곳에 땅 보는 사람이 없나? 아마도 그 자리에 모인 사람들 이구동성으로 한마음 인 것 같다.

거칠고 보기가 지저분한 자갈이 섞인 표피를 두자쯤 걷어내자 깨끗한 금사옥토가 나오며 거기서 한자를 더 걷어내자 보기에도 황홀한 혈심이 나오는데 그곳에 구경하던 사람들 모두들 놀라는 얼굴들이다.

바로 옆에 땅은 우렁질에 자갈섞인 쥐색의 보기에도 볼품없는 흉한 토질인데 걷어낸 곳은 모래티끌 하나 없는 맥분 같은 혈심의 황홀지경이니 수군거림도 자연 없어진다. 그 후부터는 일절 입 여는 사람이 없었다.

작업이 거의 끝나갈 무렵 누군가 한마디 던진다.

"여보시오 지사양반! 땅거죽만 보고도 땅속을 아시오?"

재혈 입향에 분금 놓고 일을 다 마무리지니 선진이 모친 얼굴이 환한 모습이다.

흡족하다는 무언의 화답일지라.

효성이 남다르고 심성이 선량한 선진네 가문에 일대 경사다.

하늘이 깊이 간직했다 내어준 것이리라.

지리산 천왕봉 下 49대 제왕지지

평소에 산행을 하면서 한결같은 생각이 하나가 있었다.

그것은 나이가 한 살이라도 덜 들었을 때 높은 산에 있는 대지를 찾아본다는 생각이다. 몸이 늙어지면 높은 산은 고사하고 일반산도 등정하기가 쉬운 일이 아닐 것은 뻔한 이치이다.

어느 누구고 몸이 늙어짐이라는 것이 상상도 하기 싫겠지만 어느덧 세월이 흘러 다리에 힘이 빠져 제 몸 하나 지탱하기 버거울 정도가 되면 학문이고 뭐고 일체 덧없을 것이다.

장선생이 지리산 천왕봉 下에 49대 제왕지지를 찾아보고자 했으나 70고령을 신세한탄하며 오르지 못하고 늙어진 몸에 인생의 덧없음을 탄식하는 대목에서는 나 자신도 서글퍼지는 것을 막을 수가 없었다.

아직 이 몸이 젊은 기운이 조금이라도 남아 있을 때 지리산 천왕봉을 올라야 할 텐데 하는 마음은 항시 머릿속 한자리에 머물러 있다.

그렇지만 그것은 마음뿐이지 주위에 여건이 주어지질 않아 차일피일 미루어지니 그것이 이미 수년이 살같이 지나가버렸다. 이러다가 훗날 고생하면서 등정하게 되는 게 아닌가 하는 노파심도 생긴다.

도선국사가 지리산 천왕봉의 49대 제왕지지를 다녀간 후 기록을 남기고 천여 년 간 처녀지로 남아있어 어느 누구의 발길도 허락하질 않았을 것이니 태고의 비밀을 안은 채 남아있을 것이리라. 비결록 이라는 것이 그렇듯이 지리산 천왕봉 下라고만 했으니 너무 막연한 내용이다. 아마 지리산을 모두 샅샅이 둘러본다 치면 몇 년이 걸릴지 모를 큰 산이다. 더구나 지리산이 전부 천왕봉 아래이기 때문에 더욱 모호하다.

동서남북 어느 방향이라고 운이라도 띄었다면 좋으련만.

그건 그렇다 치고 마흔아홉 명의 왕이 배출된다는 기록 자체가 너무 어마어마하다. 처음 결록을 대할 때는 왕조의 시대가 다시 온다는 것인가 하고 황망한 생각이 들었지만 얼마 안가서 그것이 기우였다는 것을 알게 된다.

아버지와 아들이 왕이 될 수 있고, 형제가 왕이 될 수 있는 시대이기 때문이다.

1대가 30년을 치는데 49대면 근 일천 오백년간이나 되는 세월이다.

이러한 곳들을 가볼 수 없어 찾아보지 못했다면 아마도 천추의 한이 되리라.

기회를 벼르고 있던 중에 드디어 기회가 찾아와 전남 광양의 백운산과 억불봉, 그리고 지리산으로 일정을 잡아 답산 길에 나섰으니 2005년 2월 하순이다.

홍성을 출발하여 경남 하동을 지나 전남 광양에 도착하여 백운산과 억불봉의 군왕지를 포함하여 3곳을 찾아 살펴보고 근처에서 1박을 하고 다음날 아침 일찍 지리산으로 향발하니 이른 봄기운이 느껴지는 기온이다.

지리산이 우리나라의 남쪽지방에 자리 잡아서인지 마른나무가지에 물오른 흔적이 보이기 시작한다. 얼마나 기다렸던 행로인가? 긴 골짜기를 따라 지리산 천왕봉이 있는 방면으로 가다가 중간에 어느 높은 능선을 지날 무렵, 저 멀리 수 십리 밖 천왕봉의 웅장한 봉우리가 보이는데 정상에만 흰백설이 쌓여 그 모습이 신비감마저 들게 한다. 그 장엄한 자태는 선경의 최고의 지배자가 천하를 호령을 하는 듯 생애 처음 보는 장중한 경관에 감탄사가 절로 나오니 온몸에 나도 모를 희열이 감싼다.

참으로 근래에 보기 드문 멋지고 근엄한 위용을 갖춘 산봉이다.

정말 산중의 산이요, 49대 제왕 지를 품고 있을만한 자태이다.

선경의 용상에 앉아 지상의 인간세계를 바라보고 있는 듯, 일정을 늦게 잡았으면 흰 눈이 덮인 모습을 보지 못 할 뻔했구나 싶다.

등산로를 따라 길고긴 산행을 하니 가도 가도 끝이 없다. 언제 천왕봉에 도달할 것인가. 눈을 들어 바라보면 천왕봉 정상이 저 앞인데 실제로 걸어가려니 아득하기만 하다. 천신만고 끝에 정상에 도달하여 동서남북 전후좌우를 돌아보니 이 몸이 선경의 세계에 와 있는 듯 사방 끝없이 운무 속에 펼쳐진 전경들은 과연 세속을 떠난 듯하다.

이 몸이 있는가 없는가! 더구나 남쪽 방향은 남해의 한려수도가 은하수처럼 비치고 있어 더욱더 장관이다. 날 수만 있다면 금방이라도 남해 바닷가에 도달 할 듯 가깝게만 느껴지니 어제 까지만 해도 날씨가 흐리고 바람이 불어 기상이 좋질 않더니 오늘은 일기마저 쾌청하니 금상첨화다. 시야가 수 백리까지 뻗치니 쾌재 중에 쾌재라.

천왕봉 아래 펼쳐진 전경에 도취되어 시간 가는 줄 모르다가 이제부터 가고 싶은 산으로 등정을 하기 시작했다. 길은 없고, 지루하며 산이 크니 골짜기도 깊고 산등성이도 따라서 높다. 여기저기 풀숲에는 짐승이 잠을 잔듯 낙엽진 풀숲이 뉘어져 있다.

정말로 겁도 없이 깊은 산속에 들어왔나 싶다.

키를 넘는 잡풀 속을 지나려니 발길을 더디게 하는데 그 곳을 간신히 벗어나 주봉에 이르니 잠시 숨을 돌린다. 숨을 잠시 돌리면서 제대로 용맥에 찾아들었는지 전후좌우를 살펴보는데 무언가 석연칠 않다. 아니 석연치 않은 것이 아니고 완전히 맥을 잘못짚었다.

이러한 곳에 들어서게 되면 주변이 모든 것들이 부조화 스럽다. 언뜻보면 흘러내려온 용맥도 건강하고 그럴 듯한데, 더 이상 이런 곳에서 머뭇거릴 이유가 없다. 천왕봉이 뒤에서 내려다 보고 있다.

천왕봉이 보이면 안 되는데 말이다.

언뜻 보면 흘러온 용맥도 건강하고 튼실하여 그럴듯한데 안 되겠다 싶어 철수하기로 하고 경사가 급한 산들을 조심조심하면서 내려오는데 그때다. 무엇인가 발에 걸린 것 같기도 하고 부드러운 듯 한 무엇이 살짝 다리를 밀친듯 한 느낌인데 갑자기 몸이 앞으로 고꾸라지면서 데굴데굴 구르기 시작하는데 멈출 수가 없다.

막 구르면서도 무얼 잡고 멈춰야 된다라고 생각은 드는데 몸은 그렇게 되질 않으면서 몇 바퀴를 구르는지 정신이 없다. 몸이 옆으로 구르는 것이 아니고 앞뒤로 몸이 공같이 동그랗게 말아진 상태로 쳇바퀴 돌듯 구르고 있으니 구르면서도 큰일 났다 싶었다.

몇 바퀴를 굴렀을까. 갑자기 구르던 몸이 탁 멈추는 것이 아닌가!

순간적으로 살았다 싶어 정신을 차리고 몸을 일으켜보니 바위로 된 몇 길 낭떨어지 바로 앞에서 서있는 나무에 정통 걸려서 멈춰진 것이었다. 주변을 돌아보니 나무는 그것 하나 뿐 이었는데 기적 같은 일이 일어났던 것이다.

그런데 방금 정신 못 차리게 굴렀던 촉감이 솜이불 깔아놓은 데서 구르는 듯한 그러한 푹신한 부드러움 속에서 굴렀던 것이다. 다친 곳도 없고 긁힌 곳도 없다.

  단지 정신만 혼쭐이 난 것이다. 다시 조심조심하면서 산을 내려오는데 기분이 참 묘하다. 분명 놀라기는 하였는데 누가 뒤에서 밀친 듯한 느낌을 받았기 때문이다. 그리고 뜬금없이 "이놈아! 여기는 올 데가 아닌데 어째 왔느냐? 그리고 왜 저런 사람을 함부로 데리고 같이 다니느냐? 이놈아! 정신 차려 이놈아!" 하는 그런 생각이 왜 드는지 모르겠더라.

  산에서 한참을 내려오면서 주변의 산줄기들을 주시하면서 자연히 살펴보게 되었는데 저 아래 좌측의 한 자락의 산줄기가 자꾸 눈에 걸린다.

  필자가 올랐던 그 정상의 산줄기에서 재차 급전하여 떨어진 용맥인데 혹시 저 산줄기가 아닌가 하는 판단이 자꾸만 드는 것이다. 그리고 모든 주변의 산줄기의 흐름을 판단 할 때 혈을 맺기 위한 용맥이 틀림없다는 결론에 이를 만큼 완벽한 질서였다.

  산기슭에까지 다 달아 내려왔지만 그 곳을 가보고 싶어도 오늘은 시간이 너무 늦었다.

  필히 이다음 기회를 만들어 와야겠다고 하고 집으로 귀향을 한다.

  집으로 돌아와 몇일을 쉬고 있는데 그 산줄기가 자꾸 눈에 아른거려 될 수 있으면 빠른 시일에 다녀와야 속이 시원할 것 같다. 기회의 날을 정해 새벽 일찍이 출발을 하여 지리산 천왕봉 아래에 도착하여 먼저 번에 보아두었던 산줄기를 찾아 들어갔다.

  그 용맥을 찾아 그 능선 위에 다 달아 내룡을 살펴보니 먼저 번에 올랐던 그 산의 정상에서 중심으로 출맥을 하였는데 그 낙맥 처에 급하게 굴러 흔적 없이 묘연하게 흐르다 그 아래에서 한마디 기복을 이루더니 다시 저복하기를 여러차례, 이미 이 용맥이 마디마디 일어난 때는 과협과 박환의 과정을 완전히 끝내고 혈을 맺기 위해 장소를 물색하는 과정에 이르렀다.

어느 곳에 머물렀을까. 마디마디 흘러간 용맥의 맨 끝까지 발끝으로 밟아보니 처음에는 맨 끝 부분과 용맥의 중간 마디 두 곳에 맺혀있는 듯 보였으나 재차 확인한 결과 용맥의 끝절은 아니었고 그 중간 마디에 한 곳에 혈이 맺혀 있었다. 지리산 천왕봉 下 49대 제왕지지 틀림없다.

비룡상천격이다. 지리산은 워낙 큰 산이어서 그 격국의 위용은 가히 천하 갑지이다.

좋다한들 무슨 말로 표현해도 부족하다. 다만 아쉬운 것이 있다면 이미 혈의 표피는 깎여 나갔는데 보토하여 쓰면 가하다.

전국을 다녀서 많은 혈을 보지만 누구나 쓸 명당이 있고, 꼭 재력과 덕망을 갖춘 자가 써야 될 명당이 있는 걸 볼 때가 있다.

여기는 재력을 갖춘 유덕군자만이 쓸 수 있는 땅이다. 또 한군데 그런 곳이 있는데 다름 아닌 자미원이다. 그 이유는 후에 기회가 되면 알게 되리라.

신화가 된 전설 청학동을 찾아서

한번 지리산을 다녀오더니 막혀있던 길이 뚫린듯 그렇게 멀게만 느껴지던 곳이었는데 이웃에 있는 것 같이 가깝게 느껴지는 것은 어인 일일까?

홍성에서 2시간 반이면 지리산 자락에 도달할 수 있는 거리로 확인이 되니 기회를 봐서 또 가고 싶은 충동이 일어난다. 막상 지리산을 가보니 중후하고 토산으로 되어 있어서 골짜기마다 산줄기마다 뼈골이 드러나 있질 않고 보기 좋게 살이 올라 있어 찾아내기로 마음만 먹으면 곳곳에 명혈대지를 볼 수 있으리란 생각이 들었다.

내친김에 전설 속에 설화로 전해져 오는 청학동을 감히 찾아보리라는 생각이 때 없이 수시로 일어나는 걸 막을 수 없다. 한번 생각이 일어나면 자나 깨나 그 생각뿐이다.

청학동이란 이름 석 자 와 지리산에 있다는 것 이외에는 아는 게 없지만, 한번 또 가면 찾아낼 것 같은 생각이 든다. 청학동! 그 이름 자체만으로도 신선한 청량감으로 국민들에게 친숙한 고유명사가 된지 이미 오래다.

풍수지리를 알던 모르던 관계없이 모르는 이에게는 모르는 대로, 그 이름 자체만으로도 낯설지 않음으로 이미 친숙해져 있고, 풍수지리의 그 언저리에라도 다가서 있는 이에게는 미지와 신비로 가득 찬 이상향으로 중국의 무릉도원과 비견될 만큼 천하의 대복지로 알고 있는 곳이다.

　옛날 중국의 도사들은 동방의 조선에 있는 금강산을 구경하고 그 다음에 청학동에 들어가 사는 것이 제일 큰 소원이라는 도 담도 있다.

　고려와 이조시대에 이미 중국의 도가에도 우리 지리산의 청학동이 널리 알려져 있었다는 반증 일게다. 그러면 중국인들까지 동경의 대상으로 삼았던 청학동을 우리의 선조들은 손발 놓고 생각만 하고 있었을까?

　지난 고려와 이조시대 정사를 따라가 보면 고려때 문신 이인로는 그가 지은 파한집에서 젊었을 때 그곳을 찾아 살아보겠다고 소등에 짐을 싣고 집을 떠나 지리산을 헤메였는데 기록을 보면 구례 쪽에서 화개골짜기까지 왔었던듯 하지만 청학동을 찾지 못했다고 실토했다 한다.

　삼백년 후 도학자 김종직은 청학동을 찾고자 길을 나섰는데 함양에서 출발해서 마천골과 피아골을 거쳐 화개 골짜기에 당도했는데 그 역시 찾지 못했고 30년 후 그의 제자 김일손은 진주를 출발해서 지리산 반야봉을 타고 화개골짜기에 당도하여 헤메여 찾았으나 그 역시 찾지 못하고 청학동이 사실 있는지 없는지조차도 모른다고 결론 냈다 한다.

　어디 그 뿐이랴. 필자처럼 이름 없는 민초들이 발걸음을 이상향의 땅 청학동을 찾으려 지리산으로 지리산으로 천여 년을 두고 얼마나 많이 이 골짜기 저 골짜기를 수없이 헤메였을까? 또한 지금도 풍수인들이 여기일 것이다, 저기일 것이다 주장만 무성하고 단정을 짓지 못하고 있다.

　그러면 청학동은 과연 어떤 곳인가.

천여 년 동안 한두 분만의 선사들이 그 곳을 방문했다고 전설처럼 들리고 있다.

또 실제로 청학동을 찾아낼 정도의 심안이 열린 사람이라면 몇 구절 결록을 남겨 후세에 길잡이가 되게 했으리라. 청학동에 관하여 전해져 내려오는 비결은 많다.

옥룡자 청학동결을 비롯해서 무학선사 청학동결, 일지승 청학동결, 그 밖에도 여러 비결록이 있다. 또한 청학동 산도가 있는데 그 산도에 적혀있는 글과 각종 비결록에 나와 있는 글을 추려보면 다음과 같다.

"천하에 3승지가 있는데, 그 중 제 1승지가 되며 삼재가 들어올 수 없는 병화 불 입지이다. 하원갑운이 도래하면 운기가 찾아오는데 이 때에 청학동에 들어와서 사람이 살기 시작하는데 먼저 들어간 자는 나오게 되고, 중간에 들어간 자가 터를 잡아 살게 되는데 나중에는 들어가고 싶어도 들어갈 수가 없다. 그런데 지금이 우연하게도 하원갑자 운기에 속해있는 것이 이채롭다. 또한 그 때부터 이곳에 정착하여 사람이 살게 되면 내외 손 가리지 않고 자손이 모두 창성하며 부귀공명은 천지와 동행하고 도학자 문장재사, 장상, 그 밖의 인물들이 무수히 나며 인간의 수는 무병장수하여 100세를 넘어 150을 바라본다고 했다."

이러한 결록 때문인지 이곳을 찾아 살아보려 일천백년동안 무수히 많은 사람들이 동경의 대상으로 여기고 소설속의 무릉도원 같은 이상향으로 남아 그려왔다.

조선시대에 "동국여지승람"에 청학동이 기록되어 있는 것을 보면, 권세의 상층부나 역사가들에게도 풍수지리를 학문으로 인정하고 일편 자리매김이 확실했던 것 같다.

청학동은 지리산에 있다. 그러면 과연 어느 곳에 있을까?
이 시대에 풍수를 연구하고 답습하는 인사들의 견해를 들어보면 대체로 몇 군데가 그 후보지에 오른다.

지금의 청학동이라 세인들에게 널리 알려져 있는 도인촌 부근, 최치원이 거처했다는 고운동 근처, 쌍계사 계곡, 악양 매개리 부근, 구례의 운조루 부근, 그리고 그 외에도 사람마다 나름대로의 식견을 갖고 여기다 저기다 주장이 많은 듯하다.

여러 후보지 가운데 과연 어느 곳이 진짜 청학동일까! 혹이나 이곳 중에도 청학동이 아니라면 과연 어디에 있을까? 아니 실제로 있는가 없는가? 못 찾아 없다면 그저 전설로 남을 것인가…?

필자는 처음 풍수지리와 인연을 두면서 어느 때인지 확실히 기억을 못하는데 귀동냥으로 들은 바로는 청학동에는 도선국사의 비결록이 바위 속에 비장되어 있다고 들은바 있었다.

그때는 그것이 사실일거라 생각했고 우리나라 풍수지리의 대가인 도선국사가 본인의 필생의 유품인 비결록을 청학동 어느 바위 속에 감추어 놓았다는 사실이 필자로서는 사뭇 신비하게 들렸다.

그것이 사실이든 아니든 우리나라의 수많은 산중에서 하필 지리산을 선택한 것부터 신화적으로 느꼈으며, 필시 남이 깨닫지 못하는 풍수적 요인, 즉 비장시킨 비결록이 신묘한 땅의 힘을 빌려 오랜 세월 동안 보존할 수 있음을 헤아렸을 거라 믿었다.

그러던 중에 어느 때 도선국사의 구천현모비서란 지가서를 보니 깜짝 놀랄만한 글이 실려 있었다. 그 내용인즉 도선국사는 필생의 작품을 지리산 청학동에 석갑 속에 숨기고 석문에 500년 후에 성사겸이 찾아낼 것이라고 예언했고, 실제로 500년 후에 무학대사가 이 곳을 찾아내어 비결록을 꺼내보니 비단은 삭고 글자는 떨어져 나가 쓸 수가 없는지라 정성을 다하여 다시 정필본을 만들어 석갑 속에 비장시켜 놓고, 후세에 나와 같은 사람을 기다린다고 하는 글을 보았을 때 요즘 현대인들에게는 인정하기 힘든 야사가 실제로 풍수역사 속에 있었구나 하고 놀라움을 금치 못했었다.

고려의 태조왕건을 탄생케 하여 고려의 건국을 도운 도선국사와 500년의 시공간을 뛰어넘어 이씨조선의 도읍을 도운 무학대사와의 청학동에서의 조우는 가히 신화적이다.

지구의 인류역사상 대자연의 법칙인 풍수학으로 오백년의 시공을 바통 터치한 선사들의 실례는 우리나라가 처음일 것이다.

이러한 사례들을 현대인들에게 어떤 시각으로 비춰질까?

풍수가 미신이나 잡술처럼 여기는 현대인들에게는 혼란스러운 실제적 사건임이 틀림없다.

필자는 항시 가슴속 깊은 곳에 우리의 풍수지리학이 삿된 잡술이 아닌 철저한 과학임을 만천하에 공개하고픈 생각이 항상 서려있다.

기회가 닿는다면! 아니 기회를 만들어서라도….

무학대사 이후 지금세대까지는 600년이 흘렀다.

이씨 조선이 패망하고도 올해가 꼭 110년이(2020년) 된다. 무학대사 이후 600년의 시공을 바통 터치할 신승은 없는가?

도선국사의 구천현묘비서의 서문은 다음과 같다.

"하도는 원도요 낙서는 방도이니 원도에는 오(五)가 하늘에 속해있고 방도에는 오(五)가 땅에 속해있다. 천지의 도는 하강하고 상승하는 것이니 상승해서는 성신이 되고, 하강해서는 산천이 된다. 그러므로 산천의 이치를 알고자 하면 반드시 성신을 살펴야 한다. 근래에 감여가들이 혹 이십팔수로 묘리를 찾고 혹 구성으로 기를 헤아리게 되고, 혹은 오성인 금목수화토로 체를 살피나 얻는 것은 적고 잃는 것은 많으니 이는 무슨 이유에서일까?

그것은 다만 그 끝만을 보고 근본을 연구하지 아니함이니 하도를 버리고 무엇을 취할 것인가? 슬프도다! 하도낙서의 이치가 전해지지 못함이 오래되었다. 역이 본래 삼역이었으니 이는 연산 귀장 주역이었던바 진시황의 분서갱유 이후로 하나만 남게 되었다.

그리하여 한나라의 모든 학자들이 흐름을 따라 끝만 쫓았으니 하도와 낙서 이도의 이치가 미혹되어 변화하는 이치를 모르고 모호하게 되었다.

하도와 낙서 이도는 방도라고도 하고 원도라고도 하며 혹 선천이 체가 되고 후천이 용이 된다하며 혹 선후천이 서로 체용이 된다하여 선후 이천에 빠지고 막혀서 변화하여 구변함을 알지 못하니 하도는 하도요, 낙서는 낙서로 각분되어 행귀 신통으로 변화하는 신비가 끊기고 말았다.

그러하니 어찌 산천에 머물고 쌓이는 기와 생신의 조응함을 알겠는가. 내가 스승으로부터 들은 바로는 하도낙서의 이치가 본래 고정한 형체로 있는 것이 아니고 팔괘를 운행함에 따라서 수시로 변화한다 하였다.

나는 이 학설을 연구하였으나 행하여 쓰지 않고 깊이 잠심 반복하여 여러 해를 두고 거듭 연마하여 왔다. 정중구동하고 동중에 구정하며 정신을 집중 홀연히 깨우쳐 얻은 바 있으니, 하도낙서의 이치가 어느 곳에서나 들어가지 않는 곳이 없다.

감여학과 합치하면 산천의 묘리를 구하고 기대하지 않아도 스스로 오고 향하는 것이니 소위 성신지설도 또한 고기 잡는데 통발이요 토끼의 발톱과 같이 필수불가결의 이치임을 비로소 깨닫게 되었다.

이 놀라운 이치가 영원히 민멸될까 두려워 이 글을 펴서 한 책을 지리산 청학동 석갑 속에 비장하여 두고, 후세에 나와 같은 사람을 기다리겠다."

지금까지의 도선국사의 글은 자신의 비기에 써놓은 머릿글이며, 이 글과 함께 청학동 석갑 속에 넣어두고 덮어놓은 석문에 글을 새겨 놓기를 오백년 후에 성사겸이 찾아낼 거라고 예언했다 한다.

그런데 그 후 실제로 오백년 후에 무학대사란 걸출한 인물이 나타나 지리산 청학동에 찾아들어가 도선국사가 자신의 유품을 숨겨놓은 석갑을 찾아내고, 그 속에 든 비결록을 꺼내는 일대 사건이 일어나는데 무학대사는 자신의 무학비결에 그때 당시의 심경을 심도있게 표현한 글을 남겼다.

-무학비결 서문-

"이 책이 비장 된지 오백년이 지난 후에 명산에서 얻어 보니 비단은 삭고 헤어져서 손만 대도 쉽게 부서지고 글자가 소마되어 눈으로 분간키 어려웠다. 처음에는 의심스러워 감히 꺼내보지도 못하고 말도 못하였다. 나는 이를 밝히고자 올연독좌 칠일칠야를 잠을 자지 않고 기도를 드려 신을 통하여 그 뜻을 겨우 알게 되었다.

훼손된 비단은 깁고, 소마된 글자는 보완하고 와기된 곳은 그 본뜻을 소급해서 나의 뜻을 첨가하여 정필본을 만들었다. 이는 너무 모독스러운 행위로서 죄를 피할 수 없다는 것을 알고 있으나 놀랍게도 오백년만에 발견된 조사의 유물을 다시 민멸하여 전하지 못할까 두려워 두권을 만들어 한 권은 청학동에, 한권은 오대산 백운암 동쪽벽에 비장하였다.

후세에 다시 나와 같은 사람이 있어 이 글이 삭아 없어지기를 않기를 바란다."

이 글을 읽어보면 무학대사의 간절하고 진솔한 마음의 일면을 엿볼 수 있다.

이러한 지금까지 확인된 정사기록으로 인정하자면 도선국사 이후 현재까지 천 백년 지나는 동안 유일무이하게 청학동을 찾아 들어간 사람은 무학대사 뿐이다.

더구나 석갑속에 비장된 도선국사의 유품을 찾아낸 무학대사의 그 심경은 어떠했을까.

비결록은 삭아 헤어지고 부서져서 없어진 글자가 많으니 다시 그것을 알아내려 일주일동안 밤낮으로 자지도 않고 기도를 드려 결국 신과 통하였다는 대목에서는 눈물겹다 못해 경이로운 찬사가 절로 나온다.

요즈음 세대에 받아들이기 힘든 신화 같은 이야기이다.

그렇다면 오백년의 시공간을 사이에 두고 나타난 두 선사들의 위업은 과연 누구를 위해서 그런 수고로움에 몸을 바쳤겠는가?

일편에서는 현재 나돌고있는 도선국사의 비결록도 진본인지 아닌지 판단하기 어렵다는 설을 주장하고 있다. 아니 아예 진본이 아니라고 단정적으로 말하는 사람도 있다.

우리 사회는 어떤 사안에 대하여 토론과 논쟁은 항상 가능하게 되어있다.

그것이 긍정적이든 부정적이든 눈에 보이는 사실로 받아들여질 때까지는 피할 수 없는 과정이라고 보아야 되겠다. 그런데도 불구하고 필자는 사고가 단순한 탓인지 한 번도 우리의 풍수지리의 학문적 내용이나 역사에 대하여 털끝만큼도 의심을 해보지 않았다.

그것은 여러 해 동안 산천을 누비면서 얻은 결론일지도 모른다.

우주로부터 지구가 탄생하고 자연산천이 정해진 것은 아직은 적어도 인간의 지혜로는 정확함을 알 수 없는 이 산천만의 법칙과 질서가 있음을 알았기 때문일 것이다.

그것은 또한 인간이 발을 딛고 있는 이 자연계에서만 통하는 법칙과 질서가 아니고 이 우주와 함께 존재하는 법칙이라고 필자는 주장하는 것이다.

2000년도에 우복동을 찾았을 때만 해도 청학동을 찾아보아야겠다는 생각은 추호도 못했다. 아니 아예 생각을 못했다.

그런 중에 도선국사가 필생의 유품을 석갑속에 비장하고 오백년 후에 무학대사가 그 곳을 찾아내어 다시 필사본을 만들어 감춰 놓았다는 내용을 접하게 된 것이다.

다만 지금의 청학동이라 불리어 지는 곳은 진짜 청학동이 아니라는 결론을 내놓은 상태이다.

왜냐하면 천하에 둘도 없는 대명승지가 그렇게 허술하고 녹녹하게 사람 눈에 뜨일 리가 없다고 보았기 때문이다.

그러던 중에 세월이 흘러 오년이 지난 때에 지리산 천왕봉 下 49대 제왕지지를 찾아 놓고 보니 그 후부터 이왕 지리산 쪽으로 방향을 돌렸으니 내친김에 청학동을 찾아볼까 하는 마음이 모락모락 일어난다.

하기야 그렇게 아득하고 멀게만 느껴지던 지리산이 세 시간도 채 걸리지 않는 시대에 살고 있으니 일생일대 도전을 해보는 것도 의미 있는 일이라 여겨진다.

답산 하여 만약 내 눈으로 확인이 된다면 우리나라 풍수역사의 살아있는 현장 속에서 도선국사와 무학대사의 발자취와 숨결을 지리산 현장에서 느껴 볼 수 있을 것이다.

2005년 가을에 푸른 꿈을 안고 지리산으로 지리산으로 발길을 돌렸으니 필자의 자만인지 오만인지 아니면 자신감인지 알 수 없지만 이 여행길이 소득 없이 그냥 빈손으로 돌아온다는 생각은 털끝만큼도 해보지 않았다.

지리산에 가보면 분명 청학동을 보고 온다는 생각뿐으로 가슴에 설레 임은 있어도 찾지 못해 지리산을 헤메인다는 생각은 아예 없었다. 그러니 이미 마음은 청학동을 보러 가는 여행이나 다름이 없는 모양새가 되었다. 청학동이 기다리고 있다.

아니 청학이 기다리고 있다. 전설 속으로 들어 가보자.

우선 지금 현재 청학동으로 불리어지고 있는 도인촌 으로 향했다.

청암으로 들어서니 온통 보이는 것은 겹겹이 늘어선 산줄기들이 계곡과 함께 절묘한 풍광을 지어내는데 이렇듯 백두대간의 일대 간룡이 출현함에도 험한 살겁을 이미 상당히 벗은 용맥이 되어 흙이 많아 풍후한 자태로서 부드러움으로 표한 것이 지리산의 특징이다.

지리산의 이러한 특성 때문에 천하의 대복지 청학동이 존재하는지도 모른다. 지금의 청학동 도인촌에 이르니 내가 집에서 상상 속에 그려보았던 것과는 사뭇 다르다. 길고 깊은 계곡을 끼고 양쪽으로 육중한 산맥이 늘어서서 거대한 국을 만들고 그 양명한 기운이 대명당을 형성하여 혈을 짓기가 충분했다.

아니나 다를까 도인촌 이르기전 부귀장상지지가 3~4개 처소에 혈이 맺혔는데 아쉽게도 도로를 내느라 무참히 파손됐고, 또 건물을 짓느라고 혈인줄 모르고 무참히 깎여 나갔다. 더구나 그 밑에 저수지를 만들때 암석과 흙을 많이 파낸 것이라고 그곳 주민이 말을 전한다.

남아있는 혈들도 얼마나 버틸지 알 수가 없고, 이렇듯 조물주가 창조한 인간에 대한 보물들이 그저 흔해빠진 돌무더기 흙더미로 전락한 현장을 보니 그 안타까운 심정 이러한 깊은 골짜기에서도 느낄 줄이야!

지금 도인촌이 앉은 곳은 인위적으로 말끔이 정돈된 듯 옛날 시골 정취를 떠올리게 한다.

마침 도인촌 훈장님이 계곡 아래에서 쉬고 계심에 도인촌 으로 들어가는 필자를 보고 같이 갈 수 없느냐고 청을 하신다. 흰 옷에 상투 걸고 갓을 쓰셨는데 무릎 때문에 고생하신단다. 천제단 까지 동행하여 함께 들어가니 훈장님은 고마움을 표하시는지 각봉투를 건네신다. 아마도 지금 도인촌 유래와 청학동의 역사성을 담은 안내서 인 듯 하다.

이어서 훈장님은 여러 장되는 안내서를 한 장 한 장 넘기시며 열성을 다하여 이곳의 유래와 역사 그리고 청학동에 대한 설변을 토하시는데 지금 도인촌 으로 앉은 곳이 청학동으로 확신하고 계신 듯 했다. 훈장님의 식견은 나름대로 이곳의 지형적 특성이 청학동이 틀림없다고 하신다.

옛 선사의 비결과 예언을 인용하면서 지금 이 시대가 청학동에 들어올 시운이라 그 운기가 도달하여 세상에 청학동으로 알려지게 되었노라고 하신다.

필자는 이 골짜기로 들어올 때 이곳의 형세를 자연히 보게 되는데 부귀장상지지를 갖춘 만큼 대명당을 형성한 것은 되었으나 청학동과는 거리가 멀었다.

제일 첫째 청학동의 제 1조건은 삼재팔란이 들어올 수 없는 천하의 제1승지라고 전하여지고 있다. 이 뜻은 주변의 산세가 온화함과 부드러움으로 모든 살기를 벗어던진 지형의 특성을 갖추어야 하는데 이곳은 그러함에 미치지 못했다.

계곡은 깊고 거칠다. 천왕봉에서 갑묘 방으로 출맥한 대간룡은 영신봉에서 방향을 남쪽으로 돌려 전신을 하고 우이행룡 끝에 삼신봉에서 잠시 쉬었다 양 갈래로 뻗어나간 거대한 용맥이 길고 깊은 계곡을 만들며 대국을 형상한 것이다.

안산은 백호안이 되어 그 기상이 장중하고 존엄하다. 청학동의 상징적 온화한 위상과는 거리가 멀다.

이왕 온김에 삼성궁으로 발길을 돌려 그 곳을 관람을 하니 길가 큰 벽에다 산도를 그려 놓았는데 아마 청학동을 염두에 두고 그린 것이 아닌가 싶다.

이어서 매점 찻집에서 일하는 아가씨에게 "혹시 이곳이 청학동이 맞느냐?"고 질문을 해보았더니 그 녀의 대답이 "청학동은 우리의 가슴속에 있지요" 라고 재치 있는 말을 들려준다. 한편 이런 깊은 계곡에 뜻있는 인사가 들어와 몸과 마음을 수련하여 도의 경지에 이르고 우리의 단군성조의 뜻을 받들어 그 맥이 끊어지지 않게 함이 참으로 경이로웠다.

지리산은 참으로 크고 깊고 넓다. 온통 보이는 것은 산 산 산으로 둘러선 것이 전혀 다른 세상인 듯하다. 삼성궁을 뒤로하고 하동시내를 거쳐 또 하나의 청학동이라 일컬어지는 악양으로 돌아드니 참말로 산좋고 물좋은 곳이라더니 시세말로 산자수명이라, 택리지의 이중환이 악양 중에서도 매계리 부근을 청학동이라고 단정했다는데 어디 매계리 뿐인가. 뭇사람들이 무엇 때문에 이 곳을 가리켜 청학동이 될만한 곳이라고 했는지 알만하겠더라.

  우선 박경리의 대하소설 속에 등장하는 최참판 댁에 들어서서 악양의 전경을 바라보니 그 풍광이 참말로 가상하다. 한때 부귀복록을 누렸을 만한 곳이다.

  우리나라가 반도국이라지만 이 곳의 기상은 대륙적인 기상이 보인다.

  산세를 관망하고 세찰하여보니 주변의 모처에 혈이 있겠다 싶었으나 시간이 모자라 답산을 후일에 미루고 지금 청학사 근처로 발길을 돌려 도달해 보니 역시 청학동과는 거리가 멀다. 혹자는 이 부근이 청학동이 아닌가 하는 의견도 냈지만 그 근거가 될 만한 자취는 찾아볼 수가 없었다. 악양의 골짜기는 들은 넓고 기름지고 주변 산세가 성곽처럼 빈틈없이 둘러친 장엄한 장관은 어디서도 볼 수 없는 풍광이다.

  다시 발길을 돌려 쌍계사가 있는 곳으로 향하는데 옛 시인 묵객, 이름 있는 문인들이 청학동을 찾으려 쌍계사 부근을 **빼놓지** 않고 찾아 들었으니 그 곳을 가보지 않을 수 없다.

  가는 중에 오고가는 **빼어난** 산자락들이 필자를 감탄케 하지만 보고 즐길 여유가 없다. 예전처럼 목적을 정하고 나왔으니 목적 외에는 안중에 다른 의미를 담아 둘 수가 없다. 화개장터를 거쳐 쌍계사에 이르러 그 계곡 언저리를 살펴보니 옛 사람들이 무슨 연유로 이곳을 청학동 후보지로 지목했는지 알 수가 없었다.

막연히 큰 사찰이 들어섰으니 무언가 있을지 모른다는 기대감 때문이었을까?

역사적 기록을 살펴보면 이상향을 그리고 이 곳을 찾아 들었지만 역시나 청학동이 아니라는 실망감으로 그려졌음을 추론해 볼 수 있다. 이곳이 정녕 청학동이었다면 벌써 한 골짜기 차지하고 부락을 이루었으리라.

조선시대의 김일손이 이 골짜기까지 찾아들었다가 청학동이 있는지 없는지 조차 모르겠다고 외마디 비명에 가까운 말을 남긴 것을 보면 풍수지리 도인이 아니더라도 이미 사람의 몸은 그것을 동물적인 감각으로 거짓과 진실을 가려내고 있다고 보아야 될 것이다.

혹자는 구례군에 있는 오미리의 운조루 근방이 청학동이라 주장하는 이도 있는데 이는 도선국사가 이 마을을 오가면서 도선비결을 완성 했다는 역사 때문에 그러한 결론을 낸 것이 아닌가 싶다. 여기던지 저기던지 계곡따라 산을 따라 발걸음을 옮겨보지만 청학동이 아닐 것이라는 나의 예상과는 틀리지 않았다. 자 이제는 어디를 갈 것인가?

지금부터는 내가 가고 싶은 곳을 가야할 차례다. 산을 넘고 물을 건너서 이상향이 있는 곳으로 향하니 지리산을 보고 있노라면 천왕봉같이 산봉의 정상을 차지한 몇 군데를 제외하면 바위로 뭉쳐서 거친 기운을 가진 악산이 거의 없다. 어디를 가든지 흙이 많아 중후하고 부드러워 무엇이든지 받아들일 수 있을 것 같은 어머니 품과 같은 기상이다.

백두산에서 출발한 일대 간룡이 백두대간을 이루어 수 천리를 달려오다 마지막으로 웅자를 나타난 곳이 지리산이다. 아마도 지리산이 백두대간의 정점이 아닌가 싶다. 계곡을 따라 어느 골짜기에 이르니 이상하게도 그 시각에 운무가 가득하며 주변 산봉우리들을 선명히 볼 수 없는데 한편으론 한폭의 동양화를 보는 것 같은 풍경이 길을 찾는 나그네의 심경에 묘한 환희를 준다.

잠시 그 풍경에 도취되어 머무르고 있자니 기묘한 현상으로 필자의 눈이 호기심을 일으키는데 바로 눈앞에는 한 덩어리의 장산이 우쭐하게 버티어 있는데 발밑에는 계곡물이 흘러나오고 있는 것이 아닌가? 적은 양이 아니다.

이정도의 계곡물이라면 산맥과 산맥사이에서 나올 수 있는 계곡물의 양이다.

그런데 눈을 들어 앞을 바라보면 그런 계곡은 보이진 않고 한 덩어리의 장산이 가로막고 있는데 이 계곡물은 어디서 나오는 것일까?

보통 지리산의 큰 골짜기를 따라 가노라면 앞의 전망이 수 km씩 보이는 것이 상례다. 그런데 이 곳은 바로 눈앞이 산이 가로막고 계곡이 없어 보이는데 계곡물은 그 산에서 분명 흘러 나오고 있는 것이다.

운무가 산의 아래까지 덮고 있음에 필자의 눈에는 안 보이는가 싶어 계곡을 따라 들어가 보기로 했다. 몇 백 미터를 들어가 보니 산자락이 운무사이로 보이는데 그제 서야 계곡물의 발원함을 알 수 있었다.

앞의 장산의 측면에서 계곡을 형성하고 흘러나오고 있었는데 운무 때문에 산이 한 덩어리로 보이고 산의 측면에 계곡의 공간은 보이질 않았던 것이다. 그 모양은 풍수학에서 말하는 곡곡관쇄를 했다고 표현함과 같았다.

즉 산자락들이 손가락을 꽉 낀 것처럼 표현한 것이다. 그러니 산위에서 보면 계곡이 보일지라도 산 아래 평지에서 보면 더구나 운무가 가득했으니 산이 한 덩어리로 보였던 것이다.

그때 순간적으로 뇌리에 번개같이 스치는 찰나가 있었으니 그것은 곧 직감이요 예감이다. 그렇다 이 산 너머에 분명 대혈이 있을 것이다. 그것이 청학동이 아니더라도 이름 모를 천하의 대지가 비장되어 있으리라 판단을 하고 계곡을 따라 서서히 발걸음을 옮겼다 좁은 계곡을 얼마간 올라가서 계곡물은 시세말로 요리 조리 풍수적으로 풀이한다면 명당의 기운이 빠져나가지 못하게 천연적으로 관쇄가 되어 있다. 점점 높이 올라간다. 얼마를 올랐을까?

오르면서 필자의 눈은 그 무엇을 열심히 찾고 있다. 그러나 그 무엇은 눈에 띄질 않았다. 그것은 학이다. 청학이든 백학이든 학을 찾아야 한다. 벌써 마음은 이 발걸음이 이미 신화 속에 청학동을 찾아간다고 단정 짓고 있다.

청학을 보러 간다고 발걸음이 필자의 몸을 아니 마음을 재촉하고 있다.

한참을 오르니 갑자기 넓게 트인 곳이 나타나는데 늘어선 산봉우리들의 짜임새가 예사롭지 않은데 그래도 아직은 어딘가 부족한 듯한 더 채워질 것이 있을 섯 같은 공간이다. 더 따라 올라가니 이렇게 높은 산곡간에 드디어 평지가 있는게 아닌가.

깊고 깊은 심심계곡 산중에 정말로 사람살기에 부족함이 없는 형세를 갖추고 아늑한 공간으로 되어있다. 평지 뒤로는 이 골짜기의 주산이라고 불러도 손색없는 부드러운 산 하나가 서있는데 필자의 눈은 실망감으로 가득했다.

그 산이 학이 되어주기를 고대 했었는데 그것과는 거리가 멀었다.

　주변을 천천히 관찰하여 보니 평지 양 옆으로 조그만 동산이 서있고 계곡을 더 따라 올라가면 이제부터는 다시 계곡이 좁아지기 시작한다. 갑자기 혼란스러운 생각이 일어난다.

　수사 법률 용어에 이런 구절이 있다. 심증은 있는데 물증이 없다고! 지금 필자의 마음이 꼭 그렇다. 지금 여기가 청학동이라는 심증은 가는데 단정 지을만한 물증이 없는 것이다. 아니 물증을 찾아낼 수 없다. 조금은 허탈한 마음이 된다.

　이곳이 청학동이 아닐 수 있겠구나 하는 생각이 들기 시작한다.

　그냥 어느 지리산 깊은 골짜기 일 수도 있겠다 싶다. 그렇다면 이제 어떻게 해야 하나? 어디를 가 볼 것인가? 평지에 돌출한 조그만 동산으로 나도 모르게 거의 본능처럼 발걸음이 가고 있다.

　평지에 양편에 조그만 동산이 하나씩 있는 중에 그 중 단정 수려하고 예쁘게 생긴 동산을 선택해서 오르려 하는 것이다. 이것은 답산 할 때 제 1의 수칙이자 법칙이다. 산맥의 혈을 맺기 위해 흐르는 지기는 아무산이나 무질서하게 흐르는 것이 아니다.

　뉴턴의 중력의 법칙처럼 일정한 룰이 있어 그 룰에 따라 지기가 선택적으로 흐르고 최종적으로 혈을 맺는 것이다. 풍수는 결국 산맥의 지기를 가려내는 작업이다. 자연도 정말로 정직해서 꼼수를 모른다. 또 혈을 맺기 위한 지기가 흐를 때는 그 흔적을 남기면서 흐른다. 지금 걸어가고 있는 이 발걸음이 지기가 흐르고 있다고 판단하고 동산을 올라가고 있는 것이다. 만약 땅의 지기가 흐르지 않는다면 그 역시 흐르지 않고 있는 흔적을 여기저기 암시해놓고 있는 것이 이 대자연의 신묘함이다.

그저 지금은 동물적인 풍수 감각으로 조금은 허탈한 마음이 되어 동산을 오르고 있는데 항상 산에 오를 때는 버릇처럼 잠시 멈추고 걸어온 길을 되돌아 본다.

몸을 돌려 고개를 쳐드는 순간! 그때다!

헉! 숨이 턱 막힌다!

아! 내 입에서 외마디가 비명처럼 새어나왔다.

가슴이 심장이 뛰기 시작하고 다리에 힘이 빠져가고 있다. 모두 1초도 안 되는 찰나의 시간에 일어나는 내 몸의 현상이다.

드디어 보았다! 드디어 청학을 보았던 것이다.

푸른 창공에 흰구름 가고 있는데 하늘 높이 떠있는 청학을 본 것이다.

이 몸은 청학의 무등을 타고 하늘을 날고 있었던 것이다.

필자가 서있는 곳이 청학의 목을 타고 정수리를 향하여 가고 있었던 것이다.

청학을 알아보는데는 단 1초의 시간도 필요치 않았다.

물론 거기엔 청학동이라 써있질 않았다. 자미원이 그랬고, 우복동도 그랬다. 아니 어디를 가도 산에 글씨가 써있질 않아도 이 두뇌는 그것을 알아낼 수가 있다. 방금 전 실망을 안겨준 산이 청학이었던 것이다.

어찌 보면 참말로 사람의 두뇌는 무한한 가공할 능력을 갖춘 것 같다.

천 백 년 전의 도선국사도 필자처럼 저 아래 수구 밖에서 계곡이 관쇄됨을 알고 이곳까지 들어와 청학을 보았을 것이다. 그리고 산 전체에 푸른 소나무가 빽빽이 들어섰으니 그 이름을 청학이라 불렀던 것이다. 청학은 양쪽 날개가 있어 날개 짓을 하고 있다. 청학의 무등 위에 걸터앉아 아득히 천년의 시공을 넘어 도선국사의 발자취가 서려있을 자리에 서고 보니 이 몸이 있는가 없는가 글이 있은들 그 무량함을 어떻게 표현하랴. 이 순간 이 정신을. 얼굴은 벌겋게 상기되어 식을 줄 모르고 뛰는 가슴 멈출 줄 모른다.

신화같은 전설이 현실로 다가서는 순간이다. 이제는 전설도 신화도 아니다!

역사인 것이다. 살아 숨 쉬는 역사로 태어나는 순간이기도 하다.

세계 최대의 음택혈 이라 알려진 자미원을 찾았을 때도 이런 감동과 흥분은 맛보지 못했는데 이상하게도 아득한 때에 이 장면을 본 것 같은 착각이 든다.

꼭 잊혀졌던 물건을 본 것 같은 느낌! 잊혀졌다 는 것은 본적이 있다는 등식이 될 수 있다. 그래서 더 감동을 받는 것인지 모르겠다.

전생에 도선국사의 제자라도 됐었단 말인가. 저 청학이 어딘지 모르게 친숙한 감정은 왜인지 모른다. 동산에 오르다 말고 뒤돌아 섰을 때와 동시에 청학을 알아본 것이 그렇다.

시간 가는 줄 모르고 상념에 젖어 있다. 정신을 들어 깨어보니 그제서야 주변 산세와 형세가 눈에 보이기 시작한다. 주산에 올라 전후 사방을 둘러보니 수구는 더없이 손가락 깍지 낀 것처럼 관쇄되어 있고 혈 앞에 안산이 붓끝같이 문창성으로 서있는데 꼭 새끼 학과 같다. 또한 정미방에 창고사가 후덕하게 자리를 잡고 있는데 그야말로 대부와 명예가 끊이질 않겠다.

특히 그 뒤에 손사 방부터 곤신 방까지 장산이 높고 기발하게 서 있고 또 건해방의 산이 상대를 하고 있어 인간의 수명이 150세까지 바라본다는 설이 허언은 아님을 알 수 있었다. 기네스 북에 오른 전남 여수의 쌍둥이 마을이나 충남 천안의 쌍룡동 마을에 쌍둥이 마을 모두 근원적 이유는 지형적 특성에서 오는 현상이다.

섭취하는 음식이나 타고난 유전적 요인이 아닌 순도 100%의 풍수학적 요인으로 발생하는 자연적 현상인 것이다. 여기 청학동이 인간의 수명이 100세를 넘어 150세를 바라본다는 예언적 내용이 절대로 과장이 아니다.

이곳의 지형적 특성을 우리의 선사들이 미리 알아낸 것 뿐이다. 그래서 풍수학에서는 정(丁)방이 얕고 저함하면 까닭 없이 단명 하는 가문이 된다고 하는 것이다. 그것을 증명이라도 하듯이 이곳에서 허술한 차림의 노인 나뭇꾼 을 만날 수 있었는데 사람이 반가운 듯 묻지도 않은 말을 들려준다.

노인이 6년전 이 골짜기에 들어왔는데 중풍에 걸려서 겨우 지팡이를 짚어야 서있을 정도였다고 한다. 그런데 이 골짜기에 들어와 살아 보니 저절로 낫게 되어 이렇게 나무를 지게에 지고 다닌다고 한다.

필자는 아무래도 산골이니 공기가 좋은 탓도 있겠지만 이곳이 운기가 되어 지기의 기운을 받고 있을 거란 생각이 든다. 동서남북 사방팔방 귀사로 안 갖춘 곳이 없으며 혈 앞에 안대는 삼천분대 칠백연화 끝이 없고, 다시 백호두에 올라 국세를 관망하니 가히 천하가경이다. 어디서 이러한 장관을 볼 수 있으랴.

생애 처음 보는 경관이다. 그 장중한 국세는 대륙의 기상을 뛰어 넘고 있었다.

보고 또 보고, 또 보아도 그저 아! 감탄, 감탄. 정녕 이 골짜기에서 사는 자 누구일까?

하산하기 싫구나! 분명 선택받은 사람일 것이다. 기묘하게도 시운을 모두 하원갑운에 발음 된다고 하였으니 어찌하여 옛 선사들은 승지에 들어가 사는 시기도 정해 놓았는가?

사람이 날 때 부터 신분이 귀천으로 정해진 봉건주의 시대가 없어지고 새로운 시대가 열리고 첫 번째 맞이하는 하원갑운인데 절묘하게 맞아 들어간다 할 것이다.

옛 선사들의 예언이 두려울 정도로 정확한 것에 놀라울 뿐이다.

일천 백여 년 동안 숨죽여 숱한 순례자 마다하고 그 모습 내놓지 않더니 무명의 촌부에게 보이고 말았어라. 이제는 세상에 나올 수 밖에 없는 필연성을 어찌할 수 없으리라.

집에 돌아와서도 그 여흥은 쉽게 가라앉지 않는다.

몇 일이 지난 후다.

지리산에 갔을때 도인촌 훈장님이 건네주신 각봉투를 꺼내어 그 속에서 도인촌과 청학동의 유래가 적힌 글을 한 장 한 장 천천히 읽어보니 또 한번 놀랍고 벅찬 가슴이 되어 여운이 인다.

그 글에는 무학대사의 청학동 답산기가 실려 있었는데, 그때 그 시대나 이 몸이 있는 이 시대나 남이 모르는 공부를 한다는 것이 얼마나 외롭고 고단한 일인지를 새삼 느끼게 하는 구절이었다. 무학대사가 청학동을 찾으러 지리산에 들어와 몇날 몇일을 풀밭에서 잠을 청하고 머물렀다는 구절에서는 애틋한 동병상련을 느끼게 했다.

그 시대에 스님이 무슨 호강이 있었을까. 제일 교통수단이 안 좋았고 길도 나빴을 것이다. 걸어서 전국 방방곡곡을 누볐을 텐데 그 수고로움을 후세인들이 얼마나 알아줄 것인가.

그래도 이 시대는 살기가 좋아져서 필자는 15년 된 빨갛게 녹슨 1

톤 트럭이나마 끌고 이 몸의 손과 발이 되어 전국을 답산 할 수 있었는데 산에 가는 사람이 무슨 수입이 녹녹할까? 고달픈 삶은 혼자서 답산 을 하면서도 한 번도 여관과 같은 숙소에서 잠을 자보지 못했다. 동네 어귀에 차를 세워두고 운전석에서 새우잠을 자는 것이 일상이 되었고, 아침에는 계곡으로 가서 세면을 하고 옷을 빨았다.

무학대사가 살던 시대보단 그래도 이 형편이 훨씬 나은 편일게다. 항상 잠자리가 불편하니 먼곳으로 나가면 3일 밤을 넘길 수가 없었다. 이틀 밤을 맞이하면 몸은 이미 반은 녹초가 된다. 하기야 풍수의 비조인 도선국사도 마찬가지 였을 것이다. 일일이 걸어서 전국을 답산 함이 얼마나 고독과 싸우며 힘들었을까?

무학대사 청학동결이란 제목으로 쓴 글은 다음과 같다.

"내가 지리산(同名:방장산, 삼신산, 두류산)에서 청학동을 찾기 위해 수 삼일 풀밭에서 자며 머무는데 天上(하늘의 별)을 보고 낮에는 산세를 보니 우연히 山水가 아름답고 별빛이 빛나더라. 내가 일찍이 大禪師에게 들으니 天下山水가 제일 아름다운 곳은 낙양병경(중국산이름) 산주요, 다음은 조선삼산이라(삼산은 지리산, 금강산, 한라산)하여 수년간을 봉래산과 영주를 오고가고 했으나 정작 지리산은 자세히 보지 못해 항상 마음이 서운하다가 이제와보니 가히 天下明山이로다.

主山이 회포(回包)하여 聖君의 얼굴을 짓고 안산이 나열하여 거듭거듭 君臣의 얼굴을 지었다. 이는 聖帝와 明王과 忠臣과 達士(同名:道士)가 대대로 날 것이요. 창고와 문창이 특별히 섰으니 문창명필과 달인과 현인군자가 운이 돌아온즉 무수히 날 것이요. 부귀공명은 가히 다 세지 못하겠다. 수정(물)은 안에 있고 노인성(별이름)은 하늘에 있어 안산이 되니 사람사람이 그 수가 백세를 기약하고 수명이 백 오륙 십 세 (앞으로 세상은 인구가 줄고 수명이 길어진다)이라. 복덕성이 좌우로 섰으니 효자와 도학지사가 대대로 날 것이요, 청학동은 좌우로 날개를 지어 청룡백호가 주회로 안아서 수구를 지었다. 수구에 들어서니 밝은 기운이 뻗치니 집집마다 사람사람이 내외손이 수없이 많다. -중략-

이산에 들어 후손을 심을 자는 누구요, 그 후 각성마다 창성하니 어찌 아름답지 아니하랴. 우리 동방의 수기라 병도 들어오지 않고, 병란도 들어오지 않는데 어찌 그런 승지가 또 있으리요. 이런 사람이 들어와 子坐壬坐로서 터가 되었다. 木성은 水가 터가 되고 水星은 金으로써 터를 하고 三十六性이다. 정한터가 있으니 잊지말고 하는 것이 가하다. 능히 이것을 아는자가 몇 없다. 혹 富者는 財物을 아껴가지고 들어오지 못하고, 가난한 자는 재물이 없어 들어오지 못하고, 비록 들고자 하나 들어갔던 사람을 만나지 못해서 들어오지 못하고 미련한자 들어오지 못하고 의심만 한 자도 들어오지 못하니 만일 積德積善者가 아니면 어찌 이 산에 들어 살리요. 차후에 천하가 그 평지 가운데에 영웅을 다루는 곳이다. 기서는 평안북도, 기동은 강원도, 기남은 충청도, 어찌 평안 무사하리요. 후손들은 이 산을 평범히 여기지 말라…."

이상과 같이 청학동에 대한 기록들을 살펴보고 또 뒷장에 청학동의 위치와 형세에 관해 기록한 것을 살펴보니 필자가 방문한 장소와 정확히 일치함을 알 수 있었다. 한 예를 들면 기록에 진주서쪽 147리라는 기록이 있어 기이하게 생각 했는데 실제로 진주에서부터 제일 가까운 길로 거리를 재어 보니 147리가 되었다. 어느 때 누가 남긴 기록인지 참말로 신통 하다는 생각 밖에 안 들었다.

청학동

청학동에 들어서면 제일먼저 사진속의 동산이 들어온다. 청학을 옆에서 본 형상이다. 길게 나온 목과 머리의 두상은 영락없는 청학의 그 모습이다. 산에 소나무가 많으니 청학이 아니고 무엇이겠는가? 저 형상 때문에 청학이라 이름이 붙혀진 듯 하다.

청학동

청학의 정수리에 올라 바라본 몸통에 해당하는 산이다. 전체적으로 보면 저 몸통에서 양 날개가 지어져 나와 늘어뜨린 형상을 하고 있다. 즉 청학 포란 형의 격국을 갖추고 있다.

도선국사 유산록 영암(靈巖)편

흠탄(欽歎)을 금치 못하고 영암(靈巖)으로 넘어가니 동북십리(東北十里)에 무공단좌(武公端坐), 괘궁안(掛弓案)이 다정하다. 하좌(蝦坐)는 동쪽에 있고 선인(仙人)이 춤을 추는구나. 혈전(穴前)에 올라앉아 갈 길을 잊었더니 명랑한 저 하늘에 갑자기 비가 몰아와 걸음을 재촉하여 산 아래 내려가니 일간두옥(一間斗屋)에 백발노옹(白髮老翁)이 분주하거늘 그 노인 찾아 비 피하기를 부탁하니 내실(內室)로 안내하고 석반(夕飯)을 지어주니 음식이 소담하고 산채(山菜)가 정결하도다. 주인성명 물어보니 신노인(愼老人)이라, 노인은 행년육십(行年六十)에 혈육 한 점 없이 부부 해로하거늘 불쌍한 생각이 들어 용사취회(龍蛇聚會) 알려주니 용지(用之)후 3년에 대발(大發)하여 백자천손(百子千孫)할 땅이라, 노인의 처(妻) 나이 많아 이기조화(理氣造化) 분금(分金)하고 향(向)을 쓰니 삼일내(三日內) 상처(喪妻)하고 28일에 재취(再聚)하니 삼월내(三月內)에 입태(入胎) 하여 연생삼자(連生三子) 하리로다.

대저 이 한 법이 구천운로(九天運路) 십육궁(十六宮)을 일공(一孔) 으로 빼어내 개생휴수(開生休囚) 하였으니 탈조화지묘술(奪造化之妙術) 이라. 알아볼 이 뉘 있으랴. 어언간 5월이라, 본향(本鄕)으로 가려하니 주인노옹(主人老翁)이 만류하거늘 이를 사양하고 구림(鳩林)으로 다시 오니 구천(九天)에 가신 모친(母親), 첨소봉영(瞻掃封塋) 뿐이로다. 종일토록 통곡하고 마을로 들어가니 마을모습은 예와 같으나 인심은 크게 변하여 잠시도 있기 어려워 바로 내려가니 외척인(外戚人) 한 노인이 지극히 청(請) 하거늘, 거기서 유(留) 하면서 보검출갑(寶劒出匣) 알려주고 수일(數日)이 지난 후에 친산수호(親山守護) 부탁하고 구림(鳩林)을 떠나니 친산(親山)이나마 언제 또 볼손가.

청학동(靑鶴洞)에 들어가서 선생교훈(先生敎訓) 잊지 않고 십조통맥(十條通脈) 이내 노래와 구천현모비서(九天玄妙祕書)를 석굴(石窟) 속에 숨겨두고 동방성쇠(東方盛衰) 헤아려서 석문(石門)에 새겨 놓으니 일후(日後) 오백년(五百年)에 성사겸(成思謙)이 찾아내리라. 팔로명혈도식(八路名穴圖式)을 그려 노래(解說 註 : 遊山錄) 끝에 붙였으니 부모형제(父母兄弟) 라도 그른 곳에 전(傳) 하지마소. 앙화(殃禍)는 물론이고 천기누설(天氣漏泄) 되리로다.

우리나라 인민(人民)되어 지성껏 구산(求山)하면 제1은 위선(爲先) 이요, 제2는 자신(自身)이라, 다른 일은 구(求)할 수 없으면 그만이지만 구산(求山)이라 하는 일은 잘못하면 망가(亡家) 하리니 세상사람 눈 있거든 구산(求山)하기 힘쓰소. 죽은 부모음덕(父母蔭德)으로 자자손손(子子孫孫) 부귀(富貴)하면 그보다 좋은 일 어디 또 있을손가. 사람마다 힘써보소. 우리 동방지리강령(東方地理綱領)은 수화성(水火姓)이 전수(傳受) 하리라. 백두산(白頭山)에 올라가서 돌을 세워 표(表)를 하고 마철령(馬鐵嶺)을 넘어서서 오마대(五馬坮)를 내려오니 백운암(白雲岩)의 모든 정기(精氣)가 여천지(與天地)로 해망지(偕亡之)로다. 장도사(張道士)의 일을 보니 괘씸하기 한량없다. 연소(年小)한 이 소견이 남의 손에 속아서 그르친 일 많으나 이도 또한 운수(運數)로다. 전 허물을 갚자한들 그 사람이 죽었으니 어디에다 말할소냐 다 못된 일이로다.

그렁저렁 지내다가 여초목(與草木) 으로 동부(同腐)로다.

도선국사 비결록이 숨겨진 석굴을 찾아서

 2007년 가을. 도선국사의 비결록이 숨겨진 청학동 석굴을 찾기위해 이제는 풍수지리가 아닌 고고학자로 변신하여 지리산으로 향했다.
 필자의 머릿속에는 온통 석굴을 어떻게 찾아내야 하는 생각으로 꽉 차있다.
 혈을 찾는 것과는 성격이 전혀 다르다.
 이 자연 산천에는 어떻게 보면 무질서하고 그냥 생긴대로 생겨서 그 텃밭위에 인간이 삶을 영위하는 것 같지만 풍수지리의 핵심으로 들어가서 산천을 바라보면 인간의 두뇌로는 아직 밝혀내지 못한 가공할 법칙과 질서 하에 산천이 존재함을 알 수 있다.
 적어도 우리나라에서는 완성된 산천을 보유하고 있음을 최고의 축복으로 여겨도 될 것 같다.
 풍수지리의 핵심은 대 자연에 존재하는 창조된 혈을 찾아내는 작업이다.
 그러나 청학동의 석굴은 혈이 아니다.
 도선국사의 머릿속에 들어가야 그 장소를 알아낼 수 가 있기 때문이다.
 도선 국사가 어떤 생각으로 어느 곳에 자신의 비결록을 비장했는지는 쉽게 알아내기 힘든 작업이 될 것 같다. 하여튼 우여곡절하고 일단은 청학동 골짜기에 들어서서 석굴로 인정될만한 바위를 찾기로 했다. 청학의 몸통이 되는 산은 그 골짜기의 주산이 되는데 그 산으로 더듬어 올라 바위를 살펴본다. 혹은 바위 무리를 살펴보기도 하고 집 채만 한 바위에서는 혹시 굴이 될 만한 공간이라도 있는가 이리저리 살펴본다. 예상했던 것보다 힘든 작업이다. 지면에 뿌리를 둔 암반에도 살펴보기도 했지만 승산이 보이질 않는다.

시간이 흐를수록 미친 짓이 아닌가 하는 생각이 든다. 결론이 불가능한 일이 될 것 같다. 온 천지에 있는 바위를 살펴보아도 그 끝이 보이질 않을것 같다. 통일신라 말기부터 현세까지 천 백년이 넘었는데 지형의 변형이 있어도 한참이나 되었을 터인데 경사가 되어 토사가 흘러 바위를 덮을 수 있는 충분한 시간이 될 수 있는 기간이다. 땅 위에 솟아있는 바위는 아무나 눈에 띄기 쉬워 설사 그런 공간이 있다 해도 주저 했을 것 같은 생각이다. 또한 물이 흘러들지 않아야 함은 물론이다. 시간이 흐를수록 마음으로 지쳐가니 걸음걸이도 힘이 빠져 의욕자체가 무너지고 있었다.

그래도 처음엔 쉽지 않으리라 예상은 했지만 어떤 힌트라도 얻어낼 줄 알았는데 지금은 그냥 하산하고 싶다. 맥 빠진 몰골이 되어 허탈 증에 헤어나지 못했다.

첫 도전에 의외의 참패를 맛보고 집으로 철수했지만 문제는 집에 오면서부터 더 큰일이 일어났다. 필자가 좌불안석이 된 것이다. 아쉬움과 허탈감에 빠져 먹는 음식도 모래알 같고 잠도 쉽게 이룰 수 없었다. 삶 자체가 의욕이 나질 않았다. 나도 모르는 집착인지 집념인지 분간 못할 정신적 공황을 겪고 있는 것이다. 이제까지는 산으로 답산을 나가면 그런대로 소득을 가슴에 담고 했었지만 이것은 도무지 어디서부터 풀어나가야 할지 대책이 안 선다.

도선국사가 어떤 생각으로 유품을 숨겼을까?

한편 돌이켜보면 무학대사는 참말로 대단한 분이구나 싶다.

그걸 어떻게 손쉽게 찾았는지 필자처럼 어렵게 찾았는지는 모르지만 찾아냈다는 사실이 경이로운 일이라는 걸 깨달았다.

혈이라면 쉽게 찾아내련만 이것은 종적이 없다.

차라리 지리산으로 다시 들어가 그 곳에서 헤메이다 오더라도 다시 가있는 것이 정신적으로 안정이 될 것 같았다. 하루를 겨우 견디고 다음날 또다시 청학동 골짜기로 찾아 들었다. 이제는 이 골짜기가 낯이 익어 더 푸근한 느낌으로 다가온다.

거리상으로도 아주 가깝게 느껴지는 건 이곳이 친근감이 더해지는 까닭이려니 싶다.

결코 먼 곳이 아니다. 먼저 번에 살펴본 곳을 제외하고 다른 쪽을 살펴보는데 그럴듯한 바위를 볼 때 마다 밀쳐보고 떠들어보고 해보지만 역시 시간이 갈수록 맥없는 일이라는 걸 깨달아 간다. 아예 큰 넓적 바위에 걸터앉아서 머리를 식혀보는데 생각은 따로논다. 내가 도선국사였다면. 내가 도선국사였다면….

이렇듯 유품이 위험부담이 많은 곳에 숨겨놓진 않았겠다 싶다.

숱한 세월 속에 낙엽 썩은 흙만 갖고도 바위를 덮었던지 흙이 씻겨 내려가던지 하는 곳은 제외시켰을 텐데….

아예 이제부터는 바위 무리만 보아도 무감각이 되어간다.

이런 식으로 온통 이 골짜기를 더듬어 본다는 것은 어리석은 일이라. 바위가 수 천 개에 이를지 수 만 개가 될지 모르는 판에….사람의 힘으로 다루지 못하는 바위는 아예 살펴볼 이유도 없고 사람 2~3명 정도가 움직일 수 있는 바위군을 선별해서 찾아본다고 나름대로 설정을 해봤어도 시간이 갈수록 그것이 맥칼없는 무모한 작업으로 결론날 듯 싶다. 여기서 혼자 이러고 있는 것이 정신 나간 것 같다.

누가 이런 꼴을 본다면 얼마나 비웃을까? 다시 철수하기로 결정했다.

아무 생각도 안 난다. 애마를 끌고 지리산을 빠져나왔다. 고속도로에 접어들었는데 웬걸 뒤꼭지가 무겁다. 또 끌어당긴다. 또 아쉬운 생각이 몸을 온통 휘감는다.

집념인지 신념인지…. 이렇게 아무 소득 없이 집에 가면 또 정신적 공황으로 방황 할 텐데….

제일 비참한 것은 정신적 패배감이다. 이제까지 이러한 철저한 패배감을 느껴보기는 답산 이후 처음이다. 처음 청학동을 알아보았을 때의 감동과 그 충만감은 온데간데 없고 그저 패배감으로 나 스스로가 초라해진다. 이러고서 무슨 풍수지리한다고 얼굴을 내밀 수 있나? 이런 것 쯤은 어렵지 않게 찾아내야 우리의 풍수지리가 살아있는 학문으로서 새로히 각인될 수 있는 좋은 기회가 될 수 있을 텐데 참으로 힘든 일이구나 싶다.

필자는 다시 고속도로를 뒤돌아서 그 골짜기로 들어갔다. 시간도 얼마 없고, 그저 산이라도 밟고 다녀야 마음이 안정이 되는 것 같다. 이제는 그냥 산을 밟고 다녔다.

바위를 살펴보는 조사는 뒷전이고 산속에서 헤메인다 는 표현을 써도 별로 틀리지 않을 것 같다. 그러고 다니는 중에 한 무리의 기괴한 바위 군상이 눈에 띠는데, 이 산속에 들어와서 처음 보는 기암괴석이다. 언뜻 그 전에 도인촌 훈장님이 건네준 청학동 안내서를 읽었던 기억이 떠올랐다. 동쪽에 기암이 있다고 적힌 구절이다. 그 기암이 이걸 말하는 듯 싶었는데, 이 바위의 기상이 하도 기괴하고 엄숙해서 나도 모르게 고개가 숙여지고 삼배를 올리지 않고는 배길 수가 없었다. 경건한 마음으로 삼배를 올린후 혹시 이곳에 숨기지 않았을까 하는 생각이 앞선다. 그러면서도 600년전 무학대사가 이 바위에서 칠일 밤낮을 잠도 안자고 기도 드린 곳이 이 바위가 아닐까 하는 생각도 든다.

가만히 바위군을 살펴보는데 숨길만한 석굴은 눈에 들어오질 않는다.

혹시나 지면에 누운 바위를 살펴보는데 신통칠 않다.

다만 우뚝 서있는 큰 바위 하나가 지면과 맞닿은 한쪽 부분이 안쪽으로 푹 패어져있어 비바람이 닿질 않게 자연적으로 만들어진 곳이 눈에 띄었다.

혹시 저 비바람이 안 닿는 땅속에 묻지 않았을까 하는 엉뚱한 발상이 든다.

지표면에 서있는 바위에서는 숨겼을 만한 단서를 찾기 거의 힘든 상태고 이것이 정답과는 관계없이 그래도 호기심이라도 일으킬만한 장소라도 나타난 것이 정말이지 큰 소득이다.

이제까지 산속에 들어와서 며칠동안 보던 중 후보지에 오를만한 가장 유력한 장소가 나타난 것이다. 지금은 아무런 연장이 없으니 이 다음에 와서 저 곳을 파 봐야겠다고 결정하고 그래도 맞던 틀리던 어떤 힌트라도 얻고 이 골짜기를 뜬다는게 여간 다행스러운 일이 아닐 수 없었다. 집에 와서도 그 바위 밑이 시도 때도 없이 아른거리고 그곳을 파면 과연 어떤 흔적이라도 있을 것인가. 아무 것도 없으면 또 어떻게 생각을 바꿔야 할 지는 모르지만 아무튼 지금은 그 바위 밑에 나의 온 정신이 집중되어 있다는 것이 필자의 생활에 큰 위안이 되어 있다.

그러고 있을 때 해가 바뀌고 어느 날이었다. 필자가 청학동에 다시 찾아들어 그 기암이 있는 곳에서 바위 밑을 파고 있었다. 삽으로 큰 구덩이를 만들며 파고 있는데 토질은 흙모래 층이고, 구덩이 한쪽 벽에서는 물방울이 스며 떨어지고 있었다.

그 구덩이에는 아무것도 없었다. 그런 중에 언뜻 정신을 차려보니 꿈이었다. 참 꿈도 이상하다.

필자는 거의 꿈을 모르고 사는 체형이다. 필자가 너무 골똘이 마음을 두기 때문에 그런 꿈을 꾸었구나 했는데, 자꾸만 그 꿈이 머릿속에서 떠나질 않는다.

무슨 메시지라도 있는 것인가? 본시 암반이나 암반층은 수맥이 같이 움직이고 있다고 봐야된다. 산에 올라 얻어지는 생수나 약수가 나오는 곳은 거의 대부분은 바위틈에서 흐르고 있다. 이것은 바위든 암반이든 틈이 있게 마련이며, 그 갈라진 틈으로 물줄기는 흐르게 되어 있다. 이런 것을 생각하면 꿈이라고 일소에 부치기는 좀 그렇다.

생각해볼 여지가 있다고 본다. 왜 그런 꿈을 꾸었을까? 실제로 지리산으로 가서 그 바위 밑을 파보기 전에 미리 필자의 자아의식이든, 아니면 어떤 영성이든 수고로움을 덜기 위해 보여주었는지도 모른다. 하기야 지리산으로 갈 여비도 없는 판에 알아서 도와주었는지도 모른다.

생각 끝에 그 후로는 이미 꿈속에서 미리 파보았다고 아예 결론을 내 버렸다.

냉정히 생각하면 지리산에서 석굴을 찾아내지 못하고 있다는 안달감이 호기심 수준의 바위 밑을 지목한 것이 논리 면에서도 정답에서 많이 비켜서 있는 것이 사실이다.

　필자가 도선국사 라면 어차피 땅에 묻을 거라면 그 바위 밑을 선택하지 않으리라.

　더구나 도선국사 같은 분이 수맥을 모를 리 없다. 땅에 묻는다면 최소한 수맥이 없는 생기있는 곳에 묻을 것이지 푸석거리는 생기없는 흙모래 층에 숨겨 둘리 만무한 것이다.

　필자 같으면 생기있는 곳 보다도 오히려 혈을 찾아 묻는 것이 훨씬 효율적이고 이상적이라 생각한다. 그 혈의 심층은 적당한 온도와 적당한 습도, 무엇보다도 벌레나 물은 절대로 침범하지 못하는 토질로 되어 있어 천연의 요새 같은 구조로 되어 있기 때문이다. 비가 아무리 많이 와도 혈심에는 감히 빗물이 비치지도 못하게 되어 있다. 벌레도 못 들어오고 나무 뿌리도 못 들어오니 옛날 같은 시절에 요즘의 과학적 처리로 어떤 물건을 보관하는 방법이 없던 시대에 자연 산천의 비밀을 깨친 분들한테는 혈이야말로 최고의 숨길 수 있는 장소가 될 만하다고 본 것이다.

　그러하다 2011년 춘삼월에 혈이 맺힌 곳을 탐사를 했으나 석갑은 없었다.

　많은 시간의 장고 끝에 결정을 내리고 혈의 일부를 조사를 했지만 어떤 흔적도 찾지 못했다.

　첫 탐사가 보기 좋게 실패를 한 것이다. 그 후 기암이 있는 바위 밑을 탐사를 했지만 역시 그곳에도 어떤 자취를 찾을 수가 없었다. 예상 문제를 내고 실증에 들어간 것이 오리무중에 빠진 것이다.

　그렇지만 한 가닥 실낱같은 가능성을 보았다. 혈이 맺힌 곳에서 탐사를 할 때다.

그 곳 주민 한 분이 올라와 우리의 탐사 현장을 보고 있더니 할아버지한테 들은 이야기라면서 한 소식을 전해 주었다.

보통 산골에서는 장례를 치를 때는 동네 어른들이 앞장서서 장례 절차를 주도하는 분들 중 한분쯤 리더가 있다. 아마 주민의 할아버지는 그러한 동네 풍습에 익숙한 분이였던 것 같다.

할아버지 말씀이, 옛날 옛날 아주 옛날에 이 산골짜기에 어느 도사가 들어와 세 군데에 어떤 비밀스런 서적을 숨겼단다.

물론 아무도 모르게 숨겼을 것이다. 그 후 어느 때 두 군데의 숨긴 서적은 찾아냈지만, 한군데는 아직도 어디에 있는지 몰라서 찾아내지 못했다고 한다. 물론 땅속에서 묘를 쓰다가 우연히 찾았다는 전설 같은 이야기였다. 그 주민은 저희가 지금 그 책을 찾고 있노라고 하는 필자의 말에 저으기 놀라는 표정이었다.

그 할아버지의 실제 목격담인지 그 할아버지도 구전으로 구전으로 전해오는 이야기를 들었는지는 알 수가 없다.

주민으로부터는 더 이상의 내용을 들을 수가 없었다.

그런데 또 그로부터 몇 달 전에 다른 한 주민으로부터 들은 이야기가 있는데 흥미로운 느낌도 들었다. 그때 필자는 그 골짜기에서 하룻밤을 묵을 때가 있었다. 밤 늦은 시간까지 주민과 이야기를 나누었는데 신기히게도 이 주민은 예전에 수덕사에서 한동안 기도생활을 했었노라고 했다. 지리산하고도 오지중에 오지에서 수덕사 불자 동기생을 본 것이다.

그 한마디에 친근감이 더했다. 그 분은 지금도 어느 스님을 스승으로 두고 이 골짜기에서 기도생활을 지속하고 있었는데 6·25 사변 때에도 이 동네 에서 살던 사람들은 털끝하나 다친 사람이 없었다고 한다. 이 동네에서 벗어난 지역에서는 많은 인명피해가 있었지만 6·25가 난 줄도 몰랐을 정도로 별천지 같이 지냈다고 한다.

필자는 말하기를 이 골짜기에 들어와 보니 꼭 하늘나라에 온 기분이 든다고 했다.

그러자 주민의 말은 40~50년 전(1960~1970년대) 만해도 이 동리에 보따리 장수나 잡상인이 들어와서 외치는 소리는 한결같이 "하늘나라 여러분들! 물건이 왔으니 나와서 한번 보세요!"라고 외쳤단다.

참말로 실감나는 이야기다. 첩첩산중 산꼭대기에 사람 사는 동리가 있다는 것이 신기할 따름이다.

필자는 한마디 질문을 했다.

혹시 이 골짜기에 옛날부터 어떤 전설이나 전해 내려오는 특별한 내력은 없느냐고 말문을 던졌다.

그러자 이 주민은 뜻밖의 이야기를 들려 주었다.

이 골짜기 동리에는 옛날부터 전해내려오는 전설같은 이야기가 있는데, 그 이야기인 즉슨

"열매가 떨어지면 꽃이 핀다."라는 말이 전설처럼 전해져 오고 있다고 한다.

또한 그 시기가 얼마 남지 않아 곧 닥칠 거라는 말까지 들려주었다.

시기가 얼마 남지 않았다는 것은 그 주민의 스승께서 들려주신 말씀이란다. 또 통일과도 관계가 있다고도 그랬다. 그 전설이 무엇을 의미하는지 금방 알아챌 수가 있었다.

보통은 꽃이 떨어져야 열매가 열리는 것인데도 불구하고 거꾸로 열매가 떨어지면 꽃이 핀다고 했으니, 일반론적으로는 알아낼 수가 없다.

열매가 떨어진다는 뜻은 도선국사의 비결록을 뜻함이 틀림없었다. 비결록이 열매이다.

비결록을 찾았을 때 열매를 따는 것이다. 꽃이 핀다라는 뜻은 이 골짜기가 알려진다라는 뜻으로 볼 수 있다는 뜻이다. 즉 도선국사의 비결록이 세상에 나오면 이 골짜기가 세상에 활짝 알려진다라는 뜻이겠다.

어느 때 누가 이런 전설을 만들어 냈을까? 이 골짜기의 비밀을 알고 있는 분이 틀림없다.

필자는 그 주민한테 넌지시 "제가 그 열매를 따러 온 사람이요!"

이 동네 주민들은 이 곳이 청학동인지 전혀 모르고 있다.

이 곳이 청학동이란 판단은 필자만의 판단이고 결정이다. 필자가 수시로 주장하듯, 이 골짜기 어디에도 청학동이라 글씨가 써있지 않지만 진실은 숨길수가 없다.

이 조그만 동네에 특별한 내력들이 이 곳이 청학동임을 말없이 대변해 주고 있는 것이다.

일후 청학동 주변의 산세를 더 자세히 살펴보기로 하고 발길을 돌리니 평소때부터 유달리 가보고싶은 용맥 하나가 있었다. 산세가 빛이 나고 있었기 때문이다. 일정을 잡아 산에 오르니 의외로 대국(大局)을 갖춘 상제봉조형(上帝奉朝形)이 아니던가. 제왕지란 뜻이다. 혈후용상에 일곱봉우리의 금수병장을 둘러놓고 마치 선경세계에서 천하에 호령하듯 그 국세가 강룡으로 위엄을 더해주고 있다.

조용히 생각해보니 무학대사의 청학동 결에 쓰여있던 글이 떠올랐다.

主山이 회포하여 성군의 얼굴을 짓고 안산이 나열하여 거듭거듭 군신의 얼굴을 지었다.

　이는 성제(聖帝)와 명왕(明王)과 충신 달사가 대대로 알 것이요. 라고 밝힌 글이 이 혈을 말한 것을 알 수 있었다. 부귀공명을 셀 수 없을 정도이니 이런 보화가 심심계곡 깊은 곳에 맺혀 어느때 누가 임자로 나설까? 처처에 맺힌 혈(명당)들이 때를 기다리고 있다.

　정녕 하원갑자운에 청학동의 신비와 비밀이 세상에 드러나는가?

　필자의 도선국사 석굴찾기는 이후에 미루게되니 누가 선택이 되든 머지않은 장래에 천년의 수수께끼가 반드시 풀어지리라 예상한다.

천관산 42대 군왕지지

　전남 장흥지방에 천관산이란 명산이 있다. 높이는 723m의 장중한 산으로 지명대로 벼슬 관자의 첫 자인 갓머리(官)같은 형상을 하고 있어 실제로 하늘에서 벼슬을 내린 듯 웅장한 느낌을 주는 산이다.
　산의 형상이 이러하기 때문인지 풍수비결에는 이곳에 42대 군왕이 탄생한다는 초대형명당이 있다고 소개되어 있다. 한 가문에서 42명의 대통령이 나온다는 대명당 인데 어찌 안 찾아볼 수 있을까?
　2016년 초봄 남쪽지방 천관산 자락에 도착해보니 해안가에 위치해 있어 시야가 참으로 드넓다. 해중으로 뻗힌 산맥이 섬으로 되어 바다를 가두고, 비경을 이루고 있어 한 폭의 산수화 같은 아름다운 풍경이다.
　천관산 연내봉 정상에 올라 산세를 관망하니 정상은 의외로 부드러운 오행상 토에 해당하는 산형을 하고 있었다. 혹자는 탑산사 근처에 혈이 있어 수 십 년 탑산 사 를 취득하려 공을 들이고 있었다는 이야기를 듣고 조소를 금치 못했다.
　이러한 현상은 용맥 하나만을 보고 판단하는데서 오는 편견이다.
　산 정상에서 탑산사로 흘러가는 용맥은 바위무리와 함께 꿈틀대며 힘차게 행룡 하는 용세가 분명하나 제일 중요한 것을 놓친 것이 하나 있다. 혹 만에 하나 이러한 용맥에서 혈로 단정지을만한 토질이 있어도, 이것은 혈이 아님을 명심해야 한다.

또 한편, 용맥이 혈을 맺을 때는 혈을 중심에 두고 격국을 이루고 있는 주변의 산세도 살펴야한다.

산천이 멀리서 혹은 가까이서 혈을 에워 쌓고 빈틈없이 장막을 치고 하는 대자연의 가공할 질서를 찾아야 하는 것이다. 즉 혈을 맺는 용맥과 주변 격국이 빈틈없는 조화로움으로 구성되어 있어야 된다. 연내봉 에서 흘러간 용맥을 따라 심룡하니 은은미미 평지에 떨어져 흔적없이 혈이 맺혀있는 것이 아닌가?

아무 때고 아무나 쉽게 구할 수 있는 곳이건만 얼굴을 돌려 앉은 천관산의 군왕지 누구를 기다리는가?

후룡을 바라보니 천관산의 제좌기상 참말로 존엄하다.

가야산 남연군 묘는 아무것도 없는 빈묘이다

　이조 500년 역사가 기울어가던 시대에 대원군과 풍수지리에 얽힌 일화는 현재 우리시대에 많은 이야기로 남아 풍수학의 산 교육장이 되고 있다.
　덕산의 가야산에 있는 남연군묘는 이곳을 찾는 많은 방문객에 풍수지리의 살아있는 현장이 되고 있는데, 각 처의 풍수학회나 각 대학의 사회교육기관에 풍수학과 그리고 풍수지리에 관심이 있는 개인을 포함하여 해마다 수많은 인사들이 답산의 코스로 상가리를 찾는다.
　덕산의 남연군묘에 관하여 역사적으로 더듬어보면 참으로 극적인 요소가 많다.
　풍수에 관심이 있으면 있는 대로, 또 관심이 없으면 없는 대로 한 시대를 풍미한 대원군의 행적은 자연을 사랑하는 풍수인 에게 꼭 거쳐야할 정거장이 되고 있다.
　권력의 속성을 누구보다도 잘 알고 있던 대원군은 권력을 잡기위해 제일 먼저 선택한 것이 풍수지리이다. 풍수만이 자신을 지킬 수 있고, 최고의 권력을 쥘 수 있다고 확고한 신념에 불타는 대 야망 가였다.
　이 부분은 그 어느 누구도 감히 꿈도 못 꿀 착상 이였다.
　세계적으로 정치사를 더듬어 보드라도 그때까지 전무후무한 기발한 발상이다.
　지금 세대들에게는 소설이나 만화 같은 내용에서나 볼 수 있는 장면이기에 그렇다.

　막강한 안동김씨의 권세에 눌려 숨죽여 바보노릇으로 자신을 지켜 냈던 대원군은 이를 악물고 때를 기다렸던 것 같다. 그야말로 비장의 카드를 감추고 아무도 생각 못한 대자연의 힘으로 군주를 탄생시킬 생각을 했으니 풍수를 모르는 부류에서는 허황된 뜬구름 잡는 일로 치부할 수 있는 부분이다. 그런데 대원군의 위대함이란 승률 50:50을 100%의 확률로 바꾼 집념의 사나이란 점이다. 그는 틈틈이 풍수지리를 배워나갔고 운 좋게도 정만인 이란 풍수달인을 만나게 되는데 필자는 정만인 보다 대원군이 정만인을 풍수 도인으로 정확히 짚어냈다는 안목에 더 후한 점수를 주고 싶다. 그 이유는 뒤에 밝히겠지만 정만인을 만나고 가야산에 이르러 정만인이 알려준 혈처를 대원군이 의심을 않고 깊은 신뢰를 보냈다는 점이다.

　대원군은 마침 그곳에 서있던 가야사를 불태워 없애고 남연군의 장지로 묘를 쓰는데 이 부분을 야사에서는 이렇게 전하고 있다. 정만인은 이곳에 묘를 쓰고 나서 후일 누군가 에 의해 도굴이 되어 파헤쳐질 것이니 엄청난 양의 석회를 써서 조성했다고 한다.

　실제로 그의 예언대로 오페르트 사건이란 국제적인 도굴사건이 발생하게 된다. 지금의 삽교호를 거쳐 내천을 따라 깊숙이 들어온 오페르트 일당들은 남연군묘를 파헤쳐 유골과 부장품을 꺼내려했으나 석회를 200포나 되는 양으로 봉분을 만든 것이 쉽게 파헤쳐질 리가 없었다. 한밤중에 일어난 사건은 날이 샐 때까지 진척이 없으니 결국은 실패를 하고만 도굴사건인데 이 때문에 분이 머리끝까지 오른 대원군은 서양으로부터 들어온 천주교의 신도들에 대한 일대 박해사건의 빌미가 된다.

필자는 이 사건이 실제로 성공했다 하더라도 남연군의 유골과 부장품은 꺼낼 수 없었다고 판단하는 것이다. 그 이유는 그곳은 남연군의 유골이 없는 빈 묘이기 때문이다.

이곳은 이미 세상에 알려진 대로 2대 천자지지이다.

속리산맥에서 일대 간룡이 뻗어 나와 차령산맥을 즉 금북정맥을 이루어 마지막 파군성인 가야산을 세웠는데 가야산은 원효봉, 석문봉, 옥양봉으로 세 개의 주봉으로 이루어져있다. 금북정맥이 가야산에 이르러 원효봉과 석문봉을 거치면서 동편으로 굴러 흐르다 평지에 이르러 혈을 맺게 되니 지금의 남연군묘가 된 것이다.

원효봉과 석문봉 두 개의 산봉을 거쳤기 때문에 2대의 천자가 날 것을 예언했으며 옥양봉 까지 거쳐서 흐른 용맥의 혈에 유골을 안치했으면 3명의 제왕이 나왔을 것이다. 실제로 옥양봉 을 거쳐서 똑같이 동쪽으로 낙맥하여 산중에 또 하나의 제왕지지를 만들었는데 현재 그 장소는 남아있지 못하고 수년전에 파손 되었다.

유골은 혈에 안장되어 있다

필자는 남연군묘를 세밀히 살펴본 결과 그 묘는 빈묘 임을 판단하였다. 가짜로 만든 봉분인 것이다. 이유는 간단하다. 혈이 아니기 때문이다. 필자의 거처와 여기 덕산은 거리가 그리 멀지 않다. 수시로 왕래가 가능한 거리이다.

수년전 어느 여름날 큰 소나기가 오고 난 뒤 우연히 이곳을 지나치게 되었는데, 남연군묘를 바라보니 소낙비에 봉분이 허물어져 만신창이가 된 것을 목격하게 되었다.

필자는 그 광경에 의아스럽기도 하고 어이없는 상황에 당혹해 했었다. 이상하다. 저 묘가 혈의 위치에 만들어졌다면 저런 현상이 일어나질 않는데 하고 주변을 상세히 살폈는데 결론은 수맥위에 조성된 묘였던 것이다. 평소에도 과연 저 장소가 혈이었는가는 항상 의구심을 갖고 있던 터였다. 그 이유는 묘의 위치가 교과서처럼 너무 정직하다는 것이다. 물론 때에 따라선 그러한 위치에 혈이 맺을 수도 있겠으나 제왕지지의 경우는 좀 다르다.

제왕지지의 격국은 이미 대혈급에 속한다. 보통은 산중에 떨어져 맺히기가 대부분인데, 제왕이라는 위상은 그 품격이 만만치 않다. 일반인의 눈에 띄기 쉬운 장소에 없다는 말이다.

풍수용어에 비밀스럽게 맺힌 혈을 보고 천장지비(天藏地祕)란 말이 사용되고 있다. 글자 그대로 하늘이 감추고 땅이 숨겼다는 뜻이다.

기울어져가는 이씨조선 이였지만 왕은 왕이다. 수맥 터에서는 왕의 출현은 어림없는 일이며 패악절손의 길로 치달을 수 있는 것이 수맥 터의 위험이다.

더구나 이러한 대혈급에 속하는 장소에서 묘를 잘못 쓰면 그 화는 일반적인 다른 곳보다 크고 빠르다. 풍수는 소설이 아닌 철저한 과학이다. 두 명의 왕을 배출하자면 그 것은 단연코 지령의 힘이 있어야 하는데, 혈에 적중 했을 때 만 이 가능한 일이다.

그렇다면 남연군의 유골은 혈에 적중하여 안치되어 있어야 마땅하다. 그럼 으로서 왕기의 지령을 받아야만 고종과 순종의 두 임금이 출현이 가능하기 때문이다.

일설에 의하면 대원군은 이장을 하고 첫 아들을 얻었는데, 어릴 적부터 왕이 지녀야할 덕목의 교육을 시켰다 한다. 이 아이가 커서 왕이 될 것을 확신했기 때문에 나온 행동이다.

풍수의 힘을 의심 없이 받아들인 것이다. 한 가지 부연설명 하자면 대원군이 그의 아버지를 명혈에 이장하는데 유골은 좋은 길지에 모셔지게 되면 제일 먼저 발음은 이장을 주선하게 된 자손부터 돌아간다. 이런 현상은 그 혼백이 평안함을 얻은 그 고마움의 답례로 이장을 주선한 자손에게 좋은 기운을 보내지 않나 싶다.

그렇다면 남연군의 유골은 어디에 있는가?

현재 남연군의 묘소 주변의 지형을 자세히 관찰해보면 알아낼 수 있다. 자연은 정직하다.

이 대지는 수맥이 있으면 수맥의 흔적을 남기고 혈이 맺히면 혈의 흔적을 남긴다. 지기가 흘러가면 흘러가는 흔적을 표면에 남기게 되어있다.

아주 작은 흔적이라도 그 미세한 흔적은 땅속을 말없이 대변해 주고 있다.

필자는 다행인지 불행인지 수맥을 탐지하는 기구를 쓰면 도무지 작동을 않는다.

아예 움직일 생각을 않는다. 따라서 지기를 감지하는 것도 기구를 통하여 먹히질 않으니 쓸 수가 없다. 그런 연유로 인하여 눈으로 산천을 보고 수맥을 찾아내고 눈으로 혈을 찾아내는 수밖에 없다. 어느 책에선가 지기를 몸으로 느끼고 기구를 통하여 기운을 느끼는 사람이 저술한 책을 보았는데 눈으로 혈을 찾아내는 것은 불가능하다고 한 내용을 본 적이 있다.

그야말로 하루살이 식견도 안 되는 무식의 소리이다.

도선국사는 눈으로 산천을 답산 하고 전국의 수많은 혈을 찾아내어 기록을 하고 후세에 남겼다. 그 시절은 엘로드 도 없었고, 추도 사용할 줄 몰랐다. 그 기록을 바탕에 두고 필자도 전국 산천을 다니면서 풍수를 깨달아가고 있는 것이다.

남연군 묘소를 기준으로 하여 세밀히 관찰하면 분명 혈을 맺을 수 있는 용맥이 흘러온 것이 틀림없다. 묘소 뒤에 있는 후룡을 살펴보면 맥기는 멈추어 있는 형상이 아니고 흐르고 있는 상태다. 지금 봉분이 조성되어 있는 장소도 아직까지 땅의 기운이 모아지지 않은 장소이다. 봉분을 지나서 수 미터 앞에 이르면 넓적한 바위가 표면에 드러나 있는데 이 암반을 중심으로 비로서 그 기운이 뭉치고 있음을 간파할 수 있다.

지금 봉분은 혈의 입수처 바로 상단에 위치하고 있는 것이다.

봉분을 조성하느라 원시상태의 대지의 모습은 사라졌지만 지금 봉분의 주변을 살펴보면 그것을 알아낼 수 있다. 봉분을 지나서 암반에 가까이 왔을때 비로소 지기의 기운이 뭉쳐지기 시작함을 눈으로 느낄 수 있는데 이때부터 수맥의 기운은 사라지기 시작하는 것이다.

표면에 드러나 있는 암반을 틈틈이 지나서 혈은 암반 맨 끝 쪽에 맺혀있음을 알 수 있는데 필자는 꼭 이런 형태의 혈을 두 번째 보는데 그 이전에 풍수 초창기에 이러한 형태의 혈을 본 적이 있었다. 인간의 잇몸에 이가 나듯이 암반에 뿌리를 두고 혈이 맺힌 것을 찾아 알아보고 놀라움과 함께 많은 것을 깨닫게 해준 장소가 있었다.

이곳 남연군의 유골이 묻힌 장소도 그러했다. 혈에서만이 그러한 발복이 가능하고 우리가 풍수지리를 과학이라 부르는 것도 이러한 현상(혈)이 우연히 만들어지는 것이 아닌 것을 알기 때문이다. 필자는 이

곳을 인도해준 정만인 보다 대원군을 더 높이 평가하는 이유도 이러한 괴상망측한 혈을 명당으로 과감히 인정하고 수용한 용기가 가상하다는 것이다. 이러한 곳은 봉분을 만들기도 마땅치 않다.

암반과 거의 붙어있는 형국이니 봉분을 해 보았자 품격이 서질 않는 것은 뻔한 일이다.

하기야 대원군의 입장에서 보면 이 장소에 쓸 때 까지 의 과정을 돌이켜보면 아버지의 유골을 모신 장소를 만천하에 공개하고픈 생각은 없지 않았을까 하는 것이 필자의 생각이다.

절을 불태워서 얻은 터다. 또 그 당시까지만 해도 시대적 상황을 살펴보면 정적이 되면 죽어서도 사형을 당하는 부관참시라는 제도가 있었던 시대라 만약의 사태도 방지하는 차원에서도 생각이 미치지 않았나싶다. 그러나 사실 이러한 부분은 부차원적인 부분이고, 실제 풍수 이론상 어찌어찌 한곳에 혈이니 명당이니 설명을 하지만 어디까지 이론은 이론일 뿐이다. 혈을 본적이 없는 사람에게는 혈이라는 것이 요원할 뿐이다.

실제로 금을 본 적이 없는 사람한테 금을 가려내라는 이치와 같은 것이니, 그러나 금을 처음 본 것 일망정, 다른 그 무엇보다도 빛나고 아름답고 소유하고 싶은 마음은 거의 본능처럼 일어나게 되어있다. 실세 혈의 토질을 처음 보았 을때 다른 일반적인 토질과 그 부근의 다른 토질과는 현격히 다른 내용으로 구성되어 있음을 정만인이 대원군에게 설명했으리란 필자의 판단이다. 비록 암반 밑에 교묘히 숨어있는 장소였지만 혈이라고 인정하지 않을 수 없었던 혈토의 특성에 대원군도 명당으로 과감히 수용한 것이 아닌가 한다.

필자가 많지 않은 경험을 통하여 얻은 것은 유골이 혈에 정확히 적중하고 좌향도 정확히 일치하면 봉분을 중심으로 하여 그 주변 일대가 상서로운 기운으로 서리어 어떤 신비의 무형의 층을 이루는 것을 알 수 있다. 이런 현상은 지구의 주변에 자기장이 형성되어 태양풍이나 우주로부터 날아오는 방사선들을 막아주는 층으로서 지구상에서의 생명체에게 보호막이 형성된 것처럼 명당을 쓴 주변에 무형의 에너지장이 형성되어 사람이 그 주변에 들어만 가도 기분이 맑아짐을 은연중 느낄 수 있으며, 잔디도 다른 곳보다 유난히 빛이 나며 윤기가 있고, 생동감이 있게 자란 것을 볼 수 있다.

이러한 에너지 장은 결국은 천재지변으로부터 자연적으로 보호를 받을 수밖에 없는 것이다.

비가 온다고 허물어지거나 갈라지는 현상은 있을 수 없는 일이다.

실제로도 혈이 맺힌 동산이나 평지를 구성하고 있는 토층을 살펴보면 홍수가 나서 쓸려가거나 사태가 나서 허물어질 수 있는 그런 허약한 형질이 아닌 아주 견고한 토층으로 구성되어 있고, 혹은 암반 등으로 해서 천년만년 끝없는 세월을 견딜 수 있게 되어있다.

그러나 아이러니하게도 인간을 위한 천하의 명당도 어쩌지 못하는 숙명의 천적이 있으니 그것은 바로 인간 그 자체이다. 조물주는 인간을 위해 최고 최대의 선물을 선사하고 있는데 인간 스스로의 무지함이 혈을 파괴하는 최고의 천적으로 탈바꿈한 것이다.

필자가 방방곡곡 산천을 다니며 많은 혈을 만나 보았는데, 일반적인 풍수이론에서 언급을 할 수 없는 혈이 맺히는 일정한 법칙이 있음을 보았는데, 이는 결국 혈을 찾아내는 것은 풍수사의 몫이다. 상대가 알아주든 몰라주든 혈을 차지하는 인연도 결국은 하늘이 정해주는 것이 아닌가 싶다. 남연군의 묘도 그 한 예라 볼 수 있을 것이다.

덕산 상가리에 있는 남연군묘

조성이 잘된 남연군묘는 유골이 없는 빈묘이다.
넓적바위 아래쪽 둥근 점선이 혈처이며 남연군의 유골은 이곳 혈처에 매장되어 있다.
이곳이 혈이라는 증거는 얼마든지 있다.
풍수지리는 눈에 보여 지는 대로 산천의 겉모습의 형상으로 판단하는 학문이다.
증거가 눈에 보인다는 뜻이다.
지사 정만인은 풍수지리의 진수를 정확히 알았던 사람이다. 혈을 맺는 산천의 법칙과 질서를 깨우쳤다는 뜻이다.
바위아래 협소한곳에 혈이 맺힌 것을 누가 감히 상상을 했겠는가?
그러나 정만인보다 더 뛰어난 사람이 있으니 그가 대원군이다.
풍수상식을 벗어나고 괴상한곳을 점지하는 의심쩍은 정만인의 뜻을 과감히 수용했기 때문이다. 후일 대원군이 얻은 첫 번째 아들 명복을 젖이 떨어지기가 무섭게 군주가 지녀야할 덕목과 규범을 친히 가르친 것은 제왕지지의 확신이 없었다면 나올 수 없는 행동이다.
독자여러분은 이러한 용기를 과연 낼 수 있는가? 라고 묻고 싶다.

신명의 선택을 받은 가문

　아득한 옛날부터 연연히 이어져 내려온 풍수지리는 과연 우리에게 무엇을 말하고 있는가?
　지금 젊은 세대들에겐 받아들이기 어려운 실체가 분명 하지만 그런데도 불구하고 우리 사회의 한쪽 귀퉁이를 차지하고 있는 학문임에 틀림없다.
　우리의 선조들은 효심과 선행이란 공덕이 우선시 되면 하늘은 그 보상으로 사후에 명당과 인연을 닿게 하여 가문의 번창과 부귀를 약속받는 상별이 존재 한다고 믿어 왔다. 여기서 보상을 주는 주체는 기독교식은 예수 그리스도 하느님이요 불교식은 부처님이며 토속적으로는 천지신명이다. 천지신명이 인골이란 중간 매개체를 통하여 좋은 기운으로 가문전체에 복록을 주는 것이라 믿었다.
　필자와 인연이 있어 명당을 쓰게 되기 전후에는 때론 진귀한 경험을 하는데 신의 존재를 믿지 않을 수 없는 일을 경험한다. 3년 전 일이다.(2016년)
　오래전부터 알고 지내는 청년이 있었는데 부친을 길지에 모시고 싶다는 뜻을 전해왔다. 예전에 부친을 모실 때 이곳은 오래 있을 곳이 못 되니 후에 다른 곳에 옮길 것을 전해주기도한 청년이다. 평소 때부터 성실한 인품으로 지내는 걸 알고 있는지라 이 친구 같으면 명당을 써줘도 될듯해서 응답을 하니 그때가 3년 전이다.

마침 예전에 봐 두었던 곳이 떠올라 안내를 하여 혈처를 보여주니 흡족해 한다. 그런데 예기치 않은데서 문제가 불거졌다. 필자가 명당을 써주기 전에 그 가문과 명당과의 상관성의 일환으로 필자만의 방법으로 신명께 사용여부를 묻는 절차를 갖는다. 이런 절차를 거쳐 결과를 보니 사용해선 안 된다는 것이 아닌가?

참 난감한 상황이 벌어진 것이다. 대체 저 정도의 청년이 안 된다면 누가 자격이 된단 말인가? 하고 공연히 불편한 생각이 들었다. 저 청년의 선대께서도 시골에서 농사를 지은 분들이니 유별난 분 같아 보이지 않는데 어째서 안 된다고 할까? 생각이 정리가 안 되었다. 그러던 중에 한 생각이 들었다.

자격이 안 된다기보다 명당의 역량에 비해 가문의 비중이 부족해서 그런게 아닌가 하는 생각으로 미치게 되었다. 그 명당은 재상지지 이기도 하며 부귀복록이 큰 대혈의 면모를 갖춘 일급지의 명당이다. 그런 생각으로 들게 되자 하루는 청년을 불러 자초지종 전후얘기를 들려 준 후 혈처에서 할 비책을 알려주며 할 수 있는지를 물으니 하겠다고 한다. 청년에게 비책을 알린 후 날을 정해 끝나길 기다려 이틀이 지난날 청년을 불러 물었다.

"산으로 부터 어떤 소식이 왔을 텐데 무슨 일 없었는가?"

"예! 지난밤 꿈에 제가 어딜 가고 있었습니다.

산으로 갈일이 있어 산이 있는 쪽으로 가고 있는데 누군가가 제 옷소매를 잡는 거 였어요.

그러면서 들려주는 말이, "지금 저산에 가지 마시오!"

"저 산에서 전쟁이 났으니 지금 가지 말고 전쟁이 끝나거든 가시오!. 하는 말을 듣고 꿈을 깼습니다."

"오!~ 꿈을 제대로 꾸었네. 그렇다면 날을 잡아 먼저 일러 준대로 다시한번 해 보게나."

하고 일러주고는 한번 더하는 비책이 끝나길 기다렸다.

꿈 얘기를 들으니 혈처로부터 반승낙을 받은 것이 분명했다.

전쟁이 났다는 것 은 명당을 쓰고자 하는 청년의 뜻에 허락하기를 조정중이라는 신명의 뜻이다.

그리고 전쟁이 끝나거든 가라는 말은 허락하기를 조정중이지만 신명들의 의견이 거의 찬성 쪽으로 기울었다고 본 것이다. 그래서 청년에게 감사의 뜻으로 신명에게 한번더 비책을 해볼 것을 권한 것이다.

비책이 끝난 후 청년을 다시 만나 뒷이야기를 물으니 아무런 꿈도 꾸지 않았다고 한다. 나는 속으로 쾌재를 불렀다.

아!~ 혈을 지키는 신명께서 허락을 하셨구나!

이런 일이 있은 후 날을 정해 청년의 부친을 혈에 무사히 모시고 난 후 일주일쯤 지나서 다시 청년을 만나서 이장후의 얘기를 들어 보았다. 이장 후 첫날밤에 청년의 첫째형님이 꿈을 꾸었는데 아버지가 부엌에 들어와 가마솥에 밥을 하며 아궁이에 불을 때는 꿈을 꾸었다고 했다. 그리고 다시 이어서 꿈을 꾸는데 이번에는 거실에서 여러 식구들하고 상을 차려 식사하는 꿈을 꾸었다한다. 내용으로 볼 때는 무난한 꿈이라고 생각했다.

그런데 문제는 청년의 부인이 이장 후 3일 후에 꾼 꿈이다.

청년의 부인은 우마차 같은 커다란 수레에 쌀자루를 가득 싣고 가는데 길옆에 있던 사람들이 너도나도 내 것도 싣고 가라면서 쌀자루를 산더미 같이 쌓아놓더란 것이다. 이런 꿈을 꾸고 난 다음날에 또 한번 황홀한 꿈을 꾸는데, 옛 시가댁 집이 보이는 가 싶더니 들어가는 대문 입구 길가에서부터 양옆으로 화려한 꽃으로 단장되어 있었으며 대문도 꽃으로 장식되어 있었고 문을 열고 집안으로 들어서니 담장은 물론이고 집전체가 아름다운 꽃으로 장식되어 있는 황홀한 장면을 보고 깨었다고 한다.

필자는 그 꿈 이야기를 다 듣고 나서야 비로소 안도의 숨을 내 쉬었다. 혈을 지키는 신명의 허락을 받아 냈다는 확실한 증표를 보았기 때문이다. 이 꿈들은 앞으로 이 가문의 복록과 번창을 암시하는 확실한 내용이다.

가문에 재물을 먼저 주고 난후에 인물이 나올 것을 예시 하고 있다.

이후 수개월이 지나서 청년을 만나 근황을 물으니 자기 막내아들 이야기를 들려준다. 아직 취학하기 전 아동인데 어릴 적부터 시도 때도 없이 칭얼거리며 소위 짜증을 달고 사는 막내 놈 이었는데 애 엄마가 매우 힘들었다 한다. 그러다 아버지 이장 후 아들의 짜증은 없어지고 밝은 아이로 바뀌었다고 전해준다.

그리고 팔순노모가 계시는데 눈에 띄게 건강해 지셨다는 좋은 소식을 전해 주는 것이 아닌가?

앞으로 우리나라에 명 가문이 될 것을 믿어 의심치 않는다.

풍수지리란 참으로 신묘한 학문이다.

발복이 않되는 사람들(1)

논리적으로 보면 권력과 재력이 왕성한 가문은 최고의 풍수가를 초빙하여 최고의 길지를 차지해야 당위성의 논리가 선다. 그런데 현실은 그렇질 못하니 또 한편으론 묘미가 될 수도 있다. 그런 당위성이라면 가난한 사람은 아예 차례가 가질 말아야 되는 모순된 논리가 될 텐데, 현실은 오히려 중산층이나 그 이하가 되는 층에서 명당을 만날 확률이 높다. 역설적인 논리지만 사실이다.

엘리트 층을 포함하여 사회적으로 성공한 층은 대부분이 본인의 능력이 뛰어나거나 우수해서 사회 적응력이 앞서있다는 생각으로 무장되어 있는 능동적 사고를 가진 사람들이 많다.

스스로 본인의 능력을 최대한 앞세운 부류이다. 이러한 사람들은 조상의 음덕이나 풍수의 발복으로 성공의 복록을 누린다고 얘기하면 대개 씨도 안 먹히는 얘기로 치부한다. 자연히 풍수지리와는 거리가 생길 수 밖에 없다.

그까짓 죽은자의 뼈조각이 산사람에게 무슨 영향을 줄 수 있느냐. 달나라 가는 시대에 말이 되느냐고 반문한다. 그런데 이러한 사람은 실제로도 명당이 차례가 안 간다. 또 한편 기독교인에게도 기회는 거의 없다. 요람에서 무덤까지 모두 하느님의 뜻이며 하느님의 종이니 통할 리 없다.

마음한번 돌려서 대지에 불가해한 에너지가 있다는 것도 또 인간이 그 에너지를 이용할 수 있다는 것도 어찌보면 그것도 하느님의 뜻 일수도 있을 텐데 말이다.

여기까지는 하느님의 뜻에 부합하고 여기를 지나서부터는 하느님의 뜻에 반하는 것이고, 선이 그어져있다면 그 종교는 종교일 뿐이다. 진리와는 거리가 멀어진다.

그러면 가난한 사람은 어떤가. 가난하니 모두 선량하다고는 볼 수 없다.

가난한 사람은 마음도 가난한 사람이 의외로 많다.

이런 일이 있었다.

20년 전 쯤 이다. (1990년대말) 당진에서 사는 우연히 알게 된 한 사람이 있었다. 동네에선 김사장이라 부른다.

교류를 하다 보니 형님 아우 하는 처지로 지내고 있었다. 사람이 건실한 편이고 오염이 덜 된 친구였다. 평범하지만 잔머리 굴리지 않고, 나름대로 열심히 사는 친우다.

어느 때인가 그 친우의 가문형편이 궁금해서 혹시 선산이 어디쯤 있는지를 조심스럽게 물어 를 보았다. 그러자 김사장은 별 생각 없이 공동묘지에 있으며 5년쯤 되었다고 했다.

장지를 정할 때 지관2명을 선정해서 좋은 자리로 판명되어 정하여 썼다는 말을 덧붙여 얘기한다. 필자야 그런 얘기를 들으면 호기심이 더 발동한다.

틈을 내어 날을 정해 같이 묘소에 가보니 잔디가 정갈하게 잘도 자라서 푹신한 솜을 연상할 정도로 정돈이 잘 되어 있었다. 그런데 용맥을 잘 살펴보니 무맥지, 즉 땅이 힘이 없이 늘어져 퍼진 용맥에 수기가 가득한 수맥터였고, 향을 보니 소위 황천살에 걸려 있었다.

같은 수맥터에 안장된 묘라도 주변의 사격이나 격국에 따라 흉살은 천차만별이다.
　이러한 차이는 실생활에서 크고 작은 폐해를 겪게 하는데 이 친구 김사장에게 조심스레 이에 대한 설명을 해준다. 부친의 묘는 수기가 많은 터에 위치해있고, 내가 해줄 수 있는 것은 옮기라는 말밖에 해줄 수 없으니 그 일은 알아서 하게나.
　사업은 크게 벌리지 말고 혹 어려운 일이 닥칠 수 있으니 신중히 할 것이며, 집안 식구들이 몸을 다칠 수도 있으니 조심 또 조심 하게나. 필자의 입은 이렇게 완곡하게 말은 했지만, 실은 머릿속은 다른 생각으로 꽉 차있었다. 사업은 부도가 날 것이고, 젊어 죽는 자손도 생기니 꼭 옮겨야 된다는 생각이 실제로는 입에서는 부드럽게 정제되어 걸러져서 나간 것이다.
　풍수의 이론을 보면 좌향에서 살을 범할 경우 세세히 풀어놓았는데, 읽다보면 실제로 그렇게 될 것인가 하는 의문은 누구든지 가질 수 있다. 처음에 풍수의 이기론을 보았을때 필자는 이런 생각이 들었었다. 사람이 아무리 노력해도 선조의 묘가 풍수학적으로 잘못되어 있으면 만사가 허사라는 생각이 들었다.
　신앙에서나 기적 같은 일이 일어날 수 있는 어떤 절대적인 힘이 풍수에서 발생한다는 것이 신기하면서도 두려운 생각과 한편으론 잘만 쓰면 더 없이 좋겠다는 생각으로 있었고, 애초부터 의심하는 마음은 들지 않았다. 풍수를 불신하는 입장에서 보면 이해가 되질 않는 대목일 것이다. 좌향이 어긋나 대살을 범했을 경우는 인간이 사회생활을 하면서 재앙이 될 수 있는 부분은 모두 들어있다고 봐야 될 것이다.

관재구설에서부터 불임유산, 소아사망, 성인사망, 우울증, 재산몰락, 자살, 범죄, 무거운 질병 등등 참으로 다양하다. 이러한 재화 중에서도 제일 큰 재앙은 젊은 성인이 사망하는 경우가 아닌가 한다. 한편 김사장에게 재화가 일어날 수 있으니 조심하라고 일렀지만, 듣는 쪽에서 보면 황당하고 난처할 수도 있다. 사이비 무당 점쟁이 같은 소릴 하니 그런 말을 할 사람이 아닌 것 같은데 자다 홍두깨 같은 소리로 들릴 수도 있다.

보통은, 아니 대부분의 사람들은 선조의 묘소와 살아있는 사람의 인과관계를 의식하지 못하고 생활한다. 나름대로들 열심히 움직이고 생각하고 노력하고 열정을 바치고 땀을 흘린다. 이것은 순전히 나의 주관적 판단과 사고에 의해서 나온 삶인데, 그게 무슨 조상의 묘소와 상관관계가 있을 거냐고 반문한다.

이럴 때는 묘소를 보고 감정한 말이 맞으면 그때서야 혹시 하는 마음이 일어날지라도 그것은 우연이라고 치부하는 마음이 들 수 있다. 안 믿자니 떨떠름하고 믿자니 자기의 사고와는 완전히 동떨어진 개념이니 혼란스러운 마음일 것이다.

아마 지금 이 글을 적고 있는 실례가 이와 비슷한 상황이 아닌가 싶다.

그로부터 3년이 무심히 지나갔다.

어느 땐가 김사장이 찾아와서는 하소연을 한다. 수 년 전에 형님이 말한 대로 되었으니 어떡하면 좋으냐고 말을 하는데 들어보니 딱하게 되었다. 사업을 하다 보니 동생들이 돈도 끌어다 쓰고 했는데, 일이 뜻대로 안되어 부도가 나 형제들도 못살게 되고, 한쪽에선 동생이 암에 걸리고, 또 한번은 눈을 찔리는 사고가 나기도 하고, 집도 절도 없게 되었다고 하는데 가만히 말을 하는 자세를 보니 눈의 동공은 풀려 있었고, 말을 하는 억양이 예전 같지가 않았다.

며칠을 두고 살펴보았는데 그 친구 정신까지 온전치 못 한걸 감지할 수 있었다. 어느 날 아침에 김사장 산책하는걸 보았는데, 술을 먹지도 않았는데 꼭 술에 취한 자세를 하고 있다. 사태가 자꾸 심각해지고 있었다.

말하는 것도 어눌해져 있었고, 정신이 집중이 안 된다고 한다. 어머니가 자기를 보고 걱정이 많다고 하신다. 한참 일할 나이에 장성한 아들이 정신이 온전치 않은 것이 하루하루 지나며 심해지니 얼마나 상심할까. 그런 중인데 어느 날 찾아와서 이장을 할 테니 도와 줄 것 을 요청한다.

정신이 흐릿한 중에도 이대로 가면 안 되겠다는 생각은 있었는지 듣던 중 반가운 소리다.

지금 저 지경에서 벗어나는 길은 이장밖에 없다.

시간을 지체할 수 없어 날을 잡아 정해 일러주고 형제들에게 알려서 준비할 것을 일렀다.

이장을 하루 앞둔 전날이다. 오후에 김사장이 왔길래 준비는 다 되었느냐 물으니 금시초문이란다. 날짜도 기억 못하고 혼돈 하는 수준까지 온 것이다.

어이가 없어 빨리 형제들에게 알려 준비할 것을 재촉했다.

다음날 이장하는 날이다. 다행이 형제들이 4형제에다 매제까지 나와 주었으니 인원은 충분했는데 문제는 이들의 태도다. 아닌 밤중에 홍두깨 격으로 큰형님이 어제 다저녁때가 되어서 아버지 이장을 하니 준비하고 나오라 하니 갑자기 무슨 일을 이렇게 하나 싶어 나오긴 나왔는데 모두들 준비가 안 된 상태다.

　큰 형님 말씀이라 어기진 못하고 나오긴 했는데 어느 사이비 말을 듣고 저리하나 싶었던 것이다. 막상 산소에 와보니 잔디도 깨끗이 잘 살고 있었고, 멀쩡한 묘를 파라하니 아무도 팔 생각을 않는다. 하는 수 없이 김사장이 먼저 파기 시작했다. 그러자 하나둘 거들기 시작하며 파내려 갔다. 마침 준비가 덜 된 것이 있어서 동생 되는 자와 필자와 같이 시내로 나가서 물건을 구해 오는 중인데, 그 동생이 입을 연다. 어제 다저녁때 형님이 아버지 이장을 할 테니 아침 일찍 나오라 하니 어이가 없었다 한다. 무슨 일을 그렇게 하나 싶어서 오긴 왔는데, 실은 아버지 묘소에 성묘도 하기 싫었다 한다. 돌아가신 아버지지만 자손들이 힘들 때 도와주진 않고 힘들게만 하는 것 같아 원망스러운 마음에 지난 명절 때는 성묘도 안 왔었다고 한다. 사는 것이 얼마나 힘들었으면 저런 말을 할까 했다.

　그렇다. 이들은 모르지만 결국 이 묘는 그냥 둘 경우 아무도 찾아오는 이 없는 고총이 될 것을.

　찾아올 자손이 남아있질 못하기에 그렇다.

　한참을 파내려가니 물기가 보이기 시작하며 냄새가 나기 시작한다.

　처음 파내려 갈 때는 의혹과 불만이 있어보였는데 불길한 징조가 보이니 모두들 긴장을 하고 있다. 그러다 완전히 개장을 하니 마치 모심는 논과 똑같다. 시신은 손을 댈 수 없을 정도로 험악했고, 장화신고 물을 퍼내며 모두들 한마디 말도 없다. 아니 모두 말을 잃었다.

　너무도 혐오스럽고 흉한 장면이 눈앞에서 벌어지고 있었으니 필자가 곤욕을 치를 것은 면한 셈이다.

　두상은 오물로 가득차 있었다. 저러하니 정신이상이 온 것이다. 살아있는 현장이었다.

  가운데 복부 부분도 오물과 함께 육탈이 안 된 채 얼마나 험한 상태였는지 이들 형제는 알아채지 못했지만 필자에게는 너무도 생생한 현장이었다. 이들 젊은 형제 중 암에 걸렸다고 했는데 이제는 재발 없이 낫겠구나!

  가까스로 체백을 추슬러 모두 꺼내놓고 정리를 끝내니 모두들 황망한 표정들이다.

  아버지가 이렇게 험하게 있을 줄은 꿈에도 몰랐다고 한다.

  그런데 실제는 이 아버지는 자손들에게 나쁜 장소에 있다는 것을 꿈으로 수시로 알려주었다. 그렇지만 이 자손들은 이 같은 현상을 무시했거나 알아채지 못했을 뿐이다.

  이렇게 몹쓸 곳에다가 모셔놓고 자손들에게 잘되게 도와주지 않는다고 원망만 크게 하고 있었으니 어리석은 행동에 부끄럽다고 한다. 모두들 흡사 지옥에서 건져냈다는 표정들이고 얼굴에 화색이 돌았다. 필자가 인근에 보아둔 혈처에 모시게 되니, 이들은 오색혈토에 황홀함을 보고 또 한번 놀란다. 조금전과는 극명하게 다른 대지를 보았기 때문이다. 일을 마치니 김사장이 정신이 드는지 모두들 형님에게 큰 절을 하라고 한다. 난데없는 행동에 쑥쓰러운 생각이 든다. 얼떨결에 산에서 큰 절을 받기는 처음이다.

  그러나 일은 끝나고 집에 돌아와서부터 벌어지기 시작했다.

  닷새쯤 지났는데 김사장이 찾아왔다.

  "형님 기적이 일어났습니다."

  "무슨 일인데 그러나?"

  "며칠 전 동생네를 갈 일이 있어 들렀는데 제수 얼굴을 보기가 계면

쩍었지요. 자기 때문에 돈을 잃고 해서 얼굴이 서질 않았는데, 제수씨가 하는 말이 3살 박이 딸애가 애기 때부터 시도 때도 없이 울기 시작하더니 점점 심해져서 밤에 잠을 잘 수 없을 정도로 밤낮을 가리지 않고 울어 제끼는 통에 너무 힘든 나날을 보냈었다고 합니다."

병원에 가서 진찰을 해보면 아무 이상이 없다고 하니 더 미칠 노릇이었다는 것이다. 이제는 우는 모습이 눈동자까지 풀려가지고 자지러지듯 울어대니 무슨 연고인지 모른채 악몽 같은 나날로 지내고 있었는데, 아버님 이장하던 날 저녁에 태어나서 처음으로 울지 않고 잠을 자더라는 것이다. 그날부터는 언제 그랬더냐는 듯이 정상적으로 생활하고 있다 한다.

딸애가 울지 않으니 엄마도 편한 잠을 잔다고 했단다.

흉지에서 방출하는 나쁜 에너지 파동이 약하디 약한 어린아이 두뇌를 흔들어 교란시켜 견딜 수 없었던 것이다. 어디 그뿐인가. 김사장도 왠지 모르게 몸에 힘이 붙는것 같다고 한다.

정신도 집중할 수 있고, 몸도 그전보다 가벼워졌다고 한다. 이제는 동생들 얼굴보기가 덜 부끄럽다고 했다. 그 후 한 달쯤 지나니 김사장 정신도 완전히 돌아와 우려했던 불행을 말끔히 씻었다.

요즈음에 우울증 환자들이 유난히 많다고 한다. 얼마나 많은지 아예 감기처럼 일상이 되어 사람들에게 괴롭힘을 준다고 한다. 또 그 원인을 모른다고 의학계에선 말하는데 90%가 음택이든 양택이든 수맥 파동에 의해서 발생되는 것이다.

선조의 묘소가 강력한 수기에 노출되었거나 집터에서 수맥에 있을 때 제일 쉽게 나타나는 것이 우울증이다. 또 이 우울증은 이유 없이 몸이 쑤시고 아픈 증세로도 나타나고 있다.

이 우울증은 증세가 다양하다. 정신적으로 나타나 항상 의욕이 없고, 문자 그대로 우울한 정신으로 잠을 못자는 것이 특징이며, 혹간 하루 종일 잠속에서 깨어나지 못하는 사람도 있다.

심한 경우 자살까지 이어지고, 또 빙의까지 겹치는 수가 있다. 또 한편으로는 온몸이 쑤시고 다른 증세로 나타난다. 부분적으로 관절이나 어깨, 허리, 두통 등 다친 것도 아닌데 이유 없이 아프다. 병원에 가 진단하면 뭉뚱그려 신경성이라 진단하고 처방도 애매모호하다.

사실 병원에서 처방으로 낫는다는 보장도 없다. 그러한 수맥에 노출되면 심신이 망가져 중병으로 전이가 될 수 있는 것이다.

현대 의학은 눈에 보이는 바이러스나 세균에 의한 질병과 같이 눈에 안 보이는 지기와 수맥의 파동도 현대의학의 한 장으로 받아들여 연구하면서 인간의 질병으로부터 보다 합리적인 방법과 처방으로 벗어날 수 있게 일대 전환을 할 때가 왔다고 본다.

독일 같은 선진 의학은 이미 암 같은 중병의 발생원인 중 90%가 수맥에 의한 발병으로 깊은 관계가 있다는 데까지 접근하였다.

우리나라는 유난히 보수층이 두껍다. 변화를 두려워 하는것 같다.

얼마 전 정상을 달리던 인기 여배우가 우울증으로 자살한 예가 있더니, 얼마 후 동생까지 자살했다고 하여 사회적으로 큰 이슈가 되었었는데, 우리들의 의식이 선조들의 산소에 좀 더 관심을 가져주었다면 충분히 막을 수 있는 재앙임을 전하고 싶다.

우리들의 일반적인 의식이 어느 때부터 인가 조상의 묘로 인하여 살아있는 자손에게 지대한 영향을 미친다고 한다면, 한심한 자세로 대하게 되었는지도 모른다.

역설적으로 풍수인 쪽에서 보면 못 알아듣는 상대가 가여운데도 말이다. 못 알아듣는 것은 그의 몫이다.

  인연이 없다 할 것이다.

발복이 않되는 가문입니다.

  이 목차에서 필자가 전하고 싶은 의도는 지금부터이다. 이야기가 좀 빗나갔지만 우선 급한 불을 껐다는 생각으로 우선은 안도감이 들었지만, 필자의 목적은 새로 옮긴 혈처에서 일어나는 발복에 관해서다. 실제로는 필자도 많은 고민을 하고 있었던 것이다. 그 당시는 필자의 눈이 겨우 풍수에 떴을 때다. 혈을 찾는 방법이나 산천에 일정한 법칙이 있다는 것을 가까스로 알았을 때다. 문제는 혈처에 있었다. 입수 절이 참말로 애매모호 하였던 것이다.

  계축(癸丑)도 같고, 갑묘(甲卯) 도 같고, 간인(艮寅)도 같았다. 참으로 혈이 기기묘묘한 곳에 맺힌 걸 찾아내긴 했는데, 입수의 감을 못 잡겠더란 것이다.

  보통의 산줄기에서 맺히는 혈은 흘러온 용맥과 입수가 선명하여 누구든지 판단할 수 있는데, 이 혈은 괴상망측한 곳에 맺히어 머리를 어지럽게 하고 있었다.

  다만 이런 장소에서 필자의 눈에 띄었다는 것만은 이제까지의 풍수에 관한 통념을 송두리째 뒤흔든 혁신적인 생각의 전환점을 갖게 한 혈이다.

  나름대로 입수를 정하고 파구를 기준으로 하여 포태법으로 향을 정해 일단은 혈에 모시었다.

자손들이 원인모를 질환 등으로 고생을 하다가 이장 당일에 기적 같은 치유가 된 것은 지옥 같은 흉지 에서 건져냈다는 사실에서 이제까지 살기등등한 나쁜 지기의 에너지파동이 멈추었기 때문이고, 새로 옮긴데서 오는 발음은 아니라고 보아야 될 것이다.

그 후에 필자가 그 김사장에게 넌지시 묻기를 혹시 이장 후 꿈을 꾼 것이 있으면 말해보라고 했더니 꿈을 꾸었다고 한다. 필자는 김사장의 꿈 얘기를 듣고 보니 별 신통함이 없다. 부친께서 그냥 꿈에 보였다는 것이다.

필자는 직감적으로 향이 맞지 않은 것을 짐작할 수 있었다. 보통 일반적인 음택 혈이라면 또 산중에 있는 대개의 혈들은 사람하나 들어갈 정도밖에 되지 않으며, 또 그 장소에서 요구하는 좌향과 엇비슷하게 맞게 혈이 나있는데, 김사장의 부친은 혈이 나있는 방향과 거의 일치하게끔 안치가 되었던 것이다.

필자가 아직은 공부가 덜 되어서 향을 못 맞추었으니 혼자서 난처함에 빠졌다.

보통은 묘를 쓰고도 자연의 이치에 맞게 제대로 됐는지 알 수가 없어 그대로 놔두기가 일반적이다. 따라서 구체적이고 객관적인 검증 방법이 없다는 것이 큰 맹점인 것이다.

그렇지만 이 대지는 그것이 혈이든 생기라도 있는 땅이던, 아니면 흉지 이든 인간의 인골이 땅에 묻히면 묻히는 즉시 지령과 인골이 조화를 일으켜 수 일안에 자손들에게 꿈으로서 흉하면 흉조로서, 길하면 길조로, 혹은 실존의 모습으로 보여주는 것이 자연계의 순리이다.

아무리 유명한 명사가 나서서 좋다는 자리에 찾아 썼어도 쓰고 나서 흉몽을 꾸었다면 잘못된 것이다.

일대 생각의 전환이 필요하다. 대지가 진리에 있는 것이지, 유명한 명함이 진리가 아니다. 땅은 이해도 용서도, 타협도 없다.

꿈이라는 것을 무조건 믿는 다는 것도 부자연스러운 일이나, 아직까지 인간에 대한 꿈의 실체는 미지의 세계일 수밖에 없다. 이 미지의 세계를 과학적 방법으로 밝혀내려 많은 학자들이 연구를 하고 있으나, 우리가 신봉하고 있는 과학은 아직도 과학의 잣대로 잴 수 없는 한계가 있을 수 밖에 없다.

풍수에 있어서 꿈은 바늘과 실처럼 떼려야 뗄 수 없는 연관 작용이 있는 체백과 지기의 상호작용하는 산물이다. 김사장의 꿈 내용을 듣고 보니 신통 칠 않다. 필자는 후일 기회를 만들어 잘못된 좌향을 바로 잡아야겠는데, 차라리 솔직하게 산소의 좌향이 어긋났음을 김사장에게 알리고, 양해를 구했다. 이 부분은 정말 많은 용기가 필요했다. 누구든 한번 묘를 쓰면 그만이다.

그것이 잘 되었든 못 되었든 간에 말이다. 어쩌면 그 집의 운수소관이라고 할 수도 있는 일이지만, 일단은 옳지 않은 것을 알려주고 나서 상대가 비난을 하던 수긍을 하던 그 후의 취사선택은 상대방의 몫으로 돌아갈 일이다.

만나기 힘들다는 명당을 제대로 만나서 첫째는 돌아가신 부친의 혼백을 평안 케 하고 그 나음에 명당의 발복을 도모할 수 있다면 김사장의 가문의 최고의 선물이자 축복이 될 것이다. 필자는 면구스러움을 무릅쓰고 김사장에게 부친의 묘 좌향이 어긋난 것 같으니 내가 좀 부끄럽지만 다시 좌향을 고쳐서 바르게 하고 싶은데 자네 생각은 어떤지 모르겠네? 하며 넌지시 의향을 물었다.

그런데 의외의 반응으로 돌아왔다.

풍수를 사이비 무당이 굿하는 것과 같은 시각으로 보고 있었던 것이었다. 전혀 뜻밖이었다.

애당초부터 김사장의 의식에는 풍수는 안중에도 없었던 것이다. 풍수를 한번쯤 진지하게 대해보려는 그런 이해의 마음의 준비가 되어있질 않았다. 일이 이렇게 되니 오히려 내 쪽에서 무안하게 되었다. 이런 상황은 처음부터 좋은 소릴 들을 일이 되진 않았으나 그래도 내 쪽에서 용기를 내어 실수를 인정하고 바로 잡을 것을 권하는데, 김사장의 가슴 밑바닥에는 그런 것에는 전혀 관심조차 가지려 하지 않았던 것이다. 상상외의 반응이었다.

풍수에 관하여 아무것도 모르더라도 더 좋다는 것에 대한 욕심이라도 내는 마음이 있다면 차라리 그 편이 낫겠다 싶은데, 그것도 아니니 일전에 부친에 대한 이장은 어떤 생각으로 임했는지 필자는 도무지 알 수가 없었다. 그래도 간혹 김사장을 보게 되면 기회가 있을 때마다 바로 잡을 것을 은근하게 뜻을 전했다.

오히려 내 쪽에서 사정하는 모양새가 되어 버렸다.

5~6년이 지난 어느 때인가 우연히 기회가 찾아왔다. 어느 알고 지내는 사람이 있어 역시 부친의 산소가 불길하여 새로운 장소에 옮기게 되었는데, 그쪽 식구들이 도와줄 터이니 바로 잡으라 하여 없던 마음을 내게 되었던 것이다.

도와준다는 사람들은 그래도, 이쪽 풍수에 대한 인식은 그래도 나은 편이었다.

만나기 힘들다는 명당의 좌향이 어긋났다니 바로 잡기만 하면 될 텐데 쓸데없는 고집을 내세우는 것이 오히려 불합리하게 보였던 것이다.

날을 잡아 여럿이서 다시 좌향을 고치려 파묘를 해보니, 예전에 보기 흉했던 유골의 모습은 육탈이 깨끗이 되어 있었고, 해금 같은 내부의 엉김뭉치도 깨끗이 없어져 있었다.

그전보다는 아주 양호한 상태로 때가 벗어져 있었다.

다시 청소를 하는 마음으로 유골을 추슬러 향을 다시 맞추어 봉분을 세우고 잔디를 입혀 무사히 마치니 무언지 모르지만 무거운 짐은 벗은 듯 했다.

그러나 짐을 벗은 개운한 마음도 잠시! 오늘 하루 저녁을 지내봐야 한다. 많지 않은 경험 속에서 어떤 의미 있는 메시지를 반드시 자손에게 전달하는 것이 자연의 법칙이라는 것을 잘 알기 때문이다. 다음날 그 김사장을 만났을 때 내 쪽에서 먼저 안색과 표정을 살펴본다.

무엇인가를 감지해 내려는 듯 열심히 훔쳐 보는 듯 하지만 보는 맘뿐이지 도무지 읽어낼 수가 없다.

지난밤에 전달받았을 메시지에 대하여 물어본다."간밤에 기억나는 꿈이라도 있는가?" 조심스럽다.

대답이 간단하다. 아버지가 꿈에 보였다는 것이다. 이장하는 당사자인 부친이 꿈에 직접 보였다면 십중팔구 또다시 잘못됐다는 뜻이다. 필자는 크게 낙담하여 풀이 죽어간다. 그렇지만 한 가지 예외가 있다. 그 한 가시 예외의 가능성을 다시 묻는다.

"뭐 특별한 옷이라도 입고 계시던가?"라고 물으니 보통 입고 있던 옷이라고 한다.

김사장은 어떤 상징적으로나마 좋고 나쁨에 대한 의미를 전혀 두지 않고 고민하는 자세도 없이 대답한다. 오히려 내 쪽에서 긴장하고 고민하는 상황이다.

이번에도 좌향이 맞질 않았다. 꿈의 내용은 그것을 말해주고 있다.

적어도 그러한 대혈 급에 속하는 명당에서 얻은 꿈 치고는 너무 초라하다.

이는 무언가 자연의 질서에 부응하지 못했다는 결과이다.

또다시 필자는 암울함에 빠지게 되었다. 내 조상 같으면 금방이라도 좌향을 다시 맞추면 되겠지만 그럴 수도 없는 형편이다. 사실 필자의 조부는 네 번이나 옮겼다.

내 조상의 유골을 등에 짊어지고 네 번이나 옮겨 다녔던 것이다. 그 피치 못할 사연만 같고도 소설의 한 장을 충분히 차지하고도 남을만 하다. 풍수의 경험이 짧을 때에 괴상한 혈을 만나 곤혹을 치르고 있는 셈이다. 보통의 혈이라면 쉽게 좌향을 결론을 냈을 텐데 깊이 생각하고 결론을 내는 것마다 진실과는 어긋나고 있으니 무슨 조화인가?

이제는 이곳에서 쓸 수 있는 좌향은 한가지 밖에 남아있질 않다.

지금 이 글을 쓰고 있을 때는 정확한 좌향을 체득하고 있는 상황이지만 당시는 그러한 결론이 최선의 방책이었던 것이다. 필자의 경험이 미숙함을 질책하나 무슨 소용이 있나?

돌이켜보면 그 옛날 천하의 도선국사도 실수를 한 적이 있었던 모양이다. 그런데 도선국사는 자신의 실수도 상대의 운수소관이라고 체념하고 말았다고 한다.

어쩌면 도선국사의 그런 체념은 사실에 맞는 일일수 있다.

이번에도 바른 결론을 내지 못 한 채 스스로의 자괴감에 빠져있는데, 뜻밖에 일생일대 충격적인 말을 듣게 된다. 그때 작업할 당시 도와주었던 한분 중 그의 부인 되는 분이 별난 능력을 가진 분이 있었다. 천주교의 독실한 신자로서 신앙심이 깊은 분인데 요즈음 말로 표현을 빌리면 영적 능력을 보유하고 있는 분이었다.

이 분이 어느 날 전화를 걸어와 대화를 나누었는데, 현재 모선생이 좌향이 어긋나서 고민을 많이 하고 있는 것 같은데 고민 하실 것이 조금도 없다고 서두를 꺼냈다.

필자는 그 말을 들을 때 까지만 해도 위로의 말 인줄만 알았다.

그는 한 술 더떠 "모선생이 실수한 것은 하나도 없으니 괘념치 않아도 된다"고 했다.

그는 계속 이어 나갔다. "문제가 있다면 그쪽 상대의 집안에 문제가 있는 것이지 모선생은 단연코 문제될 것이 없으며, 모선생은 단지 그쪽 상대의 집안을 구해줄려는 마음이 있었을 뿐"이라고 했다. 이건 또 무슨 얘기인가? 전혀 생각지 못한 뜻밖의 이야기를 줄줄 하고 있는 것이 아닌가? 흡사 필자에게 면죄부를 줄려는 뜻 같이 들린다. 그런데 한편으로는 호기심도 일어났다.

"그렇지만 모선생의 의도와는 반대로 그쪽 집안은 명당을 받을 준비가 되어있지 않은 집안이라서 자연의 힘은 모선생의 판단에 착오를 일으키게 한 것입니다. 이는 결국 하늘의 뜻이지, 모선생이 실수한 것은 없으니 너무 고민하지 않아도 됩니다. 그 집안은 명당을 얻을 자격이 안 되는 가문이랍니다."

아니! 이것이 무슨 일이란 말인가?

필자에게는 엄청난 충격적인 얘기이다. 무슨 야사에 나올법한 일이 실제로 필자에게 일어나고 있단 말인가? 우리의 선조들은 명당을 얻으려면 공덕을 쌓고 덕을 베풀어야 된다는 얘기는 누누이 들어왔다. 그것이 사실이든 아니든, 기왕이면 다홍치마라고 심덕을 갖춘 자에게 명당이 돌아감을 은유적으로 표현한 말일 거라 했지만, 지금처럼 풍수와는 전혀 관계가 없는 사람한테 직접 이런 얘기를 들으니 내 몸이 내 몸 같지 않은 느낌이다. 정말로 세상엔 이런 일이 있을 수 있구나!

결국 그 후 수년이 흐른 지금까지도 고쳐지지 못 한 채 방치되고 있다.

엄청난 말을 전해준 그 분의 말이 정말 맞을지도 모른다.

이장을 한 김사장은 풍수지리의 보이지도 않고 잡히지도 않는 불가해한 산천의 에너지에 대하여 지금도 냉소적이고 미신적인 편향적인 생각을 버리지 못하고 있다. 문제는 김사장의 사고는 자신의 생각이 옳다 라고 단정 짓고 있다는데 있다.

정녕 이 대지는 사람의 마음까지도 읽어내고 있다는 반증 일 것 같다.

필자 같으면 한발 양보해서 발복 을 제쳐두고서라도 나를 낳아준 부모의 혼백이 편치 않다는 데는 한번쯤 심도있게 한 생각을 해볼 수 있으련만, 우리의 조상들은 돌아가신 부모의 혼백의 편안함까지도 효성으로 간주하고 있었음에 이 대지도 그러한 효성과 자연에 대한 사랑하는 마음 까지도 원한다고 보아야 될 것 같다.

발복이 안되는 사람들(2)

결록을 보면 공주 마곡사 근처에 목단 만발형이 있다고 기록되어 있는데 98년 도 쯤에 찾아본 적이 있었다. 산세가 깊어 풍수에 관심 있는 자 이곳을 찾으려 많은 사람들이 찾아 헤메였던 곳이다. 기록에는 좌향도 나와 있다. 수구가 우선 수에 손사파이니 계좌정향이면 합법이다. 포태법에 의한 좌향 법이다.

혈을 찾아보니 이미 묘를 쓸 만한 곳은 다 써 있었다. 혈이라는 것이 그렇듯 그렇게 만만하질 않다. 아무나 보고 쓸 수 있는 것이 아니다. 고총과 함께 쓸 만한 곳은 즐비하게 썼건만 혈은 생생히 남아 있었다. 한평이 채 안되는 곳을 적중을 못하고 있는 것이다.

옛날 어른들이 3대를 공덕을 쌓아야 남향받이 명당을 만날 수 있다고 했단다.

3대라면 근 백년이다. 100년 동안 공덕을 쌓아야 명당을 만날 수 있는 자격이 주어진다고 본 것이다. 이 얘기는 즉 하늘이 감동을 해야 만나진다는 뜻이 된다.

종교의 신앙 그 이상으로 가치를 보았던 것이다. 명당 하나만 잘 쓰면 그 후손들은 번영과 함께 복록을 누리는 것을 직접 보고 경험했기 때문이다.

여기는 누가 보아도 묘를 쓰기 좋게 되어 있다. 경치 좋고 아니 경치라기보다 정말로 한 송이 목단 꽃이다. 풍수에 풍자도 모르는 이가 와서 보아도 감탄할 정도로 목단꽃 그 이상이다.

이곳은 또 우아하게도 왕비가 탄생한다고 기록되어 있다. 그 외에도 많은 인물들이 나올 수 있다고 했는데 그러한 발복의 근원을 말하려는 듯 손사방(동남방)에 눈썹같이 생긴 아미사가 예쁘게도 앉아 있다. 이러한 눈썹같이 생긴 봉우리가 있으면 왕비는 따논 당상이다.

이곳에 묘를 쓰고 후손중에 첫 번째로 낳는 딸아이가 왕비가 될 운명을 안고 태어난다.

이 딸이 후에 장성하여 결혼하는 남자는 왕(대통령)이 될 것이라는 암시인 것이다.

풍수의 매력은 마술 같은 발복의 힘에 있다. 하늘에 있는 전능한 신만이 인간의 운명을 좌지우지 할 수 있다고 여기고 있는데 풍수에서는 인간이 인간의 운명을 뒤바꿀 수 있다는데 있다.

그런데 여기서 중요한 점은 이러한 역량을 가진 터에서 태어난 자손들은 같은 등급 선상에 있는 산소의 후손들끼리 인연이 닿는다는 사실이다.

훌륭한 산소 터는 또 다른 훌륭한 산소 터의 후손들과 어우러지는 것이 이 자연계의 법칙이다. 훌륭한 터의 자손들과 빈천한 터의 자손들은 서로 아예 애초부터 인연에 닿질 않는다.

이것이 바로 가문이 근원이며 뿌리인 것이다.

이러한 근원적 에너지의 힘은 종교적으로 절대자인 하느님이라는 신을 빗대지 않아도 인간의 뿌리인 각각의 선조들의 묘터의 역량에서 이루어지는 현상이다.

왕비가 출현하는 목단만발형은 마침 쓰고자 하는 이가 있어 2004년경에 썼다. 쓸 당시에 그 인척 되는 한분이 지리에 지대한 관심을 보였다. 수 십 년을 지리공부를 했다 했는데, 그동안 신통함을 못 보았는지 비결록에 나온 혈 자리를 쓴다하니 꼭 참석하여 보고자 하였다. 그렇지만 필자는 현장을 보여주기가 싫었다. 즉 자연 상태에 있는 파헤쳐지기 전의 혈의 모습을 보여주기 싫었던 것이다. 이유는 풍수는 과학이기 때문이다. 혹여나 다른 장소의 혈을 보호하고 싶은 맘에서다. 차라리 혈심은 보여줘도 되겠지만 처음 자연 상태에서는 보여주기가 싫어서 작업이 다 될 무렵 혈심을 보게 했다. 그는 생전 처음 보는 황홀한 혈토를 봉지에 한 꾸러미 담아서 챙긴다. 주변이 온통 사암으로 단단한데 한 평이 채 안 되는 이곳만은 황홀지경의 혈토가 박혀있으니 신기한 일이었을 것이다.

좌향은 결록에 나온 대로 계좌정향이다. 포태법에 의한 좌향 이기 때문에 필자도 다른 이견이 있을 수 없다. 일이 끝난 후 혈토를 챙긴 그분이 한마디 한다.

모선생이 처음 작업 할때 못 오게 할 줄 알았다는 것이다.

그러면서 오늘 아침 꾸었던 꿈 이야기를 들려주는 것이었다.

꿈속에 어디선가에서 엘리베이터를 타고 올라갔는데 다 올라와서는 문을 열고 나가려는데 모선생이 문을 열지 못하게 막더란 것이다. 한참을 그리하고 있다가 어찌어찌하다가 문이 열려 밖으로 나오게 되었는데, 밖에 나오니 온통 사방천지가 목단 꽃이 활짝 핀채로 있는 것을 보았다는 것이다.

그는 목단만발형의 화려함의 진면목을 본 것이다. 그 꿈 이야기를 듣고 있자니 필자는 참으로 기이한 일이라 여겼다. 왜냐면 필자가 이미 마음으로 작정한 일이 상대에게 전달되어 꿈으로 나타났으니 말이다. 그러나 정작 문제는 묘를 쓰고 난 후에 일이다. 기록에 적힌 대로 좌향을 정확히 재고 혈심 중앙에 정확히 안착하고 모든 것이 흡족하게 일을 마쳤는데, 며칠 지나서 그 가족에게서 들은 꿈 내용이 왠지 신통치 않았던 것이다. 망자가 직접 꿈에 보였다는 것이다.

무언가 석연치 않았다. 무엇 때문일까? 아무리 생각해도 알 수가 없었다. 그 당시로는 최선을 다한 일이었다. 어느 것을 꼬집어 낼만한 실수가 있지도 않았다.

그로부터 몇 년이 지났는데도 그 가족의 변화되는 이야기를 들어보면 신통함을 찾아볼 수가 없었다. 시쳇말로 발복이 없다고 봐야 할 것 같다. 이 글을 쓰는 지금은 그 이유를 확실히 알고 있지만, 발복이 안 되는 내용을 알기까지는 숱한 우여곡절이 있었고, 끝내 깨우친 것이 포태법에 의한 좌향법이다. 즉 좌향이 적중하지 못했던 것이다.

현재 풍수학에서 쓰고 있는 포태법이나 포태법에 의한 88향법 이니 하는 것들이 100% 다 좌향을 그려내지 못하고 있는 것을 알았던 것이다.

그러한 이기법이 우주만물의 움직임을 담아 그 변화를 수치의 법치로 나타내기까지는 과거 숱한 세월이 걸렸을 터이지만 자연 산천의 변화무쌍한 오묘한 이치를 모두 담아내기는 역부족이 아니었나 싶다. 그렇다고 포태법이 틀렸다는 것은 더더욱 아니다. 분명한 것은 포태법은 풍수학의 이기론에서 그 근간이 되고 있음을 부정할 수가 없는 것이다. 포태법을 사용해서 얻어낸 값으로 좌향 으로 적중할 확률은 30%에 이르지 못함을 알았던 것이다. 그 나머지는 분금으로 들어가야 됨을 알았는데, 또 한 가지 유념해야 할 일은 포태법의 한계 내에서 분금으로 써야 된다는 내용이다.

그렇기 때문에 포태법은 이기법의 뿌리가 됨을 알아야 되는 것이다.

결국 목단만발형의 계좌정향이란 좌향이 진실과는 어긋나있다는 것을 인정해야 될 것 같다.

도선국사도 자신의 실수를 알았을 때, 그것도 운수소관이라고 했다 한다.

그 말이 맞을것 같다는 필자의 생각이다.

어찌 보면 좌향이 정확히 적중하지 못한 것도 하늘의 뜻이 아닌가 하는 생각이다.

발복하고 있는 사람들
(누가 노력하면 잘살아진다고 합디까?)

01년 초여름에 어느 빈한한 집안의 산소를 살펴본 적이 있었다.
 빈한하다는 표현도 그 산소를 보고나서 내린 결론이다.
 필자와 알고지내는 지인을 통하여 살펴보게 되었는데, 저 땅속에 묻힌 백골 생전에 무슨 업이 많아 저런 초라한 곳에 묻혀있나? 바로 옆 2~3미터 옆에 생기가 모여 있는 곳이 있지만 천국과 지옥이 한 발자욱 차이다.
 하필이면 살기와 수기가 뒤범벅이 된 곳에 묻히어 망자의 혼백이 편할 리 없으니 그 자손도 똑같이 힘든 삶일 수 밖에 없다. 지인을 통하여 그 집안 내력을 들어보니 그 산소의 실상과 꼭 같았다. 자손은 2남 1녀를 두었는데 장남은 사십을 훌쩍 넘었으나 결혼도 못한 채 근근히 지내고 있었고, 지금은 아예 결혼도 포기하고 산다고 했고, 차남은 목포에 배 타러 간다고 집을 나선 후 5년이 지나도록 연락이 없어 죽었는지 살았는지도 알 수가 없다고 했다.
 딸은 시집을 갔고 홀로 남은 나이 많은 초로의 부인의 삶이라는 게 미루어 짐작해 볼 수 있는 처지였다. 지인은 산소 바로 옆에 옮길만한 터가 있다니 그냥 둘 수 가 없다며 이장을 권고해야겠다고 한다. 가까운 집안의 친척이라 그냥 보고만 있을 수가 없다한다. 필자가 볼 땐 그래도 그 집안에 운이 남아 있었구나 싶었다.

산역을 하는 날이다. 그 집 큰아들과 딸 그리고 노모가 다 모였는데 둘째 아들은 연락이 닿질 않아 오질 못했다고 한다.

장남을 보니 웬지 삶에 지친 모습 그 자체였다. 그 자태를 보고 있자니 가련함과 함께 슬며시 부아가 치민다. 왜 그런지 모르겠다. 아니 그것은 이유 있는 분노였다.

부친의 음택을 아무렇게나 팽개치듯 지어놓고 1년에 한두 번 오는 행사도 제대로 지키지 못하는 삶의 고달픔이 분노였는지도 모른다. 그 고달픈 삶의 근원이 바로 눈앞에서 시작되는데 말이다. 하기사 그들이 무얼 알까보냐 마는 우리들 의식 속에 적어도 내 부모 묻힌 곳이 좋은지 나쁜지 정도의 관심을 보여주었다면 하는 바램에서 가져보는 생각이다.

하지만 그 생각도 생각뿐 현실은 지관들의 오남용으로 인한 풍수의 해악이 눈앞에 보이는데 는 할 말이 없다. 당사자들이야 지관이 잡아주는 대로 나름대로 정성을 보였을 테니, 그 가족들만의 허물이라고 평하기는 좀 그렇다.

장남을 붙들고 몇 마디 건네 본다.

"그래 열심히 노력하니 노력한 만큼 잘 살아 집디까?"

"······!"

필자의 예상치 못한 질문에 대답을 잊은듯 하다.

여동생이 대신 말한다.

"예! 노력해도 안 되던 걸요! 힘만 들고…"

"당신들의 부친이 이렇게 나쁜 흉지에 누워계셨으니 당신들도 똑같이 살아가기가 힘든 것입니다. 누가 노력하면 잘살아진다고 합디까? 그 말은 교과서에서나 하는 말이고, 그래도 당신들은 운이 좋은 편입니다. 오늘 새로운 장소에 옮기면 앞으로 조금씩 달라질 것이니 이후로 아버지 묘소를 잘 가꾸세요."

바로 옆에 있는 새로운 장소에 험하게 변한 유골을 안치하고 봉분을 만들어놓으니 이상하게 밝아 보이고 커 보이고 꽉 찬 느낌이다. 봉분이 조그만 한데도 말이다.

며칠이 지난 때 지인을 만나 혹시나 그 가족들한테 꿈 이야기를 전해들은 것이 있는가를 물었더니 별나게도 그 지인이 산역을 하던 날 새벽에 꿈을 대신 꾸었다고 한다.

필자가 빠트리지 않고 꿈의 내용을 묻는 것은 어떤 요행이나 술수를 바라고 묻는 질문이 아니다.

음택을 옮기면 그것이 길하게 썼던, 흉하게 썼던 반드시 그 결국에 맞게 현몽하는 것이 이 자연계의 질서란 것을 알았기 때문이다.

그 지인이 그날 아침 꿈 꾸기를 젖소가 보이더란다. 그런데 이 젖소가 새끼를 낳는데 낳는 대로 새끼를 큰 트럭에 실었는데, 차에 꽉 차게 실었는데도 새끼를 계속 낳더란 것이다.

듣고 보니 참 쓸 만한 꿈인 듯하다. 혈도 아니고 생기가 다소 뭉친 곳에 입향을 정확히 맞추어 혈 못지 않은 위력을 보이는 것 같다.

여러 달이 지난 후에 지인의 말을 들어보니 그 집안이 빠르게 발복이 일어나고 있음을 피부로 느낄 만 했다. 이장 후 한 달 정도 지나서 목포로 배타러 간지 5년이 넘어 죽었는지 살았는지 행방불명이 된 둘째아들이 갑자기 노모가 사는 집으로 찾아왔더란다.

죽은 줄로만 알았던 둘째 놈이 갑자기 찾아왔으니 노모는 깜짝 놀라 연유를 물으니, 둘째아들이 하는 말이 요즘 들어 자꾸만 집에 오고 싶더란다. 이상하게 집으로만 가고 싶어서 이렇게 찾아왔다는 것이다. 그러더니 목포에서 배타는 생활 정리하고 올라와야겠다고 하면서 아예 한달만에 집으로 올라와 터전을 잡았다고 한다.
  또 한편, 큰 아들은 안산에서 결혼을 포기 한 채 근근히 고달픈 삶으로 집에 홀로 남은 홀어머니조차 찾아보기도 어려웠던 생활이 이제는 일이 바빠 집에 올 시간조차 없다고 한다. 예전에는 살기 힘들어서 집에 못 오더니 이제는 바빠서 집에 올 시간이 없다니, 아무튼 상서로운 징조들이다. 요 근래 들어서는 경제적 정신적으로 여유가 되어가는지 포기하고 있던 결혼도 해야겠다고 한단다.
  앞으로도 많은 변화가 기대되는 가문이 될 것 같다.
  몰락해가는 한 가문을 구했다는 생각은 필자를 살맛나게 한다.

지령과의 약속을 어겨 꿈에서 혼나는 손자

　필자가 풍수에 미쳐 산에 다닌 지가 십 사오년이 되어간다.
　남모르는 공부를 하자니 생활이 곤궁하기는 변할 날이 없다. 애초에 사업이 부도가 나 사회생활에서 밀려났으니 집이 없어 세를 사는데, 월세를 못내 밀리기가 일수다.
　어느 때는 1년여를 내지 못 할 때 도 있다. 집주인도 꽤 무던한 편이다. 집세 못 내기가 일쑤인데 채근도 없다.
　몇 년 전에 필자가 세 들어 사는 집을 사고 나서는 제대로 세를 척척 낸 적이 없고, 1년여가 밀리자 하루는 집주인이 하는 말, 우리 집에서 일을 할 수 없느냐고 묻는다.
　밀린 세도 갚을 겸 해서 묻는 말이었다.
　필자는 거절할 명분이 있을 리가 있나. 아마 부인되는 분이 집세가 많이 밀렸으니 데려다 일을 시킬 것을 종용했던가 보다.
　집주인은 예산의 삽교 에서 정미소를 운영하고 있었는데, 가을철 추수기가 되면 일년중 제일 바쁜 때가 되어 일손이 모자라 애먹기가 일쑤였다고 한다.
　필자는 일이 몸에 밴 체질이다. 사업 할 때 부터 일이 몸에 배어 부도가 난 후로는 몸이 닿는 대로 일을 해나갔다. 정미소에 나가보니 논에 널려있는 벼 푸대를 트럭에 실어 날라 공장의 건조기에 벼를 쏟아 붓고 말리는 작업이었다.

그야말로 정신을 차릴 수 없을 정도로 바쁘다. 벼농사 추수라는 게 벼가 사정 봐가며 익어 주는 것이 아니라, 벼가 거의 한 때에 익어서 너도나도 추수를 하니 짧은 시일에 몽땅 실어 날라 건조를 시키자니 자연 바쁠 수 밖에 없다.

예전에 소위 노가다 현장에서는 살이 아프게 일을 해본 적이 있었는데, 여기 논에서 벼 푸대 나르고 건조기에 벼 푸대를 풀어서 쏟아 붓는 일은 손가락 뼈마디마디가 아픈 고된 일이었다.

이렇게 힘드니 군에 입대할 젊은 사람도 일하다말고 종종 내빼는 일이 있다고 한다.

필자도 일에 단련된 몸이라 일이 무섭지 않는데, 생전 처음 뼈마디가 아픈 일을 해보게 됐다. 추수가 끝나고 방아 찧는 일도 대개 구정 전까지는 기계가 쉴새없이 돌아간다.

후일에 집주인 하는 말 필자가 처음 사흘정도 일하면 못 견디고 도망갈 줄 알았었다고 한다. 이렇게 밀린 집세 때문에 정미소에 일을 하게 되니, 자연히 집주인과 대화도 하게 되고 좀 가까워 지게 되었는데 이야길 나누다 보면 필자의 본색이 보이기 마련이다.

집주인 임사장을 겪어보니 일밖에 모르는 오염 안 된 무공해 사람이라고 부를 만 했다.

또 한사람과의 인연이 시작된 것이다.

필자의 본색이 드러나니 임사장이 하는 말, 우리집에 귀인이 살고 있었다며 꽤나 흡족해 하는 표정이었다. 지금은 아예 집세를 받을 생각도 않고 또 아직까지 집세를 내줄 형편에서 못 벗어난 상태다. 필자가 사는 집을 사들였을 때 용꿈을 꾼 적이 있는데, 지금 와서 생각해 보니 그게 의미가 있는 꿈이였던 것 같다고 귀뜸도 해주었다. 이런 인연으로 임사장의 선산을 가보게 되었다.

예산에 여기저기 흩어져있는 묘를 전부 둘러보게 되었는데 훗날 아버지와 양 할아버지 묘만 빼놓고 모두 화장하여 납골묘에 모시게 된다.

근자에 흩어져 있는 조상들의 묘를 파묘하여 화장을 하여 납골묘에 안치하는 것이 대세이다. 산천에 무질서하게 묘지로 가득 차는 것도 예방도 할겸 매우 좋은 풍습이라고 할만하다. 그런데 여기서 조심할 일이 있다. 납골터도 잘 선택하라는 것이다. 생기 있고 밝은 곳에 터를 잡으라는 얘기다. 충분한 이유가 있으니 하는 말이다. 또 한편으로는 흩어져 있는 여러 조상들의 묘를 한 장소에 나란히 계단식으로 조성하는 예도 흔히 있는데 지극히 말리고 싶은 일이다.

사람의 눈으로는 질서정연하여 보기 좋을지 몰라도, 이 자연 산천은 사람의 생각과는 전혀 다른 진리에 있기 때문이다. 산소는 보기 좋으라고 치장이 목적이 아님을 알아야 한다. 위험하고 조심해야 할 풍습이다. 모두 화장하여 좋은 터에 모아 놓은 것만 못하다.

임사장 사람 됨됨이 명당을 쓸 정도는 될 듯 싶어 여가가 있을 때 전라도와 경상도의 명지 순례를 해보았다. 전국 처처에 맺힌 대혈 들이 임자를 못 만나고 있음에 몇군데를 선정하여 돌아본 것이다. 그러한 시간들은 명당에 대한 이해를 어느 정도 할 수 있는 계기가 될 수 있었다. 이러한 과정을 거쳐 예전에 봐 두었던 어느 한 곳의 상제봉조 형의 대혈을 천거하니 쾌히 승낙을 했다. 이렇게 해서 필자 처음으로 초대형의 대혈에 임자를 정해주게 된다. 이렇게 결정을 하고 터가 구해질 때까지 기다리며 새해를 맞이하니 그때 벌써 하늘이 감응을 했는지 음력 설날 아침 임사장이 꿈을 꾼 얘기를 들려준다.

꿈에 상여가 나가는데 상여가 보통 상여가 아니더란 것이다. 왕조 시대에 왕이 나갈 때 쓰던 상여가 보였는데, 그 크기와 화려함에 놀랐으며, 그 전후에 셀 수도 없이 수많은 사람이 줄지어 있더란 것이다.

필자는 생각한다.

이 역시 정해준 인연이었구나. 애초에 필자가 살던 집을 취득한 때부터 이미 숙명적으로 만나야 될 사람을 만났고, 이렇게 대혈에 임자로 정해짐도 이미 정해진 프로그램 일수도 있음을 안 것이다. 이 가문에는 권리와 의무가 따를 수밖에 없다.

그로부터 석 달 후에 날을 정하여 이장을 했다. 이장을 하면서 임사장에게 단단히 일렀다. 일이 끝나면 꼭 제를 정성을 다해 지낼 것을 일렀다.

왜냐면 이는 대 자연에 대한 예이다. 필자가 비록 풍수에 몸담고 있으나 저 높은 곳에서 볼 땐 심부름꾼이다. 비록 명당의 운기가 되어 쓰게 되었지만 천하의 대혈을 얻어 쓰게 됨은 선택받은 가문이라 할 것이다. 응당 그 감사함을 하늘과 땅에 표하게 됨은 당연한 것이다.

일을 무사히 마치고 몇 개월이 지났는데 3개월쯤 지났을까? 어느 날 임사장 하는 말이 엊저녁 꿈에 돌아가신 아버지한테 무지막지하게 얻어맞았다는 것이다.

꿈에 아버지가 보이는가 싶었는데 다짜고짜 아무말 없이 따귀를 때리는데 사정없이 맞았다는 것이다. 아무 잘못도 없는데 왜 때리느냐고 했는데도 소용없더란다.

깨고 보니 꿈이었는데 그때까지 얼굴이 얼얼하더란 것이다.

거참 딱 부러지게 말할 수 없는 알듯 말듯한 기묘한 꿈이다. 임사장의 부친 묘소는 약한 냉혈이 흐르는 수맥터인데 혹이나 할아버지만 이사시키고 나 몰라라 한다고 노여워서 그런 꿈을 꾸었나 싶기도 하고…. 무언가 못마땅해서 그런 내용으로 보여준 것 같은데 정확히 알 수가 없다.

아버지도 편안한 곳에 모셔야 되겠다는 맘은 갖고 있으나 지금 시기를 조율하고 있는 중에 있어 때를 기다리고 있는 것뿐이다.

또다시 그로부터 1~2개월이 지날 무렵 어느날 임사장이 이번엔 얼굴 가득 회색이 만연한 모습으로 나왔는데, 어제 있었던 일을 이야기한다.

이전에 아버지한테 얻어맞은 꿈의 내용을 알았다는 것이다. 어떤 경로로 알았는지는 알 수 없지만 그만의 특별한 감각으로 알았을 것이다. 그리하여 어제 평소 다니던 절에 가서 제를 정성껏 지냈다고 한다. 어리석음을 용서하는 마음과 감사의 마음을 담아 예를 갖췄다 한다.

"아니 그럼 이제까지 제를 지내지 않았었단 말입니까?"

양 할아버지를 혈에 안장하고 곧장 대자연에 대한 고마움의 표시로 예를 갖추라 일렀는데 소홀이 듣고 실행하지 않았던 것이다.

그에 대한 괘씸죄로 빨리 알아차리라고 꿈에 부친이 나타나 호되게 혼을 내준 모양이었다.

아무리 꿈이라지만 가볍게 흘려버릴 내용은 아닌 것 같다.

이 대지가 이 산천이 단지 흙과 바위덩어리의 무기물이 아니란 실증인지도 모른다.

필자는 이전부터 이 우주를 이 산하를 생명체로 보고 있다.

살아 숨쉬는 생명체가 아니고서야 절묘한 법과 질서가 존재할 수가 없기 때문인 것이다.

뉴턴이 사과가 떨어지는 지극히 당연한 현상을 보고 중력의 법칙을 발견했다.

당연히 일상에서 일어나고 있는 자연적인 현상이었기 때문에 무지한 인간들은 이 무형의 공간에 그러한 법칙이 존재하는 줄 몰랐던 것이다. 그것이 눈에 보이는 형상도 아니요, 손에 잡히는 물건도 아니었기 때문이다. 때로는 이렇게 수많은 인간들 중에서 가끔은 걸출한 바보가 나타나 인류에게 의식을 깨우쳐주고 있다는 것을 우리들은 알아야 한다.

임사장은 계속 이어서 말을 하는데, 예를 갖추고 나서 하룻밤을 지내니, 그러니까 오늘 아침이다. 꿈을 하나 얻었다는 것이다.

이야기를 듣고 보니 수 개월전 양 할아버지를 이장한 후 즉시 얻었어야 될 꿈을 이제서 얻어낸 것이었다. 그동안은 무주공산 이었던 것이다.

우리들의 조상들은 풍수지리의 이치를 다음과 같이 해석하기도 했다.

즉 사람이 죽으면 혼령이 빠져나가 주인 없는 무령의 신체가 되는데, 이 주인 없는 무령의 신체를 땅에 매장을 하면 지령이 깃든다고 했다.

대지를 이 자연 산천을 령이 깃들은 신성한 존재로 인식 했던 것 같다.

이 지령은 곧 유골과 같은 동질의 유전자를 가진 자손들에게 에너지 파동으로 전달되어 삶에 절대적으로 영향을 준다고 믿었다고 할 것이다.

필자가 여러차례 경험을 돌아봐도 대지의 지령은 인간의 정골에 유전자적 영성의 영역까지 유기적인 영향을 미치고 있다 보아야 할 것이다.

임사장은 조물주가 창조한 한평의 대혈을 얻은 고마움을 늦게나마 제라는 형식을 빌어 표했는데, 그 날 저녁에 즉시 발음을 보았던 것이다.

하늘과 땅으로부터 아니 어찌 보면 이 우주 삼라만상의 뿌리로 부터 응답일 수도 있다.

이후로 임사장은 본인의 가내에서 일어나는 생활상을 알게 모르게 되돌아 보는 습관이 생겼다고 한다. 명당에 쓰기 전하고 쓰고 나서 그 이후하고 비교 분석해보면 조금씩 조금씩 변화되는 것을 느낀다고 한다. 발복을 받기 시작한 것이다.

그 힘으로 2년이 지난 어느 날에 아버지마저 길지에 이장을 하니 축복받은 가문이라 할만하다.

> 후기

조빈석부(朝貧夕富)는 실제 있는가?
아침에 장사 지내면 저녁에 부자가 된다는 터

풍수서를 보면 조빈석부 라는 명당이 존재 한다고 기록되어 있다. 이런 명당에 묘를쓰면 아침에 빈궁 했어도 저녁이면 부자가 된다는그야말로 꿈같은 명당이다.

필자도 이 같은 풍수매력에 빠져 이런 멋진 명당을 만나보려 무던히도 산천을 헤매였다.

처음 풍수를 대할 때도 이러한 명당에 대하여 의심하는 마음은 조금도 없었다.

명당을 써서 실제로 조빈석부가 되기야 하련마는 다만 발복이 급속히 일어날 꺼라고만 애둘러 믿고 있었다.

본인이 명당을 써준 사람 중에 이에 비견되는 일이 있어 소개하는데 판단은 독자 여러분이 내려야겠다.

다름 아닌 전자에 소개된 삽교에서 만인정미소를 운영하는 임사장 댁이다. 조부를 혈에 모실 무렵이 정미사업 25년차 였었다.

이때 까지만해도 일 년 매출이 2억대 가 된다는 것을 어렴풋이 알고 있었다. 정미사업 처음에는 일천 했지만 부지런히 일에 몰두하여 25년 동안 2억대 까지 끌어올린 것이다.

그런 와중에 조부를 혈에 모시고 5년이 지날 즈음(2013년) 어느 날 임사장을 만나서 이런저런 얘기를 나누는 중에 깜짝 놀랄만한 얘길 듣게 되었다. 지난해에 매출이 55억 정도 올렸다는 것이다. 입이 무거운 임 사장인데 농으로 말 할 사람이 아니라서 경의에 찬 눈으로 임사장 얘기를 듣고 있었다.

정미소 사업을 25년 동안 부지런히 일한 댓가로 일 년 매출 2억 대까지 끌어 올렸는데 명당을 쓴 후 4년 만에 수 십 억 대의 매출은 기적과도 같은 소식으로 들렸다. 20배가 훨씬 넘는 30배에 가까운 수치다. 정말 명당을 써서 그 발복 으로 그리 되었을까 하는 의구심이 일어날 정도이다.

풍수 이기법 에는 혈의 정면 앞에서 물이 굽이굽이 흘러 들어오는 형세이면 조빈석부의 길지가 된다고 했다.

이때 물이 흘러오는 방향이 동서남북 중 하나가 되어야 하는 조건이 있다. 그런데 임사장의 조부묘가 이에 해당 되었던 것이다. 오좌자향, 즉 정북향인데 멀리 북쪽 방향에서 큰 냇물이 굽이굽이 흘러 들어 오는 형세인 것이다.

이러한 격국을 갖춘 명당은 전국에서도 드물다.

필자도 임사장댁 가문을 남다른 사례로서 유심히 관찰하고 있는데 명당을 쓰고 난 후 를 살펴보면 임사장 댁에 흥미로운 점을 알 수 있었다. 신기하게도 그 정미소에서 나온 쌀로 밥을 하면 밥맛이 월등히 좋다. 밥을 하면 기름지고 풍미가 좋으며 향이 좋으니 밥맛이 좋은 것이다. 그 전에는 별 의미 없이 그 집 쌀로 밥을 해 먹었는데 그때는 맛있다 라 는 것보다 정미소에서 금방 도정한 쌀이니 신선한맛이거니 할 정도였다. 처음에는 인근에서 벼농사 재배하는 재배지가 간석지 뻘 이라서 좀 나은편이라 생각했었다. 그러자 어느 때 부터인가 밥맛이 좋다는 걸 알아채고 시기를 추적하니 조부를 명당에 쓰고 난 후인 걸 안 것이다. 아마도 4년이란 짧은 기간에 30배에 육박하는 폭발적인 매출증가원인은 따라주는 운과 함께 밥맛 좋은 쌀 때문이 아닌가 하는 생각이다.

그런데 임사장 댁은 또 하나 특별한 점이 있다. 정미소가 앉은 터이다. 정미소 공장 터도 연화부수(蓮花浮水)라는 혈처였던 것이다. 임사장이 정미업을 하기 이전에 다른 사람이 운영 하고 있었지만 그 때는 발복을 받지 못했던 것이다. 소위 운이라고 하는 것이 먼저 사장한테는 따라주지 않았다고 봐야겠다.

임사장의 조부가 혈에 안치 되면서 발생한 동기감응이 연화부수 명당 혈의 기운에 촉매제 역할을 하여 상승효과로 이어졌다고 볼 수 있다.

이러한 천지자연의 절묘한 기운들은 벼 낱 알갱이가 임사장의 정미소를 거치기만 하면 밥맛 좋은 마법의 쌀로 바뀌는 것이리라.

독자 분들은 이 상황을 조빈석부(朝貧夕富)라 부를만한지 궁금한 마음이다.

멀지않은 훗날 많은 인물과 함께 부귀복록이 무궁한 명 가문이 될 것이다.

[후기]

세계에서 제일가는 명 가문으로의 길
겹치는 우환의 원인은?

　전편에서 모친을 혈에 이장하고 가족들의 손마다 하늘에서 찬란하게 내려오는 빛 덩어리를 받았다는 꿈을 꾼 가문의 후기이다. 이번에는 부친이 작고하게 되어 부인 옆에 나란히 모시게 되었다. (2013년경)
　다행이도 드물게 혈이 넓어서 두 분을 모시기에 부족함이 없었던 혈처였다.
　일을 마친 후 며칠이 지난날에 예산군청에 다니는 최 계장을 만나 얘기를 들어보니 장례를 모신 후 3일째 되는 날 아버지가 꿈에 나타나 "고맙다"라고 말을 전한 후 꿈에서 깨어났다고 한다.
　어느 경우 였던 혈에 체백을 모시면 그 혈의 역량에 맞는 상징적인 꿈을 꾼다. 그런데 이번에는 좀 독특하다는 생각이 들었다.
　꿈에 망자가 직접 나와서 자손에게 "고맙다"라는 뜻을 전한 예는 처음 들어봐서 그렇다.
　좋은 장소에 음택을 정했다는 고마움의 표시는 분명하지만 여러 가지를 생각하게 하는 꿈의 내용이다.
　그러던 중 며칠이 더 지난 후 최 계장이 또다시 들려주는 꿈을 듣게 되는데,
　"어쩌다 보니 살고 있던 집에 불이 크게 일어나더니 재만 남아 흔적

도 없이 되어 가족들과 함께 다른 곳으로 가는데 어느 사람을 만나 집에 불이 난 경위를 얘기하고 있는데 하늘에 상서로운 기운이 가득하여 보니 명가문의 기운이더라, 그런데 이 명가문의 기운은 세계에서 제일가는 명가문의 기운이라고 했다. 이 상서로운 기운이 본인의 가족들 몸에 뒤덮는 꿈을 꾸었다"고 했다.

내용이 가관이였다.

굳이 전문가의 꿈 해몽이 필요 없는 내용 이였다.

필자는 생각하기를 대혈에 모신 격에 맞는 꿈을 꾸었구나 라고 확신 했다.

최 계장 댁의 가문에 축복이요 영광이 되겠다 싶다.

다음세대 이후에는 이 가문에 꽃이 피는 건 명확관화 한일인데 아쉽게도 볼 수가 없구나.

필자가 혈에 모신 후 그 가문의 꿈의 후기를 글에 남기는 큰 이유가 있다. 이 대지와 사람의 정골은 상호 불가분의 관계에 있다.

이런 관계는 사람의 정골이 대지에 묻히면 거의 대부분 묻힌 상황에 따라 그 자손들에 신호를 보내는 것이 자연계와 영혼과의 상호 작용으로 초자연적으로 발생하는 룰이 아닌가 한다.

이러한 현상을 참고하여 풍수지리에 속지 말라는 의미로 꿈의 후기를 밝히는 것이다.

풍수계 에도 사기성이 다분히 많은 곳이다.

거창한 문자를 자주 쓰거나 화려한 달변가, 명당이라는 용어를 자주 쓰는 인사, 화려한 직함 모두 조심할 필요가 있다.

장후 꿈 내용이 찜찜하던지 흉몽이라고 느껴지면 그 터는 좋은 터가 아닐 확률이 99%다.

명당이란 말에 속지 말고 풍수지리에 속지 않기를 당부 드린다.

다시 본론으로 돌아와 최 계장으로부터 상서로운 얘기를 들은 후 세월이 흘러 4년이 지난 작년(2018년) 최 계장으로부터 불길한 소식을 듣게 된다.

본인이 갑상선암 수술을 받고 큰 형님이 폐암말기 이며 여동생이 척추에 큰 부상을 입어 거동이 불편한 지경이라는 소식을 들려준다. 갑자기 큰 우환이 쓰나미 처럼 몰려 온 것이다.

형제들은 혹시 묘를 잘못 써서 그런가 하는 의구심을 내고 있다 한다. 필자도 당혹스럽긴 마찬가지인데 원인을 알 수가 없었다.

대개 이런 일에는 선조의 산소에서 발원되는 것이 대부분인 것을 알기 때문에 의심이 가는 것이다.

그러나 뾰족한 묘안을 찾지 못했다.

그러는 동안 최 계장은 암수술을 무사히 마쳤는데 그때 지인이 조부 묘가 이상이 있다는 말에 그제 서야 16년 전 쯤에 조부 묘가 불길하다고 필자가 감평한 기억이 떠올랐다.

그동안 무심 했던 것이다.

부랴부랴 모실 터부터 찾아보니 부모님 묘소 옆에 혈이 또 있음을 알고 날을 잡아 옮겨드리니 작년(2018)11월이다.

그때 60년 된 조부 묘를 파묘해보니 유골은 삭아서 거의 없어지고 젓가락 길이의 뼈 몇 개만 남아 있었다.

남아있던 뼈와 뼈골이 녹아 있는 흙을 소급하여 함께 혈처에 정성껏 모시게 되니 아쉬움이 많았다.

일찍 깨닫지 못한 아쉬움이 많은 일이였지만 그래도 지령(地靈)의 기운은 어김없이 발호를 하기 시작했다.

그즈음 큰형님은 폐암말기 수술을 하고 일 년여 휴양 중인데 다시 머리로 암이 전이되어 머리 수술을 막 끝낸 참이었다.

그러나 수술은 끝났지만 여러 날 깨어나질 못하고 의식 없이 손가락 하나 움직이지 못하는 상황이라 장례치를 마음의 준비를 하고 있었다.

그런 와중에 있던 참인데 얼마 남지 않은 조부의 유골이나마 혈에 모시니 기적은 시작됐다.

그날부터 몸에 기운이 돌기 시작하며 의식이 돌아오고 조금씩 움직이기 시작 했던 것이다.

글을 쓰는 지금까지도 경제활동은 못하지만 실생활은 건강하게 무리 없이 하고 있다는 소식이다.

가정에 불길하고 흉한 일이 연속되거나 무거운 우환이 계속 될 때 선조의 산소를 점검해보는 지혜가 필요하여 사례를 든 것이다.

요즘 방송에서는 선천성 질환이나 기형의 어린이를 돕는 홍보 광고가 자주 나온다.

여기에 눈여겨 볼 점은 이들은 대부분 불우한 환경에 있다는 점이다. 부유한 가문에서도 있기는 해도 극히 희소하다.

이런 상황의 근본적 이유는 선친들의 산소 터 혹은 집터의 영향이 절대적이다. 그러함에 불우한 환경은 끊기질 않고 대물림 한다.

혈처에 둥글게 구덩이를 만든 모습

60년 된 조부 묘에서 남은 유골이다. 혈처에 안치한 모습이다.

풍수지리의 전수(傳授)는 없다

　풍수학적으로 묘소의 극적인 변화가 없는 한 가난은 가난을 낳고, 부자는 부자를 낳을 수밖에 없는 것이 이 자연계의 질서이다. 이러한 자연의 질서는 우리가 인정하기 싫지만 엄연한 현실이다. 그런데도 아이러니하게도 우리의 법치는 부자의 세습을 불경스럽게 보는 것이 현실적인 시각이다. 상대적으로 보면 가난의 세습도 막는 법률도 만들어야 되는데 부자의 세습만을 막는다면 자연의 질서에 반하는 것이다.

　차라리 부의 세습을 인정하고 세금을 더 걷으면 될 텐데 말이다. 풍수학적으로 본 필자의 개인생각이다. 부의 세습은 법률로 막지 않아도 자연도태 될 수 있는 것이 이 자연계의 질서이다. 반복되는 이야기이지만 여기 극명한 실례를 들어 보겠다.

　박정희 대통령하면 떠오르는 것이 경제개발의 기수인 것은 일반적인 국민들의 생각이다. 그 경제개발시대에 대기업 트로이가 있었으니 삼성, 현대, 대우이다. 그 중에 대우의 예를 한번 들어보자. 명문가를 예를 드는 것은 풍수학의 맹점에 큰 교훈이 될 수 있기에 택한 것이다. 당시 현대와 대우의 기적 같은 융성은 국민들에게 하면 된다는 긍정적인 힘으로 작용했다.

　그렇지만 대우는 곧 다른 길을 가기 시작한다. 대우 그룹 김우중 회장의 모친이 1981년 3월에 작고하여 태안군 인평리에 안장된다. 사실상 대우가의 기울기는 이때부터 시작됐다고 보아야 옳다. 우리가 이러한 예에서 얻는 교훈은 혈은(명당) 금력과 권력의 힘으로도 얻어지는 것이 아니란 것이다. 모두 당대에 명망 있는 풍수가에게 의뢰를 해서 터를 잡은 것은 자명한 일이다. 그런데도 왜! 무엇 때문에 이런 결과가 나오는가 말이다.

이 같은 예는 우리 주변에 흔하게 볼 수 있다. 이는 현재 우리가 강단에서 배우고 있는 풍수학이 모순과 한계가 있음을 인정해야 함을 말해주고 있다. 더 심한 표현을 한다면 현재 우리나라의 대부분 강단에서 배우는 풍수지리의 실체는 전국산천에 존재하는 혈(명당)을 보호하는 역할을 하고 있다. 길지인 명당을 찾아 쓰고자 배우는 풍수지리 학문이 아이러니하게도 명당을 알지 못하게 꽁꽁 숨겨놓는 배움의 장이 되고 있는 것이다.

이러한 풍수학의 현 주소는 천여 년 동안 이어온 풍수지리의 역사에서 찾아볼 수 있다. 풍수역사를 뒤돌아보면 도선국사 이후 천 백 년 동안 풍수지리에 능통한 분들이 다섯 손 가락을 꼽기가 채 안될 정도로 실낱같이 이어져왔다.

이렇게 몇 백 년 마다 한번 씩 풍수지리에 능한 분들이 나와 끊어질 듯한 풍수의 맥을 이어오고 있는데, 그 분들은 한결같이 풍수학의 비밀을 후학에 전수하질 않았다는 것이다. 왜냐하면 풍수지리의 진수는 남에게 가르쳐서는 안 된다는 것을 스스로 깨달았기 때문이다. 그런데도 불구하고 신기한 일은 풍수의 맥은 오늘날까지 알게 모르게 그 진수가 이어지고 있다는 현실이다. 이러한 풍수지리의 비밀스러움은 오늘에 이르러 풍수의 오남용으로 사용될 확률이 훨씬 앞서게 하고 있고, 이러한 풍수의 현실은 또 미신, 잡술 등으로 비춰질 수 밖에 없

으며 실제로 그러한 대접을 받고 있다

이러한 풍수지리의 얼굴은 앞으로도, 또 앞으로도 이렇게 이어나갈 수밖에 없는 환경에 있다. 풍수지리의 이러한 구조는 이 시대에 풍수지리의 스승은 거의 찾아볼 수가 없는 것이 오히려 자연스러운 현상이기도 하다. 지금도 풍수에 능한 분들이 있다면 그 분들은 세상에 얼굴을 디밀지 않고 있음을 헤아려야 한다.

세속의 명함에 직함에 현혹되지 말라는 소리이다.

이씨조선 오 백 년 동안 28명의 왕들은 논리적으로는 모두 명당에 들어갔어야 옳다.

그러나 유감스럽게도 혈(명당)에 적중한 왕은 한 분도 없다는 것을 알아야 한다. 이러한 사회 상위 지도층에 대한 풍수혜택의 흐름은 옛날이나 지금 이 시대나 별반 다를게 없는 것이 어쩌면 우리가 사는 세상의 순리가 아닌가 하는 생각이 들게 한다. 따라서 故박정희 대통령 내외분 묘소나 대우 김회장의 모친 묘소들을 바라보고 있노라면 풍수지리의 허망함으로 살아 생전의 남겨진 덕망은 온데간데 없고 눈을 씻고 찾아볼래야 찾아볼 수가 없다. 이러한 실상은 그대로 살아있는 자손에게 영향을 주어서 망자의 고통과 살아있는 자의 고통은 동기감응 바로 그것인 것이다. 이 동기 감응이 현실은 지구상 어느 종교의 전능한 힘으로도 구원의 대상이 되질 못하는 것이다.

풍수이론의 허점(삼성의 고 이병철 회장 묘소)

풍수이론은 산천의 흐름과 최종적으로 혈을 맺을 때 까지 의 과정을 글로써 표현 가능한 최대한의 지식으로써 배우고자 하는 이에게는 반드시 알아둘 필요가 있다.

그런데 풍수이론에 너무 따르게 되면 더 큰 문제는 이때부터 생긴다. 왜냐하면 혈이 맺을 수 없는 곳에서도 이론으로서 교묘히 꿰맞추기 때문이다.

그 한 사례로서 오늘의 삼성을 일으킨 고 이병철 회장의 묘소를 살펴본다.

당대 최고의 풍수명망가를 초빙해서 터를 잡았을 터이다.

풍수지리학의 논리적 해석은 이론이라는 학문으로 태어났지만, 이론적 학문은 풍수의 진리를 다 담을 수 없는 한계가 있을 수 밖에 없다.

이러한 사례는 이론적 학문이 완벽하다 해도 대지의 성정을 깨치지 못하면 한낱 허구로 가득 찬 학문으로 변하는 것이다.

산천의 말없는 성정을 읽어내지 못한 채 터를 정하면 대살을 범하기 십상이며, 이러한 사례는 가문 전체를 패망케 하여 세인들에게 풍수의 불신을 초래케 하는 것이다.

풍수지리의 난맥상이라면 이론적 학문도 중요하지만 수많은 자연과의 접촉을 통하여 산천의 성품을 안력(眼力)으로서 해독해 내야만하는 것이다. 우리 한국의 현대사의 큰 획을 그었던 故 박대통령과 재계의 삼성, 현대, 대우 등의 일세대는 무대에서 사라지고 있다.

주변 사람들에게 물어물어 알아보니 용인의 에버랜드 안에 안장되어 있다 해서 2009년 봄에 방문의 기회를 가졌다.

현지에 도착해보니 참말로 깨끗하고 품위 있게 단장되어 있었다. 고인에게 예를 갖추니 경제개발의 전면에 서서 한국의 위상을 세우기에 초석이 된 시간들이 벌써 옛 시대로 가는 듯 향수를 느낀다.

필자가 듣기로는 故 이회장은 기업을 일으키면서도 동양철학에 많은 시간을 할애하여 기업 운영에 많이 참고를 해왔다고 들어서인지 잘 정돈된 묘소 주변에 일단은 안도를 하는 마음이 생겼다.

이회장의 묘소는 박대통령 묘소나 대우의 김우중 회장의 모친 묘소와는 그 격이 달랐다. 외견상으론 풍수이론상 거의 흠잡을 데가 없을 정도로 거의 완벽에 가까웠다. 안대는 백호안이 되어 병풍처럼 기막히게 장막을 쳤고 수구도 잘 짜여 져 있어 저 정도면 합격점이다.

더구나 수구에 조그만 저수지까지 인위적으로 만들은 듯 갖춰져 있고, 청룡방의 산세들도 조밀한 편이며 그 격국은 대지는 못되지만 그래도 명망있는 가문의 묘를 보던 중 제일 좋았다. 그런데 자세히 살펴보니 우려했던 것이 드러나기 시작한 것이다.

묘소가 들어있는 내룡이 문제였다. 입수처를 일부러 인작으로 만든 흔적이 보인다. 살아있는 용맥의 입수 처와는 그 형상이 너무도 차이가 났는데 문제는 내룡의 용맥은 참되지 못하고 병들어 쇠잔하며 비천한 용맥 이였던 것이다.

흘러나온 용맥의 주산 자체가 힘을 모아두는 형상이 못되었다. 무기력한 주산이다.

이러한 힘없는 주산에서 흘러나온 내룡을 살펴보니 역시 무기력하고 힘이 없어 용맥이 실하지 못하고 기울어져 그 형상이 온전치 못했던 것이다. 지기없는 부실한 용맥 이니 입수 처를 생기 있는 듯 가공으로 만든 것이다.

풍수학에서 말하는 소위 병들어 쇠잔해진 병룡 이었던 것이다.

이 역시 우리나라의 현재 풍수의 현 주소를 보는 것 같다. 우리 한국의 현대사의 명망 있는 가문에 있는 분들의 묘소가 무엇 때문에 왜 한결같이 이러한가? 씁쓸한 탄식이 나온다!

우리가 누리고 있는 이 대자연은 그 자체가 생명체다. 살아있는 생명체이기 때문에 역설적이게도 사룡도 있고, 병룡도 있고, 비천한 룡도 있는 것이다. 내룡의 용맥이 병들어 힘이 없어 비천해졌으니 자연적인 순리대로 힘(지기)이 없어 수기(水氣)가 동산 전체에 꽉 차있어 묘소 그 아래까지 온통 물밭 으로 되어 있었던 것이다.

이는 병들어 죽어가는 사람을 뉘어놓고 관상을 보는 격이다. 주변사격이 아무리 좋아도 아무 의미가 없다는 이야기이다.

이러한 용맥은 지나가는 호룡에 불과하여 기운이 모아지지 못하여 혈을 맺을 수 없는 용맥 이며, 지금 故 이회장의 체백은 차가운 냉기가 (물)들었다 빠졌다 하니 역시 아주 험한 상태로 검게 변하여 지하에서 혼백은 고통을 받고 있는 것이다.

또 한편 놀라운 것은 좌향을 보니 살인황천을 범해 엎친데 덮친 격이다.

중국에서 건너온 "천기대요"라는 지리서에서 쓰는 향법이다. 항간에서 들을 수 있는 우리나라에서 인재가 나는 것을 막기 위해서 좌향법을 틀리게 바꿨다는 설을 뒷받침하는 현장이다.

즉 우선수에 손사파에 자좌오향이다.

올바른 고서의 글을 인용하면 왕거충생(旺去沖生)이므로 유재무손(有財無孫)이라 전하고 있는 것이다. 故 이회장의 혼백의 고통은 살아있는 자손의 고통과 일치한다.

가문에 있던 기업에 있던 관재송사가 우연이 아니며, 젊은 성인의 인명피해가 우려되는 것이다. 인명의 피해는 한번으로 끝나질 않으니 무엇으로 막을 것인가? 이곳은 풍수이론에 충실했으나, 살아있는 용맥을 가릴 줄 몰랐던 것이다.

풍수지리의 해악이 또 한번 고스란히 묻어난 현장이다. 재앙 중에 제일 큰 재앙은 인명피해이다. 자손이 살아있을 때 재물도 있고 명예도 있는 것이다. 땅은 이해도 없고 용서도 없고 타협도 없다. 써진대로 나타나게 되는 것이 자연의 순리이다.

마지막으로 현대의 故 정주영회장의 묘소는 하남시 현대농장에 안장되어 있다 들었으나, 들어갈 수가 없어 상황을 모른다. 그러나 멀리서 검단산 산세를 관망해보니 생기가 있는 용맥이 전혀 눈에 띄질 않는다. 혈을 맺을 수 있는 산세가 아니며 그저 최소한 수맥이라도 피했으면 하는 바램이다.

풍수지리가 모든 이에게 다 올바르게 사용될 수는 없을 것이다. 풍수를 잘못 이용하는 인연도 잘 만나는 인연도 어쩌면 그 자체가 자연의 순리일지도 모른다.

명문가가 사라지고 빈천한 가문이 명문가로 떠오르고, 밭고랑이 이랑이 되고 이랑이 다시 밭고랑이 되듯 말이다. 그래서 역설적이게도 살맛나는 세상인지도 모른다. 현재 우리에게 풍수지리는 믿고 안믿고 하는 단계가 아니다.

풍수지리에서 요구하는 에너지는 우리 몸속 세포 하나하나에 유전인자로 녹아있어 자신도 모르는 사이 심신을 이끌고 가는 것이다.

 풍수지리의 참 모습은 우주만큼이나 한없이 깊고 멀어 그 신비로움을 다 엿볼 수 없다.

 이 우주에는 아직 인간이 시원하게 밝혀내지 못한 질서들이 무수히 많다.

 지구라는 신비한 이 혹성도 예외일 수가 없다. 우리에게 풍수지리는 자연에서 뿜어져 나오는 무한한 에너지를 이용하는 도구인 것이다.

동작동 국립묘지

나라를 위해서 몸을 바친 호국영령들이 잠들어있고, 역대 네분의 대통령이 안치된 동작동 국립묘지를 답산해보자.

필자는 세간에 말도 많은 박정희 대통령의 묘소가 있는 동작동의 국립묘지를 언젠가는 한번 꼭 방문해봐야지 하면서도 영 기회를 잡을 수가 없었다.

평소에 필자의 생각은 동작동에 대하여 썩 좋은 평가는 하지 않았다.

한강이라는 대강이 잠수교 쪽에서 직충으로 치고 들어오기 때문이다.

풍수의 이론으로 볼 때 이러한 형국은 아주 불길한 징조로서 극히 꺼리기 때문이다.

그런데 필자가 실제로 산천을 답산 해 보아도 물길이 반배를 하거나 직충으로 흘러 들어오는 곳은 혈을 전혀 맺지 못하는 것을 실제 몸으로 부딪혀 가며 알아냈다. 우리가 알고 있는 풍수 이론들이 허사가 아니란 것을 안 것이다.

이 뿐이 아니다. 산줄기 너머로 살짝 넘겨 다 보이는 규봉이 있는 곳은 어떤 경우도 혈을 맺지 못한다. 어떤 경우이든 예외는 없다. 설사 규봉이 넘겨 다 보이는 곳에 혈토 같은 우수한 형질의 토질이 있다 해도 그것은 혈이 아니다.

혈을 맺지 못한다는 것은 살기가 와 닿는다는 의미다. 혈은 살기를 무척이나 싫어한다. 풍수이론을 앞세워서가 아니고 실제로 전국 산천을 답산 해보면 이러한 법칙을 한 번도 어긋난 적이 없다. 산맥에 흐르는 지기는 혈을 맺으려 할 때 이러한 살기가 완전히 가려진 곳을 골라서 안착을 한다.

필자가 이러한 현상을 목격했을 때 처음 머리에 떠오른 생각은 혈은 살아 움직이는 생명체와 똑같다고 결론을 낸 것이다.

그저 바위와 흙으로 뭉쳐진 것 같은 산천인데, 그 안에는 인간이 헤아리지 못하는 가공할 법칙이 생명력으로 존재함을 눈으로 알아낸 것이다. 인간의 삶의 방식과 하등 다를 것이 없다.

누구든지 나를 반기고 알아줄 때 그 사람과 친해질 수 있다. 반대로 나를 냉대하고 해를 끼칠 것 같은 사람에게는 가까이 하려 하지 않는다.

이는 혈이 싫어하는 곳은 묘나 집터로서 쓰질 말라는 뜻이 내재되어 있는 것이다.

또 혈이 싫어하는 곳은 곧 흉살이 와 닿는 곳이며 흉지 이니 이런 곳은 사용치 말라는 뜻의 메시지를 담고 있는 것이다.

그러던 어느 때 풍수로 인하여 알게 된 어느 지인으로부터 전해들은 이야기는 사뭇 궁금증과 흥미로운 호기심을 갖게 되었다.

동작동 국립묘지 내에는 이조 중종때 창빈 안씨의 묘가 있는데 그 묘가 괜찮은지 어떤지 한번 꼭 가볼것을 권했다.

언젠가 TV 사극 여인천하에서 등장했던 후궁 창빈 안씨 몸에서 나온 후손들이 선조로부터 시작하여 이조가 끝날 때까지 왕위를 이어 갔다고 한다.

필자는 그 사실에 호기심이 발동했지만 동작동은 한강물이 직충으로 흘러들어오기 때문에 그곳은 혈은 고사하고 생기가 뭉친 곳도 없을 거라 했다.

그러면서도 후궁의 몸에서 나온 자손들이 이씨 조선 끝날 때까지 왕위를 지켜나갔다고 하는 데는 이는 예사 일이 아니다. 인간에게 근원적인 모태가 되는 지령의 발음이 없이는 일어나기 힘든 일이기 때문이다.

필자는 한 가지 가설을 내세웠다. 만약 창빈안씨의 묘가 길지가 된다면 그것은 한강물이 보이지 않아야 가능한 일이라 예측했다. 지구상 어디든지 풍수이론은 똑같이 적용된다. 그것은 자연의 질서이기 때문이다. 그것이 이론이라는 학문적 지식이 되어 풍수의 길잡이가 되고 있지만 그렇다고 이 이론을 무턱대고 맹신하여 아무데서고 대비한다면 이것은 더 큰 오류가 될 수 있다.

2005년 겨울이다.

마침 기회가 있어 동작동엘 가보게 되었다. 말로만 듣던 국립묘지다.

입구에 들어서니 날씨가 그래서인지 스산하고 조금은 음산 한 듯 우중충한 날씨가 그런 분위기를 만들고 있다. 먼저 박대통령 묘소부터 방문하기로 했다. 고즈넉한 길을 따라 묘소 앞 계단까지 와보니 한숨이 절로 나왔다.

무엇 때문에 이런 곳에 있을까? 국립묘지에 들어서면서부터 주변 산세와 흐름을 살피고 올라온 터라 어처구니가 없을 정도다.

벌서 길가에서부터 시작한 수기(水氣)가 올라가는 돌계단을 빛을 잃게 하더니, 묘소에 이르기까지 그야말로 온통 물 밭이다. 아니 물 밭이 당연한 장소였다.

　차가운 물속에서 박대통령과 영부인의 혼백이 육탈도 안 된 채 얼마나 괴로울까.

　이 괴로움의 고통이 고스란히 그 자손들한테 돌아가고 있건만 자연의 이치를 아는지 모르는지….

　필자는 예전 성장기 때에 경제개발 시대를 거쳐 온 새마을 세대다.

　풍수를 제 아무리 안다 해도 내외분께 아무 힘이 되어 줄 수 없는 현실이 무력감을 느끼게 한다.

　인간의 오만과 교만함이 이 한 장소에서 고스란히 묻어나온다.

　이 장소에 인도한 사람은 누구던가? 필시 그 사람은 지식인일 것이다.

　풍수를 이론으로서 무장한 달변가임이 틀림없다.

　그 입은 아무것도 아닌 흉지를 미사어구로 세상에 없는 길지로 둔갑시켜 현혹시키는 마력을 갖춘 사람일 것이다. 국립묘지 경내 중에 최악의 극흉지이다.

　관악산 주 룡 중에 일지 맥이 봉천동과 남현동의 경계를 이루고 있는 산줄기를 따라 이곳 현충원에 도달하여 잠시 그 기세를 멈추었는데, 내룡을 보면 참으로 생기 충만하다.

　그 흐름의 성정을 보면 사당동 뒤편에 수발하게 솟은 봉에서 일지 맥이 좌현으로 뚝 떨어져 살겁 을 벗어 던져 가며 행룡 하여 나아갈 때 이곳 국립현충 원으로 흘러온 것이다.

　용맥 으로만 판단하면 충분히 혈을 맺을 수 있는 기상이 완연하다.

　그런데 아쉽게도 한강수가 잠수교 쪽에서 직충으로 흘러들어오고 있으니 어이 할까나!

그러나 박대통령 묘소 바로 앞에 우뚝 솟은 장군봉이 예사롭지 않다.

박대통령의 묘소의 위치는 이 장군봉을 이루기 위한 최종 과협처 바로 목전에 터를 잡았기 때문에 이런 장소는 전혀 힘을 쓸 수 없는 수기가 등등하며, 아직까지 용맥의 기운이 모아지지 못한 마지막 과협 처의 목전이다.

대개 이런 곳은 토질도 힘이 없고 땅을 파면 삽날에 흙이 묻어 떨어지지 않을 만큼 물기가 많고 그 빛깔은 검고 탁하고, 윤기가 없으며 그 기운은 매우 차다.

더구나 직충으로 흘러들어오는 한강수가 장군봉 사이로 보이고 엎친 데 덮친 격으로 장군봉이 앞에 시야를 가리고 북한산의 칼끝 같은 규봉은 이곳을 내지르고 있으니 그 답답함을 글로서 적을 수 없을 정도이다.

이러한 대지의 조건들은 박대통령 내외분의 체백이 고스란히 남게 하여 육탈도 안 된 채 차가운 냉기 속에서 검게 변하여 만약 파묘를 한다면 그 보기 흉한 모습에 그 자손들은 무관심과 불효에 회한의 눈물을 보일 것 같다.

그 모습이 내 모습이다.

겉치레뿐인 단장이 무슨 소용이 있는가?

한 나라의 최고 통치자의 사후에 대한 예우가 고작 이것이란 말인가.

무지함과 이기주의로 가득한 인간들의 교만함이 묻어나고, 한 가문을 힘들게 하고 있다. 자손들은 부모님이 이곳에서 벗어났을 때 비로소 순조롭게 뜻을 이룰 수 있을 것이다.

풍수는 과학임을 알아야 한다. 그러나 이곳으로 흐른 용맥은 장군봉에 이르러 비로소 모든 살겁을 벗어 던지고 지기를 응축하고 있는 것이 이 촌부의 눈에 잡힌다.

이곳 장군봉의 위상이 예사롭지 않아 정상에 올라보니 거대한 국세가 한 눈에 들어오는데 기이 하게도 귀룡의 행적이 아닌가? 풍수 교과서 같은 용맥의 존귀함을 나타내는 성정을 담고 있다.

거의 본능적으로 이 용맥을 살펴 따라 내려가니 한기의 고풍스런 묘소가 보이는데 가만히 살펴보니 바로 창빈 안씨 묘소이다. 즉 선조대왕의 할머니다. 그 규모가 아담하고 소박함에 놀랐는데, 지형을 자세히 살펴보니 혈이 분명한데 혈에 적중한 것이 아닌가?

국립묘지에 혈이 맺혀 있었다니 기적 같은 일이다. 그때서야 눈을 들어 앞을 바라보니 아! 직충으로 들어오던 한강물이 온대간대 없었고 칼끝 같던 북한산의 규봉도 자취를 감추고 없었다.

그렇다! 이곳에서도 어김없이 풍수지리의 질서는, 아니 대자연의 법칙은 한 치의 오차 없이 적용되고 있었다. 현충원의 경내에서는 한강수가 보이지 않아야 혈을 맺을 수 있다는 소견이, 아니 풍수의 법칙이 고스란히 나타난 살아있는 현장이다.

박대통령 묘소 뒤편에 높은 주봉에서 미끄러지듯 굴러서 마지막 수발한 장군봉을 세우더니 또 다시 사람들의 이목을 피해서 우측 옆으로 뚝 떨어져 흐른 것은 여타 혈을 맺기 위한 행룡의 법칙을 어김없이 보여준 것이다. 일부에서는 장군봉을 안산운운 하는데 참으로 서글픈 풍수의 현실이다.

눈앞에 펼쳐진 격국은 비로서 이 혈처를 향하여 모두 조아리고 감싸고 공읍하고 맞이하니 무결점의 터로 바꿔놓은 것이다.

후궁인 창빈 안씨 몸에서 나온 후손들이 이씨 조선의 왕업을 이어 나갔다는 것이 이곳에서야 그 수수께끼가 풀린 것이다.

이 곳에 터를 잡은 인사 누구인가? 대단한 혜안을 가진 분이었나 보다.

지금 동작동에 쓴 묘소의 흐름을 볼 때 신분이 높으면 높은 곳에 쓰고 신분이 낮으면 낮은 곳에 유해를 안치했는데 실상은 지형적으로 높은 곳에 쓴 인사들은 낮은 곳에 쓴 곳만 못하니 참말로 아이러니가 아닐 수 없다.

현충원 경내에서는 창빈 안씨의 묘소가 있는 용맥 만이 살아있는 생기 있는 맥이다.

관악산 28대 제왕지지 帝자 혈을 찾아서

유산록의 기록을 보면 관악산에 28대 제왕지지가 있다고 소개되어 있다.

대단한 대지임에 틀림없다. 이곳은 당나라 때 어느 인사가 발견하고 전설처럼 전해지고 있다는데 필자에겐 28명의 제왕을 배출한다니 그 위용이 어떤지 일찍이 이 관악산을 방문하려 뜻을 두었었다.

서울 강북에서 관악산을 보노라면 물결치듯 파도와 같은 형상으로 지어져 있어 화기를 머금어 경복궁에 화재를 불러들인다는 일화가 있는 실정이다.

실제로 관악산에 다다르면 암반바위로 드러나 있어 산천의 오행상 염정성에 해당된다고 할 것이다.

이곳에 帝자와 같은 형상의 산줄기가 있어서 이미 혈을 맺기 전부터 제왕의 기상을 품고 흘러가 천하의 대혈인 제왕지지를 결성하였으니 여타 다른 혈들과는 차별을 두고 있는 셈이다. 일부에서는 제왕지지를 논할 때는 그 저의를 의심하여 속되게 폄하하는 사람도 있는 모양이다. 제왕지지를 한번 도 본 일이 없거나, 보았어도 알아채지 못하고 과연 진실일까 하고 의심부터 하는 타입 일 것이다.

이러한 일은 우리의 산천을 놓고 지리학을 연구할 때 근원적인 것을 답습치 못해 일어나는 생각이라고 보아야 한다.

풍수지리학을 연구하는 인사들은 우선 피상적인 학문 즉, 이기론,

형기론, 수법, 향법, 사격 론 등등을 모두 알아야 하는 문제지만 이러한 문제들을 모두 답습했다고 해서 지리학의 심오함을 터득했다고는 할 수가 없다.

풍수학은 진리이다. 학술적인 부분을 알았다고 해도, 지리학의 근원적인 심오함 즉, 창조의 원리를 다소나마 발견하려는 내면적인 노력 없이는 진리에 근접하기가 난해한 것이다.

풍수는 우주 창조의 섭리가 녹아있는 살아 숨 쉬는 학문이다.

그러므로 서 또한 풍수학은 형이상학적인 부분을 그 바탕에 두고 있다.

관악산에 帝자 형식을 갖춘 대혈이 있다는 것도 그 한 예일 뿐이다.

풍수를 연구하는 인사들은 지리학의 근원적인 문제에 접근할 때 우주 창조의 심오한 진리를 다소나마 발견할 수 있을 것이다.

옛 선사들이 우리의 산천을 답산 할 때 산의 형상을 보고 그 기준을 삼았다.

이는 대 자연의 실상을 체득하고 그 안에 녹아있는 풍수학의 조화로움을 발견했기 때문이다.

관악산 정상에 올라 주맥을 따라 걷자면 어느 맥이 주맥인가 하는 문제에 부딪힌다.

즉 풍수지리학의 핵심은 혈이다.

혈을 맺기 위하여 관악산 정상에서부터 그 흘러가는 형상이 다른 여타 용맥과 다른 것을 짚어내야 하는 것이다. 사람의 관상을 보고 쓸 만한 놈인지 부실한 놈인지 가려내는 작업과 같은 것이다. 보통의 산줄기는 일반적으로 산봉이 높고 낮음이 일률적으로 엇비슷하다.

활발하고 변화가 있는 듯 하지만 실상은 맥기가 전혀 흐르지 않는 용맥일 뿐이다.

　여기서 말하는 맥기는 혈을 맺기 위한 지기를 말한다. 물론 모든 산천의 저변에는 지기가 흐르고 있다. 그러나 혈을 맺기 위한 지기는 일반적인 지기와는 그 파동이 다르다.

　여기서 한 가지 실례를 들어보겠다. 한강 이북 즉 강북 쪽에서 관악산을 바라보았을 때 그 형상은 사뭇 물결이 일듯 파도가 연이어 치는 밀려가는 형상을 하고 있는데, 유독 왼쪽 능선에 해당하는 부분이 파도가 연이어 일듯한 형상으로 점점 하강하고 있는 모양으로 눈에 들어온다. 언뜻 보면 그 모양이 생기 충만하고 변화무쌍한 듯 용이 요동치는 듯한 용맥 같지만 이는 실은 혈을 맺을 수 없는 무지맥인 것이다. 그 능선을 따라가다 보면 아무것도 얻어낼 수 없는 그저 산줄기일 뿐이다. 격국을 형상하는 호룡에 불과한 것이다.

　결국 이 산줄기는 청계산 옥녀봉 下 옥녀등공형의 국을 만들어주는 임무를 맡게 된다.

　관악산 정상에서 흘러나온 수십조의 용맥 중에서 혈을 맺기 위한 임무를 띠고 흘러간 용맥은 한마디로 종잡을 수 없이 기복이 심한 용맥이 진맥인 것이다.

　이 용맥을 따라 수 리를 가다보면 한 숨을 돌리고저 일단 갈 길을 멈춘다. 이때까지의 여정을 되돌아 용맥을 살펴보면 완벽한 임금제자(帝)의 형상을 갖춘 것을 알아낼 수 있다. 아득한 옛날 천년이 넘는 당나라 시대에 어느 선사인지는 모르지만 이 관악산에 와서 이러한 사실을 눈으로 확인하고 비전되어 지금 이 시대까지 소멸되지 않고 전래되는 것은 그것이 사실이기 때문이다.

　수도권에서 풍수학을 연구하는 인사가 수없이 많다. 한번쯤 이 관악산에 올라 임금帝자의 용맥을 관찰해 보면 이 대자연속에 보이지 않는 법칙이 존재한다는 것을 피부로 느낄 것이다.

또 한편 이 용맥을 확인했다면 더 큰 어려움에 부딪치게 된다.

혈을 찾아야 하는 문제인 것이다. 일반론적인 이론적 학문으로 혈 찾기에 접근한다면 혈 만나기는 요원할 수 밖에 없다.

누누이 지적했듯이 혈은 사람이 정하는 장소가 아니다.

금맥을 찾아 금을 캐내는 작업과 똑같은 것이다.

혈이 맺힌 곳을 알아내야 하는데 그것은 학문적 논리로는 어디에도 설명한 곳이 없다.

다만 학문적 풍수에서는 어찌어찌 한 곳이라 설명했지만, 이는 이론적인 것 일뿐 막상 현장에 가서는 모두 작위적이 되고 만다.

혈을 맺기 위한 용맥이 최종 도착지에 도달하면 그 곳에서 혈이 맺히는 법칙이 엄연히 존재를 한다. 이것을 이론에서는 혈의 사상이니 하며 기타 등등 설명을 하고 있지만 그 이론은 완벽한 설명이 되질 않는다. 이론은 이론일 뿐이다.

그 대표적인 예가 가야산의 남연군묘소이다.

지금 현재 남연군묘는 가짜이다. 그 안에 남연군의 유골이 없기 때문이다. 남연군의 유골이 없는 이유는 단 한가지, 그 곳이 혈이 아니기에 그렇다.

평평한 암반 바로 밑에 혈이 붙어 있는 것이다. 이런 곳은 봉분도 할 수가 없다.

대원군의 의지가 놀라울 뿐이다. 약아빠지고 의심 많은자 같으면 허락지 않았을 터이고, 지사의 목을 날렸을 터인데 말이다. 풍수상식을 뛰어넘는 곳이라 그런 생각을 해보는 것이다.

관악산에 帝자 혈도 찾아놓고 보니 반평 정도 밖에 안 되었다. 참으로 적은 면적이다. 유골하나 겨우 누일 정도 밖에 안 되는 곳이다.

더구나 놀라운 것은 일반적인 풍수 이론이 닿지 않은 장소에 혈이 맺혀 있다는 사실이다.

이러한 것을 보고 풍수서 에서는 기기묘묘 혹은 천장지비라고 말을 한다.

그렇게 표현할 수 밖에 없는 것이다. 말과 글로서는 어떻게 더 이상 표현할 수가 없는 것이다.

반평 정도 밖에 안 되는 처소이지만 거대한 관악산의 정기가 몽땅 응축된 장소라 그 역량은 천하의 대지라 부르는 것이다.

또 한 가지 경이로운 것은 관악산과 같이 불꽃과 같은 형상을 한 화성을 띈 산 즉, 염정성에서 나온 용맥이 혈을 맺게 되면 농촌에서 쓰는 쟁기 즉 리벽과 같은 모양의 혈이 맺는다고 풍수서 에서 지적했는데, 실제로 확인해보니 그와 일치함에 놀라움을 금치 못했던 것이다.

처음 보는 광경에 그저 놀라움과 감탄감탄! 어찌하여 이런 법칙이 이 자연에 존재하는가! 그저 고개가 숙여질 뿐이다. 우리나라는 지금 인재의 혼돈시대다. 많은 인재가 필요한 지금 지리학을 통해서만이 유능한 인재 배출이 가능하기에 더 많은 관심과 노력을 가져야 될 것 같다.

천년의 고도 경주(서라벌)

　필자가 성인이 되고 의식이 성숙되면서 은연중에 이런 생각이 들었다.
　옛 삼국시대 때 삼국통일을 신라가 아닌 고구려에서 했더라면 최소한 만주벌판은 지금 우리 국토였을 텐데 하고 쓸데없는 망상에 가까운 생각을 하곤 했다. 그런데 지금도 그 생각은 바뀌지 않고 있다. 그냥 그저 역사의 아쉬움에서 나온 생각이다.
　실제 고구려가 왕성한 국력을 좀 더 이어서 신라 백제를 통일 시켰다면 우리나라의 역사는 확 달라졌을 거라 예측할 수 있다.
　그렇지만 생각은 그저 생각일뿐.
　풍수학적으로 예단해보면 고구려의 수도는 신라의 수도인 서라벌만 못했다는 결론을 낼 수 있을 것 같다.
　한 국가의 수도가 차지하는 비중은 그 나라의 앞날에 대한 명운을 가리는 커다란 선택이 될거라고는 아무도 예상치 못할 것이다.
　중국이 땅덩어리는 세계에서 3번째로 넓다.
　이렇게 넓은 땅을 갖고 있으면서도 역사적으로 보면 부침이 많았는데, 그것도 한 왕조가 들어서면 대개 변방의 소수민족에게 왕권을 넘겨주는 예가 많았다.
　거개가 300년도 채 안 되는 왕조가 많았고, 기껏해야 200년 남짓하고 또 몇 십 년 국가를 유지하다 왕권을 넘겨준 예도 있다.

중국 같은 나라에서 하나의 왕조가 들어서면 국토가 넓으니 그 권력도 따라서 더 막강하고 쉽게 약해질 것 같지 않은데, 무슨 이유 때문인지 우리의 왕조 기간보다 짧다.

모두 도읍지의 결함 때문에 나타난 현상이라고 해도 과언이 아닐 것이다. 예를 들면 명 왕조 시대 때 지금의 북경으로 도읍을 옮겼다.

그 후 명 왕조는 청나라에 왕권을 넘겨주기까지 왕조의 기간은 1368~1644년 까지 276년 동안 왕권을 누렸다.

그런데 공교롭게도 청나라도 1636년부터 1912년까지 왕조를 유지했는데, 명나라와 똑같이 276년 동안 왕권을 누렸다.

그렇다면 지금의 중국의 주권은 언제까지 이어질까? 흥미 있는 일이 아닐 수 없다. 중국도 결함이 많은 허허벌판의 북경의 도읍지다.

우리의 고구려의 수도는 가볼 수 없으니 백제와 신라를 정리해 보자.

필자가 사는 지역은 서해안을 낀 서부지방의 산천이 그렇듯 장엄하다 던 가 웅장하여 그 기세 하늘을 찌를듯한 산맥은 좀처럼 볼 수가 없고, 기껏해야 차령산맥의 가야산, 계룡산, 오서산, 성주 산등이 그래도 좀 산세의 규모가 조금 더 돋보이는 정도이고, 그 외는 아기자기하고 유순하며 비교적 정갈해 보이는 산들로 구성되어 있다.

그러다가 풍수에 몸을 담게 되며 자연히 남한 일대를 넘나들다 보니 옛날 신라가 삼국통일을 할 수밖에 없었던 당위성을 보게 된 것이다.

우리나라는 전국토의 70%가 산으로 차지한다. 경부고속도로를 타고 경기도·충청도·경상도를 거치면서 바라보이는 산천경계는 확실한 특징들을 지방마다 보여주고 있다.

특히 경상도 내륙 깊숙이 들어서보면 여타 타도의 산세와는 다른 모습을 보여주고 있다.

산도 높으면서도 거칠지 않으며 웅장하고 그 규모와 세가 흩어짐이 없고 비교적 안정적이며 간간히 큰 산맥들이 나타나 산세가 약해지지 않도록 받쳐주고 있었으며 장엄한 기상까지 갖추고 있었다.

그러면서도 백두대간의 주맥에서 벗어나서 그런지 일단은 거칠고 험한 기운들을 많이 벗은 상태로 그 짜임새가 간결하면서도 조밀하게 조화로움을 갖추고 있음을 볼 것이다.

또 하나 크게 돋보이는 것은 보편적인 인심이다. 인심은 산세를 따라가는 속성이 있다. 흔히들 충청도 인심이 양반기질이 있다고 하여 유순하고 후덕이 상징인양 비춰지고 있지만, 경상도 인심은 필자가 살고 있는 고장에서는 감히 찾아볼 수 없는 인심을 볼 수 있었다.

처음 여행길을 나서게 되면 으레 한 두 번 쯤 길을 물어보는 게 상례다. 헌데 길을 가다가 아무나 붙잡고 길을 물으면 참말로 친절하게도 자세히 가르쳐주는 것이 인상적이었다.

처음 길을 물었을 때는 우연히 친절한 사람을 만났다고 생각했었는데, 후일 물어보는 사람마다 친절함이 한결같음에 놀라움을 금치 못했던 것이다.

친절함에는 남녀노소 구분이 없었다. 자기가 하던 일 멈추고 약도까지 그려주는 사람, 길가 먼 곳까지 배웅 나와 요리조리 가라고 안내하는 사람, 여기서는 여기까지만 일러주지만 그 동네 가서 다시 물어보면 그 다음을 알 수 있을 거라는 등등 몇 분씩 할애를 하면서, 혹은 가면서도 중간에서 길을 잘못 들을까 걱정 염려하는 그 자세들이 길을 묻는 나그네에게는 정말로 시원한 청량음료 같은 상큼한 맛 그대로였다.
　필자가 사는 고장은 어림도 없는 민심이었고, 타도의 민심도 경상도를 따라갈 수가 없었다.
　산세가 그러하더니 사람도 같이 그와 같이 따라가니 어찌 감동을 안 받을 수 있을까?
　경상도 주민들의 이러한 기질들이 그 옛날 신라가 삼국통일을 할 수밖에 없었을 거라는 이유를 본 것이다.
　그러하다 옛 신라 땅 천년의 고도인 경주를 들어가 보고서는 깜짝 놀라지 않을 수 없었던 것이다.
　인류가 지구에 나타난 이후 1000년이란 기나긴 세월동안 왕권을 유지한 국가는 로마와 신라뿐이다. 신라가 경주에 수도로 정한 것은 어쩌면 필연일 것이다.
　신라의 수도 서라벌의 격국은 원국의 형태를 갖추고 있음에 필자는 크게 놀랐던 것이다.
　해변 가까이 있었음에도 그 산들은 그 살이 두터웠고, 곱디 고운 옷으로 다 갈아입었으며, 토함산을 진산으로 하여 수많은 갈래 중 일지맥이 북으로 달리다 천북면 시루봉에서 다시 크게 남으로 회전하여 흐르다 다시 물천리를 끼고 과협을 하면서 소금강산을 세웠는데 이 산이 신라 천년의 찬란한 문화를 꽃피우게 한 서라벌의 주산이 된 것이다.
　여기서 다시 서쪽으로 낙맥 하여 천하의 대혈을 맺혔는데, 그 옛날 신라의 왕궁이 이곳에 지어졌는지는 알 수 없지만, 설사 그 위치가 벗어났다 하더라도 이 에너지의 파장의 영향을 안 받을 수 없었을 것이다.
　지금의 지명은 용강동이다. 지명도 그 격에 어울린다.

지금의 경주 시청은 혈에서 벗어나 있고, 아직 그 혈은 살아있다.

이러한 원국의 격국을 갖춘 곳이 저 한반도의 이북 고구려의 수도에 갖춰졌더라면 지금 약소국의 비애를 몰랐을텐데 하는 아쉬운 망상을 해본다.

경주의 원국론은 자미원이나 천시원 같은 원국과는 그 세가 다르다.

이곳은 그러한 초대형의 원국에는 못 미치지만, 그 격국은 한국가의 도읍지로서는 당시로서는 동양권의 어떤 국가의 수도보다 한수 위인 것만은 확실한 것으로 판단된다.

작은 땅덩어리에서 장보고 같은 해상 왕이 나와 동양의 무역 권을 쥐고 있었으며 신라의 국기는 저 멀리 아랍권까지 영향을 미친 것은 결코 우연이 아니다.

그리고 삼국을 통일까지 시켰던 것이다.

결과로 나타난 것은 사람들의 지혜의 결과물이지만, 실제는 보이지 않은 대지의 기운이 작용으로 찬란한 역사를 꽃피운 것이다. 그것은 시운이며 국운이다.

시운과 국운은 또 개인의 운명은 어디서 오는가? 그것은 바로 대지에서 시작된다.

풍수에 관심 있는 인사 경주에 들르면 용강동 중심에서 주변을 한번 돌아보면 조화롭게 둘러친 수많은 산맥들을 볼 수 있을 것이다. 혹은 병풍 같기도 하고 혹은 대가집 울타리와도 같은 것이다. 이렇게 빈틈 없이 격국을 갖춰야만이 혈을 맺을 수 있고 청룡백호는 없어도 좋다.

여기에 무슨 미사어구가 필요할까 보냐. 안산이 어떻고 조산이 어떻고 주산 현무 등등 풍수용어를 들먹일 이유가 없다.

그저 눈으로 보고 느끼면 다. 필설로 어찌 그 조화로운 그림을 다 그려낼 수 있을까 보냐 말이다.

　그 자체가 진리이기에 그렇다. 형산강은 혈전을 지나서 태고이래 그 정신 변함없이 오늘에도 유유히 흐르고 있으니 서라벌의 분지는 동서가 8km이요, 남북이 10km에 이르는 넓은 시내 전역이 옛 찬란한 영화를 상기시키는 고적이며 종합박물관이 되었다.

2부

청와대 터와
용산 천시원의 풍수지리

천년을 숨겨온 진실
계룡도읍지 천시원(天市垣)

청와대는 경복궁보다 더 흉지다

 청와대의 풍수적 요소는 경복궁의 풍수요인과 궤를 같이한다. 그러나 경복궁은 북악산 기슭아래 평지에 터를 잡은 반면 청와대는 위쪽으로 훨씬 올라가 살기(殺氣) 넘치는 북악산 본체에 터를 잡았으니 살기를 직격탄으로 받는다. 재차 강조 하지만 풍수지리는 추호의 어긋남이 없는 우주정신이 깃든 자연과학의 산물이다.
 다음 보기사진으로 3컷을 살펴보자.

원효봉

위의 사진은 예산 가야산에서 이어 나온 원효 봉이다.
사진과 같이 산봉우리의 형상이 바르며 아름답다.
한쪽이 기울어짐 없이 좌우대칭이 바르게 잘 어울려 수발함을 뽐내고 있다. 이렇게 원효봉이 예쁘게 보이는 인근의 산기슭에서 거주하며 태어난 사람들의 인성은 저 산과같이 정직하고 바른 품성을 갖고 태어난다. 그 증거로 저 원효봉 기슭에서 윤봉길의사가 태어났다.
나라를 위해 내 한 몸 기꺼이 바친 의인이다.

닭제산

저 산봉우리 역시 기울어짐 없이 좌우대칭이 바르며 곡선이 아름답다.
산봉이 단정하고 수발함을 자랑하고 있다.
이 산은 홍성의 닭제산에 있는 산봉이다.
이 산봉우리를 의지하고 그 아래 산기슭에서 사는 사람들 역시 인성이 바르고 정직한 성품의 사람들이 태어난다.
역시 그 증거로 저 산봉우리 기슭에서는 성삼문, 최영장군이 태어났다.
이 두 위인들은 우리나라 만고의 충신들이다.
특히 이 두 충신들의 흥미로운 점은 100년의 시차를 두고 한 집에서 태어났다는 점이다.
지금도 이 고장 사람들은 심성이 정직하고 온화하며 바르다.
풍수지리라는 것이 사람들이 꾸며낸 판타지가 아니다.
거주하는 주변의 산천정기는 본인들도 모르게 몸과 마음에 머금기 때문에 격국과 형상에서 오는 영향을 그대로 받는다.
전국적으로 충청지역, 특히 홍성과, 예산인근지역은 다른 지역보다 국가유공자, 충신, 이 제일 많은 이유가 단정하고 수발한 산세에서 오는 산천정기의 영향 때문이다.

북악산

　알다시피 경복궁과 청와대가 있는 북악산이다.
　독자여러분은 이 사진을 보고 앞에 두 컷의 사진과 어떤 차이를 느끼시는가? 북악산은 보이는 대로 산봉우리가 바르지 못하고 삐딱하게 기울어져 있으며 상당히 거칠고 험하다. 이런 형상은 무엇을 의미 하겠는가? 더구나 그 기슭에 한 나라의 궁궐이 들어서있다.
　자연히 삐딱한 산봉우리같이 정신이 바르지 못한 간신이 나라에 득시글거리게 되어있다.
　나라에 간신이 많다면 어찌되겠는가?
　간신들은 국민들 등에 빨대를 꽂고 정의와 나라를 위해서라는 명분을 앞세우고 교묘히 개인의 영달을 채운다. 순백의 민초들 영혼은 사악한 선동에 넘어가 간신들을 뒤따른다.
　독자여러분, 아니 국민여러분들은 우리 대한민국이 정의로운 나라라고 생각 하시는가?
　항상 불의가 활개 치는 대세에 있고 정의는 그 틈바구니에서 고군분투하는 형세에 있으니 정치개혁이 이루어지지 않는 것이다.
　더욱이 청와대는 경복궁보다 살기(殺氣) 충만한 곳에 있는 관계로 현대사는 과거 이조500년 역사보다 짧은 기간에도 불구하고 다이나믹한 불의(不義)의 정치사로 얼룩져있다.
　여기에 대통령들의 멈추지 않는 비운은 덤으로 자리 잡았으니 얼마나 불행한 일인가?
　이조이후 지금까지 600년 동안 빗나간 위정자들의 비겁하고 속 터지는 정치행위를 겪었으면 됐지 민초들이 얼마나 더 불의를 겪어야 하는가? 선사들의 기록으로 보면 앞으로 5년 전후에 통일이 틀림없이 분명히 온다.
　현재 이대로라면 통일 후에도 정치개혁이란 구호가 반듯이 등장한다. 끔찍한 일이다. 북악산 아래 청와대에서 국정을 돌보는 한 정치개혁은 이룰 수 없다.
　피하라! 과감히 피하라! 북악산아래서 과감히 피하라! 청와대가 북악산 아래서 떠날 때 정치개혁은 자연스럽게 이루어진다. 어디 정치개혁 뿐인가? 국운이 바뀌는 것을……

경복궁과 청와대가 들어선 북악산

　혹자는 경복궁터의 풍수를 말 할 때 인왕산이 백호요, 관악산이 조산이 되고 남산이 안산이 되며 북악산의 당당한 기상은 경복궁이 천하대길지가 된다고 평하고 있다.
　결론부터 말한다면 풍수의 본질도 모르고 풍수에 기대어 아는 척 지어낸 간신배의 모리배와 같은 어불성설의 무지한 궤변이다.
　풍수지리의 정의는 이 자연계에 혈이 존재하기에 그것을 증명하는 학문이다. 혈이 있는 곳에서 보면 청룡백호가 있고 안산과 조산이 갖춰져 있는 등 대자연의 절묘한 질서가 있음을 알고 옛 선사들이 풍수학문으로 발전시킨 것이다.
　또한 풍수지리는 순전히 산천의 겉모습을 보고 판단하는 학문이다.
　풍수의 시작은 산천이 거칠면 거칠게 보고, 부드러우면 부드럽게 보고, 험하면 험하게 보고, 단정하면 단정하게 보는 있는 그대로 보고 느끼는데서 출발하는 학문이다. 산천의 겉모습에는 그 속에 감춰진 속뜻을 알 수 있기에 형상을 놓치지 않고 보는 것이다.
　혈은 어떠한 경우라도 부드럽고 단정 수려한 산기슭에만 천연적으로 창조되어있다. 인왕산이나 북악산처럼 거칠고 험한 산기슭에는 명당이 존재 하지도 않으며 자연의 법칙은 추호의 어긋남이 없다. 길지라고 하는 경복궁풍수는 혈이 존재하지도 않은 곳에서 풍수이론으로 억지로 꿰어 맞춘 논리이다.

관악산은 도적과 강도역할을 하는 산이다(窺山규산)

경복궁에서 전면을 보고 있노라면 오른쪽에 인왕산이 받쳐주고 인왕산줄기가 빨래줄 늘어지듯 평지를 이루며 얕게 흐르다 남산을 세웠는데 남산과 인왕산 사이에 멀리 관악산이 저함한 곳을 채워 주는듯 한 형세로 서있다.

언뜻 보면 남쪽방면의 저함한 곳을 관악산이 절묘하게 배치되어 있어 그동안 경복궁의 조산으로 평가되어 왔다.

본래 조산의 기능적 역할은 혈 앞에 개면되어 있는 방향에 멀리 있는 여러 산줄기가 산봉과 함께 어우러져 혈을 받쳐주는 역할을 하는 산이다.

그러나 관악산은 내 집의 얕은 담장너머에서 당당하게 기치창검으로 무장한 강도가 안채를 농락하는 형세이다.

풍수학에서 말하는 날강도 기능을 하는 규산인 것이다.

그것도 어마어마한 큰 힘으로 안채를 넘겨다보고 있는 형국이다. 이런 형국은 오늘날까지 외적의 침입과 간섭으로 바람 잘 날이 없는 국권에서 벗어날 수 없었던 것이다.

그동안 날강도인 관악산이 조산대접을 받고 있었으니 국정이 어찌 힘들지 않겠는가? 이씨조선이 들어서면서 사대주의가 자리 잡은 연유가 여기에 있다.

청와대의 격국은 둘로 쪼개지고

　이러한 국세는 경복궁에서 볼 때 동대문방향의 멀리 있는 실제의 조산과 관악산의 가짜 조산 중간사이로 남산이 서 있어 격국은 좌 우 둘로 갈라져 있으니 아주 불길한 국세이다. 동대문방향에 멀리 있는 조산은 실제 조산이면서도 옆으로 개면되어있는 관계로 조산역할을 할 수 없는 형세이다. 이러한 격국은 국론이 분열됨을 예고하고 있다.
　이러한 풍수적 요인으로 경복궁과 청와대가 안고 있는 결함을 말한다면, 주산이 기울어져 있으니 나라에 간신이 많아 정의를 세우는 것이 참으로 힘들다.
　산 자체가 거칠어 바위가 험하게 드러나 있어 겁살 흉살의 살기를 벗지 못했으니 정권찬탈의 정변과 함께 국난이 수시로 일어나며, 백호인 인왕산이 청룡보다 기세가 등등하니 장자가 득세를 못하고, 관악산이 강도 산이 되어 안채를 넘겨다보니 왜놈이 침입하고 또 다른 외적이 침입하여 판탕의 난리가 일어나며 아직도 왜놈은 우리를 상대로 전쟁을 일으킬 생각을 버리지 못하고 있으며, 지금도 외세가 우리를 넘보고 간섭하는 형상이니 이씨조선은 아예 사대주의를 국시로 삼았다.
　또 한편 남산으로 인하여 격국이 둘로 나뉘게 되어 국론이 항상 분열되니 망국의 당쟁으로 날이 새고 날이 진다. 현재도 이러한 살기는 변함없이 작용하니 정치력은 이조시대의 당파와 다름이 없고 주변 강대국들의 세력 다툼이 발호 할 때는 세론가 들은 구한말의 혼돈의 시류와 같다는 논조를 반복하고 있다.

  지금의 청와대가 그곳에서 벗어나지 못한다면 이와 같은 혼돈의 시대는 약소국의 비애와 함께 무한이 반복됨을 끊어 낼 수가 없다. 역사를 돌이켜보면, 고려시대 까지만 해도 외적이 침입하면 당당히 맞서 싸워 물리치는 강한기상으로 국가의 존엄을 세웠는데 어찌된 일인지 이씨조선이 들어서며 강한기상은 흔적도 없이 사라지고 사대주의로 국기를 세우니 군대도 없는 허약한 나라로 만들고 말았다.

  같은 땅 같은 민족인데 어찌 이리도 하루아침에 변할 수가 있단 말인가? 임진왜란에 불타 허물어진 경복궁을 구한말 때까지 270여 년 동안 그대로 방치한 것은 이씨조선의 국격을 그대로 말해 주고 있다.

  풍수지리를 어찌 요망한 미신으로 치부 할 수 있는가? 국가가 위기에 처해 있을 때 간신이 많음은 결정적으로 진가가 나온다.

  임진왜란이 일어나기 전 조정에서는 일본으로 사신 2명을 보내어 내정을 알아보게 하였으나 서인은 왜장은 조선을 침범할 위험한 인물로 보고 하였고 동인은 그 와는 정반대로 거짓보고로 왕에게 일렀으나 어리석은 왕은 거짓보고를 수용하고 말았다.

  풍수가 결함으로 일그러져 있으면 국운도 일그러진 쪽으로 기우는 것이 만고의 진리다.

  왕 자체가 간신과 그 격을 같이 했으니 왕도 간신이다.

  임진왜란의 판탕의 난리 속에서 이순신은 목숨 걸고 싸움에 나서 연전연승 했으나 조정에서는 오히려 이순신을 시기하는 무리들이 왕을 에워 쌓고 충동질하니 간신이 되어버린 왕은 이순신을 잡아 가두고 갖은 고문을 하는 누를 범 하고 만다.

  정의가 천덕꾸러기가 되어 길바닥에 나뒹구는 현상이다. 현대에 사는 지금도 북악산기슭에 청와대가 있는 한 간신들은 창궐 하고 있으며 항시 나라의 국운을 위태롭게 끌고 가고 있음을 막을 수 없다.

1300년 전 의상대사가 남긴 삼한산림비기의 글을 살펴보자.

북악산 아래에 궁궐을 짓는 자가 있을 것을 예언한 글이다.

"송악을 버리고 반듯이 이곳에 도읍을 하는 자가 있으리라. 그러나 산골(山骨)이 험하게 솟고 물이 얕게 흐르니(청계천) 10년 풍년이 없고 30년 평안이 없고 일을 그르치는 재상이 즐비해 조야에는 의논이 정해질 날이 없고 백성들은 흙을 좋아 하는 마음이 없을 것이다. 왕조의 역대는 왕씨(고려) 보다 길지만 참소를 믿는 왕과 불교를 배척하는 신하로 인해 결국 국위가 무너질 것이다. 도읍을 택하는 자가 만약 중의 말에 귀를 기울이면 얼마쯤 존속 할 수 있으리라. 그러나 정씨 성을 가진 자가 시비를 건다면 5대가 못되어 왕위 찬탈의 화가 생기고 가까스로 200년을 채우면 판탕의 난리가 일어날 것이니 조심하라."

去松岳而都者必於是 然山骨簪峭 面水潺流
거 송 악 이 도 자 필 어 시   연 산 골 용 초   면 수 잔 유

無十年豊無三十年安 害事宰相比肩而立 朝野無議定之日
무 십 년 풍 무 삼 십 년 안   해 사 재 상 비 견 이 립   조 야 무 의 정 지 일

人民無樂土之心 歷代則過於王氏 然信讒之主斥佛之臣
인 민 무 악 토 지 심   역 대 즉 과 어 왕 씨   연 신 참 지 주 척 불 지 신

終敗國威 擇都者若聽僧言 則稍有存延之望
종 패 국 위   택 도 자 약 청 승 언   칙 초 유 존 연 지 망

若鄭姓人是非之 傳不五世簒奪之禍生 歲讒二百板蕩之亂至愼之
약 정 성 인 시 비 지   전 불 오 세 찬 탈 지 화 생   세 참 이 백 판 탕 지 란 지 신 지

의상을 비롯한 도선과 남사고 같은 세 선사의 비결을 보고 있노라면 인간의 힘으로는 어쩌지 못하는 피할 수 없는 숙명 같은 것을 생각하게 된다. 풍수적으로 북악산기슭은 최악의 망지인데도 불구하고 하늘은 우리민족에게 도읍지로 선택하게 만들었기 때문이다.

대한의 민초에게 무엇을 얼마나 성장 시키려고 하늘은 우리에게 질긴 고난과 시련이 예약된 왕도처를 점지 하셨는가?

중국의 풍수고전 인자수지에 다음과 같은 글이 있다.

"나라에 도적의(간신) 무리가 많은 것은 산머리가 기울어졌기 때문이요, 어찌 나라에 칼과 군대의 난이 많은 것은 주산에 바위가 많기 때문이다."

흡사 북악산을 보고 예시한 글 같다.

산봉이 삐뚤어져 도적과 간신이 많고 살기등등한 북악산의 위력은 현대사에 이르러서도 국난이 되어 지금 까지도 멈추질 않고 있다. 500만의 인명피해를 낸 6·25동란을 위시해서 4·19학생의거, 5·16쿠테타, 12·12사태, 5·18민주화운동 등등.

너무 많아 열거하기도 어려운 지경이다. 대통령들의 비운은 이미 오래전에 정착이 되었고 정치는 지금도 국론이 분열되어 정쟁으로 날이 새고 날이 지고 있다.

인왕산

야사에서는 이씨조선 건국당시 도읍지선정을 할 시기에 정도전과 무학대사가 논쟁을 하는 대목이 있다.

정도전은 북악산기슭을 지목했고 무학대사는 인왕산기슭을 천거했다고 알려져 있다.

이 야사를 살펴보면 무학대사가 인왕산아래를 지목하게 된 연유는 인왕산을 주산으로 할 때 동대문방향으로 개면되어있고 저 멀리 조산이 되는 산줄기가 여러 겹으로 조응을 하는 형세를 보고 비록 좋은 터는 않되지만 북악산을 주산으로 할 때 보다 좋은 조건이 되기 때문에 그런 야사가 나온 듯하다.

그러나 인왕산기슭도 날카로운 살기가 많아 혈 자체가 없다.

다만 풍수의기본이 되는 배산임수의 기본골격을 갖추었고 전면으로 개면되어 조산이 조응을 하며 좌청룡 우백호의 형세를 갖추었다고 볼 수 있으나 앞으로 청계천이 직거수 하는 형세와 오른쪽백호 너머로 관악산이 강도역할을 하는 규산을 피하지 못하게 되어 불길하다.

이 격국 에서의 다행인 것은 임진왜란 같은 판탕의 난리는 피할 수 있으나 외세의 간섭은 막을 수 없고, 현재와 같이 청와대뒷산 (子)방위의 북악산을 주산으로 하면 강도 산인 (午)방위의 관악산과 마주보게 되어 충이 되므로(子午衝) 따라서 전쟁의 기운을 막을 길이 없다.

서울의 주산은 남산이다

서울 한복판을 흐르는 한강은 한반도에서 가장 큰 강 이다.

풍수학에서는 일대간룡이 행룡 할 때 물을 만나면 나아가기를 멈추고 기운을 뭉치며 혈을 맺는다, 라고 풍수의 기본질서를 말하고 있다. 이때 만나는 물이 한강 같은 큰 강을 만나게 되면 혈도 신명(神明)이 지키는 천하의 둘도 없는 대 명당을 짓는다고 고대의 풍수서는 한 결 같이 기록 하고 있다. 그렇다면 한강을 마주보고 있는 한북정맥에는 대통령궁을 세울만한 왕도처의 대 명당은 없는지 한북정맥의 행룡질서를 살펴보기로 하자.

우선 한강은 수도권 시민의 젖줄이지만 풍수학에서는 재물을 상징한다. 당연히 적은 물은 적은 재물이요, 많은 물은 많은 재물로 본다. 한강정도의 물 양이라면 세계적으로도 으뜸이다.

지구별에서 제일 부자나라인 미국도 백악관 앞을 흐르는 강물은 우리 한강보다도 훨씬 규모가 작다.

강물은 상징 하는 것이 또 하나있다. 발복의 유구함이다. 흘러 들어오는 강물의 길이가 짧으면 발복의 년 수도 짧고 강물의 길이가 길면 발복이 유구하다. 한강은 흘러 들어오는 강물의 길이가 천리가 넘는다.

한강 주변에 명당이 있다면 소위 만대영화지지(萬代榮華地之)는 따논 당상 이다. 끝없는 발복이 이어진다는 뜻이다.

한강을 앞에 두고 가기를 멈춘 한북정맥은(광주산맥) 우리나라 모든 산맥이 그렇듯 백두산을 태조 산으로 두고 있다.

한반도의 영산인 백두산에서 첫 번째 떨어진 용맥이 간방(艮方)으로 낙맥 하여 남으로 흘러갔으니 그가 백두대간이다. 백두대간은 한반도의 척추를 이루면서 남으로 흐르다 북한의 추가령 부근에서 다시 간방으로 분지한 산맥이 한북정맥이다. 이 한북정맥은 변화무쌍하게 서남쪽으로 나아가다 서해를 앞두고 바위로 된 천하명산인 북한산을 세워 대한민국 수도서울의 진산이 되었다.

조물주의 전공이며 기암괴석 화강암으로 된 염정성의 북한산은 기이하게도 풍수학상 용루보전의 형태로 창조되어있다. 용루보전(龍樓寶殿)이란 군왕지지 이상의 천하명당을 이루려할 때 사전에 나타나는 상서로운 기상을 한 산맥이다. 이는 기세충천하고 장엄하며 여기서는 인수봉이 용루가 되어 우뚝 솟아 천하를 호령하는 듯 장수의 기상이요, 보전은 기치창검으로 무장한 병사들이 무리지어 장수를 따르는 듯한 그 외 산맥들을 일컬어 용루보전이라 말하고 있다. 이 용루보전은 만리에 하나가 있을까 하는 정도로 귀한 최고의 찬사에 해당하는 풍수적 용어이다. 천자(天子)가 행차하고 머무는 곳에 수많은 장수들이 호위무사 하는 형국과 같은 것이다.

가까운 관악산도 같은 암반으로 된 산이지만 용루보전의 격을 갖추지 못했다. 기세등등한 북한산은 삼각산을 이루는데 인수봉, 백운대, 만경대, 등의 험준한 기상과 높고 낮은 산봉들이 무리지어 용루보전을 이루면서 문수봉 향로봉을 거쳐 인왕산으로 흘러 간다. 이때 평창계곡을 끼고 좌현으로 분지하여 흘러간 산줄기 끝에 산봉을 하나 세우니 지금 현재 서울의 주산이라 부르는 북악산이다.

이 북악산은 험준한 기상을 품고 성봉 한 것이 한 눈에 간파가 된다. 언뜻 보면 기상이 활발하고 용맹무쌍한 듯 눈을 현혹 하지만 비경으로서의 산맥은 좋을지 모르나 풍수지리의 근원으로 볼 때 혈을 맺지 못하고 살기 많은 악산으로 귀인을 도와주는 울타리 역할밖에 못하는 산인 것이다.

북악산에서 좌청룡에 해당하는 창경궁까지 이르는 산맥들도 무기력한 기상으로 혈을 맺을려는 지기는 전무하다.

일대간룡인 한북정맥은 인왕산을 거쳐 길게 대단과협을 하면서 한강을 앞에 놓고 남산으로 우뚝 일으켜 세웠으니 남산은 경복궁터의 안산이 아닌 대한민국 수도 서울의 상징이요 당당한 서울의 주산이다.

이렇듯 남산은 한북정맥의 높고 험하고, 거칠고 조악한, 기운을 인왕산을 끝으로 서서히 벗어내며 흐르다 드디어 남대문 부근에서 모든 흉한 겁살을 탈피하고 풍수지리학에서 구분하는 구성 중 토성, 즉 좌보성으로 장엄하게 성봉 한 것이다. 이러한 산맥의질서는 오로지 풍수학에서만 설명이 가능하다.

이 남산이야말로 한반도 최대의 강을 앞에 두고 천하의 대혈을 맺을려는 기운이 서려 있는 성체가 된다.

경복궁터에 궁궐을 잡은 이씨조선초기 군신들도 나름대로 풍수학을 연구하고 이론적 학술을 성취 했다고 자부했겠지만 결론은 무지를 보여준 것 밖에 안된다.

왜냐하면 거꾸로 이론에다 자연산천을 꿰맞췄기 때문이다.

필자는 서울을 오고 갈 때 반듯이 저 남산을 답사해 봐야지 하고 벼르고 벼르다 드디어 2008년 6월초 기회가 닿게 되었다.

남산

부드럽고 단아한 형체의 남산전경이다. 풍수학으로 볼 때 이 남산은 천자가 사용하는 옥인(옥새)을 비롯하여 라성(선유도)등 모든 귀성(貴星)을 갖추었고 비룡(飛龍)이 갖고 희롱한다는 여의주(여의도)까지 갖춘 천자지지의 주산이다.

자손만대 까지 보호하고 지켜야할 우리의 자산이다.

인수봉

풍수학의 용루보전(龍樓寶殿) 중에서 용루를 이루고 있는 기세충천한 암반의 봉우리이다.
흡사 수하 장수와 군졸들을 이끌고 지휘하는 장군의 위엄이 느껴지는 기상이다.

보현봉과 북한산 일대

용루보전(龍樓寶殿) 중에서 보전의 형상을 한 북한산 일원이다.
이러한 용루와 보전의 완전한 조합은 앞으로 천자지지(天子之地)가 발현하기 전의 산맥의 질서로서 참으로 얻기 힘든 조물주의 전공이다.
필자도 풍수이론으로만 알고 있었는지라 우리나라에 이렇게 완벽한 용루보전이 존재함을 본다는 기회는 무량한 마음을 넘어 대한민국의 축복이라 여겨진다.
또 한편 이러한 산맥의 질서가 완성된 현장이 있다는 것은 멀지않은 곳에 군왕지를 능가하는 대망의 천하명당이 있음을 알려주는 사전증표이기도 하다.
모르긴 해도 이제까지의 동양권의 풍수역사 중에서 볼 때 유일한 곳이라 할만하다.
그 이유는 보전의 형상을 한 화성체의 산은 더러 볼 수 있지만 인수봉과 같은 용루를 함께 갖춘 산맥은 찾아 볼 수가 없어서이다.
이래야만 천자를 지키는 무장의 진지가 완성되기 때문이다.
풍수격언에 만 리에 하나 얻기 어렵다는 말이 있다.

남산 下에 세계제일의 왕도처 천시원국(天市垣局)이

　남산의 정상에 올라 사방팔방을 바라보니 천하의 온 세상이 눈앞에 보여 지는 듯 천리에 이르는 거대한 산맥의 울타리가 동서남북 빈틈없이 남산을 중앙에 놓고 장막을 친 형상은 대 원국 그 자체이다.
　수많은 높고 낮은 건물들이 빽빽이 빈 공간을 모두 차지하고, 그 너머로 한북정맥의 이름을 알 수 없는 산들이 빈틈없이 겹겹이 중첩되어 있다. 수많은 산줄기들은 특히 북동방향에서부터 큰 성곽을 이룬 듯 산맥의 울타리가 되어 남방의 관악산 줄기까지 이어져 그 장엄한 기상! 탄성이 절로 나온다. 백두산의 정기를 이어받은 한북정맥의 모든 기운이 남산에 이르렀음을 알 수 있는 대자연의 장관이다.
　북쪽은 북한산 도봉산을 이룬 한북정맥의 연봉들이 아득히 줄지어 용루보전을 이루었고, 서쪽은 김포의 계양산과 강화도 마니산이 바다를 가로막고 서있다. 동서남북 모두 남산을 중심으로 천하의 대 원국을 이루어 때마침 다가온 국운 융성기에 부응하듯 발전된 시가지가 이 나라의 큰 재산으로 느껴진다. 그렇게 말도 많던 북악산도 한낮 남산의 원국을 도와주는 호룡에 불과한 민낯을 보여주고 있다. 서울의 주산의 위상을 이곳 남산에 불려줄 시운이 온 것이다. 우리나라에 이러한 초대형 격국을 가진 주산이 존재함이 무한한 자부심으로 남는다.
　다시 남산 정상에서 멈춘 산맥은 병오 방과 임자 방으로 즉 남쪽과 북쪽 방으로 낙맥 하여 양 갈래로 흘러갔는데, 먼저 임자 방으로 떨어진 용맥은 한강을 앞에 놓고 갈지자로 행룡 하여 흐르다 보성 여중고교에서 한숨을 돌리고 멈춘 다음 은은히 떨어져 아래로 흔적 없이 흐르니 행적이 묘연하다. 그런데 서울 한복판에 기적 같은 일이 기다리고 있었다.

그것은 서울의 현실을 돌아볼 때 실낱같이 흘러간 용맥이 오늘날까지 그대로 보존되어 있다는 것이 필자에게는 기적이랄 수밖에 없었다.

산기슭에 솟은 얕은 동산이나 둔덕은 까뭉개 고 평지로 조성하여 개발하기 일쑤인데, 이 용맥은 어찌된 일인지 그 형상이 원형에 가깝게 남아 있는 것이 참으로 놀라운 일이 아닐 수 없었다. 건물 사이로 은은히 흘러간 용맥의 최 종단쯤에서 갑자기 형체가 없어져 유야무야 평지로 바뀌니 분명 필성작법이다.

자세히 혈을 찾아보니 와혈(窩穴)로서 지어졌는데, 그 크기가 400~500평 될 것 같다. 평생 처음 보는 초대형 혈이다. 아! 그렇다. 양택터였던 것이다.

남산이 주산이 되는데 그 성정이 좌보성이니 좌보성에서 출맥한 룡이 혈을 맺을 때는 와혈로서 맺힌다는 법칙이 어김없이 나타난 대자연의 질서다.

생명력으로 충만한 산하를 부수고 깨치고 밀어 버리는 대상으로밖에 보지 못하는 현대의 지성인들 앞에서 기적같은 생명력으로 초대형의 양택혈이 살아 남아 있다는 것이 우리에게 무얼 의미하고 있을까?

혈처를 위시해서 주변과 입수처를 세밀히 조사를 하던 중 필자는 소스라치게 놀랐다. 입수가 동동북방향 즉 간방(艮方)이었던 것이다.

이는 이 혈이 일반적인 대혈이 아님을 말해주고 있는 것이다.

신화와 전설 속에서나 있는 또 하나의 지상 최고 최대의 명당 천시원국(天市垣局)이었던 것이다. 한북정맥이 도봉산에 이르러 첫 번째 성봉한 산이 자운봉 인데 이곳에서 다시 간인 방으로 흘러 이때 이미 천시원의 성정이 나타났던 것이다.

이 성정은 역시 최종국에 이르러 입수할 때 간인이었으니 한북정맥 최종주혈의 정신으로 천시원이 나타난 것이다.

우리나라에 금북정맥에 자미원이 결성돼있고, 또 한편 한북정맥에 천시원이 결성되었다는 것은 우리나라에 큰 축복이 아닐 수 없다.

필자에게는 자미원국보다 천시원국이 더 희귀한 천하의 대명당 이라고 판단되었다. 왜냐하면 자미원은 이미 세상에 그 이름이 많이 알려져 있고, 필자 또한 그 장소를 찾아보았기 때문에 미지 세계에 대한 막연한 동경이나 신비로움은 어느 정도 해결된 상태였다. 천시원도 역시 문헌으로만 그런 천하의 대명당이 존재한다고 들어왔기 때문에, 우리나라에 그러한 명당중의 명당인 천시원국이 결성되어 있을 줄은 꿈에도 생각지 못했기에 그렇다.

풍수서의 문헌을 보면 자미원이나 천시원에 대하여 자세히 설명한 것은 그리 많지 않다.

유산록에 사미원은 그런대로 자세히 소개되어 있는 편이지만, 천시원은 네 개의 문이 있고, 명당 가운데로 대강이 가로질러 간다는 것이 내용의 전부이다. 다만 이러한 지구상에 지상 최대의 혈은 동서남북 전후좌우 먼 곳부터 성곽같이 원국(垣局)이라는 이름처럼 산맥이 대가집 울타리처럼 둘러쳐 있다고 전하여 오고 있는 것이다.

또 두 개의 원국에 대한 상징적 의미는 하늘에는 천자가 있어 자미원은 천자가 잠을 자는 침궁을 상징하고, 천시원은 천자가 즐기는 사냥터로 상징되면서 또 한편으로는 하늘나라 백성들이 생활하는 도시로 여긴다고 전한다. 이쯤 되면 대한의 국민들은 천시원이 있는 터에 이미 대도시를 이루고 있었으니 천손(天孫)이 틀림없다.

그래서 그런지 자미원의 품격은 침소처럼 부드럽고 온화하며 조용한 기상을 담고 있다. 그러나 천시원의 기상은 천자의 사냥터처럼 높고 깊으며 변화한 도시처럼 변화무쌍하고 활달한 역동성의 기상을 보이고 있는 것이 서로 극명하게 대비되는 품격을 갖췄다.

이러한 원국은 지구상에 수없이 맺혀있는 부귀지지나 장상지지 더나아가 왕후장상지지 그 이상의 역량을 갖춘 명당중의 회심의 명당을 일컫는다.

그리하여 이러한 원국은 한국가의 도읍지 즉 왕도처로서 쓰여 지는 것을 하늘이 내린 축복이요, 풍수지리 최고의 가치로 여겼다. 옛 부터 중국은 자미원을 그렇게도 갈망해왔다. 그러나 정작 그들은 지금 자미원을 2개씩이나 보유하고 있으면서도 그곳이 어디 있는지조차 모르고 있는 것을 보면 우리나라는 자미원과 천시원이 골고루 결성되어 있으며 장소도 들어나게 되어 사용하게 될 날을 기다리게 되었으니 지구상 최고의 축복받은 국가임에 틀림없다.

옛 고대의 선사들은 이러한 원국은 하늘의 성좌와 밀접한 관계가 있어서 북방엔 자미원이 관장하고 해(亥)방에 있고 동방엔 천시원이 관장하여 간(艮)방에 있다고 전하고 있다.

그런데 필자가 실제로 눈으로 확인해놓고 보니 천상의 성좌의 배열과 지상의 원국의 산봉의 배열이 일치하는 것을 보고 더욱 놀라움을 금치 못하는 것이다.

이는 우리 동양 철학의 오묘함과 심오함이 극명하게 눈으로 확인할 수 있는 살아있는 현장이라 아니 할 수 없는 것이다.

인간의 눈으로는, 아니 인간의 지혜로는 도달할 수 없는 대우주의 질서가 천상과 지상에 똑같이 상호 유기적으로 작용하고 있음이 풍수학을 통해서만이 엿볼 수 있는 것이다. 이러한 양대 원국의 혈은 그 에너지 즉 지기가 엄청나게 뿜어져 나오고 있으며, 뿜어져 나오는 세기만큼 똑같은 세기와 크기로 하늘의 에너지, 즉 천기를 빨아들여 인간이 쓰는 안테나와 같이 흡수하고 있다.

이러한 현상은 지상의 명당 즉 혈처에서만이 작용하는 독특한 자연현상이다.

이러한 곳에서 사람이 생활을 하면 두뇌는 맑아지고, 사사로운 잡념이나 어두운 면이 사라지며, 몸의 질병이 있어도 다스리면 쉽게 나으며, 몸과 마음이 대원국의 격국 처럼 대의를 자연히 닮게 된다.

이는 인간의 세포 하나하나에 모두 새 생명의 에너지를 불어넣는 것과 같은 이치여서 이러한 천시원과 같은 장소는 일개 사사로운 개인이 거주하는 처소보다는 한 국가의 왕도처, 즉 현대의 대통령 궁으로 사용함이 이치에 맞는 일이라 할 것이다.

그리하여 이미 들어선 후천세계에 주변 강대국을 두려워하지 않는 대국의 기상이 이곳에서 부터 발로하여 세계사의 주도국 내지는 선도국이 될 수 있는 국운 융성기의 기회로 삼아야겠다.

상대적인 사례가 되겠지만, 지금의 청와대의 나쁜 살기에 계속 신체가 노출되면 인체의 세포가 어둡고 나쁜 에너지로 인하여 흠뻑 머금게 되는데, 이것은 그대로 사람의 몸에서 어둡고 거친 에너지로 방사되는 것이다.

이것이 곧 동기감응이라는 자연의 법칙에 따라 그 파장이 국가 전체에 미치는 것이다.

또 한편으로는 대통령을 비롯하여 집무하는 거주자들의 올바른 판단과 사고를 방해하는 요소로 나타난다. 이러함은 곧 국가정책에 영향을 미치며 이것이 곧 국운이다.

이조가 끝난 후 우리나라는 아시아와 함께 격동의 시기가 있었다. 그 격동의 시기가 끝나고 줄곧 대통령의 집무처가 경무대를 거쳐 지금에 이르기까지 경복궁 근처에서 맴돌았는데, 이는 해방이후 우리가 겪지 않아도 될 국난이 수시로 일어남을 되새겨 볼 필요가 있다. 6·25로 시작해서 4·19 혁명, 5·18 민주화 운동 등 연속되는 국난의 수난사다. 이조의 역사를 되풀이 하고 있는 것이다. 시대만 다르다 뿐이다.

다른 나라에 없는 우리에게만 주어진 풍수적 천혜의 조건을 이용할 수 있음은 분명 선택받은 국가요 선택받은 국민이라 부를만하다.

전쟁기념관 본관 건물

공교롭게도 천시원 혈 중앙에 정확히 전쟁기념관 본관건물이 들어서 있다.

그렇지만 일반인에게 "이 장소가 천하에 둘도 없는 천시원이란 대 명당이다."라는 설명은 누구든 쉽게 가슴에 와 닿질 않는다. 그러나 지상에 창조된 모든 혈은 똑 같이 독특한 형질의 토질로 구성되어 있다.

혈토의 독특한 형질이란 우선 토질이 아주 건조한 상태로 밝고 맑으며 기름을 부은 듯 모래티끌 하나 없는 분가루와 같은 미세한 입자로 단단히 뭉쳐져 있어 미끈거리며 빛이 난다.

색상은 장소에 따라 다르나 주로 황금색 주황색 연록색 상아색 등 여러 가지 형태를 하고 있다.

보통은 단색으로 되어있으나 한 장소의 혈에서 황금색 주황색 연두색 등이 어우러져 무늬지어 있는 경우도 더러 있는데 어느 경우든 혈을 다룰 때는 빛나는 혈토의 황홀한 아름다움에 찬탄을 금할 수 없다.

흔히 마사토만 만나도 좋다고 하는데 그것과는 비교할 수가 없다.

또한 이 혈의 귀중함과 더불어 존엄한 가치는 풍수지리의 모든 이론적 구성요건이 완벽히 갖춰진 한 점 장소에 맺혀있다는 사실이다. 여기저기 무질서로 있는 것이 아니다.

이러한 혈의 특징은 일반인들도 눈으로 보고 판단 할 수가 있다.

여기 천시원의 혈은 부분부분 황금색이나 주황색으로 된 곳도 있겠으나 대부분 회백색, 혹은 유백색의 색상으로 창조 되었을 것이라 추측된다.

이 건물을 지을 당시 관계자를 찾아 알아보면 많은 참고가 될듯하다.

터파기를 할 당시 모래티끌하나 없고 견고하며 빛이 나는 금사옥토(金沙玉土)의 형질에 찬탄했을 것이라 예견한다.

누가 알았으랴! 그곳이 천하제일의 명당인 것을……

이러한 혈의 넓이가 500평 내외가 될 것 같으며 혹이나 그보다 훨씬 넓은 1000평 가까이 될 수도 있겠다.

지금도 건물터에서는 혈의 기운이 엄청난 세기로 발생하고 있다.

남산 下에 세계제일의 왕도처 천시원국(天市垣局)이

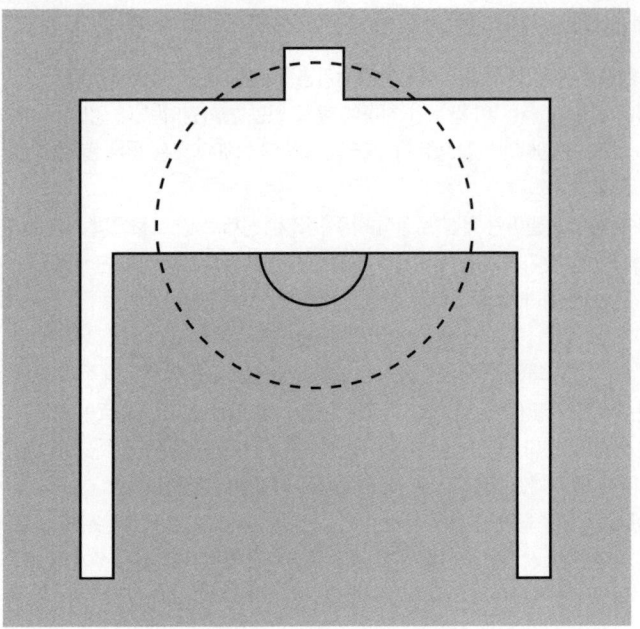

전쟁기념관 평면도

세계 최고의 천하 대명당!
지상 유일한 천시원에 들어앉은 전쟁기념관의 평면도다.
500평이 넘는 천시원의 혈처가 공교롭게 전쟁기념관의 건물이 몽땅 차지하고 있다.
원형의 점선이 혈 크기의 추측도다.
점선보기같이 건물 뒤 켠 에 혈처가 약간 남아있다. 천만다행이다.
검증할 수 있는 자료가 남아있어 다행이란 뜻이다.
필요 하다면 혈처와 혈을 벗어난 두 곳을 채굴하여 비교 검증하고 일반에게 공개가 가능하다.

왕도처 천시원의 격국

 또 이 천시원은 태백산맥에서 발원한 북한강과 소백산맥에서 발원한 남한강이 양수리에서 만나 서해로 흘러감이 흡사 남과 북의 기운을 모두 중앙으로 거두어 에너지로 삼는 격이어서 상징적 의미가 크다 하겠다.
 자미원도 그렇지만 남산아래 천시원도 혈 앞에 옥인에 해당하는 인사체가 있는데 건물 숲에 가리어 보이질 않지만 자그마한 동산이 없어지지 않고 꿋꿋이 버티어낸걸 보면 마냥 대견하기만 하다. 모두 하늘의 뜻이다. 이 옥인은 천자가 쓰는 옥새에 해당되는 동산이다.
 현재 원효로 부근 남정 초등학교 옆에 조그만 동산이 있는데 이것이 천자의 옥새에 해당하는 인사체이다.
 풍수학에서는 우연은 없다. 필연만이 풍수의 법칙이며 절대적 자연의 법칙이다. 가정하여 만약 이 옥인이 존재하지 않았다면 이곳이 제왕적 기상을 갖춘 천시원이 될 수가 없다.
 혹자는 세왕지지를 논하면 저급하게 폄하를 하는데, 그 이유는 아니거나 없는데도 혹세무민하여 사람들을 현혹시키기 때문 일거라는 우려에서 나온듯하지만, 실제로는 제왕지지는 허다히 많이 맺혀 있음을 알아야 한다.
 제왕이든 천자든 옥새가 있을 때 그 위상이 선다. 옥새가 없으면 천자도 뜻을 펼 수 없다.

제왕적 기상을 갖춘 명당은 항상 이 옥새에 해당하는 봉우리가 지근거리에 서 있다. 왜일까? 어찌하여 조물주는 이러한 현상을 형상으로서 조화로움을 갖추어 놓았는가?
　필자가 홀로 산으로 다닌 지가 십 수 년이다. 결코 길지 않은 수련기간이지만 필자가 풍수학을 깨달아가고 얻은 결론은 "풍수를 알고 보니, 모른다는 것을 알았을 뿐"이라는 이 말밖에 할 수 없음을 알았다는 것이다.
　풍수지리는 진리이다.
　누구든 이 진리의 자리에 근접했을 때 비로서 풍수라는 학문을 살아 숨쉬는 학문이라는 것을 인정할 수 있을 것이다.
　하나의 자미원을 만들기 위해 수 천 수만의 산봉과 산줄기들이 완벽한 조화로움의 극치를 보였듯이, 천시원 역시 대자연의 조화와 극치의 미를 보여주고 있다. 하나하나 점검해 보자.
　한강을 바라보고 있는 남산을 주산으로 하여 왼쪽으로 흐른 산줄기는 좌청룡이 되어 둥글게 혈전을 보호하고 있는데, 상대적으로 내백호에 해당하는 오른쪽은 유야무야의 형상이다.
　즉 왼쪽 줄기만 있고, 오른쪽 줄기는 없는 것이다.
　도선국사는 그가 남긴 결록 에서 청룡사는 만나야 좋고, 백호사는 없어도 좋다고 했다. 그 구절에 부응이라도 하듯 남산 下의 천시원은 왼쪽 날개만이 혈전을 휘감고 있는데, 왼쪽 청룡사가 존재하는 이유가 있다. 압구정 앞을 흐르는 한강물의 직충수를 막기 위함으로 자연적으로 알아서 창조된 것이다.
　만약 이 청룡사가 없고, 오른쪽으로 백호사가 있다면 혈 자체를 맺지 못한다.

이것이 풍수지리의 불가해한 조화로움이다. 역으로 말한다면 혈을 맺기 위하여 조물주는 내청룡을 존재케 했다고 보는 것이다. 물론 조물주라 하는 것은 우주 대자연에 존재하는 질서와 법칙을 얘기하는 것이다.

일개 산맥을 논할 때 우리는 정규 교육내용은 물리적 형질만을 교육하고 있지만 이 세상은 보여 지는 세상과 함께, 보이지 않는 세계가 숨어 있어 작용하고 있음을 우리 과학계는 인지해야 한다.

뉴턴이 발표한 중력의 법칙도 보이지 않는 에너지의 세계를 밝힌 한 예가 되겠고, 아인슈타인의 상대성 이론도 그 한 예가 된다 하겠다. 또 한편 한강에 있는 여의도를 살펴보자. 양수리에서 남·북한강이 합수하여 흐르는 한강물은 왜? 무슨 연유로? 어찌하여 천시원의 혈 앞에서만 여의도, 노들섬, 밤섬, 선유도 들이 유독 존재함인가 하는 내용이다.

물론 풍수지리의 논리를 편다면, 이 섬들은 나성이요, 또한 인사체이며, 여의주인 것이다.

하나의 대혈을 맺을 때에는 그 격국의 위상을 높이기 위하여 이 자연은 그러한 보조적인 귀사들을 만들어 놓기 예사지만 노들섬 이전부터 양수리까지 한강은 바위가 솟아 올라온다던지 모래톱이 쌓여 올라온 것을 눈을 씻고 볼래도 볼 수가 없다.

그저 한강물이 유유히 흐를뿐 그러다가 유독 혈 앞에서만이 창조된 것이다.

풍수지리는 논리만으로 모두를 설명할 수 없는 초자연적인 조화로움을 항상 동반하고 있다.

이는 말과 글로서 다 표현을 할 수가 없다.

다만 그저 감탄! 감탄! 말없는 대자연의 경이로움을 눈으로 느낄 뿐이다.

그렇다면 용산에 이렇게 완벽한 천시원이란 천하에 둘도 없는 대명당이 서려 있었건만, 우리의 고대 선사들은 몰랐었단 말인가 하고 의문이 일어난다.

옥인

사진 중앙에 작은 숲을 이룬 곳이 천자가 쓰는 옥새(玉璽)가 되는 상징적 인사체로서 원효로 남정 초등학교 옆에 있는 동산이다.
현재는 원형의 모습을 상당히 잃은 듯하다.
제왕지지에는 이러한 동산이 항시 지근거리에 있다.
이런 동산이 없으면 제왕지지가 안 된다.
이는 풍수지리의 영원한 불가사이로서 조물주 전공의 극치이다.

예지몽에서 알려주는 천시원! 5산(山) 이정표

여기서 잠시 필자가 남산을 염두에 두고 그 첫 답산을 하게 되던 날 숨은 이야기가 있는데, 기이하여 몇 자 적어보고자 한다.

2008년 초여름 6월초 어느 날이다. 집식구가 서울에서 사는 절친한 친구가 있었는데, 수 년 만에 서로 연락이 닿아 만나기로 하고, 만나는 장소는 서울이 아니고 천안에서 만나기로 약속했던 모양이다. 그리하여 필자가 천안까지 차로 안내를 하고자 동승을 했다. 그때마침 집사람의 지인이 있어 같이 가게 된 사람이 있었다.

동행한 세 사람은 천안에서 집사람의 절친을 수 년 만에 만나 한참을 회포를 풀더니만, 서울의 절친은 이왕 이렇게 오랜만에 다 같이 얼굴을 보게 되었으니 서울까지 가서 같이 하룻밤을 보내자며 헤어지기가 아쉬운 듯 조른다. 그때 딱히 정한 일도 없는 터에 예정에도 없이 다 같이 그날 저녁에 열차편으로 올라가 서울에서 하룻밤을 보내게 되었다.

필자는 이왕 서울에 온 김에 남산을 답산 해 봐야겠다고 작정을 하고, 아침부터 서둘렀다.

아침 일찍 서울의 절친과 아쉬운 작별 인사를 하고 대망의 남산을 답산 하게 된 것이다.

십조통맥 법으로 남산 下 혈처에 다달아 나무 그늘에서 잠시 초여름 더위를 식히며, 천하의 대혈의 위용을 눈으로 느끼고 있었다. 그때는 첫 답사라는 신선함과 맨 처음 처녀지를 밟아보고 느끼는 감상은 항상 충만감으로 채워지게 마련이다. 그런데 그때 안식구와 동행했던 지인은 필자와 같이 어떤 감상에 다 달았는지, 조용히 입을 열기 시작했다.

"모 선생을 따라 이곳에 서보니 대 자연속의 어떤 조화로움을 느끼게 됩니다. 무언가 이루어져 갖추고 있다는걸 알게 되는군요. 그런데 막상 이곳에서 있자니 난데없이 어젯밤 꿈 생각이 떠오르네요."

"아니 꿈이라니요! 오늘 아침이 아닌 어제 아침 꿈 꾼 것을 말입니까?"

"예. 갑자기 어저께 꾼 꿈이 떠올라요. 너무도 선명한 꿈이라서…."

필자는 사뭇 궁금하기도 하고 지인의 입에서 꿈 얘기가 나온다는 데에 신기하기도 하여 어떤 내용인지 재차 물었다.

"어떤 꿈을 꾸었는지 어서 들어봅시다."

"예! 꿈속에서 내가 어느 시골 마을 어귀에 다달았습니다. 고목나무도 서있었고, 마을 뒤로 산도 보였습니다. 제가 꿈속에서 그 마을을 지나 어딘가를 가야되는데 길을 물어 볼 사람이 없었습니다. 그런데 그때 마침 이정표가 보이는 거였어요. 이정표를 보니 새것으로 된 나무 널빤지로 금방 만든 거였어요. 그 이정표에 글씨가 써 있길래 다가가 보았더니 아라비아 숫자로 5자가 써있었고, 그 밑에 山 이란 글자가 굵은 붓글씨체로 써있는 거였어요. 꿈속에서도 그것 참 이정표 한번 이상하네. 저걸 보고 어떻게 찾아갈까 하다가 눈이 떠지니 꿈이였어요. 지금도 그 장면이 너무 선명한 꿈 이였어요."

필자는 그 꿈 이야기를 듣는 순간 번개같이 스치는 생각이 있었다.

그 이정표는 오늘 이 장소를 가르키는 꿈 이였던 것이다.

어제 새벽이라면 그때는 서울에 올라갈 것을 계획도 세우기 전이었고, 아무런 스케줄이 없었던 시간이다. 서울에 가게 됨도, 천안에서 급조된 상황이다. 그런데 그 지인의 꿈은 이미 서울의 남산을 찾아갈 것을 알았고 미리 예고해준 꿈 이였다.

그러나 그보다 더 중요한 것은 그 꿈의 내용이다. 아마추어의 수준이지만 나름대로 뜻이 가는대로 꿈을 풀어보면 이렇다.

5라는 숫자의 의미는 한가운데, 즉 중앙을 의미한다.

10이라는 자연수의 가운데에 해당되는 숫자이면서 오행으로 풀자면 한반도의 중앙을 의미 할 수 있고, 남산의 형상은 좌보성이며, 좌보성은 오행상 토 이며 또한 토는 중앙에 해당한다.

봉우리가 연이어져 하나는 높고 다른 하나는 그보다 낮게 성봉한 것을 지리학에서는 좌보성이라 부르는데, 우리나라에서 몇 안되는 희귀한 성채인 것이다. 이는 토성은 중앙임으로 동서남북 사방팔방 모두 아우를 수 있는 방향이다. 남산의 성정과 5라는 숫자의 의미는 참말로 정확한 예언적 알림이 아닐 수 없다.

한편 뫼山자의 의미는 무엇일까? 뫼 山자의 의미는 우리나라인 한반도를 지정해도 무리가 없을 것 같다.

또한 팔괘로 볼 때 우리나라는 7艮山에 해당된다.

艮방에 산이 많은 나라인 것이다.

또 7간산은 동방을 의미하기도 한다. 북방은 자미원이 관장하고, 동방은 천시원이 관장하는 까닭이다. 그리하여 남산 下에 천시원국의 입수가 간인으로 될 수밖에 없는 필연성과 당위성이 되는 것이다.

모두 의미가 아주 정확히 맞아 떨어지는 꿈이다.

참으로 그 지인의 꿈이 소름끼치게 정확히 예언한 꿈이라 할만하다. 어떤 연유로 어찌하여 그런 꿈을 보여 주었을까? 꿈을 보내준 실체는 무엇일까?

그 지인은 풍수에 대하여 전혀 아는게 없는 분이다. 오행은 더더욱 그렇다. 필자를 대신해서 꾸어진 꿈이라고 봐도 될 것 같다.

서울의 남산 (木覓山)

활(弓)의 형상을 하고 있는 독특한 남산의 모습이다. 온화하고 부드러운 기상이다.
거친 북악산과는 많이 비교가 된다.
산의 기상이 저래야 만이 혈을 맺을 수 있는 모체가 된다. 또 한편 풍수학 적으로 참으로 보배로운 산이다.
양쪽에 산봉을 두고 늘어진 능선으로 이어진 남산과 같은 형상을 좌보성이라 하며 오행으로는 토(土)에 해당된다. 또한 토는 중앙에 해당되어 모든 오행의 정신을 아우르는 에너지가 있다. 이 같은 토의 정신은 예사롭지 않은 상징성이 있다.
토의 정신을 품은 남산의 기상으로 천시원이 창조 되었으니 궁궐을 지을 경우 망국의 파당 정쟁이 없는 정치력이 나오는 것은 너무도 당연지사이며 여기서 나오는 국력은 지구별의 중심국으로 존엄이 세워짐은 따논 당상이다.

남산과 천시원은 국가의 귀중한 자산이다

  그렇다면 우리의 고대 선사들은 이 천시원을 몰랐을까?
  필자는 그렇지 않다고 본다.
  기록을 보면 신라말 도선비기부터 조선시대에 이르기까지 수십 가지의 각종 비기들이 줄지어 있었어도, 천시원에 대해서는 전혀 일말의 언급이 없다.
  자미원에 대해서는 신화처럼 간간히 회자되는 것을 보지만, 천시원에 대해선 일절 찾아볼 수 없고, 아예 우리 한반도에는 없었다고 결론을 내도 될듯하다.
  그런데 천시원의 주산인 남산이 갖고 있던 본래의 산명을 쫒아가다 보면 이내 본명이 나오는데, 본래 남산의 이름은 목멱산(木覓山)으로 불리어져 왔다.
  목멱산을 한문으로 살펴보면 나무목, 얻을멱, 뫼산 자이다.
  글자 그대로 옮기면 나무를 구하는 산이다.
  산에는 나무가 있게 마련인데, 굳이 이런 뜻으로 산 이름을 짓지 않았을 터인데, 뜻치고는 어딘가 어색하고 부조화스럽다.
  우리 선조들의 지혜는 지금 세대는 감히 따라갈 수 없는 심오한 경지에 이른 분들이 많다.
  마을이름 산 이름 하나하나에 깊고 오묘한 뜻이 담겨 있음을 생활 속에서 찾아볼 수 있다.

목멱산은 천시원을 얻는 산이란 뜻이 분명하게 숨겨져 있다고 본다. 나무 木 자는 천시원을 나타내는 글자이다.

木 자는 동방을 나타내는 뜻이기도 하며 천시원의 방위적 개념인 木 으로 보는 것이 자연스럽다.

나아가 나라를 구하는 산, 나라를 얻을 수 있는 산, 더 나아가 나라를 살리는 산이라고 풀이한다면 독자여러분은 어떻게 생각하시겠는가?

木 자는 동방을 나타내는 의미와, 또 우리나라를 나타내는 것과 함께, 천시원의 방위적 개념을 함축시킨 절묘한 글자로 보아도 무리가 없을 것 같다.

이것은 참으로 중요하고 귀중한 자료이다.

우리의 선조들은 수 천 년 전에 새 시대인 후천시대가 도래함을 알고, 목멱산을 고이 숨겨놓고 있다가 시운이 되어 때를 만나면 쓰여지기를 바랐던 것이라 볼 수 있겠다.

그 옛날 어느 선사가 목멱산이라 이름 지었을까? 선견지명이 아닐 수 없다.

또 한편 천시원은 풍수지리의 형국 론으로 보면 비룡농주(飛龍弄珠) 형이다. 비룡이 여의주를 굴리며 논다는 뜻이다. 남산최고 정상에서 남으로 갈지자로 흘러내린 용맥이 보성여중고교 까지 느럭느럭 행룡하다 잠시 멈춰 풍만한 동산을 이루었다. 이곳에서 다시 남쪽으로 급경사로 흔적 없이 은은미미 하게 전쟁기념관 까지 행룡한 용맥의 형상은 흡사 비룡이 승천하강 하는 형세가 분명하다. 이러한 비룡의 의미를 용산이란 지명으로 숨겨 놓았고 비룡이 갖고 논다는 여의주는 여의도란 지명으로 감추었다.

우리의 옛 선조들의 탁월한 혜안이다. 그 옛날 어느 선사가 목멱산, 용산, 여의도라 지명을 지었을까? 천년의 미래를 내다본 선견지명이 아닐 수 없다.

먼 훗날 지명에 숨긴 뜻을 알았을 때 시운이 닥쳤으니 천시원에 노읍 할 것을 예시 한 것이리라.

봉건 왕조의 시대가 막을 내린지 꼭 1세기가 되었다.

그리고 그 후 첫 하원갑자 운이 돌아왔다. 우리나라에 있는 많은 천하의 대 명당들은 모두 하원갑자 운에 쓰여질 것이라고 예언되어 있다.

이제는 우리 민족이 눈을 뜨고 기지개를 할 때가 된 것 같다.

시운은 이미 와있다. 풍수는 과학이며 진리이다. 청와대를 이곳으로 옮겨야 할 것이다. 혹자는 경기도 교하 근처를 지명하기도 했지만, 그것은 서구식, 또 이중환의 택리지 식의 풍속 생활 풍수에서 벗어날 수 없는 지견이다.

풍수지리의 본류를 모르는 생각이다.

엄연히 우리는 자연의 질서를 이용하는 법을 선조들로부터 이어받은 선택받은 땅에서 살아온 민족이다.

천금과도 바꿀 수 없는 혈처는 국가의 귀중한 자산이다. 조물주는 우리에게 기회를 주고 있다.

앞으로 이곳에 대통령 궁을 짓는다면 반드시 혈 위에다 대통령 집무실을 앉혀야 한다. 500~1000평이면 충분히 앉힐 수 있는 평수는 된다 하겠다.

현재 혈의 위치가 대로와 가깝다 하여 혈을 벗어나 그 안쪽으로 앉히면 참으로 바보스러운 짓이다.

한번 궁을 지으면 최소한 1000년을 내다 보아야 되기 때문에 길은 다시 내는 쪽으로 설계하면 되는 것이다

혈을 알아보는 방법은 눈으로서 가능하다.

혈처와 혈을 비껴난 장소는 천양지차로 그 토질이 다르다.

이곳 혈처는 아주 미세하고 긴밀하며, 맥분과 같으며, 모래티끌 하나 없이 부드러우면서도 견고하다. 색은 밝고 빛이 난다.

따라서 그 형질은 금사옥토로 한눈에 보아도 확연히 알 수 있다.

수 백평 되는 혈처를 벗어나면 토질은 확연히 달라진다. 그 빛깔은 탁하고 빛을 잃고 소석과 사암 등이 더글더글하며, 수기(수맥)를 머금기 시작하는 것이다.

현재 건물이 혈을 거의 차지하고 있는데, 건물 중앙 부분부터 오른쪽 부분에 거의 대부분을 차지하고 있다. 건물 오른쪽 뒷부분에 남아 있는 혈이 건물을 벗어나 약간 생성되어 있다. 이 부분을 장비를 이용하여 채굴하면 혈토의 진면목을 알 수 있다.

이 건물을 지을 당시 책임자를 확인하여 보면, 토질의 형태를 소상히 알 수 있을 것이다.

이 혈토를 보면 풍수를 멸시하는 사람들도 이러한 장면을 본다면 그 의심을 바꿀 수 있는 계기가 될 것이다. 이 천시원의 좌향은 경인좌 경신향이다.

분금으로 들어간 것이다.

이렇게 궁의 방향을 정확히 잡아서 앉히면 궁내에는 상서로운 영기가 서리기 시작하여, 그 곳에서 집무를 보는 모든 사람에게 상서로운 영감을 받게 한다.

그곳은 곧 국정으로 나타나고, 우리의 국력으로 재탄생 하는 것

이다.

이러한 에너지의 울림은 지구촌의 모든 길은 서울로 통하는 엄청난 새 국운이 열린다.

민족의 수난사도 종지부를 찍게 될 것이며, 한반도의 국경선은 바뀌게 되고 지구별의 일등국으로 가게 될 것이다. 풍수는 과학이자 진리이며, 혈은 국가의 근본 자산이다.

지금 천시원에 있는 건물은 무용지물이다. 방향이 어긋났기 때문이다.

이는 성능이 좋은 라디오를 비교하면 좋은 예가 된다 하겠다.

우수한 성능의 라디오도 사이클이 정확히 맞아야 비로소 맑고 고운 소리가 나듯이, 풍수의 좌향이 이러한 역할을 한다고 보면 된다. 좌향이 맞았을 때, 비로소 울림이 일고, 국가 전체에 미치며, 지구별 끝까지 파동이 미치게 되는 것이다.

이천 여 년 전의 고구려인의 기상인 대륙을 두려워하지 않는 기상이 태동될 것이다.

중국인들은 오매불망 자미원 얻기를 그렇게 동경 했으면서도 실제론 그 근처도 못 갔다.

중국의 역사는 도읍지 선정에 오류가 있어 자미원을 이웃에 두고도 찾아 쓰질 못하는 것이 중국이다.

자미원을 사모한 나머지 자미원의 격을 모방하여 인위적으로 설계하여 지은건물이 천안문이 있는 자금성이다.

그들은 그 위세로 자칭 지구의 중심국이라 부르고 있다. 만고의 허장성세(虛張聲勢)다.

그러나 그들의 수도는 풍수학적으로 불합하다. 자미원에 도읍을 정할 때 그들의 바램이 이루어 질 수 있고, 유지될 수 있다. 그때에 비로소 우리나라와 함께 다 같이 번영을 누릴 수 있을 것이다. 지금 북경 80km밖에까지 사막화가 진행되고 있다.

남산의 정상에서 일 지맥은 남으로 흘러서 천시원을 이루었고, 또 한편 일 지맥이 북으로 흘렀는데, 기이하게도 남산 정상에서 똑같이 남북으로 흘러서 천하의 대혈 들을 결성하였다. 북으로 흐른 용맥은 리라초등학교와 서울 예술 대학교 부근을 지나서 그 아래로 계속 행롱 하여 명동성당에서 일단 그 기세를 멈추었다. 지금은 모두 도로와 건물들로 인하여 그 원형을 찾아볼 수 없지만, 지중에 흐르는 지기는 용맥을 타고 끊임없이 흐르고 있는 것이다.
  지금의 명동성당은 풍수지리학 상으로 볼 때 혈후 일절 현무정에 해당하는 위치이다. 동작동 국립묘지의 장군봉과 같은 격인 것이다.
  즉 이것은 혈을 맺기 위한 최종 응성인 것이다.
  혈은 명동성당에서 100여 미터 그 아래로 흘러서 로얄 호텔 위쪽에 맺혔는데 아스팔트 아래 경사진 곳에 창조되어져 있다. 필자는 남산에서 명동성당 쪽으로 혈을 맺기 위한 용맥이 흐른 것을 보고 다시한번 자연에 대한 경외심을 갖게 된다.
  왜냐하면 보통 일반 사람들은 풍수지리에 녹아있는 자연의 에너지를 인간 생활 속에서 전혀 느끼지 못하고 있다. 그럼에도 불구하고 인간은 동물적인 본능적인 감각은 살아있어, 풍수지리 학문에서 지향하는 정제되고 밝은 에너지를 본능적으로 쫓아 생활환경을 조성하고 삶을 영위하는 것을 보았기 때문이다.
  명동성당 아래에 맺힌 혈처는 그 부근 일대가 좋은 파장과 밝은 기운으로 인하여 북향임에도 불구하고 우리나라 최고의 품격있는 상업도시로 위용을 떨치고 있음은 우연이 아니란 뜻이다.

현재는 빌딩숲으로 인하여 주변에 자연 경관을 볼 수 있지만, 청계천 건너 경북궁에서 바라보는 격국과 명동성당 부근에서 바라보는 격국은 많은 차이를 느낄 것이다. 혈은 완벽한 조화로움이 갖춰졌을 때 맺는 것이기 때문에 혹자 이 글을 읽고 명동의 격국을 보고 싶은 인사가 있다면 명동 혈처 부근에서 높은 빌딩을 선택하여 전망대에서 동서남북을 살펴보면 동서남북 사방팔방 빈틈없이 장대하게 둘러선 산줄기를 볼 수 있을 것이다.

로얄호텔 스카이라운지가 좋은 장소가 되겠다.

빈틈이 있으면 혈을 맺지 못하는 자연의 법칙 아니 풍수의 법칙을 이곳에서도 증명될 것이다. 경북궁과 청와대 부근에서 바라보는 격국은 빈틈과 허점이 많은 데라서 조화롭지 못하다. 그 이유는 혈을 맺지 못하기 때문인 것을 알아야 한다. 허허로운 빈틈은 곧 살기가 되기 때문이다.

북쪽을 향하고 있으면서도 명동이 明洞으로 될 수밖에 없는 이유로 여기에 있는 것이다.

모르긴 해도 명동이란 지명은 명당이란 풍수적 개념의 어원에서 시작된 것이 아닌가하는 생각이 들게 한다.

로얄호텔 위에 맺힌 혈의 형국은 비룡상천(飛龍上天)격이요,

천시원을 형국으로 논한다면 비룡농주(飛龍弄珠)격이다.

비룡이 여의주를 굴리며 갖고 논다는 뜻이다.

후일 청와대가 이곳으로 옮기게 되면 비룡이 여의주를 물고 승천하는 함축성으로 바뀐다.

그리 멀지않은 때에 비룡은 여의주를 입에 물고 승천하는 날이 반 듯이 온다.

용산이라는 지명은 비룡을 숨긴 은유적 표현이다. 또한 비룡이 갖고 노는 여의주는 여의도로 살짝 바꿔 이미지를 숨겼다.

우리 선조들은 이미 최소한 천 여 년 전 이전에 이러한 자연의 조화로움을 알아채고도 일절 함구 했던 것이 분명하다.

지명으로 실체를 숨겨 놓고 이미지로 천 여 년 동안 침묵하고 있었던 것이다.

시운이 도래하면 자연히 세상에 드러나 쓰여질 것을 선견지명으로 알았을 것이다.

일각에서는 명동성당이 명당이라고 주장하나 이는 풍수학의 진면목을 모르고 하는 소리이다. 이러한 위치에서 만약 음택으로 사용될 경우 가문의 쇠퇴함을 필연코 피할 수 없다. 다행이도 공적인 건물이 들어서 사용하고 있기에 아주 적절한 것이며 명당이 될 수 없는 것이다.

거듭거듭 주장하지만 풍수지리는 혈이 존재함으로서 함께 파생된 학문이다.

이는 혈은 진리에 있지만 풍수지리학은 진리가 될 수 없다는 뜻과 같다.

이렇기 때문에 풍수학을 연구하는 학자들의 주장이 주로 학문으로 논하기 때문에 백인백색으로 책임이 없는 주장으로서 주장이 다 다른 것이다.

그러나 혈의 존재함은 둘이 될 수 없고, 셋이 될 수 없다.

명동성당이 명당이 될 수 없음은 그곳에는 혈이 맺을 수 없는 질서에 있기 때문이다.

  이 산천에 그러한 질서와 법칙이 있음을 헤아릴 때 비로소 열 명이든 백 명이든 풍수의 주장이 하나가 될 수 있는 것이다.

  세간의 흐름처럼 적당하고 좋아 보이니 명당이다 라 는 그러한 주장들은 이제는 사라져야 할 시기가 아닌가 한다. 명동성당은 건물 세우기 적당하고 좋아 보이는 곳에 터를 잡은 좋은 예이다.

현재 천시원 혈에서 무슨 일이 일어나고 있나

혈의 특징

우리나라에 산재해있는 혈토의 형질은 대개가 황금색이거나 주황색 등 아주 밝은 색상을 띠고 있고, 간혹 옥색, 연두색, 회색 상아색 등과 같은 색상을 띠고 있는 경우도 있다.

일반적인 혈토의 형질은 밝고 화려한 색상과 함께 아주 견고하며, 단단하게 뭉쳐 져있으며, 그 밀도는 대혈(대명당)일수록 밀도가 더해져 더 강한 면모를 보이고 있는 것이 특징이다.

어느 혈이든 혈토에는 모래 혹은 소석 같은 것은 있을 수 없으며, 습기도 아주 적어 건조하며 단단하면서도 손으로 비비면 부서지는 미세한 입자로 되어있고, 무엇보다도 맑고 밝아서 빛이 나는 듯한 토질로 뭉쳐있는 것이 가장 큰 특징이다.

특히 천시원 혈은 부분 부분 옅은 황색을 띠고 있겠으나, 대부분 회백색의 밝은 색상으로 미숫가루 결정체 크기의 미세한 토질로 결성되었을 것으로 추측된다.

이것은 대형 양택 터의 혈토의 특징이기도 하다.

보통의 주변 흙과는 전혀 다른 뚜렷한 차이를 보이고 있고, 예부터 통칭 금사옥토(金砂玉土)라 불리어졌다.

황토밭에 맺힌 명당 혈

혈에서 발생하는 파동에너지

이러함 때문에 혈에서는 고유한 에너지파장이 강력하게 발생하는데, 원적외선과 같은 일종이라고 보고 있다. 만에 하나 전쟁기념관 터에서 상기에서 명시한 혈토가 아닐 경우는 명당이 될 수 없다. 일반 흙에서는 이러한 고유한 에너지파장이 발생하지 않기 때문이다. 보통은 지기라고 부르고 있다. 혈의 이러한 특성과 구조를 비유한다면 불 켜놓은 전구와 같은 구조이다. 전선을 타고 전기가 전구에 도달하면 맨 끝에 있는 필라멘트에서 밝은 빛이 난다. 만약 필라멘트가 없다면 빛이 안날 것이다. 혈토는 필라멘트와 같은 이치다. 그러므로 필라멘트인 혈토가 없다면 지기가 공급되어도 명당이 될 수 없다.

이와 같이 자연계에는 일반인은 생각지 못할 비밀스러운 신비함이 숨겨져 있어, 이렇게 자연계에 존재하는 혈을 찾아내어 인간생활에 유익하게 활용하여 삶의 질을 높이는 것이 풍수지리의 핵심이며 본질이다. 또, 혈에서 방출되는 에너지 파장을 몸으로 느끼는 사람들은 의외로 심심치 않게 볼 수 있다.

필자가 2013년도에 천년의 터를 출간한 후, 독자들로부터 직접 들은 경험담을 듣게 되었는데, 전쟁기념관 건물에 들어서면 몸이 가벼워지는 느낌과 왠지 모르게 기분이 상쾌해지며, 지치지 않는 것을 경험했다고 이구동성으로 들려주었다.

또, 경우에 따라서 몸에 질병이 있어 극히 예민한 사람일 경우 질병으로 인한 은근한 고통이 상당히 완화되는 경험을 했노라 들려주기도 하였다. 특히 기 수련자나 고도의 정신수련을 하는 사람의 경우, 혈에서 방출되는 지기. 즉 에너지 파장을 직접 몸으로 파동의 형태를 느낄 수 있다.

또한 지기를 기구로 느끼는 사람들을 본다면 엘로드를 사용하는 사람들에게는 엘로드가 V자로 벌어질 것이며 관룡자나,혹은 추를 다루는 사람들에게는 힘차게 도는 것을 경험 할 것이다.

항간에 듣기로는 특정한 광물이나 기구에서 방출되는 원 적외선을 감지하는 기기가 있다고 들었는데, 여기 전쟁기념관 터에서 방출되는 지기도 감지할 수 있을지 흥미로운 실험이 될 것 같다. 필자도 전쟁기념관을 관람 차 두시간정도 돌아다녀도 다리가 피곤한 줄을 느끼지 못했다.

보통 대형매장에서 한 시간 이상 돌아다니면 다리가 피곤함을 느끼는데, 전쟁기념관에서는 오히려 몸에 힘이 넘친다. 가정해서 전쟁기념관 터에 대형병원으로 사용한다면, 질병치유력은 몇 십 배 상승 할 것으로 본다.

천시원 터에 궁궐이 들어서면 무엇이 달라지나

　지금의 전쟁기념관 내에서는 혈에서 방출되는 에너지에 노출되어 있어 단순한 에너지파장을 느끼는 것 뿐이다. 그러나 현재 건물을 철거하고 새로운 궁궐을 세우고 건물의 방향을 이치에 맞게 세울 경우, 이때는 전면은 한강을 바라보게 되며 뒤에는 남산이 바르게 감싸안아 받쳐주게 된다.
　이런 상황이 실제 이루어질때는 건물내에는 상서로운 영기가 서리기 시작한다. 건물의 방향을 맞춘다는 의미는 하늘의 천기를 빨아들이는 기능을 한다. 우리가 접시안테나를 달아 전파를 효율적으로 받아 TV의 기능을 최적화 상태로 만드는 이치와 같다.
　이때는 혈에서 올라오는 지기 플러스 천기가 되어, 드디어 울림이 일기 시작한다. 상서로운 기운이 건물내에 서리게 되어 이곳에서 활동하는 사람들은 이 기운으로 흠뻑 머금게 되고, 이는 좋은 생각, 밝은 생각, 바른 생각으로 승화되며, 이같은 이치가 곧바로 국정으로 나타나게 되어있다. 심신은 안정되며, 정신은 맑아지고, 몸은 가벼워져서 건강한 사람은 더욱 건강해진다. 그러나 무엇보다도 건강한 정신은 대의를 품게 되면서 국운 상승으로 이어지는 것이다. 이 울림은 지구별 전체에 미친다.
　지금 현재 국내외적으로 얼마나 정세가 불안정하고 혼란스러운가. 대통령들의 비운은 멈추질 않고, 우리를 둘러싼 주변 강국들의 불평

등한 간섭은 우리를 분노케 하고 있으며, 국가는 간신과 불의가 활개치고, 정의는 그 틈바구니에서 고군분투하는 애처로운 형상이다. 이 모든 것이 청와대 풍수의 영향이다. 삐뚤어진 북악산이요, 기치창검으로 무장된 강도가 된 관악산이 담 넘어 로 나를 위협하는 형상이 실제 벌어지는 우리의 현실이다. 지금 청와대를 벗어나고, 용산의 천시원으로 궁을 옮기면 우리가 지금 겪고 있는 불안정한 환란은 옛 이야기가 되어 있을 것이다.

  항상 청와대에서는 강하고 정의로운 국가를 만들기 위해서, 개혁을 한다 하지만 불가능하며, 성공한다 하더라도 또다시 간신과 불의가 자생하게 되어있다.

천시원의 풍수지리

 풍수학적으로는 이때부터 관악산은 나를 해치는 강도산에서 나를 지켜주는 관악산으로 바뀐다. 그 이유는 청와대에서 볼 때 인왕산과 남산을 이어주는 늘어진 빨랫줄처럼 얕은 능선 밖에 있는 관악산이어서, 내 집의 허약한 담 너머로 집안을 기웃거리는 강도산의 형세가 되지만, 지금 전쟁기념관에서는 관악산이 내 집을 기치창검으로 무장한 엄중한 장수가 내 집의 경계를 지켜주는 든든한 울타리가 되기 때문이다.
 이는 외세의 간섭과, 침범의 기운이 하루아침에 없어짐과 같다. 또 한강을 직접 바라보기 때문에 한강의 물 양만큼 국가와 국민에게 재물이 쌓이게 되는 형세다. 이 때 남산은 간방(艮方)에 있는 천록(天祿)이 되어서 문자 그대로 하늘이 주는 복록이 된다. 풍수로 보는 한강의 상징처럼 자연적으로 쌓이는 재물이요 하늘에 있는 복록이 보태지니 상상만 해도 즐거워진다.
 또, 남산의 형상이 부드럽고, 산봉이 단정 수려하니 나라에 의인과 충신이 가득하며, 밝은 성군과 명군이 끊이질 않고 나라를 이끌게 되어 그야말로 태평성대요, 부국강병이요, 선경 같은 신세계를 만날 것이다. 따라서 외세의 간섭과 침범의 기운은 자연 사라지게 되고 그 많던 간신도 설자리가 없게 된다. 사회 지도층의 이런 변화는 사회 저변까지 확대되어 공정하고 정의로운 사회가 자연스레 이루어지게 된다.

또 하나 이 남산은 오행상 토(土)에 해당되며 이는 곧 중앙이 된다. 이러한 토의 기운은 우리 대한민국이 지구별의 중심이 됨을 알리는 것이며, 세계의 중심국이 됨을 말해 주고 있다. 격암유록에서 세계의 부모국, 선경 같은 신세계를 언급한 것과 이러한 일은 전에도 없었고, 후에도 없을 것이라고 언급한 것. 개벽 이래 처음 있는 영원히 변치 않는 봄날의 세계를 언급한 것 모두가 이러한 풍수적 발음을 얘기한 것이다.

풍수를 모르는 일반인들을 포함하여 많은 사람들은 이같이 동화, 소설같은 주장을 조롱하고 비웃겠지만, 지금 내가 모른다고 비 과학이며 미신이라 치부하게 되면 본인의 무지만 드러낼 뿐이다. 그리 머지않은 날 풍수지리가 개인의 운명은 물론 국가의 국운도 바꿀 수 있음을 몸소 느끼게 되리라.

분명 지기와 천기는 존재하며, 천시원 같은 특별한 장소는 온 국민과 함께 사용하기로 합의하는 것만으로도 기운이 발동하여 발음을 보게 된다. 이 같은 현상은 새로운 궁궐을 완공하는 도중에 통일의 감격을 누리게 될 것이다. 이는 천 여 년 전부터 선사들이 예견한 계룡 도읍은 이 시대에 새로운 통일 대한민국의 건국을 알리는 설계도였던 것이다.

북악산 아래 청와대에서 빨리 벗어나라

  과거를 보면 현재를 알 수 있고, 현재를 돌이켜보면 과거가 보인다.
  우리의 반만년 역사를 풍수적 시각에서 바라보면 크게 둘로 나뉘어진다.
  이조시대 이전과 이후로 나누어서 볼 수 있다.
  어느 시대 어느 왕조이던 권력의 속성과 함께 흥망성쇠는 늘 있어왔고, 그것은 역사로 남게 된다. 하지만 이조시대 이전과 이후가 어떻게 무엇이 다르다는 건가. 편견을 버리고 객관자적 입장에서 냉정하게 살펴볼 이유가 충분히 있다. 우리 역사에는 구국의 3대 영웅의 뛰어난 장수가 있다.
  고구려의 을지문덕 장군이요.
  고려의 강감찬 장군이며
  이조의 이순신 장군이다.
  우리가 알고 있는 고구려는 매우 역동적인 국가였다.
  장수왕 광개토대왕 같은 훌륭한 왕들을 위시해서 국가의 위기 때마다 을지문덕, 양만춘 같은 용맹과 지략이 뛰어난 장수들이 있어 외적과 맞서 싸워 고구려를 위기에서 구해냈다.
  고려시대에도 거란군이 쳐들어왔을 때, 강감찬 장군이 70노구를 이끌고 친히 전장을 지휘하여 거란군을 물리쳐 고려를 위기에서 구해냈다.

문신인 서희 장군도 거란군 80만 대군을 세치 혀로 담판을 이끌어 내 피 한방울 흘리지 않고 그들을 철수시키고, 오히려 고려의 영토를 더 늘리는 쾌거를 이룩했다. 그러나 이조시대에 들어와서는 전쟁의 양상은 달라진다. 전쟁중에도 불의를 상징하는 간신들이 활개 치며 물고 늘어지는 양상으로 나타나는 것이다.
  임진왜란 때 이순신은 혁혁한 공을 세우고도 간신들의 모략으로 갖은 문초를 받고 백의종군으로 강등되어 수모를 견딘다. 이순신이 전사하는 마지막 전투인 한산대첩에 나설 때 이순신은 살아서 돌아가기를 원치 않았다. 전투에 이겨 살아남아도 기다리는 것은 간신들이 쳐놓은 역모 죄가 있었기 때문이다. 역모 죄라는 것이 다름 아닌 왜군을 박살냈던 한산대첩이 왕명을 거역한 역모 죄가 되어 있었다.
  고구려, 고려시대에는 국난이 닥치면 관민이 일심 단결하여, 외적을 물리치고 국가의 존엄을 세웠다. 그러나 이조시대로 넘어오면서 사실상 국가의 존엄은 무너지고 있었다. 고려 때까지만 해도 외적이 침입하면 당당히 맞서 싸우는 용맹한 기상이 거짓말같이 사라진 것이다. 이조가 시작되자마자 피를 부르는 왕자의 난이 일어났고, 백년도 안되어 사육신의 처참한 참극이 일어났다. 국정은 중국을 대국으로 삼는 사대주의로 자리잡고, 아예 군대가 없는 나라를 만들었다.
  고구려, 고려와 같은 땅이요, 같은 민족인데 어찌 이리 허약하고 무능한 나라가 되었는가. 용맹무쌍하던 기상은 다 어디로 갔는가. 임진왜란때 경복궁이 불타 폐허가 된 것을 270여 년간 그대로 방치했었다는 것이 이조의 국격을 말해주고 있다. 정의를 잃은 위정자들은 결국 나라를 넘겨주고 끝이 났다. 그러나 더 큰 문제는 지금의 주변 정세와 정치현실은 과거 역사의 그것과 한치 오차 없이 똑같다는 것이다. 오히려 민초들이 국가를 떠받치고 있는 형국이다.

 나라에 도적과 간신들이 너무 많다. 필자는 풍수학자로서 단호히 주장한다. 청와대를 벗어나야만 눈앞에 벌어지는 망국의 정치 현실을 바꿀 수 있다. 그때 비로서 정치개혁이 가능하다.

 그래야만 정의가 앞서있는 나라를 이뤄낼 수 있고, 주변강국들의 외압과 침략의 기운에서 서서히 벗어날 수 있는 환경이 조성된다.

 가자 용산으로 가자. 남녀노소 부자 가난한자 일가친척 모두 함께 의심 말고 용산으로 가자.

―
3부
―

오백 년 만에 밝혀지는
예언서 격암유록의 실체

천년을 숨겨온 진실
계룡도읍지 천시원(天市垣)

1300여 년 전에 계룡도읍지의 첫 등장

　오래전부터 전래되고 있는 정감록에 수록되어 있는 비기 중에서 세 분의 선인들의 글을 살펴본다. 세분이란 의상대사 도선국사, 남사고 선생이다. 이 세분의 글은 수 백 년의 시공간을 뛰어넘어 한결같이 계룡도읍을 언급했지만 가장 사실적인 표현으로 각자 의미있는 글로 앞날을 예시했다.

　1300여 년 전 의상대사는 계룡도읍을 제일 먼저 주창한 분이고, 1100여 년 전 도선국사는 계룡도읍의 시기를 포괄적인 표현으로 알렸으며, 500년 전 남사고 선생은 계룡도읍을 이룰때의 시대상과 건립 과정, 도읍이란 대역사의 시작과 설계도가 나오는 시기, 완공을 보는 년도까지 세세히 밝혔다.

　흡사 계룡도읍의 공사일지 같은 느낌을 주기까지 하는 비기이다.

　첫 번째는 1300여 년 전의 의상대사가 지은 삼한산림 비기이다.

　장문으로 쓰여진 비기인데 우리나라의 산천의 형상과 산맥의 흐름을 논하였고 산천의 정기와 천기의 조화를 국도에 대비시킨 예언서이다.

　이 비기에서 첫 번째로 계룡도읍지와 정도령이 등장하는데 내용은 다음과 같다.

　"계룡산 아래에 도읍할 땅이 있으니 정씨가 나라를 세운다. 이 복덕은 이 씨 에게는 미치지 않는다. 밝은 임금과 의로운 임금이 잇달아 나고 세상이 운회 하는 때에 종교가 크게 흥하고 어진재상 의로운 장수 불사문인 들이 많이 나서 왕국에 예악이 빛을 크게 낼 것이니 매우 드문 일이다."

> 鷄龍山下有都邑之地鄭氏立地 然福德不及李氏
> 계룡산하유도읍지지정씨입지 연복덕불급이씨
> 但明君義辟兩兩而出朝當世回之域 大興佛教 賢相智將
> 단명군의피양양이출조당세회지역 대흥불교 현상지장
> 佛士文人多生 王國賁飾一代禮樂 希覯哉
> 불사문인다생 왕국분식일대예악 희정재

 글의 내용을 살펴보면 때가 이르게 되면 계룡이란 곳에 도읍하는 것을 필연적으로 이루게 됨을 알 수 있다. 그리고 그 도읍으로 인하여 나라를 이상향의 국가로 이끌게 됨을 분명하게 그리고 있다. 그러나 계룡도읍의 시기는 구체적인 언급이 없어 알수가 없다. 너무 먼 훗날의 일이라서 생략한듯한 생각이 들기도 한다.

 두 번째는 1100년 전의 도선국사가 지은 도선비결에 수록된 예언서이다. 이 예언서의 내용을 자세히 살펴보면 참으로 놀라운 내용으로 구성되어 있어, 도선국사가 범인을 뛰어넘는 신인의 반열에 오른 귀인임을 엿볼 수 있다.

 이 도선비결은 그가 살았던 고려시대를 건너뛰어 이조의 등장과 더불어 시작한 예언인데 이조의 패망은 물론이고 우리가 사는 현재 이 시대에 이르기까지 언급했다. 놀라운 점은 남북대치와 함께 우리가 아직 경험하지 못한 통일을 얘기했고, 최후에 계룡도읍을 완성하는 것으로 끝맺음을 하였다는 사실이다.

이는 계룡도읍을 세우기 위한 공사기간 중에 통일을 본다는 뜻으로 해석할 수 있는 부분이다. 그러면서 "나라가 평정됨이 누구의 공인가?"하고 여운을 남기는 글이 등장하기도 한다.

도선비결

옥룡자 가 묻고 일행 선생이 답한다.

삼한산천이 어떠한가? 간신이 나라에 가득하고 현량한 어진신하가 비명에 몸을 손상당하며 죽으니(사육신) 그 원혼이 사무쳐 산하의 붉은 꽃이 되고 강위에 굳센 원혼은 호수의 푸른 물처럼 되리라.

임진년에 섬나라 오랑캐가 나라를 좀먹으니 송백에 (이여송, 이여백) 의지하고 병자년에 북쪽의 오랑캐가 나라에 가득하니 산도 이롭지 않고 물도 이로움이 없다. 오직 궁궁에 이롭다. 인명셋중에 하나만 살아남아 대를 이을 것이다. 힘없는 군주가 어찌 어진 정사를 펼 수 있으며 장성한 아우가 국운을 빼앗을 형세이다. 무신년이 되면 들에는 장수없는 병사들이 있고 임금은 성안에 고립되어 있다. 한낱 유언비어가 세 고을을 어이없게 놀란다. 임오년에는 부자지간의 관계가 끊어지고 유산한 부인이 금호에 숨는다.

한자짜리 베도 나누어지고 흰 옷은 푸른색이 된다. 지혜있는 선비의 뜻은 통하질 않고 어리석은 자의 말은 반듯이 맞는다. 여주가 정사를 겸하니 갑이 죄를 지었는데 피해는 을이 뒤집어 쓰고 동편의 화를 서편이 당한다. 후사가 없는 왕은 양변에 지위를 맡기고 아들을 둔 장수는 어느 고을에 한가로이 누웠다. 만약 성년을 만나면 백학을 타고

서쪽으로 간다. 산도 아니고 들도 아니다. 푸른 옷을 입고 남쪽으로부터 오니 오랑캐도 아니고 왜놈도 아니다. (미군을 뜻한다.)

　인묘년에 남북이 전쟁을 하고 두나라로 대치한다. 이씨를 붙들고 나머지는 베어내니 나라의 틀이 갖추어진다. 남북은 하나로 통일되니 비로소 안정된다. 나라가 평정됨이 누구의 공인가 오직 총명하고 신출한 이가 서편에서 군사를 일으키니 천자가 기뻐하고 세 이웃이 돕는다. 계룡산에 도읍을 하니 편안하고 우러러보는 세 아들이로다.

玉龍子問, 一行先生曰, 三韓山川何如, 奸臣盈國,
옥룡자문　일행선사왈　삼한산천하여　간신영국

賢良之臣 非命損身峽裏冤魂與山花而同 赤江上毅魂,
현량지신 비명손신협리원혼여산화이동 적강상의혼

與湖水而同碧 壬辰島夷蠹國, 可依松柏, 丙子 坎胡滿國,
여호수이동벽 임진도이두국　가의송백　병자 감호만국

山不利水不利, 利於弓弓, 一枝單傳 于三其代, 無陽之主,
산불리수불리　이어궁궁　일지단전 우삼기대　무양지주

胡爲而賢, 多鬚之弟, 奈何簒運, 旨于戊申, 野有無將之卒,
호위이현　다수지제　내하찬운　지우무신　야유무장지졸

城有孤立之主, 一介流言, 三郡虛驚壬午之年, 父子恩絶,
성유고립지주　일개유언　삼군허경임오지년　부자은절

虛胎之婦, 藏于金壺, 尺布可分 白衣而靑, 智士之意未遂,
허태지부　장우금호　척포가분　백의이청　지사지의미수

愚夫之言必中, 女主兼政, 甲子之罪, 乙者被之, 東隣之禍,
우부지언필중　여주겸정　갑자지죄　을자피지　동린지화

西隣遍黨, 無嗣之主, 寄位兩面, 有子之將, 閒臥一州,
서린편당　무사지주　기위양면　유자지장　한와일주

> 若逢聖年, 乘白鵠而先西, 非山非野, 野着靑衣而自南,
> 약 봉 성 년　승 백 익 이 선 서　비 산 비 야　야 착 청 의 이 자 남
> 非胡非倭, 其當寅卯, 南北始形鼎峙, 扶李刈棘, 國器甫定,
> 비 호 비 왜　기 당 인 묘　남 북 시 형 정 치　부 이 예 극　국 기 보 정
> 一國是安, 是誰之功, 唯彼奠邑聰明神睿,
> 일 국 시 안　시 수 지 공　유 피 전 읍 총 명 신 예
> 起兵西塞 天子嘉乃, 三隣助安, 鷄龍山, 三子尊安,
> 기 병 서 새　천 자 가 내　삼 린 조 안　계 룡 산　삼 자 존 안

세 번째는 500년 전 남사고선생의 격암유록이다. 이 격암유록의 특별한 점은 옛 부터 전해오는 모든 예언들이 언급한 계룡도읍에 관한 내용을 한데 묶어 총 정리한 결정판이라 할만하다.

글 내용의 95%가 계룡도읍지와 정도령을 나타내기 위하여 풍수지리에 뿌리를 두고 작성된 예언서다.

격암유록의 첫 장을 열면 처음부터 계룡을 알리려는 은유적 표현들이 전부를 차지하고 있으며 예언을 마감하는 맨 끝 절의 문장도 계룡도읍을 완성하는 것으로 끝을 맺고 있다.

의상대사의 삼한산림비기나 도선국사의 도선비결 에서는 다루지 못한 계룡도읍지의 구체적인 위치와 계룡도읍을 이루는 시기등을 세밀한 연도까지 밝힌 점이 다른 비기와는 격을 달리 하고 있다.

수 백 년을 넘나드는 시대를 초월한 대선사들의 이심전심 마음법은 500년전 남사고선생의 격암유록으로 이어져 계룡도읍의 여망의 꽃을 활짝 피우게 하고 있다. 이 같은 본인의 느낌은 나 혼자 만이 아닌 모든 독자, 아니 모든 국민들과 다 같이 공감하였으면 하는 맘이다.

노스트라다무스 예언보다도 더 정확하다는 격암유록!!

　필자가 솜씨 없는 글이지만 그간 산천을 다니면서 보고 느끼고 경험한 것을 혼신을 다하여 원고를 정리하면서 매듭을 앞두고 있을 즈음이다. 많은 날들을 글 쓰는데 습관이 들어서인지 마감을 눈앞에 두고 나니 홀가분한 기분도 들었으나, 왠지 한편으론 무언가 부족한 듯 허전한 마음을 떨칠 수가 없었다.
　글을 쓰는 인사라면 대부분 그러하겠지만 독자에게 전달하고 싶은 메시지를 제대로 내보이지 못한 것 같아 아쉬움이 많다.
　그래서 그런지 가끔은 서점에 들러 어떤 새로운 서적이 나왔는지도 보고 시간을 보낼 때가 많다. 서점의 동양학 코너에 발길이 멈추면 으레 눈길이 가는 서적이 하나 있다. 남사고 선생의 "격암유록"이라는 서적이다. 무슨 예언서라는 정도는 익히 알고 있으나 한 번도 손길이 가본 적이 없다.
　예언에 대한 해석이 저마다 자의적이고 지나고 나서야 "봐라, 그 내용이 이 사실과 일치하지 않느냐?"하는 견강부회식의 억지 주장이 많은지라 정확도가 떨어지는 예언에 대하여 별 흥미를 못 느껴서일 것이다.
　또 대개는 예언을 나타낸 글귀도 이해하기 어려운 문장으로 구성되어 있어서 문외한인 나로서는 가까이 할 이유도 없는 셈이다.

우연에서 운명으로

　그러한 때에 어느 날, 정확히 2011년의 새 달력을 걸고 첫째 날 쯤이다.
　집에 있는 책장에 오래되어 누렇게 빛바랜 책이 있어서 이것이 무슨 책인가 하고 꺼내보았다.
　꺼냈다기보다 책장 앞 선반에 놓여 있는 것을 들어서 본 것이다.
　지금 생각해봐도 알 수 없는 것이 왜 그 책이 책꽂이에 언제 나와서 선반에 놓여 있었는지가 불가사의 이다. 책장에 꽂혀 있었다면 그 책을 꺼내볼 이유가 없는 책이기 때문이다. 선반에 놓여 있어서 책장에 꽂으려고 집어 들며 "무슨 책인데 여기 나와 있지?" 하며 무심코 펼쳐 본 것이다. 모든 인연이란 게 그렇듯이 으레 운명은 그렇게 시작 되는 거였다.
　책을 여니 탁한 묵은 종이냄새가 올라온다. 그동안 책의 표지를 포장을 했기 때문에 그게 무슨 책인지 모르고 오랫동안 관심도 못 받은 채 책장에 세세년년 있었던 것이다.
　책을 열어보니 의외로 "정도령"이란 책이다.
　남사고 선생의 격암유록을 나름대로 해석한 책이다. 즉, 격암유록이다.
　어째 이런 책이 우리 집에 다 있었을까?
　발행된 날짜를 보니 1988년도와 1987년도에 발행된 책이었는데,

훗날 나는 이 책을 사들인 기억이 없어서 어느 날 동생한테 지나가는 얘기로 그런 책이 우리 집에 있었다고 얘기를 했더니 20여 년 전쯤에 자기가 갖다 논책이라 한다. 아마도 그 당시 책 표지를 보고 별 흥미를 못 느껴서인지 문전박대를 했던 모양이다.

무슨 내용일까 하고 호기심 어린 눈으로 읽어 내려가 보니 어느 연구가가 나름대로 격암유록을 해석한 것이었는데, 종교적인 색채로 가미하여 그려냈지만 왠지 가슴에 와 닿질 않았다.

이 격암유록을 보니 이조 때부터 근 현대사까지 사건을 예언한 듯한 내용으로 되어 있는데 우리나라의 기성인이라면 귀동냥으로 한두 번 들어왔을 계룡도읍지와 정도령 출현을 얘기한 내용도 있어서 깜짝 놀랐다.

듣기로는 흔히 정감록이란 비결록에 쓰여 있어 주장했던 걸로 알고 있었는데 이 책에 기록되어 있었기 때문이다. 본래는 격암유록에서 주장한 내용인데 정감록이란 책에서 빌려 편집한 것이 아닌가 하는 엉뚱한 생각도 들었다.

그때 때맞춰 필자가 알고지내는 어느 지인은 500년전에 남사고가 예언한 내용들이 현대에 이르러 전화의 등장과 기차, 하늘의 비행기 등 현대 문명의 출현을 예견한 것은 물론, 일제 36년 치하, 그리고 해방과 6·25동란, 판문점의 등장, 38선까지도 놀라우리만치 정확하게 적중하여 프랑스 예언가 노스트라다무스보다도 더 뛰어난 예언가로 알려져 있다고 귀띔해 주었다.

그런 얘기를 들으니 더욱 더 호기심이 일었고, 더 자세히 알고 싶어 서점에 들러 다른 사람이 쓴 격암유록 해독서를 구해 읽어 보았다.

그렇지만 저자가 각기 다른 해독서를 보아도 거의 대부분 애매한 문장에 다다라서는 미륵불과 하느님이란 절대자로 그려내고 있었는데, 역시 가슴에 와 닿질 않았다.

이 격암유록의 특징은 알듯말 듯 한 한문으로 구성된 방대한 양으로 집대성한 예언서였는데, 수많은 예언 중에서도 필자의 관심을 끈 것은 "궁을"과 함께 계룡도읍지와 정도령 출현에 관한 내용이었다.

예언한 싯귀절을 읽다보니 격암유록을 전문적으로 연구한 분들도 최대의 미스터리와 수수께끼는 계룡도읍지와 정도령에 관한 예언이었다.

어느 누구도 정확하고 명쾌하게 풀어내지 못하고 있는 것을 알았기 때문이다.

대개는 지금 공주 계룡산 근처를 지목하고 있는 것으로 받아들이고 있는 것이 시류의 대세인 듯 한 상황 같았다.

뜻밖에 밝혀지는 예언!
새시대 계룡도읍지는 서울이었다

그런 중에 필자가 심도 있게 읽어보니 궁을(弓乙)이라는 묘한 단어가 최대의 미스터리로 보였다. 그동안 격암유록에 대하여 활발하게 연구한 분들도, 아니 수백 년 동안 어느 누구도 이 궁을(弓乙)이라는 단어를 명쾌히 해독을 못하고 있는 것으로, 여겨졌다.

그런데 필자는 격암유록을 읽어가던 중 궁궁을을(弓弓乙乙)이라는 글귀에 이르렀을 때 어느 순간 혹시나 하고 번개같이 스치는 생각 하나가 있었다. 책을 낼 때 삽화로 쓸려고 찍어 논 서울남산의 사진이 떠올랐다. 사진 속 남산의 형상이 활처럼 생겼음을 어렴풋이 떠올랐기 때문이다. 사진을 찾아서 보니 영락없는 활의 형상이었다.

이 궁(弓)자는 아시다시피 활궁자이다.

용산 쪽에서 남산을 보면, 아니 정확히 천시원이 있는데서 남산을 보면 활의 형상을 하고 있는 것이 분명하다.

좀 더 정확히 말한다면 이 궁자를 읽기 바로 직전까지만 해도 남산이 활의 형상을 하고 있었다는 것을 몰랐었다. 다만 이 남산을 산천의 오행상 두고두저(頭高頭低)의 좌보성 으로서 토(土)에 해당된다는 것으로만 알고 있었던 것이다.

그러다 뜬금없이 남산과 예언서에서 밝힌 궁(弓)자가 우연히도 일치됨을 떠올릴 수 있었던 것이다.

이 궁자가 남산을 은연중 표현한 것이 아닌가 하는 판단이 섰다.

아니 틀림없을 거라는 생각이 들었다.

한문의 글자 수는 현재 5만9천자가 넘는다고 한다. 그 중에서 하필이면 왜 궁자일까? 이는 밑그림이 없으면 절대로 선택될 수 없는 것이 궁자이다.

그 밑그림이 남산이 틀림없었다.

그리고 이어서 흩어진 퍼즐 맞추듯 맞추어 나갔다.

그렇다면 을(乙)은 무엇인가에 의문이 떠올랐다.

그러나 그 의문도 잠시!

고구마를 캐는듯하다. 하나를 캐니 안보이던 것도 줄 줄 줄 넝쿨째 따라 나온다.

그 수수께끼도 금방 풀린다.

인왕산에서 출맥한 용맥이 남대문 상(上)에서 과협, 박환 하여 남산을 세우고 다시 앞으로 나아가다 주봉정상에서 좌우 횡으로 낙맥하여 명동과 용산으로 각기 흘러갔는데, 이때 용맥은 구불구불 갈지(之)자 형식으로 행동하여 나아갔다.

이것은 혈을 맺으려는 용맥은 직선으로 나아가는 법이 없고, 항상 생동감 있고 변화무쌍하게 출진함이 그 기본성정이다. 남사고는 이러한 자연의 법규를 놓치지 않고 자언스럽게 갈지(之)자를 떠올렸을 것이다.

그러나 남사고 선생은 갈지(之)자 대신 비슷한 새을(乙)자를 선택한 것 같다.

갈지(之)자는 문장의 어조사로 쓰이기 때문에 명사로서의 궁(弓)자와 조합이 안 된다. 그래서 명사인 새을(乙)자로 대신 바꾼 것이 아닌가 싶다. 그럼 으로서 궁을(弓乙)은 남산의 대명사이며 혈을 맺기 위한 상서로운 산 전체의 기본 뜻을 담고 있다고 보아야 되겠다.

그런데 여기서 또 십승지(十勝地)라는 말도 자주 등장하고 있다.

이 뜻도 또한 의문은 금방 풀린다.

남산 주봉 정상에서 좌우로 횡락(橫落)하여 각기 남북방향으로 흐른 용맥의 시발점이 열十자가 되기 때문에 자연스럽게 그곳은 십승지가 되는 것은 너무도 당연하다.

열 군데의 승지(勝地)를 얘기한 것이 아닌 것이다.

이는 남산(목멱산)이 지니고 있는 상서로운 기상을 궁을 한 가지로는 부족한 듯 하여 십승지 라는 개념을 보탠 것 같다.

그럼으로서 완벽히 보완도 되었고, 오히려 비기의 기능을 배가시킨 것이 되었다고 보아야 할 것이다. 그렇지만 이 남산은 남사고 선생이 격암유록에서 세상에 내보이고자 하는 최고 정점인 마침표는 아니다.

남사고는 이건 은유적 표현으로 남산下에 있는 천시원이란 상서로운 땅을 알리려 무척 고심한 것이다. 결국 격암유록에 대한 남사고 선생의 최고 정점은 역시 새로운 도읍지 천시원에 있다고 보아야 할 것이다. 그곳에 새 세상이 있고, 정도령이 있으며, 우리 국운의 미래를 보장할 수 있음을 내다 본 것이다.

남사고 선생이 이 예언록을 쓸 당시는 또 근대에 이르러 한동안까지 천시원 근처가 모두 밭이었을 것이다.

겉보기는 인간의 농경생활 근거지인 밭(田)이란 이름으로 불리어졌지만, 실은 밭이 아닌 조물주가 내린 우리나라에 대한 최고 최대의 보물이며 무소불위의 전설 속에 해인(海印)과 같은 천하 대 명당인 것이다.

그래서 자연히 이재전전(利在田田)이란 글귀도 등장한 것으로 풀이된다. 그렇다면 여기서 최고로 헷갈리는 단어 하나가 있다.

계룡은 서울에 있었다

바로 계룡(鷄龍) 그것이다.

그런데 여기서 우리는 잠시 비기가 지니고 있는 속성을 헤아려볼 필요가 있다.

비기는 어느 비밀스런 한 장소를 나타내고 싶을 때 그 장소와 위치를 절대로 정확히 밝히는 예가 없다.

만약 그러한 장소를 정확한 위치와 명칭으로 밝혔다면, 그때는 이미 비기의 기능을 상실한 것이며, 포기한 것이다. 모두 알 듯 말 듯 한 구절들로 쓰여 지게 마련이다.

그것이 비기의 생명력이다.

풍수지리의 대명당을 기록한 지리서도 마찬가지다. 어느 지리서도 혈처(명당)의 위치를 정확히 밝힌 책은 없다.

그래서 비기인 것이다.

그렇다면 계룡도 실제의 공주 계룡산이 아님은 논리적으로도 명분이 서는 것이다.

그렇다면 계룡은 무엇일까?

그것은 어이없게도 우리나라 최대의 강인 한강 이였다.

예전에 필자는 종종 한강을 건널 때마다 어째 한강의 형세가 용의 몸 트림 같다는 생각을 수시로 가졌었다.

막연했지만 계룡일지도 모른다고 했다.

이 생각은 풍수지리의 진면목을 알기 훨씬 이전부터 듣게 된 자연스런 생각이다.

삼십년이 훨씬 넘은 듯하다. 그러나 어떤 증거와 확신을 갖고 생각한 것이 아니고, 그저 막연한 생각 이였다.

이전에 생활 속에서 귀동냥으로 몇 번들은 계룡도읍지와 정도령 이야기를 들었던 탓이리라.

그러다가 격암유록의 예언서를 읽고 필자가 가졌던 생각이 옳았다는 것을 알 수가 있었다. 한편으론 어찌 보면 궁을(弓乙)을 해석하고 나니 평소 가졌던 생각이 쉽게 떠올라 대비되었다.

뜻하지 않게 궁을이 서울에 있었음을 알았으니 계룡도 서울에 있어야 마땅했던 것이다.

그리고 보면 수십 년 전에 이미 예언속에 계룡도읍지는 절반 이상은 알고 있었던 셈이다.

한강은 양수리에서부터 흐른 형세를 강변을 따라 보고 있자면 용트림하는 거대한 용의 몸짓과 흡사하다.

그러하다 용산 앞에 이르러 크게 두 번 반월(半月)을 그리며 힘찬 용트림을 한 것이다. 이렇게 반월을 그린 듯 한 형상의 성정은 오행상으로 금(金)에 해당된다.

그러면서 자연히 두 번 환포한 형상을 보고 남사고 선생은 닭의 벼슬을 떠올린 것 같다. 계룡(鷄龍)을 탄생시킨 것이다. 또한 용의 영역은 물을 근간으로 삼고 있다.

기막힌 착상이다. 완벽하다.

그러면서도 격암유록은 이 계룡을 군데군데 한강임을 분명하게 밝히고 있다.

또 역시 공주의 계룡산이 아님도 확실하게 같이 알리고 있다.

그런데 우리의 고정관념은 눈과 귀에 너무도 익숙한 계룡산이라 여기고 있었으니, 어느 누구라도 공주의 계룡일 수밖에 없는 혼란스런 판단 속으로 빠트렸다.

또 하나의 완벽한 트릭이 완성된 것이다.

결국 이 예언록의 보이지 않는 숨은 뜻은 계룡도읍지의 시운을 밝혔다. 정도령의 시대가 도래하고 있는 것이다.

때가 이르게 되면 모든 것이 자연스레 발생하여 이루어진다는 암시가 되기 때문이다.

현재 우리나라 최고의 흉가인 청와대에서 나오는 정치력은 국민을 당혹케 한다. 흉한 기운을 막을 수 없어 본인도 모르는 사이 몸과 마음이 그 기운에 동화되어 가는 것이다.

당사자들도 피해자이지만 국민들은 더 큰 피해자로 남는 것이다.

천시원의 혈은 풍수지리학상 완전무결한 에너지의 집합점이다.

천시원에 궁궐을 세운다면 그곳에서 뿜어져 나오는 혈의 에너지는 올바른 판단과 결정을 유도할 수 있는 힘이 있다. 자연히 올바른 정치는 국력으로 나타나고, 국민의 열망에 부응하게 되는 것이다.

또 주변국의 흐름도 우리나라의 에너지에 동화되는 작용도 하게 되는 것이다.

국제 관계에 새로운 판이 짜여 진다는 뜻이다.

중앙이라는 남산의 근본적 오행의 정신과, 하늘을 관장하는 천자의 상징적 존재감은 모든 것을 당당하게 하고, 근본과 정의의 질서를 알며, 국민의 에너지를 결집시키는 힘이 있다.

이는 또, 우리나라의 중앙이기 전에 지구별의 중앙이기도 하다.

여기서 격암유록의 백석(白石)이라는 용어를 살펴보자.

용산 앞에 한강은 유독 모래톱이 집중되어 있다.

여의도, 밤섬, 노들섬, 선유도 등이 천시원의 나성이 되고, 귀사(貴沙)가 되어 혈처 앞마당에 모두 모여 있다.

하나의 천하대혈이 생성하게 될 때, 주변 산천의 기운은 혈을 옹호하고 보호하며, 힘을 보태주는 대자연의 가공할 질서에 따라 창조되어지는 현상으로 나타난 것이다. 또한 강변 양쪽에는 고수부지가 넓게 생성되어 있어 나성들과 이 부분들을 백석(白石)이라고 표현한 것 같다. 여기서 한편을 덧붙인다면, 천시원의 혈토를 말하고 싶다.

우리나라 중부지방의 혈토의 형질은 대개가 황금색을 바탕으로 되어 있거나, 주황색을 띤 미세하기가 분가루가 뭉친 듯, 혹은 삶은 계란 노른자가 굳게 뭉친 듯한 형질을 하고 있다. 일반적으로 좋다고 하는 마사토 와는 그 형질이 전혀 다르다.

그런데 천시원 혈토의 형질은 황색이 약간 가미된 부분과 유백색 혹은 회백색의 백토(白土)에 가깝게 형성된 부분으로 되어있음을 유추해 볼 수 있다. 이것은 부모는 조부모의 형질을 닮고, 아들은 또 부모의 유전인자를 이어받는 이치와 같이 이 자연계도 똑같이 적용된다. 남산의 부모산에 해당되는 북한산 일원은 대부분 화강암이 돌출된 석산(石山)으로 생성되어 있다. 산에 흙이 적은 것이다. 이 화강암의 색상은 회백색에 가깝다.

이러한 산천의 유전인자는 아들격인 남산에 그대로 이어져 그 정기의 핵심부분인 천시원의 혈처는 유백색의 백토에 가까운 형질로서 미세하며 고운 토질로 형성된 것이다. 그렇다고 절대로 모래가 뭉친 것은 더더욱 아니다.

우리가 여름에 먹는 간식음료인 미숫가루와 같은 미세함으로 결성되어 있다고 보면 정확할 것이다. 이러한 천시원의 혈토가 400~500평 혹은 그 이상 초대형으로 넓게 퍼져 있다.

격암유록에 나타난 궁을(弓乙), 십승지(十勝地), 계룡(鷄龍), 백석(白石), 정도령(正道令), 전전(田田) 등이 천시원을 나타내고자 하는 트릭인 셈이다 여기에 또 자하선인(紫霞仙人)이라는 용어도 몇 차례 등장하는데, 이는 한강에 노을이 곱게 들었을 때, 선경과도 같음을 표시한 것이다.

천시원 혈처에서 바라볼 때 남서쪽으로 개면되어 있으니 맑은 날 지평선의 자주색 붉은 저녁노을이 한강에 어우러지니 신선이 사는 선경이라는 용어가 저절로 나온 것이다.

이곳에서만이 나올 수 있는 그림과도 같은 표현인 것이다.

자하도(紫霞島)라는 용어도 같은 뜻이다.

신기하게도 용산앞 한강에서만이 섬이 있으니 여기서 더 무슨 표현인들 못하랴.

또 한편 엄택곡부(奄宅曲阜)라는 글도 몇 차례 등장하는데 이 글의 의미를 살펴보면 "굽은 언덕으로 가려진 집"이란 뜻이다.

이 뜻을 알려면 천시원 혈처에 서있으면 눈으로서 저절로 알게 된다.

왼쪽으로 두툼한 둔덕으로 된 청룡사가 신기하게도 풍수학의 교과서처럼 혈을 감싸 안고 둘러서 압구정, 청담동 너머에서 살(殺)이 되어 치고 들어오는 한강물을 막아주고 있다.

이처럼 풍수지리에서 진혈(眞穴)을 만나게 되면 이러한 자연산천의 불가사의한 조화로움을 쉽게 만날 수 있다.

오백 년 만에 밝혀지는 비밀과 수수께끼

이제 격암유록에 기록된 한문으로 짜여진 문장들을 구체적으로 살펴보자. 우리의 역사를 지적한 예언은 극히 일부분을 차지하는데 이 부분을 제외하면 거의 모두가 남산 아래에 맺힌 천하의 대혈 천시원에 대한 경의와 꿈같이 펼쳐지는 우리나라 국운의 미래를 그리고 있음을 알 수 있다.

격암유록 초장에

> 鷄鳴龍叫何處地 邑者溪邊是錦城
> 계 명 용 규 하 처 지   읍 자 계 변 시 금 성

  해설
  닭이 울고 용이 소리치는 곳은 어딘가?
  시냇물 흐르는 도시의 변두리가 금성이다.

** 한강물의 여울이 일어나는 소리를 닭이 울고 용이 울부짖는다는 상징적 표현을 썼다. 도시의 변두리 물가는 아름답다는(비단결 같다는) 표현 속에는 이미 한강의 이미지가 숨어있다.

錦城錦城何錦城 金白土城漢水邊
금 성 금 성 하 금 성 금 백 토 성 한 수 변

> 해설
> 금성금성하는데 어디가 금성인가 금백토성이 한수변에 있다.

** 이는 용산 앞에서 반월(半月)을 형성하며 두 번 크게 환포한 아름다운 한강을 은유적으로 가리키는 구절이다. 반월을 그리듯 둥그렇게 환포한 백사장 변을 오행의 성질을 빌어 금백토성인, 한수변으로 인용하면서 한강임을 넌지시 그러나 분명하게 지적했다.

鷄龍鷄龍何鷄龍 紫霞仙中金鷄龍
계 룡 계 룡 하 계 룡 자 하 선 중 금 계 룡

> 해설
> 계룡계룡하는데 계룡은 어디인가
> 선경같은 노을이 있는중에 금계룡이 있다.

** 한강이 곧 계룡이다. 한강이 아름답게 저녁노을과 어우러졌을 때를 선경과 같다는 표현을 썼다.천시원 혈처에서 앞을 바라볼 때 남서쪽으로 개면되었기 때문에 이런 표현이 가능했다. 여기서 금 계룡은 용산 앞에서 둥글게 환포한 것을 일컫는 말이다. 용산 앞 한강물이 아니고서는 나올 수 없는 표현이다.

非山非野吉星地 鷄龍白石眞鷄龍
비 산 비 야 길 성 지 계 룡 백 석 진 계 룡

해설

산도 아니요 들도 아닌 길한 별이 있는 곳
계룡의 흰 돌이 진짜 계룡이다.

** 산도 아니고, 들도 아니라면 그것은 당연히 강물밖에 없다. 비산 비야라는 문장이 주는 절묘한 트릭은 그동안 많은 사람들을 큰 혼란 속에 빠트렸다. 특히 여기서는 여의도, 노들섬, 밤섬, 선유도 등을 길한 별로 표현했다. 좀 더 구체성을 띤 표현이 등장한 것이다. 또 계룡은 그 자체가 한강이다. 용산 앞에서 두 번 환포한 것을 닭의 벼슬로 비유한 것이다. 절묘한 트릭이다. 공주 계룡산에 고정관념이 있을 때 혼란을 불러올 수 있는 표현이다. 그러면서 백사장을 백석으로 비유하며, 그곳이 진짜 계룡이라고 밝혔다.

十勝十勝何十勝 勝利臺上眞十勝
십 승 십 승 하 십 승 승 리 대 상 진 십 승

해설

십승십승하는데 어디인가
승리대 위가 진짜 십승이다.

** 남산의 제일 높은 주봉을 말하고 있다. 남산의 주봉에서 사방팔방 바라보면 높은 곳에 위치해 있어 우쭐한 기분이 드는 곳이다.

그러한 것을 승리대라는 형용사를 썼다. 이곳에서 명동성당 쪽으로 흘러간 용맥과 전쟁기념관 쪽으로 흘러간 용맥이 열十자의 형태로 갈라선 것이다. 하나의 산봉우리에서 좌우로 용맥이 출현하여 혈을 맺은 경우는 극히 희귀한 예다. 결국 이 십승과 궁을은 같은 남산을 뜻하는 이분법적 표현이다.

兩白兩白何兩白 先后千地是兩白
양 백 양 백 하 양 백　선 후 천 지 시 양 백

河圖落書灵龜收 心灵衣白眞兩白
하 도 낙 서 영 구 수　심 영 의 백 진 양 백

> 해설

양백양백 하는데 양백은 어디인가 앞뒤 천지가 양백이다.
거북이 수리의 하도 낙서요, 흰옷같은 신령스러운 마음이 진짜 양백이다.

** 한강 양쪽 강변과 곳곳의 섬에 있는 백사장이 선후와 천지에 있다고 구분했다. 전후좌우라는 개념이다. 여기서 독특한 것은 선유도와 노들섬등의 타원형의 형상을 하도낙서의 거북이 등판으로 표현한 것이다. 그 곳에 있는 모래톱을 흰 옷 입은 것 같이 보라는 뜻이다.

三豊三豊何三豊 非山非野是三豊
삼 풍 삼 풍 하 삼 풍 비 산 비 야 시 삼 풍

世人不知火雨露 無穀大豊是三豊
세 인 부 지 화 우 로 무 곡 대 풍 시 삼 풍

해설
삼풍삼풍 하는데 삼풍이 무엇인가 산도 아니고 들도 아닌것이 삼풍이다.
세인들은 화우로를 알지 못하며 곡식이 아닌 것이 대풍 이며 삼풍이다.

** 삼풍은 한강물을 말하고 있다. 산도 아니고 들도 아니라면 강물 밖에 더 있는가. 화우로는 태양과 비와 이슬인데, 순환하는 자연계를 의미하기도 하며 종국에는 강물을 뜻한다. 여기서 트릭이 하나있다. 이슬이다. 태양과 비와 구름이라면 쉽게 의미를 알아챌 수도 있는 것을 구름대신 이슬로 슬쩍 끼워 넣은 것이다. 비산비야의 행로와 같다. 산도 아니요, 들도 아니다. 란 곳에 필을 꽂히게 해놓고 정신을 오리무중에 빠트린 것이다. 강물이란 모범답안을 눈치 챌 수 없게 만들었다. 계룡이 한강이라면, 삼풍은 한강물을 뜻한다.

弓乙弓乙何弓乙 天弓地乙是弓乙
궁 을 궁 을 하 궁 을 천 궁 지 을 시 궁 을

一陽一陰亦弓乙 紫霞仙人眞弓乙
일 양 일 을 역 궁 을 자 하 선 인 진 궁 을

> 해설
>
> 궁을궁을 하는데 궁을이 무엇인가, 천궁지을이 궁을이다.
> 일양일음도 역시 궁을이며, 자하선인이 진짜 궁을이다.

** 여기서 천궁은 남산이 활의 형상을 하고 있음을 말하고 있고 지을은 천시원의 혈을 맺기 위해 변화무쌍 하게 갈지(之)자로 흘러가는 용맥을 말한다. 하늘은 양이며 활의 형상이요, 땅은 음이고 혈을 맺으려 흘러가는 용맥이니 이것이 양과 음의 이치이니 궁을(남산)이 되는 것이 당연하다. 진짜 궁을이란 자하선인이 한강의 황홀한 저녁노을을 바라보는 곳(남산)을 말한다. 아름다운 저녁노을도 보는 이가 있어야 그런 표현을 쓸 수 있는 것이다. 보는 이의 심경을 표현했다. 여기서 남산에 선인이라는 인격성을 부여했으나 궁극은 정도령에 있다. 5만9천자가 넘는 한문 중에서 궁(弓)자가 선택되었을 때는 비슷한 밑그림이 있을 때만 가능하다.

또한 삼역대경에서

> 弓乙者는 甲乙也
> 궁을자 갑을야

해설

궁을은 갑을이다.

** 전자에 설명했듯이 궁을은 남산이라고 밝혔다. 또 천시원의 주산이다. 천시원은 동방(東方)을 관장하는 지상최대의 천하대혈이다. 그러므로 남산은 동방 목(木)을 상징하고 있다. 이름도 목멱산이다. 갑을은 12간지(艮支)의 목(木)을 의미하는 동방에 해당된다. 여기서 더 무슨 해설이 필요할까. 간결하지만 예리한 뜻을 나타낸 문장이다.

이어서 다음 문장을 살펴보자.

> 眞經眞經何眞經 妖魔不侵是經眞
> 진경진경하진경 요마불침시경진
> 上帝預言聖經設 毫釐不差眞眞經
> 상제예언성경설 호리불차진진경

해설

진경진경 하는데 무엇이 진짜 경전인가. 요사스런 마귀가 침범 못하는 것이 진짜 경전이다. 상제님의 예언이며, 성스러운 경전이다. 털끝만큼도 오차가 없는 진짜 경전이다.

** 진경이란 바로 천자의 예언이며 성스러운 경전인 격암유록을 말하고 있다. 또 한편 격암유록에 수록된 천자의 예언은 털끝만큼

의 오차가 없는 정확한 예언을 강조 하고 있다. 핵심은 용산 천시원에 계룡도읍의 실현 여부이다. 정확한 예언을 강조한 만큼 앞날이 주목된다.

이어서

> 吉地吉地何吉地 多會仙中是吉地
> 길지길지하길지 다회선중시길지
>
> 三神山下牛鳴地 桂樹範朴是吉地
> 삼신산하우명지 계수범박시길지

해설

길지길지 하는데 어디가 길지인가. 신선들이 많이 모이는 곳이 길지이다.
삼신산 아래 소 울음소리가 나는 곳, 계수나무 가로수가 나란히 있는 곳이 길지이다.

** 삼신산은 원래는 북한산의 삼각산을 얘기하지만 이 문장에서는 남산과 함께 대변하고 있다. 남산아래 소 울음소리가 나는 곳을 가리키며 계수나무 가로수가 있는 곳을 말하고 있다. 이 뜻은 길지 즉 천시원부근에 큰 대로가 있음을 암묵적으로 표시하고 있다. 소 울음소리는 무엇을 뜻하는지 뒷장에 따로 밝힐 것이다.

> 白石何在 尋於鷄龍
> 백 석 하 재 심 어 계 룡
>
> 鷄龍何在 非山非野
> 계 룡 하 재 비 산 비 야

해설

백석은 어디있나 계룡에서 찾으라
계룡은 어디있나 산도 아니며 들도 아니다.

** 앞장에서와 같이 백석은 한강(계룡)에 있는 모래밭을 의미한다. 그러면서 계룡(한강)은 어디에 있는가 하고 물으면서 산도 아니고 들도 아닌 곳이라 지적했다. 이쯤에서는 독자 분들도 이 글귀의 의미를 어느 정도 이해가 됐겠지만, 그동안 공주의 계룡산이라는 고정관념에 사로잡혔을 때 최고로 헷갈리게 하는 글귀이다. 남사고 선생은 참으로 뛰어난 트릭의 귀재이다.

> 非山非野何在
> 비 산 비 야 하 재
>
> 二人橫三十二月綠
> 이 인 횡 삼 십 이 월 록

해설

산도 아니며 들도 아닌 곳은 어디인가
두 이자에 사람이 있고 옆으로 석 삼이 있으며 열두 달 초록빛이로다.

** 격암유록을 읽다 보면 비산비야란 글이 자주 등장한다. 그런데

이 문장의 물음은 그 의문에 속 시원한 답을 내고 있다. 이인횡삼이란 뜻은 江의 파자이다. 두 이자에 사람이 서 있는 형상이요 옆에 삼수변이 있으니 이보다 더 명쾌할 수가 없다. 그리고 한강물은 열두 달 내내 초록빛이 아닌가? 계룡이 한강이라는 풀이에 이견이 없도록 쐐기를 박는 글이다. 이 글 때문에 한강물을 유심히 살펴보니 푸른빛이 아니었다.

이상의 글은 격암유록이 시작되는 초장 편에 있는 글 중에 눈에 선명하게 들어오는 문구를 골라 부분적으로 해석을 했다. 초장에 특징이 있다면 거의 대부분 계룡도읍지를 알리기 위한 글이지만 신묘하게 반복된 은유적 표현으로 실체의 모습을 감추고 헷갈리게 구성된 글이다.

이러한 문장의 흐름으로 볼 때 격암유록의 주 정체성은 계룡도읍지와 정도령이다. 물론 해석자의 의중에 따라서 격암유록을 지은 저자의 의중과 차이가 있을 수 있지만 다만 필자가 바라는 것이 있다면 제가 해석한글이 독자 여러분과 아니 더 나아가 국민여러분과 공감 할 수 있는 부분이 많았으면 하는 바램이다.

이 예언서가 주는 핵심은 지난 것을 맞추는 과거형의 죽은 예언이 아니다. 곧 닥칠 그리 멀지않은 미래에 이 시대에 사는 우리 모두가 계룡도읍이라는 막중한 사명과 의무가 주어졌는지를 알리는 글 일수도 있다.

세론시

非山十勝 牛聲弓弓
비 산 십 승 우 성 궁 궁

三豊白陽有人處 人子勝人 勝人神人
삼 풍 백 양 유 인 처 인 자 승 인 승 인 신 인

해설

산이 아닌 곳에 십승 인데 소 울음소리 들리는 궁궁 이로다.
삼풍 양백은 사람이 모이는 곳이다.
그 사람은 십승 인이요, 이는 곧 신인이다.

世願十勝 聖山聖地
세 원 십 승 성 산 성 지

嗟我後生 勿離此間
차 아 후 생 물 리 차 간

弓弓之間 天香得數
궁 궁 지 간 천 향 득 수

해설

세상 사람들이 바라던 십승은 성스러운 산이며 땅이다.
후손들이여 탄식하지 말라. 궁궁이 있는 그곳을 떠나지 말라.
하늘의 향기를 얻을 수 있는 곳.

> 愚者何辨 入於俗離 尋於智異 尋山鷄龍 愚哉
> 우 자 하 변 입 어 속 리 심 어 지 리 심 산 계 룡 우 재

해설

어리석은 자의 말은 어떤가. 속리산에 들어가라! 지리산을 찾으라!
계룡산을 찾으라 하나 모두 어리석다.

** 이 글은 전장에서 남사고 선생이 밝힌 글 속에서 트릭으로 인하여 혼란을 일으킬 수 있음을 경고하고 있다. 혼란의 주제는 계룡이다. 산을(계룡산) 이야기 한 듯 했으나 산을 찾지 말라는 뜻이다. 그동안 어느 누가 이 글귀의 참 뜻을 알 수 있었을까?

> 三神山下牛鳴地 牛聲浪藉
> 삼 신 산 하 우 명 지 우 성 낭 자
>
> 始出天民 人皆成就
> 시 출 천 민 인 개 성 취

해설

삼신산 아래 소 울음소리 크게 울리는 곳.
하늘나라 백성이 처음 나타난 곳이며, 사람마다 소원이 이루어지는 곳이다.

** 새로이 세워질 도읍지를 지적하는 글이다. 현재 전쟁기념관 터이다.

계룡론

無后裔之何來鄭 鄭本天上雲中王
무 후 예 지 하 래 정 정 본 천 상 운 중 왕

再來今日鄭氏王 不知何姓鄭道令
재 래 금 일 정 씨 왕 부 지 하 성 정 도 령

해설

후손이 없는 정도령은 어느 때 오는가.
정씨는 본래 하늘 구름속의 왕이다.
지금 다시 정씨 왕으로 오는데 성씨를 알 수 없다.

** 정도령의 존재를 알리기 위해 나온 글이다. 이와 유사한 글들이 수없이 반복되고 있다. 이글을 읽는 독자 여러분께 질문을 드리고 싶다. 이 문장으로 볼 때 정도령이란 존재가 사람으로 인식이 가는지를……

鷄龍石白鄭運王 鄭趙千年鄭鑑設
계 룡 석 백 정 운 왕 정 조 천 년 정 감 설

世不知而神人知
세 부 지 이 신 인 지

無父之子鄭道令
무 부 지 자 정 도 령

해설

계룡백석에 왕으로 올 운이로다.
정씨조씨 가 천 년 간 왕조를 쓴 정감록인데,
세상 사람들은 알지 못하고 신만이 아는구나.
정도령은 아버지가 없는 자식이다.

** 이 문장도 역시 정도령이란 존재를 알리기 위해 나온 글이다. 뒷장에 정도령의 존재를 따로 밝히겠다.

내패예언육십재

求人兩白求穀三豊 世人不知哀可哀
구 인 양 백 구 곡 삼 풍   세 인 부 지 애 가 애

> 해설
>
> 인물은 양백에서 구하고, 곡식은 삼풍 에서 구하는데
> 세상 사람이 알지 못하니 슬프고 슬프다.

** 이 글을 현실에 맞게 설명 한다면 인물은 서울에서 구하고 곡식은 농사짓는 들에서 구하는데가 맞다. 양백은 포괄적의미로 서울에 속해있다. 사람 많은데서 인물을 구하란 뜻이다. 농사도 물이 있어야 가능하다. 삼풍은 한강물이라고 이미 밝힌바 있다.

말운론

出地何處耶 鷄鳴龍叫
출 지 하 처 야 계 명 용 규

溟沙十里之上 龍山之下
명 사 십 리 지 상 용 산 지 하

해설

그가(정도령) 나타날 곳은 어디인가, 닭이 울고 용이 울부짖는 명사십리 위이요, 용산 아래에 있다.

** 앞장에서 한강물의 여울소리를 닭이 울고 용이 운다는 표현으로 밝혔다. 또 명사십리는 바닷가나 큰 강가에만 있는 백사장이다. 그러므로 여기에서는 한강의 모래밭을 암시하고 있다.

명사십리(한강) 위쪽이며 용산 아래라고 분명히 어느 한 장소를 지목하고 있다. 이쯤에서는 어느 곳인지 독자 여러분들이 한번 판단해보는 것도 괜찮을 것 같다.

이 글귀는 격암유록의 전체 문장 중에서 유일하게 천시원이 있는 장소를 가장 구체적으로 나타내는 글귀라고 생각된다. 남산아래 천하명당을 지목하는 것에 이론의 여지가 없도록 쐐기를 박고 요지부동의 직격탄을 날린 글이다.

다시 세론시 중에서

鷄龍創業 曉星照臨 草魚禾萊之山
계 룡 창 업 효 성 조 림 초 어 화 래 지 산

天下名山 老姑相望 三神役活
천 하 명 산 노 고 상 망 삼 신 역 활

해설

계룡에 창업을 하니 새벽별이 비춘다. 버려졌던 산이 깨어나서 늙은 천하명산이 서로 마주보는 곳에서 삼신이 활기찬 일을 한다.

** 계룡에 창업한다는 뜻은 굳이 해석을 하지 않아도 될 것 같다. 이쯤에서는 어떤 뜻인지 알아차렸을 듯해서다. 천하명당에 궁궐을 지으니 새벽이 밝아옴과 같다.

이 글에서 초,어, 화는 소(蘇)자의 파자이다. 소생할 소, 깨어날 소 자인 것이다. 시운이 다가와 잠자던 거친 산천의 지령이 깨어난다는 뜻이다.

노고산! 즉 늙은 산이 마주본다는 풀이는 천시원 혈처에서만이 설명이 가능하다. 혈처에서 바라보면 남에는 관악산이요. 북에는 북한산이다. 이 거대한 천하 명산이 서로 마주보고 있음을 눈치 챌 수 있다. 노고라는 의미는 늙고 오래되었다는 뜻이다.

산에 암반이 많아 머리 빠진 늙은이의 검버섯과 같은 뜻으로 보면 된다. 반대로 젊은 산이라면 산에 흙이 많아 푸른 나무가 많은 산 일 것이다. 또 삼신은 북한산의 삼각산을 뜻한다. 북한산의 주봉인 셈이다.

천시원이란 천하명당도 북한산맥에서 시발하여 맺혔으니 삼신산이 깨어나야만 운기가 시작된다고 본 것이다. 이렇듯 우리에게 다가오는 국운은 피할 수 없을 것 같다. 또한 성산심로 편을 들여다보면 온통 목멱산(남산)과 천시원 혈처를 나타내고자 하는 뜻으로 은유법을 총동원하여 표현을 했다.

그중에서 일례를 들어보자.

弓弓勝地求民方舟 牛性在野
궁 궁 승 지 구 민 방 주 우 성 재 야

非山非野 牛鳴聲
비 산 비 야 우 명 성

해설

궁궁은 승리의 땅이요 백성을 살리는 방주이다.
들에 있는 우성은 산도 아니요 들도 아닌 소 울음소리 나는 곳이로다.

十勝覺理 一字縱橫
십 승 각 리 일 자 종 횡

求十弓乙 延年益壽
구 십 궁 을 연 년 익 수

十勝居人 入於永樂
십 승 거 인 입 어 영 락

해설

一자를 가로와 세로이면 십승 이치를 깨달음이다.
궁을을 얻으면 수명이 길어지며, 십승에 살면 즐거움이 영원하리라.

一字縱橫 求十弓乙
일자종횡 구십궁을

> 해설
>
> 일자를 가로와 세로를 합하면 十이되는데 이 이치는 궁을을 얻는 것과 같다.

** 일자종횡은 열十자를 가르친다. 즉 남산 정상 주봉에서 一자 형식으로 용맥이 앞으로 나아갔다. 이때 주봉에서 좌우 횡으로 흘러간 용맥을 지적하며 십(十)을 얻으면 궁을을 얻은 것과 같다는 뜻이다. 전자에 설명했듯이 궁을은 남산을 의미한다. 남사고 선생은 행여 자신의 뜻한 바를 후세인이 놓칠세라 갖가지 예를 들면서 반복에 반복을 거듭하고 있는 것이다.

또 한편,

東山誰良不如路邊 多人往來大之邊
동산수량불여로변 다인왕래대지변

天藏地祕吉星照 桂範朴樹之上
천장지비길성조 계범박수지상

> 해설
>
> 동쪽 산에 좋은곳 로 변 같지만 아니니, 많은 사람이 다니는 대로변. 하늘이 감추고 땅이 숨긴 성스런 별이 비치는 곳. 계수나무 가로수가 가지런히 있는 곳 위쪽에 있다.

** 현재도 그렇지만 500년 전에도 천시원 혈처 가까이 큰 대로가 있었던 모양이다. 대로엔 많은 사람이 다닐 수밖에 없다. 큰길 위쪽이라고 자세히도 알리고 있다. 이채로운 것은 가로수의 나

무까지 밝힌 것이 자연스럽다. 앞줄에 로 변이 아니란 것은 소로가 아닌 대로를 강조하기 위한 글인 듯하다. 수많은 사람이 다니는 대로변 가까이 위쪽에 세상에 둘도 없는 천하명당이 있었지만, 풍수역사이래 눈치 챈 사람이 없었다는 것이 신비롭기만 하다. 천장지비란 말이 실감난다.

옛 선인들은 하늘에는 자미성좌, 천시성좌, 태미성좌, 천원성좌가 있고, 지상에는 자미원국 천시원국, 태미원국, 천원국 이라는 명당이 지상과 천상에 똑같이 존재한다고 믿었다. 이는 명당중의 명당이요, 지상 최고 최대의 명당을 의미하는 것이다. 그런데 실제로 가야산에 자미원국, 북한산의 남산에 천시원국이 우리나라에 있으니 얼마나 축복받은 나라인가. 천장지비 길성조라는 뜻의 길성조의 의미는 하늘의 천시성좌의 천기를 받는다는 뜻이다. 실제로 정신적으로 영민한 사람은 천시원 혈처에 들어서면 하늘의 천기를 받고 있음을 몸으로 느낄 수 있다.

이 땅에 용산, 목멱산, 여의도 등 이러한 지명을 붙인 선사는 과연 누구인가? 분명코 풍수지리에 능통한 도인이 분명하다. 조용히 생각에 들수록 신비로움이 가득하다. 돌이켜보면 지명만 지어놓고, 풍수지리의 자취를 아예 남기지 않은 선사들의 마음속엔 후세의 이 땅의 후손들을 위한 뜻이 있으리라. 남사고 선생도 이곳을 알아보고 이름 모를 선사의 뜻을 이어받아 심중에 일어나는 마음을 격암유록으로서 연출, 기획한 셈이다. 정녕코 놀라운 천년의 시공을 넘는 이심전심이다.

생초지락

鷄山石白三山中 靈兮神兮聖人出
계 산 석 백 삼 산 중 영 혜 신 혜 성 인 출

美哉 山下大運回 長安大道鄭道令
미 재 산 하 대 운 회 장 안 대 도 정 도 령

해설

계룡백석이 있는 삼신산에 신령하고 신성한 성인이 나타나니,
아름다운 이 강산에 큰 운이 도래하여, 장안에 큰 뜻을 품고 나온 정도령 일세.

** 이 글에서는 수수께끼 속에 성인의 존재가 누구인지 절반이상이 밝혀지는 글이다. "우리강산에 큰 운이 왔는데 큰 뜻을 품고나온 정도령일세"라는 이 문장은 큰 운이 곧 정도령이란 등식이 성립되는 글이다. 이 글을 다시 정리 하면 천운은 곧 성인이요 정도령이라고 풀이하는 것이 자연스럽다.

面面村村牛鳴聲 道道郡郡萬年風
면 면 촌 촌 우 명 성 도 도 군 군 만 년 풍

해설

면면마다 마을마다 소 울음소리 낭자하니, 전국의 도마다 군마다 영원무궁한 바람이 분다.

逐魔試舞劒輝電 此世號歌聲振雷
축 마 시 무 검 휘 전 차 세 호 가 성 진 뢰

幾千年之今始定 大和通路吉門開
기 천 년 지 금 시 정 대 화 통 로 길 문 개

|해설|

그 성인이 번개처럼 칼을 휘둘러 마귀를 쫓는구나.
때가 이르러 성인의 호령소리 우레와 같이 진동하고, 노래 소리 고우니 몇 천 년 만에 지금에 이르러서야 비로소 안정이 되네.

** 글에서처럼 성인이 영웅이 되어 검을 휘둘러 마귀를 쫓는 뜻이 아니다. 마귀는 무형의 가상의 존재다. 형체가 없는 가상의 존재를 아무리 성인이라지만 검을 써서 물리쳐 지는 대상이 아니다. 마귀의 상징은 탁하고, 어둡고, 차고, 거칠고, 험하고, 불의를 연상하게 된다. 즉 검고 나쁜 기운이다. 이 나쁜 기운을 물리칠 수 있는 존재는 좋은 기운밖에 없다. 즉 천운이다.
이 천운이 왔어도 쓸 줄 모르면 만사가 허사다. 허공에 꽉 찬 천운을 쓸어 담아 사용하는 지혜가 곧 계룡도읍이다. 상기의 문장은 계룡도읍을 완성하고 난후의 상황을 그린 그림이다. 그동안 정치 사회에 뿌리깊이 박혀있던 불의와 나쁜 기운을 천운으로 걷어내니 몰라보게 달라지는 사회상에 환호하는 민초들의 함성과 노래 소리로서 몇 천 년 만의 안정된 국가를 맞이하는 것을 보여주는 글이다.

새사십사

無后裔之血孫鄭 何姓不知何來鄭
무 후 예 지 혈 손 정 하 성 부 지 하 래 정

鄭本天上雲中王 再來今日鄭氏王
정 본 천 상 운 중 왕 재 래 금 일 정 씨 왕

神出鬼沒此世上 擇之順人人山人海
신 출 귀 몰 차 세 상 택 지 순 인 인 산 인 해

> 해설
>
> 후예가 없는 혈손 정씨, 성씨를 알 수 없으며 어떻게 정씨로 오는지 모르는데, 정씨는 하늘 위의 구름속에 왕이며, 오늘 다시 정씨는 왕으로 오도다. 귀신은 멸망하고 천신이 출현하는 세상인데 신이 선택한 선량한 사람들로 인산인해를 이루는구나.

** 이 역시 정도령을 알리기 위한 글이다.

농궁가

世人不知寒心事 鷄龍都邑非山名
세 인 부 지 한 심 사 계 룡 도 읍 비 산 명

> 해설
>
> 세상 사람들이 알지 못하니 한심 하구나.
> 계룡도읍지가 산 이름이 아닌 것을...

** 공주 계룡산이 아님을 재차 재차 알리는 글이다. 조금은 겸연쩍지만 실제로 500년간 아무도 알아내질 못한 것이 사실이다. 이

밖에도 남산아래 천시원을 지목하는 글귀가 갖가지 은유법과 비유법으로 수없이 등장한다. 그러나 여기서 격암유록의 해독을 면밀히 살펴보면 계룡이란 글자를 공주의 계룡으로 대비시키면 세세년년 풀리지 않는 매듭이 될 뿐이다. 남사고 선생은 분명 그 부분을 노렸다. 또 충분한 성과를 얻어냈다. 그러나 공주의 계룡이 아님을 풀었어도, 남산 아래 천시원을 몰랐다면 영원한 수수께끼로 있을 수밖에 없었을 거라는 암담한 생각도 들었다. 이 뜻은 천시원을 알아야만 격암유록은 올바른 해석이 가능하다는 뜻이다. 호기심과 수수께끼, 또 신비로움으로 흥미진진한 격암유록! 우리의 일상생활과는 전혀 상관없었을 것 같았는데 뜻밖에도 우리 국민 모두에게 직간접으로 무관치 않음을 엿보게 된다.

궁을론

弓弓不和向面東西 背弓之間出於十勝
궁궁불화향면동서 배궁지간출어십승

人覺從之所願成就 弓弓相和向面對坐
인각종지소원성취 궁궁상화향면대좌

灣弓之間出於神工 人人讀習無文道通
만궁지간출어신공 인인독습무문도통

해설

궁궁이 화합하지 못하고 동서로 향을 맞대니 궁의 등에 십승이 나온다. 이 이치를 깨달아 뜻을 따르는 사람은 소원성취 하는 도다. 궁과 궁이 얼굴을 마주보고 앉아있다. 궁이 굽이지는 사이에 신의 전공이로다. 사람마다 읽고 배우면 글 없이 뜻을 통할 수 있다.

** 남산의 두 봉우리를 설명한 글이다. 동쪽에 있는 산봉과 서쪽에 있는 산봉이 서로 마주보고 있으며 그 사이에 능선이 굽이지는 모양이 신의 전공이라 표현했다. 이치에 맞는 글이다.

은비가

西方結寃東方解 願日見之修源旅
서 방 결 원 동 방 해   원 일 견 지 수 원 려

須從白兎走靑林 世上四覽誰可知
수 종 백 토 주 청 림   세 상 사 람 수 가 지

祈天禱神天神指 西氣東來獨覺士
기 천 도 신 천 신 지   서 기 동 래 독 각 사

一鷄四角邦無手 萬人苦待直八人
일 계 사 각 방 무 수   만 인 고 대 직 팔 인

해설

서방에서 맺힌 원한 동방에서 풀어지는데, 이 근원을 연구한 나그네를 지금 만나기 원한다면, 마침내 모름지기 흰토끼(신묘생)를 따라 청림도사에게로 달려가면 세상사 람 들은 그가 누구인지 가히 알 것이다. 하늘에 빌고 신에게 빌면 하늘은 반드시 가르친다. 서양의 기운올 받고 동쪽의 소선에 와 홀로 깨달은 도사. 한 마리의 계룡으로서 네 모퉁이 땅에 빈손으로 나라를 세우니, 만인이 고대하는 사람일세.

** 이 문장은 좀 색다른 문장이다. 성인을 나타낸 글이 아닌 어느 선비를 소개하는 글이기에 그렇다. 생년은 토끼띠 신묘생 이며 조선에 와서 홀로 깨달은 선비인데 맨손으로 나라를 세운다고 했다. 두고 볼일이다.

奄宅曲阜牛性野 多人往來牛鳴地
엄 택 곡 부 우 성 야 다 인 왕 래 우 명 지

鷄鳴龍叫道下止 淸水山下定都處
계 명 용 규 도 하 지 청 수 산 하 정 도 처

해설

엄택곡부에 우성이 있는 들이며, 많은 사람이 다니는 곳이 소 울음소리 나는 땅이다. 닭이 울고 용이 울부짖는 길 아래 끝나는 곳, 맑은 물이 있는 산 아래가 도읍지이다.

** 천시원이 있는 곳을 노골적인 표현으로 알리는 글이다. 엄택곡부는 굽은 언덕으로 가려진집이란 뜻이다. 현재 전쟁기념관 건물에서 앞을 바라보면 왼쪽으로 둥글게 감싼 언덕을 볼 수 있다. 한강이 보이며 남산아래에 위치한 큰 길을 앞에둔 땅이다.

似人不人天神鄭
사 인 불 인 천 신 정

해설

사람 비슷하나 사람이 아닌 하늘의 신이요 정도령이다.

利在田田陰陽田 田中十勝我生者
이 재 전 전 음 양 전   전 중 십 승 아 생 자

田中又田又田圖 當代千年訓諫田
전 중 우 전 우 전 도   당 대 천 년 훈 간 전

弓弓乙乙我中入 隱然十勝安心處
궁 궁 을 을 아 중 입   은 연 십 승 안 심 처

해설

이로움이 밭에 있으니 음과 양의 밭이어라. 밭 가운데 십승이 있는데, 나를 살리는 곳이다. 밭 가운데 또 밭이 있으니 모두 밭의 그림이구나. 이 밭은 당대 천 년간 지상천국에 인도함을 알리는 밭이다. 궁궁을을이 나의 가슴에 들어오니 당연히 숨어있는 십승이요, 마음이 편안한 곳이다.

** 풍수에 있어서 양택은 모두 평지에 맺혀있다. 또한 사람들은 평지를 대부분 밭으로 일구어 사용하고 있다. 계룡도읍지가 되는 천시원도 애초에는 밭이었다는 뜻이다. 이 밭에 천하최고의 대명당 혈이 맺혀있어 이 땅이 십승 이요, 궁을이 된다고 알리는 글이다.

上帝降臨東半島 彌勒上帝鄭道令
상 제 강 림 동 반 도   미 륵 상 제 정 도 령

해설

동양의 반도에 상제가 강림하니, 미륵이요 상제요 정도령이로다.

농궁가

地上仙國朝鮮化 千年大運鷄龍國
지 상 선 국 조 선 화　천 년 대 운 계 룡 국

四時不變永春世 開闢以來初逢運
사 시 불 변 영 춘 세　개 벽 이 래 초 봉 운

三八木運始皇出 改過遷善增壽運
삼 팔 목 운 시 황 출　개 과 천 선 증 수 운

해설

지상선경같은 나라가 조선에 서니 계룡국이요 대운은 천년에 이른다. 사계절에 변치 않는 영원한 봄과같은 세상인데, 이 국운은 개벽이래 처음맞는 운이로다. 동방의 목운에 황제가 처음 나오니, 허물을 고치고 선을 이루어 수명이 곱으로 될 운수로다.

** 이 문장의 특징 이라면 천시원에 궁궐을 세우는 것을 기정사실화 한 것이다. 내용 과같이 궁궐을 세우면 영원히 변치 않는 봄날 같은 나라로 될 것이며 이 대운은 천년에 이를 것이라 밝히고 있다. 어디 이 대운이 천 년 만 가겠는가? 이때 황제가 출현한다는 글로보아 통일의 위업을 달성했다고 본다. 이와 함께 사람의 수명도 대폭 늘 것을 예고하고 있다. (150壽)

天地開闢何能免 聖山聖地牛鳴地
천 지 개 벽 하 능 면   성 산 성 지 우 명 지

萬世不變安心處 末世二柿或一人
만 세 불 변 안 심 처   말 세 이 시 혹 일 인

萬世春光一樹花
만 세 춘 광 일 수 화

해설

천지개벽이 어느때 일어나도, 능히 면할 수 있는 곳. 성스러운 산이요 땅이다. 소울음 소리 나는 땅. 영구히 변치않는 편히 쉴 수 있는 곳. 말세에 두 감나무는 한사람을 뜻한다. 꽃핀 감나무에 영원토록 봄빛이 비춘다.

가사요

太古以後初仙境 前無後無之中原鮮
태 고 이 후 초 선 경   전 무 후 무 지 중 원 선

從鬼魔嘲笑盡 耳目聽見偶自然
종 귀 마 조 소 진   이 목 청 견 우 자 연

遠邦千里運粮日 寶貨萬物自然來
원 방 천 리 운 량 일   보 화 만 물 자 연 래

預言不遠朝鮮矣
예 언 불 원 조 선 의

해설

태고 이후 처음만난 선경의 세계이며, 과거에도 없었고, 미래에도 없는 세상의 중심 국가가 되는 조선. 마귀 같은 사람들의 비웃음은 사라지고, 귀로 듣고 눈으로 짝을 지어보니 자연스레 먼 나라 세계 각국에서 식량을 나르고, 금은보화 만물이 자연히 들어오게 되니 예언의 말씀이 멀지않은 장래에 조선에서 이루어지는 도다.

** 이 글 뜻으로 지금 이때로부터 멀지않은 때에 부국강병 선경의 세계가 가까워 옴을 말하고 있다. 가까워옴이란 결국 의심없는 계룡 도읍의 시대를 말하고 있다. 그런데 여기서 가사총론(歌辭總論)의 문장을 읽다보면 필자에게 유난히 흥미 있는 글귀가 눈에 띈다.

東半島中牛腹洞이 靑鶴神靈出入하니
동반도중우복동　청학신령출입

人王四維智異山이 十勝으로 暗示일세
인왕사유지리산　십승　　암시

十勝之地出現하면 死末生初當運
십승지지출현　　사말생초당운

해설

동반도 가운데 우복동과 청학신령이 나타나니
전라 지리산이 십승을 암시 하는구나.
십승이 세상에 드러날 때 국운은 죽음 끝에서 살아나기 시작한다.

** 난데없이 우복동과 지리산 청학동 신령이 등장 했다. 전혀 뜻밖이다. 지리산 청학신령이 나타나면 십승의 암시이며 세상에 십승이 출현한다고 하였고, 또 이때 죽음 끝에 살아나는 운이 처음 시작된다고 한 것이다.

죽음 끝이라는 이 뜻은 이 책이 세상에 나올 때 나라가 가장 어려운 시기임을 알리고 있다. 그와 동시에 국가의 운이 살아나기 시작한다는 희망의 소리를 전하고 있다.

이런 예측을 하는 이유는 청학신령의 출현은 진짜청학동이 세상에 알려지는 것을 말하고 있기 때문이다. 어둠의 끝이며 해가 뜨기 직전의 상황을 표현했다.

필자는 이미 속리산의 우복동과 지리산의 진짜 청학동을 실제 방문했었다. 그리고 그 견문록을 이미 이 책 앞장에서 밝히고 있지 않은가? 또 한편 진짜 청학동이 세상에 알려지면 십승이 출현한다는 부분이 본인을 더욱 더 놀라게 했다.

이 뜻은 이러한 천장지비의 명당들이 세상에 알려지는 것도 격암유록의 예언이 해독되어지는 것도 시운에 따라, 아니 이미 짜여진 운기의 프로그램절차에 따라 밝혀지는 것이고, 본인의 의사와는 무관하게 벌어지는 일이 될 수 있다는 이야기가 되기 때문이다. 정말로 놀라운 일이 아닐 수 없다.

이러한 예언들이 사실로 이루어지고 있으니 몸둘바를 모를 지경이다. 남사고 선생은 정말 신인(神人)이다.

그러나 계룡론(鷄龍論) 끝절에 이르러 더욱 더 놀라운 구절을 읽게 되니 다음 글을 살펴보자.

> 智異德裕非吉地 智者豈入傳
> 지리덕유비길지 지자기입전
>
> 鷄龍俗離非吉地 切忌公州鷄龍
> 계룡속리비길지 절기공주계룡
>
> 李氏將末理氣靈理 移入鷄龍何者
> 이씨장말리기령리 이입계룡하자
>
> 靑鶴抱卵入于鷄龍 豈有世上之理乎
> 청학포란입우계룡 기유세상지리호

해설

지리산과 덕유산은 길지가 아니라고 지혜 있는 자 전했네. 계룡산과 속리산도 길지가 아니며 공주계룡은 더 말할 필요도 없네. 이씨 조선이 끝나니 계룡으로 바뀔 때 어느 때인가. 청학포란이 계룡(한강)으로 들어오며 세상에 알려지니 그제서야 깨닫는다.

** 이 글귀는 공주계룡산이 길지가 아님을 강조하기 위한 문장이다. 그 다음 이어진 문장은 계룡도읍을 하는 시기에 대하여 확실하게 방점을 찍는 글이다.

실제로 지리산 청학동 골짜기에 들어와 보면 청학포란형의 격국을 갖췄다. 이것은 남사고 선생이 실제 청학동에 다녀갔음을 알리는 글이다. 진짜 청학동에 와보지 않고는 이런 글이 나올 수 없다.

청학포란이 계룡으로 들어온다는 뜻은 진짜청학동의 실체가 서울에 알려지는 걸 말하며 이는 세상 만천하에 공개된다는 뜻이다. 도선국사 이후 천백 년 만에 세상에 공개 되는 역사다. 그때 비로소 천시원에 궁궐을 지을 때를 세상이 깨닫는다고 한 것이다. 계룡도읍의 시기를 확실하게 매듭 지는 문장이다.

이 글속에 감춰진 보이지 않는 진실이 있다. 그것은 지금 필자의 이 글이 세상에 나오게 됨을 알리는 글이기도 하기 때문이다. 정녕 놀라운 일이 아닐 수 없다.

가사요

西氣東來牛鳴聲 上帝雨露四月天
서 기 동 래 우 명 성 상 제 우 로 사 월 천

春不覺而僉君子 春末夏初心不覺
춘 불 각 이 첨 군 자 춘 말 하 초 심 불 각

時至不知節不知
시 지 부 지 절 부 지

해설

서방의 기운이 동방에 오니 그때 들리는 소 울음소리는 사월하늘에 청량한 비와이슬이다. 봄이 옴을 깨닫지 못하는 여러 군자여! 춘말하초의 뜻을 깨닫지 못하니 때가 와도 그 때를 모르니 절부지로다.

** 사월하늘과 춘말하초는 같은 시기다. 사월이면 봄의 끝자락이며 여름이 시작되기 직전이다. 이 글을 보면 사월하늘에 소 울음소리가 낭낭하여 세상에 퍼져있음을 알 수 있다. 소울음소리가 울리는 그 사월하늘의 때는 2020년 봄이나 2021년 봄이다.

조소가

七星依側彼人天佑神助
칠 성 의 측 피 인 천 우 신 조

人我嘲笑而稱受福萬
인 아 조 소 이 칭 수 복 만

嘲笑而不俱虛妄修道人
조 소 이 불 구 허 망 수 도 인

勿慮世俗何望生 天通地通糞通
물 려 세 속 하 망 생 천 통 지 통 분 통

所經不謁盲朗 道通知覺我人
소 경 불 알 맹 랑 도 통 지 각 아 인

糞通知覺道人也
분 통 지 각 도 인 야

> **해설**
>
> 북두칠성에 의지한 저사람 하늘이돕고 신명이 돕는구나. 사람들이 나를보고 얼마나 많은 복을 받았느냐 하며 조롱하고 비웃는구나. 허망한도를 닦았다고 조롱하고 비웃는다. 그대여! 세속사람들이 어떻게 말하든 걱정하지 마소. 그들이 하늘의 이치를 통하고 땅의 이치를 통했다하나 헛된 도를 통한 것이네. 지금껏 전해오는 경전의 내용을 말하지 않고 전혀 다른 맹랑한 도를 말하는 사람! 다른 사람과 다른 허망한도를 통한 것을 깨달은 사람이 진짜 도인이로세.

** 목차의 이미지와 같이 어떤 사람을 비웃고 조롱하는 글이다. 이 글의 내용처럼 이제까지 많은 지식인들이 어느 경전을 두고 다양하게 해석한글을 내놓았지만 그들과는 전혀 다른 맥락으로 해석한 어떤 사람을 말하고 있다. (어느 경전이란 격암유록을 말하고 있다.) 그를 보고 헛된 망상으로 해석했다 하며 비웃고 조롱 한다

는 글이다. 그러나 끝 절에 이르러 헛된 망상과 같은 글로 해석한 사람이 진짜도인이라고 응원을 하고 있다. 또 한편 그를 북두칠성에 의지하는 사람으로 표현하고 있다.

말운가

** 이 목차가 주는 메시지는 우리나라에 큰 운수가 들어오는 직후의 시대를 말한듯하다.(2020년 이후)

回來朝鮮大運數 東西南北不違來
회 래 조 선 대 운 수 동 서 남 북 불 위 래
妖鬼敵人是非障 錦繡江山我東方
요 귀 적 인 시 비 장 금 수 강 산 아 동 방
天下聚氣運回鮮 太古以後初樂道
천 하 취 기 운 회 선 태 고 이 후 초 락 도
始發中原槿花鮮 列邦諸民父母國
시 발 중 원 근 화 선 열 방 제 민 부 모 국
萬乘天子王之王
만 승 천 자 왕 지 왕

> 해설
>
> 조선에 큰 운이 돌아온다. 동서남북으로 도는 운이 어기지 않고 돌아온다. 요망한 마귀와 원수 같은 사람이 시비를걸어 막으려하나, 금수강산 내나라 동방국에 천하무적의 큰 기운이 모여 돌아온다. 태고이후 처음 맞는 도이며 무궁화강산 조선이 처음으로 세계의 중심에 선다. 세계 모든 백성들이 부모국으로 여긴다. 이때 조선의 왕은 만승천자로서 왕 중의 왕이로다. (조선은 대한민국을 말한다.)

** 이 글도 역시 우리나라에 어김없이 천운이 도래하여 세계의 일
등국으로 그 중심에 서는 것을 알리고 있다. 천운이란 계룡도읍
을 이루게 되는 시기가 그 시원이 된다 하겠다.

天地昨罪妖魔人 坐井觀天是非判
천 지 작 죄 요 마 인 좌 정 관 천 시 비 판

無福之人可笑哉 偶然自然前路運
무 복 지 인 가 소 재 우 연 자 연 전 로 운

해설

천지에 죄를지은 요사스런 마귀같은 사람이, 우물에 앉아 하늘을 보는 소견으로 시비
하며 멋대로 판단하니 복없는 사람이니 가소롭구나. 자연스럽게 오는 큰운이 앞길에
있으니 어찌할수 있으랴.

先苦克己受嘲人 是亦可笑之運也
선 고 극 기 수 조 인 시 역 가 소 지 운 야

해설

먼저당한 괴로움을 참고 견디면 조롱을 받더라도 조롱하던 사람을 역으로 조롱하는
운수로 바뀐다.

** 상기의 글도 대중에게 조롱받고 있는 어떤 상황이 잘 나타나
있다. 다행이라면 그 조롱을 견뎌내면 뜻한바를 인정받는다는
내용의 글이다.

극락가

> 近來近來極樂勝國 近來極樂消息
> 근래근래극락승국 근래극락소식
>
> 坐聽遠見苦待 極樂消息忽然來
> 좌청원견고대 극락소식홀연래
>
> 遠理自長奧理國 極樂向遠發程時
> 원리자장오리국 극락향원발정시

해설

가까이오네 가까이오네 이상향의 나라 십승국이 가까이오네, 극락소식이 가까이 다가오네. 앉아서듣고 먼곳을 바라보며 고대하던 극락소식이 갑자기 분명하게 오는구나. 오묘한 이치에 심오한 진리의 나라, 극락세계가 멀리서 이곳을 향하여 오는 때로다.

** 이상향의 나라 십승국은 계룡국을 가리킨다. 계룡국의 건설소식은 어느때 갑자기 그러나 분명하게 오고 있씀을 말하고 있다. 그 나라를 앉아서듣고 먼 곳을 바라보며 고대하던 살기 좋은 극락의 세계로 표현하고 있다. 우리가 꿈꾸는 자유롭고 공정하며 정의로운 그리고 강한나라의 탄생이 가까이 오고 있음을 알리는 것이리라.

東方延壽石崇富 兩人壽福豈比耶
동 방 연 수 석 숭 부 양 인 수 복 기 비 야

天降雨露三豊 眞人居住兩白白
천 강 우 로 삼 풍 진 인 거 주 양 백 백

三豊何理意 無穀大豊
삼 풍 하 리 의 무 곡 대 풍

不聽轉白之意 不覺訪道君子心覺
불 청 전 백 지 의 불 각 방 도 군 자 심 각

해설

동방삭의 수명과 석숭의 부가 크다 한들, 극락세계의 수명,복록을 비교할수 있을까? 하늘에서 비와 이슬이 내리니 삼풍 이요, 양백(계룡)에 진인이 거주하니, 삼풍은 어떤 이치인가? 곡식아닌 것이 대풍이니, 흰백의 뜻이 무엇인지 귀담아 듣지 않아, 깨닫지 못하고 도를 찾는 군자여 마음깊이 깨달으소.

** 석숭은 중국의 역사상 제일가는 부자로 전설속의 인물이다. 그와 함께 동방삭의 복록이 크다해도 계룡국의 복록과 비교할수 없다는 뜻이다. 전자에 밝힌 대로 삼풍은 한강물이요, 양백은 한강의 모래사장을 뜻하나 여기서는 십승나라 계룡국의 뜻이 숨겨져있다. 삼풍의 상징적 의미는 유무형적(정치,경제,사회,정신)의 모든 것에 대한 풍족함을 담고 있다.

궁을도가

> 弓弓之圖詳見이면 左山右山兩山이니
> 궁 궁 지 도 상 견　　좌 산 우 산 양 산
>
> 所謂兩山兩白이요 亦謂兩山雙弓이라
> 소 위 양 산 양 백　　역 위 양 산 쌍 궁
>
> 東西多敎來合하소 弓乙外는 不通일세
> 동 서 다 교 래 합　　궁 을 외　불 통

해설

궁궁의 그림을 자세히 살피면 왼쪽산봉과 오른쪽산봉이 나란히 있어 양산이니 이를 일컬어 양산이라 하고 또한 쌍궁 이라 부르니 그리 아소. 동서양의 모든 종교는 합하여 들어오소. 궁을외는 통하지 않는다오.

** 궁을도가에서는 유난히 궁을이 무엇인지 상세히 밝히고 있다. 오랜 세월 지나는 동안 궁을(弓乙)이란 단어가 도가(道家)를 위시해서 그를 따르는 민초들에게 수수께끼의 문자로 숭배되어 왔다. 상기의 글은 이 수수께끼에 대한 시원한 해답이 되리라 믿는다. 즉 서울 남산의 양쪽산봉을 가리키는 수사적 표현이다. 왼쪽산봉과 오른쪽산봉을 이은 능선이 활의 형상과 흡사하여 활궁(弓)자를 썼다. 이러한 형상을 양산, 쌍궁, 양궁, 양백임을 밝히고 있다.

움직일때를 놓지지 말라

> 失時中動 부디마소 未動而死可憐하다
> 실 시 중 동　　　　　말 동 이 사 가 련
> 白鼠中心前後三을 心覺者가 누구런고
> 백 서 중 심 전 후 삼　　　심 각 자

해설

움직일 때를 놓치지 부디 마소, 움직일 때를 놓치면 죽음을 면치 못하니 가련하구나. 경자년을 중심으로 전후 삼년간의 일을 깊이 깨닫는 자가 누구이더냐?

** 이 문장을 읽으면서 필자 크게 놀라게 되었다. 누구엔가 한 테 움직일 때를 놓치지 말라고 주의를 주고 있으며 움직일 때를 놓치면 죽음을 면치 못할 거라는 무서운 경고를 하고 있다. 그러면서 다음 글에 그 움직일 때를 경자년 전후 3년간 이라고 못을 박았다. 백서는 흰쥐라는 뜻이다. 육십갑자 중에 흰쥐는 경자년에 해당된다. 이는 기해년, 경자년, 신축년을 의미하는데 2019년, 2020년, 2021년을 말하는 것이다. 지금 이 글을 보고 쓰고 있는 때가 2019년 8월이다. 겨울에 출간을 계획하고 이글을 쓰고 있는데 이런 내용을 본 것이다. 등골에 식은땀이 흐른다.

三豊兩白 찾지마소 無誠知者 헛 手苦 라
삼 풍 양 백　　　　　　무 성 지 자　　수 고

三豊之意 알랴거든 三神山을 먼저 찾소,
삼 풍 지 의　　　　　삼 신 산

三神山을 찾으려면 祈天禱神 안코될까
삼 신 산　　　　　　기 천 도 신

해설

삼풍과 양백을 찾지마소, 정성 없으면 헛수고일세. 삼풍의 뜻을 알랴거든 삼신산(북한산)을 먼저 찾아보소. 삼신산을 찾으려면 천신에게 기도하지 않고 될 수 있겠는가?

一家春豊분 然後에 甘露如雨 나린다네
일 가 춘 풍　　　연 후　　감 로 여 우

一心合力 왼家族이 行住坐臥 向天呼을
일 심 합 력　　가 족　　행 주 좌 와　향 천 호

至誠感天 되올때에 弓乙世界 들어가니
지 성 감 천　　　　　　궁 을 세 계

해설

한 가정에 봄바람이 분 연후에 향기로운 이슬이 비와같이 나린다네. 한마음으로 온가족이 힘을 합쳐 누울때나 머무를 때 앉을 때 움직일 때 쉬지말고 기도하면 지성이면 감천이라 그 때에 궁을세계로 들어갈 수 있다네.

三豊兩白 이곳이요 非山非野十勝 일세
삼 풍 양 백　　　　　비 산 비 야 십 승

天藏地祕十勝地를 道人外는 못 찾으리
천 장 지 비 십 승 지　　도 인 외

해설

삼풍과 양백이 이곳이요, 산도 아니요 들도 아닌 십승 일세. 하늘이 감추고 땅이 숨긴 십승 지를 도인 외는 찾지 못하리라.

三神山을 찾으려면 心心黙坐端正後에
삼 신 산　　　　　심 심 묵 좌 단 정 후

一釣三餌 뜻을 알아 三峯山下半月船을
일 조 삼 이　　　　삼 봉 산 하 반 월 선

于先 먼저 찾아보소, 道沙工이 十勝일세
우 선　　　　　　　도 사 공　　십 승

十勝地를 알랴거든 一字從橫 찻자보소
십 승 지　　　　　　일 자 종 횡

해설

삼신산을 알려거든 마음을 가다듬고 단정히 앉은 후에 하나의 낚시에 미끼 세 개의 뜻을 알아 삼봉산 아래에 있는 반달모양의 배(계룡)를 우선 먼저 찾아보소. 도사공(정도령)이 십승일세.

** 낚시하나에 미끼 세 개의 뜻을 알아라. 하는 문장은 참으로 함축성 있는 표현이다. 미끼가 어찌 세 개 뿐이랴! 십승, 궁을, 삼풍, 계룡, 반월선, 도사공, 양백, 자하선인, 정도령, 백석 등 이 모두가 한 낚시대에 미끼로 있다. 천시원이란 낚시대를 알리고자 하는 선인의 노고가 배어있는 글이다.

億兆창생 건지랴고 **十勝枋舟預備**하여
억조　　　　　　 십 승 방 주 예 비

萬頃蒼波風浪 속에 **救援船**을 띠어시니
만 경 창 파 풍 랑　　구 원 선

疑心 말고 속히타소 **波濤上**에 놉이섯네
의심　　　　　　　파 도 상

[해설]

수많은 백성을 건질려고 십승방주 준비하여 끝없는 넓은바다 풍랑속에 구원선을 띄웠으니 의심말고 어서 타소 구원선이 높이떴네.

** 십승방주, 구원선은 천시원을 뜻한다. 천시원은 조물주의 전공이다. 의심하지 말 것을 당부하고 있다. 선조들로부터 방점을 받은 준비된 천시원이다.

無聲無臭上帝님은 **厚薄間**에 다 오라네
무 성 무 취 상 제　　 후 박 간

부를적에 속히 오소 **晩時後悔痛嘆**하리
　　　　　　　　 만 시 후 회 통 탄

一家親戚父母兄第 손목잡고 깃치오소.
일 가 친 척 부 모 형 제

우리주님 강님할제 영접해야 안이되나

[해설]

소리 없고 냄새 없는 상제님은 부자이든 가난하든 모두다 오라하네. 부를 적에 어서 빨리 오소, 시기가 늦으면 후회하며 탄식하리니, 일가친척 부모형제 손목잡고 같이 오소. 우리주님 강림 할제 영접해야 아니되나.

** 이글에 상제님과 주님은 종교적인 신이 아니다. 천운(天運)이란 시운을 종교적 신에 가탁하여 표현한 것이다. 천운은 천시원에 대통령궁을 세울 때와 국운(國運)을 말한다. 이때 부자,가난한자, 부모형제, 일가친척, 남녀노소, 한사람도 빠짐없이 이 대과업에 동참하라는 뜻이다. 왜냐하면 이 시대 이 땅에 서 있는 모든 사람은 정도령 이기 때문이다. 큰 기운이 있어 특별한 인연으로 세상에 나온 사람들이며, 세상을 변화 시키고 가야하는 사명을 띤 거룩한 생을 받은 사람들이기에 그렇다.

> 虛空蒼穹 바라보소 甘露如雨 왼말인가
> 허 공 창 궁　　　　　감 로 여 우
> 太古始皇 꿈을 꾸던 不老草와 不死藥이
> 태 고 시 황　　　　　불 로 초　　불 사 약
> 無道大病 걸인者들 萬病回春 시키랴고
> 무 도 대 병　　　자　만 병 회 춘
> 편만조야 나릴때도 弓乙外는 不求로세
> 　　　　　　　　　궁 을 외　　불 구

해설

감미로운 이슬이 비가 오듯 하니 웬일인가? 오랜 옛날 진시황이 꿈을 꾸던 불로초와 불사약 일세. 생각 없이 큰 병에 걸린 자들 모든 병을 고치고 청춘으로 회복 시켜주니 이같은 큰 은혜를 내릴때도 궁을 외는 구할 수 없네.

** 이 문장은 새로운 대통령궁을 세운후의 세상을 그린 내용 인듯 하다. 꿈같은 세상이다.

계룡가

鷄龍石白非公州요 平沙之間라 眞公州라
계 룡 석 백 비 공 주　　평 사 지 간　　진 공 주

靈鷄之鳥知時鳥요 火龍變化無雙龍을
영 계 지 조 지 시 조　　화 룡 변 화 무 쌍 룡

鷄石白聖山地니 非山非野白沙間
계 석 백 성 산 지　　비 산 비 야 백 사 간

弓弓十勝眞人處라 公州鷄龍不避處니
궁 궁 십 승 진 인 처　　공 주 계 룡 불 피 처

此時는 何時요 山不近에 轉白死니 入山修道 下山時라
차 시　　하 시　　산 불 근　　전 백 사　　입 산 수 도 하 산 시

> **해설**
>
> 계룡 석백은 공주에 있지 않으며 평평한 백사장이 있는 곳이 진짜공주다. 영적인 닭이 들어날때는 때를 알리는 새요, 화룡은 변화가 무쌍한 용인데 계룡의 흰돌은 성스런 산이니 산도아니요 들도아닌 한강의 모래밭, 궁궁십승지(남산)가 진인이 있는 곳이라, 공주계룡산은 피난처가 아닌데, 이때는 어느 때인가? 산을 가까이 해서는 안되니 입산하는 자는 맴돌다 죽으리. 산에서 수도하는 자는 산에서 내려올 때라.

** 계룡이 공주의 계룡산이 아님을 분명하게 알리고 있다. 오랜 세월동안 우리는 계룡도읍지기 계룡산에 있을거란 막연한 믿음이 있었다. 이글은 그러한 믿음에 커다란 혼란과 함께 새로운 진실을 일깨워 주고 있다. 그러면서 산도 아니요 들도 아닌곳 이라는 은유적인 표현으로 진짜계룡이 있는곳을 말하고 있다. 계룡이 한강에 있으니 산에 가지 말란 뜻이다. 지금이 산에서 내려올 시기이기도하다.

계명성

六十一世白髮이냐 知覺事理靑春일세
육십일세백발   지각사리청춘

容天劒을 갓엇으면 均一平和 主仰主仰
용천검   균일평화 주앙주앙

해설

육십일 세가 백발이냐? 사리를 깨닫고 알게 되니 청춘이네.
용천검을 뽑아쓰니 평화 하나로 고르게 하니 우러러 찬양하네.

** 육십일세 에 해당되는 사람한테 던지는 위로의 글인 듯하다. 육십일세 나이를 많다 하지 말고 이제서라도 이치를 알았으니 청춘으로 여기고 용천검을 쓰라는 뜻인 듯하다.

가사총론

槿花朝鮮名勝地에 天神加護異跡으로
근화조선명승지   천신가호이적

牛聲在野晻嘛聲中 非雲眞雨喜消息에
우성재야엄마성중 비운진우희소식

八人登天昇降하야 賤反貴人新性으로
팔인등천승강   천반귀인신성

有雲眞露首垂立에 心靈變化 되단말가
유운진로수수립   심령변화

牛聲在野十勝處엔 牛鳴聲이 浪藉하고
우성재야십승처   우명성   낭자

> 해설
>
> 무궁화강산 조선 명승지에 천신이 보호하는 이적으로 소 울음소리인 엄마 하는 소리들에 울리니 구름이 아닌 단비가 내리는 희소식으로 불이 하늘로 올라가고 내려오네, 천한사람이 존귀한 성품으로 돌아오고 구름이 있는중에 단 이슬이 내려와 머리에 쏟아지니 신령이 마음을 변화시키고 소의성품이 있는 들녘의 십승지엔 소 울음소리가 낭자하게 울려 퍼지네.

** 거룩하고 존엄한 조선땅 대한민국에 소 울음소리가 들리게 되면 천신이 보호하여 천한사람도 귀인의 성품으로 바뀐다고 하는 이상향의 세계를 전하고 있다.

격암유록의 방대한 글 중에서 이와 유사한 내용들이 많이 등장하는데 본인은 이러한 이상향의 세계가 허구가 아님을 알리고자 한다. 산봉이 삐뚤고 거칠어 험한 북악산의 기운이 온 나라에 스며있어 간신과 도적이 들끓고 정치력은 당쟁으로 날이새고 날이지는데 사회전반에 정의가 불의를 이기지 못하는 기현상이 팽배하다.

남산같은 부드럽고 온화하며 산봉이 단정 수려하여 기상이 상서로운 산 아래에 도읍을 하게 되면 자연히 정치력도 국력도 민의도 그와 같이 변할 것이니 삐뚤지 않은 바른 정치 부패하지 않은 정치가 나오는 것은 사필귀정이다. 따라서 사람도 귀하게 바뀐다는 뜻은 업그레이드된 대한민국 전체의 국민성을 대변하는 성스러운 외침이다.

상기의 글 중 불이 하늘로 오르내린다는 뜻으로 보아 도읍을 완성하고 축하하는 축제의 불꽃놀이 인듯하다. 소 울음소리는 뒷장에 따로 알리겠다.

非山非野仁富之間 奄宅曲阜玉山邊에
비 산 비 야 인 부 지 간 엄 택 곡 부 옥 산 변

鷄龍白石平沙福處 武陵桃源此勝地
계 룡 백 석 평 사 복 처 무 릉 도 원 차 승 지

해설

산도아니요 들도아닌 인천과 부현원 사이 수정같이 빛나는 산 아래 둥근언덕으로 감싼 터가 있으니 계룡과 백석이 있고 평탄한 모래가 있는 곳이 복된 땅이요 모두가 바라는 무릉도원이 아닌가?

** 비산비야는 한강이요 인부지간 역시 한강을 말한다. 옥산은 남산을 가리키며 엄택곡부는 천시원터를 암시하고 있다. 수천 년 만에 축복의 땅이 눈앞에 나타났으니 무릉도원이라 해도 그 가치를 다 말할 수 없다.

송가전

十勝弓乙獲得 하야 須從白兎走靑林은
십 승 궁 을 획 득   수 종 백 토 주 청 림

西氣東來仙運 바더 滿七加三避亂處로
서 기 동 래 선 운   만 칠 가 삼 피 난 처

鷄龍白石傳 했으나
계 룡 백 석 전

해설

십승과 궁을을 획득하려면 모름지기 백토를 따라 청림으로 달려가소. 서방의 기운이 동으로 오는 신선의 운을 받으소. 칠에 삼을 더하니 십승의 피난처로 계룡의 백석을 전하였네.

** 이 문장의 핵심은 백토를 따라 청림으로 가는 것이 포인트다. 백토와 청림은 무엇인가? 백토는 신묘(辛卯)이다. 청림은 청정한산 즉 남산이다. 결국 비밀을 알고있고 신묘생인 사람을 따라 남산으로 가면 십승, 궁을, 계룡, 우성(牛聲)의 피난처로 갈 수 있다는 글 내용이다.

발가온다 발가온다, 鷄龍無時未久開東
　　　　　　　　　계 룡 무 시 미 구 개 동
仙運日月摧促하니 槿花江山 발가온다.
선 운 일 월 최 촉　　　근 화 강 산
비쳐오네, 비쳐오네 昏衢長夜 朝鮮 땅에
　　　　　　　　　혼 구 장 야　조 선
人增壽와 福滿家로 仙國瑞光 비쳐온다.
인 증 수　복 만 가　　선 국 서 광
萬邦父母槿花江山擇名 조타 無窮者라
만 방 부 모 근 화 강 산 택 명　　무 궁 자

해설

밝아온다 밝아온다 계룡의 동방에 멀지않은 가까운 때에 밝은 해가 떠오르며 신선의 운수가 일월을 재촉하니 무궁화강산 밝아온다. 비쳐오네 비쳐오네 어둡고 두려운 긴 긴밤의 조선 땅에 사람의 수명이 길어지고 집집마다 복록으로 가득한 선경의 나라에 서광이 비치네. 세계만방에 부모국이 되는 무궁화강산 조선, 이름도 좋고 가난한 사림도 없다.

** 이러한 글을 읽고 있노라면 남사고선생이 주장대로 선경 같은 광명의 세계가 가까운 시일에 과연 펼쳐 질것인가 하는 의문이 들기도 하나, 격암유록이 주장하는 내용 중에 상당한 부분이 현세의 시대적 흐름에 정확히 동류하는 부분이 많아 누구보다도

스스로에게 큰 힘과 위로가 되고 있다.

이 책이 출간되고 2020년을 기점으로 12년을 거치면서 계룡도읍을 이룩하고 새로운 무궁화강산인 통일된 대한민국을 충분히 실현시켜 세계의 모범국 으로의 기초를 다질 것이라 믿는다.

千鷄之中有一鳳에 어느 聖이 眞聖인고
천 계 지 중 유 일 봉   성   진 성

眞聖一人 알랴거든 牛聲入中 차자들소
진 성 일 인   우 성 입 중

陷之死地嘲笑中의 是非 만흔 眞人일세
함 지 사 지 조 소 중   시 비   진 인

해설

천 마리의 닭 가운데 봉이 한 마리 있으니 어느 성인이 진짜 성인인고? 진짜성인을 알랴 거든 소 울음소리 나는 곳으로 찾아 들어가소. 모함으로 사지에 빠지고 조롱과 비웃음을 받는 사람이 있으니 그 시비 많은 사람이 진인 일세.

** 이 글은 과거에서 현재에 이르도록 서로 성인(정도령) 이라고 하는 세상에 진짜성인을 알아가는 과정을 담고 있다. 진짜 성인을 알려면 소 울음소리 나는 곳으로 가라 했다.

이 글의 초점은 성인을 만나러 가는 것이 아닌 성인을 알아내는 것이 중요점이다. 또 이글은 어떤 사람을 지목하고 있다. 비웃으며 조롱받는 시비 많은 사람이자 진인으로 등장 시키고 있다. 성인이 아닌 진인으로 분명하게 표현했다. 적어도 이 경전에서는 성인이 비웃음으로 조롱 받고 시비 많은 대상으로 표현 한 적은 한군데도 없다. 보고도 모르고 듣고도 모른다고 했을지언정.......

이 글의 결론은 소 울음소리 나는 곳에 가면 진인이 있고 진인을 만나보면 진정한 성인을 알 수 있음을 이야기 하고 있다. 소 울음소리는 뒷장에 상세히 언급 할 것이다.

승운론

聖人出은 辰巳當運 似人不人聖人出이요
성인출　　진사당운　사인불인성인출

樂堂堂은 午未當運 十人皆勝樂堂堂이요
낙당당　　오미당운　십인개승낙당당

해설

성인(정도령)의 출현은 진년사년에 있고 사람 비슷하나 사람이 아닌 분이 성인으로 나오며 집집마다 즐거운 때는 오년미년의 운수인데 이때 국민 모두 승리하는 집집마다 즐거운 때이다.

** 이 문장에서는 놀랍게도 진년사년에 성인이 세상에 나왔다고 언급했다. 특히 사람 비슷하나 사람이 아닌 존재로 출현한다고 했다. 참으로 연속되는 놀라움이다.

필자가 지난 임진년(2012년)에 우연히 격암유록의 성인(정도령)을 해석하여 책으로 낸 것이 계사년(2013년)이다. 물론 사람 비슷하나 사람이 아닌 존재로 해독을 해서다. 모를 때야 그렇다 치더라도 일단 관심을 갖고 들여다보니 참 쉽게 해독을 했다. 아는 문제라 쉬웠던 것이다.

수 백 년 동안, 현재에도 사람들은 "정도령은 나다."라고 했다는데 필자는 그런 주장을 간단히 뒤엎을 거룩한 성인을 발견을 하여 그때 책으로 발표를 했었다. 성인의 정확한 해독이 맞는다면 성인의 출현으로 볼 수 있다는 것이 필자의 주장이다. 그래야 올바른 다음 이야기로의 전개가 가능하다고 보기 때문이다.

또한 책의 출간을 일부러 년도에 맞춰서 한 것도 아닌데 절묘하게도 계사년과 저절로 맞춰졌다. 한편 오년미년의 즐거움은 조심스럽지만 통일 일거라고 말하고 싶다. 그 오미년은 병오년(2026년) 정미년(2027년) 이다. 통일로 보는 두 가지 이유가 있다.

하나는 문장의 표현 때문이다. 국민 모두 승리 하는 즐거움 이라고 한 표현이다. 승리라는 표현이 예사롭지 않다. 또 집집마다 모두 다 즐겁다고 하는 표현이 필자의 촉을 세우게 한다. 북한의 미사일과 핵무기가 고스란히 상함이 없이 통일될 확률이 99%다. 통일은 전제조건이 있다. 현재 남북한의 정치상황은 통일을 반대하는 세력이 똑같이 있으나 북한이 더 강하다. 이런 현실에서 통일이 된다고 할 때는 북한이 변해야 가능하다. 남한이 원해서는 통일을 할 수 없지만 북한의 정치상황이 급변해서 손을 내밀면 이때는 통일이 이루어 질 수 있다. 북한이 급변하는 상황은 무얼 말할까?

이유 두 번째는 통일과 계룡도읍은 깊은 관계가 있다. 계룡도읍은 이제 수면위로 올라왔다고 본다. 그렇다면 앞으로 12년 걸려 실현 될 텐데 12년 안에 통일이 돼야 마땅하다. 계룡도읍은 통일 한국의 도읍지로 1300년 전 부터의 예언된 곳이다.

과거에서 현재까지를 포함하여 이 땅을 거쳤던 국가들과는 전혀 차원이 다른 국가의 등장은 필연적이다. 그러므로 앞으로 12

년을 벗어난 오년미년은 당연히 의미와 가치가 퇴색할 수밖에 없다.

분열과 통일에 관하여 말운론에 더 자세히 언급한 글이 있어 살펴보자.

一國分列何年時 三鳥次鳴靑鷄之年也
일 국 분 열 하 년 시 삼 조 차 명 청 계 지 년 야

又分何之年 虎兎相爭 水火相交時也
우 분 하 지 년 호 토 상 쟁 수 화 상 교 시 야

停戰何時 龍蛇相論黃羊用事之月
정 전 하 시 용 사 상 론 황 양 용 사 지 월

統合之年何時 龍蛇赤狗喜月也
통 합 지 년 하 시 용 사 적 구 희 월 야

白衣民族生之年 猪狗分爭心一通
백 의 민 족 생 지 년 저 구 분 쟁 심 일 통

해설

나라가 분열하는 때는 어느 때인가? 세 마리 닭이 우는 계유(癸酉), 을유(乙酉), 정유(丁酉)년 중에 청계지 년은 을유년(1945년)이라, 을유년에 해방과 함께 나라가 둘로 분단된다. 또 다시 어느 해에 분열되는가? 호토(虎兎)는 인묘(寅卯)년이다. 을유년 이후 처음오는 인묘년은 경인(庚寅)년과 신묘(辛卯)년이다. 1950년 6·25전쟁을 말한다. 수화(水火)는 북과 남이며 6·25 이후 다시 분열 한다. 휴전은 어느 때 하는가? 용사(龍蛇)는 진사(辰巳)년 으로서 임진(壬辰), 계사(癸巳)년을 말하며 황양(黃羊)은 기미(己未)로서 7월을 말한다. 즉 1953년7월에 정전 협정을 한다는 뜻이다. 통일은 어느 해에 하는가? 용사적구(龍巳赤狗)는 진사(辰巳)년 병술(丙戌)월을 말한다. 진사는 갑진(甲辰) 을사(乙巳)년 이며 2024년과 2025년 10월을 말하고 있다. 이때 백의민족이 다시 살아나는 해이며 돼지와 개가 대치하다가 마음이 하나가 된다고 말하고 있다.

** 상기의 글을 읽고 있노라면 역사책을 보는 착각이 든다. 참으로 놀라운 글이다. 통일은 2025년 10월로 분명하게 방점을 찍고 있다. 앞장에서 오미 년의 모든 이가 즐겁다는 뜻과 잘 매치가 된다. 오미 년은 2026년과 2027을 말하기 때문이다. 오미 년의 즐거움은 완성된 통일을 말하는 듯하다. 생각해보면 격암유록의 큰 그림은 통일된 대한민국의 신 도읍지를 설계하고 있는 것이 확실하다. 노스트라다므스보다 한수 위이다.

龍山三月震天罡에 超道士의 獨覺士로
용 산 삼 월 진 천 강   초 도 사   독 각 사

須從白兎西白金運 成于東方靑林일세
수 종 백 토 서 백 금 운 성 우 동 방 청 림

欲識靑林道士어든 鷄有四角邦無手라
욕 식 청 림 도 사   계 유 사 각 방 무 수

西中有一鷄一首요 無手邦이 都邑하니
서 중 유 일 계 일 수   무 수 방   도 읍

世人苦待救世眞主 鄭氏出現不知런가
세 인 고 대 구 세 진 주 정 씨 출 현 부 지

[해설]

어느 해 용산땅 삼월에 하늘의 북두성이 우레를 울리듯 하니 스스로 깨달은 뛰어난 선비일세. 모름지기 서방의 금운에 있는 백토(신묘생)를 따라가소. 동방에 청림을 갖추었으니 스스로 알고있는 것을 이루려 하는 청림도사이네. 계룡의 네 모퉁이에 빈손으로 나라를, 서방금운에 유일한 계룡의 우두머리요 맨손으로 나라에 도읍하니, 세상사람 들이 고대하던 세상을 구할 주인일세. 이때 정도령의 출현을 알지 못하는가.

** 이 문장에서는 스스로 깨달은 선비를 등장시켰다. 그는 정도령과 같은 영웅적인 존재가 아닌 사람이 분명하다. 이 선비는 어느 해 봄날에 우레 울리듯 세상에 그 모습을 보인다는 뜻이겠다. 또한 그 선비는 백토인 흰 토끼 신묘생(辛卯生)임을 다시한번 가리키고 있다. 이 글에서도 그를 따르라는 메시지이다. 끝줄에 "정씨출현 부지런가"라는 글은 그 선비가 정도령이라는 뜻이 아니라 그 선비의 등장으로 진정한 성인의 존재를 알게 될 것 이라는 암시가 숨어있다.

是故古訣預言論에 隱頭藏尾着亂하야
시 고 고 결 예 언 론   은 두 장 미 착 란
上下迭序紊亂키로 有智者게 傳햇으니
상 하 질 서 문 란   유 지 자   전
無智者는 愼之하라 識者憂患되오리라
무 지 자   신 지   식 자 우 환

해설

옛 비결록의 예언론은 머리를 숨기고 꼬리를 감춰 그뜻을 혼동 시키고 위아래 질서를 어지럽혀서 지혜 있는 자에게 전했으니 지혜롭지 못 한자는 삼가라. 안다하는 것이 고통과 재앙이 되리라.

** 이 문장에서 예언서는 격암유록 자체를 말한다. 예언의 글을 알기 어렵게 만들었으니 예언서 해석하기를 조심하란 뜻이겠다. 뒷날 근심걱정에 우환이 될 수 있음을 경고 하고 있다.

鄭本天上雲中王 再來春日鄭氏王을
정본천상운중왕　재래춘일정씨왕

無後裔之子孫으로 血流島中天朝하네
무후예지자손　　혈류도중천조

天縱之聖鄭道令은 子子單身無配偶라
천종지성정도령　혈혈단신무배우

何姓不知天生子로 無父之子傳 했으니
하성부지천생자　무부지자전

鄭氏道令 알라거든 馬枋兒只問姓 하소
정씨도령　　　　　마방아지문성

鷄龍道邑海島天年 上帝之子無疑하네
계룡도읍해도천년　상제지자무의

> 해설

정도령은 본래 구름 속 천상의 왕일세. 어느 해 봄날에 다시한번 오는 정씨왕은, 핏줄을 이을 자손이 없는 자손으로 생명의물이 흐르는 섬 자하도에 하늘나라를 세우네. 하늘의 성인 정도령인데 배우자도 없는 혈혈단신이라, 어느 성씨인지 알 수 없고 하늘의 아들로써 아버지도 없는 자식이라 전했으니 정도령을 알려거든 마방아지 에게 성씨를 물어보소. 해도천년의 거룩한 때에 계룡에 도읍을 하니 상제님의 아들이 틀림없네.

** 이글의 특징은 정도령의 신상 털기가 적나라하게 드러나 있다. 정도령이 어떤 존재인지 뒷장에서 기대해보자.

도부신인(挑符神人) 편을 들여다 보면

十勝道靈出世하니 天下是非紛紛이라
십 승 도 령 출 세   천 하 시 비 분 분

克己魔로 十勝變이 不俱者年赤猴로다
극 기 마   십 승 변   불 구 자 년 적 후

> **해설**
>
> 십승도령이 세상에 출현하니 천하가 시시비비에 휩싸여 의견이 분분이라, 마귀 같은 시비를 굳은 의지로 이기니 십승으로 변하네 그 해가 병신년이로세.

** 필자는 지난 2013년에 펴낸 책에 이글에 대하여 풀이하기를 십승 도령이란 뜻을 영웅적인 인격체의 등장으로 풀이를 했었다. 순진한 오역 이였다. 다만 병신년에 십승에 관하여 어떤 의미있는 일이 있을거라는 추측을 했었다. 그러나 십승 도령과 연관된 일은 아무 일도 일어나지 않았다.

허나 다음글을 살펴보자.
말운론에

天受丹書何之年 神妙無弓造化難則
천 수 단 서 하 지 년 신 묘 무 궁 조 화 난 즉

鷄龍基楚何之年 炳身之人 多出之時
계 룡 기 초 하 지 년 병 신 지 인 다 출 지 시

> **해설**
>
> 하늘에서 단서를 받을때는 어느 해인가? 그해는 신묘년이요,
> 계룡에 기초하는 해는 어느 해인가? 그때는 병신년 이로세.

움직일때를 놓지지 말라

** 단서는 빛바랜 누런 책을 말한다. 오래됐다는 뜻이다. 글처럼 하늘에서 오래된 책이 뚝 떨어 질순 없다. 오래되고 귀중한 어떤 책을 어느 날 운명처럼 만나게 된다는 뜻이다. 그 어느 날이 신묘년이다. 그리고 누런 책이란 격암유록자체를 지정하는 것이 틀림없다. 어찌 보면 격암유록은 신서(神書)이다.

신서이기에 하늘이라는 상서로운 의미에 가탁한 것이다. 그런데 필자가 우연하게도 신묘년에(2011년) 들어와서 보게 되었다. 우연치고는 놀라운 타이밍이다.

이러한 우연들이 절묘하게도 연속적으로 이어지는데 이런 시대적 상황에 대한 필자의 해석이 맞는다면 본인 의지와는 상관없이 격암유록 정체성의 한 중심에 서게 될 수도 있겠다는 생각이 든다. 왜냐하면 격암유록을 보게 됨으로서 계룡도읍에 관한 모든 일의 시발이 되는 원인제공과 동기부여가 되는 출발점이 되기 때문이다.

한편 계룡에 기초한다는 글을 살펴보자.

계룡에 기초한다는 문장을 처음 접했을 때 필자에게는 신선한 충격으로 다가왔다.

격암유록의 문장이 다 그렇듯이 모든 글이 머리와 꼬리를 감추고 몸통은 은유적 비유법으로 지어졌는데 계룡에 기초가 되는해 라는 직설적인 표현은 처음이기 때문이다. 그러면서 그해가 병신년이라고 못을 박았다.

그런데 이 글과 겹치는 문장이 있다.

바로 앞글에 천하시비 분분하니 그 해는 병신년 이라고 역시 방점을 찍은 글이다.

이렇게 두 문장에서 병신년을 표현한 것에 필자에게 은근한 기대를 하고 있었다. 모르지만 계룡에 기초할만한 일이 있기를 고대했었는데 병신년이 다가도록 아무 일도 일어나지 않고 있었다.

이런 관계로 본인의 해석이 틀렸던지 아니면 역시 격암유록은 믿을 만한 것이 못되는 신서로구나 하는 생각이 굳혀지고 있었다.

병신년이 한 달밖에 안 남았는데 무얼 기대 할 수 있겠는가?

나라는 촛불시민 운동으로 온통 시끄러운데 물 건너간 꿈 이였다. 그러던 어느 날 홀연 이 한 생각이 스치더니 온몸에 전율이 일었다.

아!~~~ 격암유록의 예언이 정확했구나.

이제야 두 문장의 전말을 알게 된 것이다.

십승도령 출세하니 천하시비 분분이라는 뜻은 바로 촛불시민 운동 이였던 것이다.

2016년 병신년 그해 천하가 혼란에 휩싸일 것을 내다본 문장 이었고, 십승도령 출세 한다는 뜻은 이미 우리나라 국운이 새로운 천운(天運)의 권역대에 들어선 것을 예고한 글이었던 것이다.

이는 우리나라가 천운에 의해 선경의 나라로 들어서기 위한 사전 단계로 스스로 자정의 형상으로 나타난 보기였던 것이다.

그리고 계룡에 기초한다는 뜻은 촛불시민 운동의 와중에 대통령후보가 본인이 대통령이 당선되면 청와대를 광화문으로 옮길 것을 대통령공약 일호로 제시한 것을 말한 것 이였다.

이 한마디의 공약이 청와대 터는 자리를 떳 다는 것을 보여주는 실증이다. 이러한 사전 징조들은 빨리 청와대를 떠나라는 메시지이다. 무얼 망설이는가?

> 暮春三月龍山으로 四時不變長春世라
> 모 춘 삼 월 용 산　　사 시 불 변 장 춘 세
>
> 鄭氏國都何處地가 鷄鳴龍叫新都處요
> 정 씨 국 도 하 처 지　　계 명 용 규 신 도 처
>
> 李末之後鄭都地는 淸水山下千年都라
> 이 말 지 후 정 도 지　　청 수 산 하 천 년 도

해설

어느 해 춘삼월 용산에 사계절 변함없는 긴 봄과 같은 세계가 펼쳐지네. 정씨나라의 도읍지가 어느 곳인가? 닭이 울고 용이 부르짖는 새로운 도읍지요, 이씨조선 뒤를 잇는 정도령의 도읍지는 맑은 물이 있는 산 아래에 천년 도읍지가 있네.

** 용산에 도읍지가 있음을 반복해서 알리는 글이다. 닭이 울고 용이 울부짖는다는 뜻은 계룡을 뜻하고 청수산하는 남산아래에 천년왕국이 세워짐을 전하고 있다.

> 中興國의 大和門은 始自子丑至戌亥
> 중 흥 국　　대 화 문　　시 자 자 축 지 술 해
>
> 十二玉門大開하고 十二帝國朝貢일세
> 십 이 옥 문 대 개　　십 이 제 국 조 공
>
> 華城漢陽松京까지 寶物倉庫 쌓였으니
> 화 성 한 양 송 경　　보 물 창 고
>
> 造築金剛石彫城은 夜光珠로 端粧하니
> 조 축 금 강 석 조 성　　야 광 주　　단 장
>
> 鷄龍金城燦爛하야 日無光이 無晝夜를
> 계 룡 금 성 찬 란　　일 무 광　　무 주 야

> 해설

세계중심국 계룡의 대화문은 자축년에 시작하여 술해년에 마치네. 옥으로 만든 열두 대문 크게 열리고 세계의 열두 제국이 조공을 바치네. 화성, 한양, 송경까지 보물창고로 쌓였으니 금강석으로 만든 건축물에 금은보화를 박은 성채에 야광의 구슬로 단장하니 계룡의 금성이 찬란하여 햇빛이 소용없고 낮과 밤이 없네.

** 이 문장에서 대화문은 계룡도읍을 의미한다. 즉 계룡도읍의 처음시작은 자축년에 시작하여 술해 년에 끝난다는 뜻이다. 자축년이면 2020년, 2021년 경자, 신축이며 술해년은 2030년, 2031년 경술, 신해년 이다. 계룡도읍의 완성은 12년이 소요된다는 문장으로 이 글 내용으로 라면 의상 대사에 의해 계룡도읍이 처음 언급된지 1300년 만에 완성을 보는 것이다. 가슴 설레이는 일이 아닐 수 없다.

성운론

> 때 되었네, 仙運 와서 天上諸仙出世하니
>   선 운   천 상 제 선 출 세
>
> 三之諸葛八韓信이 三八靑林運氣 바더
> 삼 지 제 갈 팔 한 신   삼 팔 청 림 운 기
>
> 十勝大王 우리 聖主 兩白聖人 나오시고
> 십 승 대 왕   성 주   양 백 성 인
>
> 彌勒世尊三神大王 三豊道士出現하고
> 미 륵 세 존 삼 신 대 왕 삼 풍 도 사 출 현
>
> 西氣東來白虎運에 靑林道士 나오시고
> 서 기 동 래 백 호 운   청 림 도 사
>
> 木兎再生鄭姓으로 血流道中 우리 聖師
> 목 토 재 생 정 성   혈 류 도 중   성 사
>
> 鷄龍三月震天罡에 三碧眞人 나오시고
> 계 룡 삼 월 진 천 강   삼 벽 진 인

해설

때 되었네. 신선세계에 천운이 와서 천상의 모든 신선이 세상에 출현 했네. 제갈량과 한신 같은 여러 영웅호걸들이 삼팔목 청림의 기운 받아 십승 대왕이며 우리성주 양백성인 나오시고 미륵세존이며 삼신대왕이신 삼풍도사 나오시고 서양의 기운이 동양으로 백호 운에 올 때 청림도사 나오시고 목토 기운이 정씨 성으로 다시 오니 생명의 물이 흐르는 섬 가운데 우리의성인, 계룡도읍지에 어느 해 춘삼월에 하늘의 북두성이 벼락 치듯 울리니 삼벽 진인으로 나오시네.

** 이 글의 특징은 천상의 여러 신들이 지상에 있는 가상으로 존재하는 명칭에 의존하여 신의 이름을 붙인 것이다. 계룡도읍을 완성하기 위하여 각 분야의 신들을 부른 듯 하다. 인간의 세속적인 표현으로 빌린다면 우리나라에 운기 도래한 천운의 움직임이

시작하는 것으로 볼 수 있는 대목이다. 그 춘삼월이 언제일까? 2020년 봄? 2021년 봄?

> 從鬼者는 負戌水火 眞逆者는 禾千里라
> 종귀자 　부술수화 　진역자 　화천리
> 送旧迎新此時代에 天下萬物忽變化로
> 송구영신차시대 　　천하만물홀변화
> 天增歲月人增壽요 春滿乾坤福滿家에
> 천증세월이증수 　　춘만건곤복만가

해설

마귀를 따르는 자는 등에 흙과 물과 불을 짊어짐과 같고 진인을 거역 하는 자는 천리에 벼나락이 깔린것과 같다. 옛 것을 보내고 새로운 것을 맞이하는 이때에 천하 만물이 홀연히 변화하니 하늘의 세월처럼 사람의 나이가 많아지고 천지에 봄기운이 가득 하고 복록이 집집마다 가득하네.

** 순환하는 우주기운에 의해 새 기운으로 우리 하늘에 가득 할 때 진리를 거역하지 말라는 강한 메시지이다. 이는 계룡시대를 말하고 있다. 그 중에서 천하 만물이 변하고 사람의 나이가 엄청나게 많아짐은 받아드리기 어려우나 아마도 그만큼 살기 좋은 신세계를 비유하려는 표현 인듯하다.

> 老少男女上下階級 有無識을 莫論하고
> 노소남여상하계급 유무식 막론
> 生命路에 喜消息을 不遠千里傳 하올제
> 생명로 희소식 불원천리전
> 自一傳十十傳百과 百傳千에 千傳萬을
> 자일전십십전백 백전천 천전만
> 天下人民 다 傳하면 永遠無窮榮光일세
> 천하인민 전 영원무궁영광
> 肇乙矢口十方勝地 擧手頭足天呼萬歲
> 조을시구 십방승지 거수두족천호만세

해설

노인과 젊은이, 남과여, 신분이 높은 사람 낮은 사람, 유식하고 무식한사람, 모두가 생명의 소식을 천리 길 멀다않고 전할 때, 나 하나가 열이 되고, 열이 전하면 백이 되고, 백이 전하면 천이 되고, 천이 전하면 만이 되어, 이 세상사람 모두 전하면 영원무궁한 영광을 누리네. 조을시구 대한민국 두 손 들고 머리 높이 들어 하늘에 만세를 부르네.

** 독자 분들도 이쯤해서는 생명의 소식이 무얼 의미 하는지 아시리라 믿는다. 격암유록을 비롯하여 각종 참서에 등장하는 정도령이란 존재는 어느 특별한 능력을 가진 영웅이 아니고 이 시대에 사는 이 나라 대한민국의 모든 국민이 정도령님이다.

필자가 소시 적부터 들어왔던 어느 때 "정도령이 나와서 계룡에 도읍을 한다."라는 말뜻은 온 국민이 정도령이 되어서 한마음으로 천시원에 계룡도읍을 실현시키는 대 과업을 말한 것이다.

이 글을 읽는 국민여러분이 스스로 정도령임을 자랑스러워 할 때가 아닌가 싶다. 어쩌면 지금 우리나라에 살아 숨 쉬고 있는 우리 국민 모두는 계룡도읍이라는 막중한 사명을 띠고 이 세상에 출현한 것이리라. 즉 정도령 으로 출현한 것이다. 그러므로 보고도 알지 못하고 세상에 출현했어도 모른다고 한 것이다. 뒷장에 정도령의 존재를 정확히 밝힐 것이다.

갑을가

名振四海十字立 甲乙當運不失時
명 진 사 해 십 자 립 갑 을 당 운 불 실 시

愼之愼之又愼之 再建再建又再建
신 지 신 지 우 신 지 재 건 재 건 우 재 건

四海八方人人活 十字立而重大事
사 해 팔 방 인 인 활 십 자 립 이 중 대 사

해설

온 세상에 이름을 알리며 십자를 세운다. 갑을의 운수가 왔을 때, 때를 놓치지 말고 이루고 이루며 또 이룩하라. 재건하고 재건하며 진실로 재건하니 사해의 모든 사람이 소생하네. 십자를 세우는 일이 중대사로다.

** 십자를 세운다는 것은 곧 십승을 세우는 것이며 이는 또 계룡의 궁전을 말한다. 궁전을 세울 때 온 세상에 널리 알려짐을 표현하고 있다. 그러면서 때를 놓치지 말 것을 당부하고 있다. 아마도 지구별에 두 번 다시 오지 않을 기회 일수도 있다. 그때란 2020년 이후이다. 온 세상사람 살리고 계룡에 궁전을 세워 국운을 바꾸는 일이니 어찌 중대사가 아니겠는가?.

時乎時乎不再來 時來甲乙出世者
시 호 시 호 부 재 래　시 래 갑 을 출 세 자

銘心不忘愼愼事 高山漸白甲乙運
명 심 불 망 신 신 사　고 산 점 백 갑 을 운

寅卯始形計劃一 死者廻生此事業
인 묘 시 형 계 획 일　사 자 회 생 차 사 업

無碍是非先進耶 刈莉刈莉忍耐中
무 애 시 비 선 진 야　예 자 예 자 인 내 중

右爾事業完成就 世事熊熊事
우 이 사 업 완 성 취　세 사 웅 웅 사

我心蜂蜂戰
아 심 봉 봉 전

> **해설**
>
> 때가오네, 때가오네 두 번 다시 오지 않을 때가오네. 갑을 운을 맞이하여 세상에 모습을 드러내는 사람은, 사업을 할 때 마음에 깊이 새겨 오래도록 잊지 말고 신중히 일을 하소. 점점 희어지는 높은 산이 갑을 운 일세. 인묘년에 비로소 계획도(설계도)가 나오니 죽은 자를 살리는 크나큰 사업이네. 이 중대한 일에 어찌 장애와 시비 없이 앞으로 나아갈 수 있나? 가시에 베이고 찔리는 고통의 상황을 인내하는 가운데 올바른 이 사업을 완성할 수 있네. 세상일을 곰곰이 생각하니 내 마음 벌벌 떨리는구나.

** 이 문장에서는 천시원에 궁궐을 세우는 장면이 그려지게 하는 글이다. 인묘년 이면 임인, 계묘년이다. 2022년 과 2023년에 설계도가 완성되어 나온다는 뜻이 분명하다. 시비와 장애가 많으나 큰 사업이 진척되고 있음을 알 수 있는 글이다. 누군가에게 신중히 일을 할 것을 전하고 있다. 마음이 설레 이기도 하지만 가슴 떨리는 일이다.

鷄龍山上甲乙閣 重大責任六十一
계 룡 산 상 갑 을 각 중 대 책 임 육 십 일

六十一歲三五運 名振四海誰可知
육 십 일 세 삼 오 운 명 진 사 해 수 가 지

鷄龍山上甲乙閣 紫霞貫日火虹天
계 룡 산 상 갑 을 각 자 하 관 일 화 홍 천

六十一歲始作立
육 십 일 세 시 작 립

해설

계룡산위에 갑을 각이 있네. 육십일세 에 중대한 책임이 있네. 육십일세 에게 삼오 운을 만나 사해에 이름을 떨치는 운수임을 누가 알까. 계룡산위에 갑을 각이 있네. 자하 도 에 햇빛이 통하여 하늘에 무지개가 피어오르네. 육십일세 때에 중대한 일을 처음 시작하는 때이네.

** 이 글은 육십일세 라는 나이를 통하여 중대한 책임이 주어진 어떤 사람을 가려내는 글이다. 즉 육십일 세 때 계룡도읍에 관한 내용을 처음 알게 되었다는 시점을 기준으로 삼은 것이다. 따라서 누군가 육십일세 가 되는 해에 계룡 도읍이라는 중대한일을 계획하게 됐으며 더불어 삼오 운이 함께 닿았음을 알리는 글이다. 그 이후로는 햇수가 더해짐과 상관없이 계속 육십일세 라는 세수로 표현되고 있다. 또한 계룡산위에 갑을 각(궁궐)이 세워졌을 때 주변하늘에 상서로운 무지개가 피어오른다는 글을 볼 때 예언의 계획대로 계룡도읍이 실현되고 있음을 알 수 있다. 이러할진대 계룡도읍의 실현은 지구별 차원의 세기적 사건이라고 볼 수 있다.

誰知江南第一人 潛伏山頭震世間
수 지 강 남 제 일 인　잠 복 산 두 진 세 간

其竹其竹去前路 前路前路松松開
기 죽 기 죽 거 전 로　전 로 전 로 송 송 개

名振四海六十一歲 立身揚名亦後臥
명 진 사 해 육 십 일 세　입 신 양 명 역 후 와

非三五運雲宵閣 六十一歲無前程
비 삼 오 운 운 소 각　육 십 일 세 무 전 정

可憐可憐六十一歲 反目木人可笑可笑
가 련 가 련 육 십 일 세　반 목 목 인 가 소 가 소

六十一歲成功時 大廈千間建立匠
육 십 일 세 성 공 시　대 하 천 간 건 립 장

自子至亥具成時 原子化變爲食物
자 자 지 해 구 성 시　원 자 화 변 위 식 물

해설

누가 알겠는가? 강남의 일인자를! 깊은 산중에 숨어있다 나오니 세상을 진동 시키네. 어기죽거리며 길에 나서니 가는 길마다 활짝 열리네. 바다건너 먼 나라까지 이름을 드날리는 육십일세, 죽은 후에 벼슬을 하는구나, 그러나 삼오 운을 받지 않으면 하늘나라에 높은 궁궐(계룡도읍)도 없고, 육십일세 앞길도 없다. 목인은 등을 돌리고 가소롭다 웃는다. 그렇지만 삼오 운을 받으면 육십일세 성공을 하니 천간짜리 큰 궁궐을 세우는 장인이 되는구나. 자축(子丑)년에 시작한 사업은 술해(戌亥)년에 이르러 완공을 하니 이때는 원자가 변화하여 먹을거리로 변하는 좋은 세상이로세.

** 이 문장은 격암유록의 맨 끝줄에 기록된 글이다. 맨 끝줄답게 계룡도읍이라는 대장정을 성공하는 것으로 종결하고 있다. 이 글에서 삼오 운은 천운(天運)을 말한다. 육십일세에 해당하는 사람

이 삼오 운을 받는다는 뜻은 움직일 때를(2019년) 놓치지 않는다는 뜻이다. 이때를 놓치면 앞길도 없을 뿐 아니라 죽음을 면치 못할 거라는 앞장에서의 경고도 이미 있었다. 행여 육십일세 가 때를 놓칠까, 다짐 받는 마음으로 다독이는 글로 보인다. 그러나 때를 놓치지 않으면 계룡도읍지에 궁궐을 완성하는 시기를 다시 한번 언급하면서 장문의 예언을 끝내고 있다. 이 문장으로 볼 때 경자년(2020년)에 사업이 시작하여 신해년(2031년)에 이르기까지 12년에 걸쳐 대 역사를 마무리 짓는 것이 분명하다.

** 1300여 년 전 의상대사의 삼한산림비기로 시작된 계룡도읍은 그 후 1100여 년 전의 도선국사의 도선비결 속에 계룡도읍과 이 시대 격암유록에서 보는 계룡도읍지는 모두 한 장소요 정도령 역시 가상의 한 인물이다. 천여 년의 시공을 넘나드는 놀라운 혜안을 가졌던 위대한 선조들의 발자취 이다. 어찌 보면 계룡도읍지는 훌륭하신 조상님들이 남긴 자랑스런 세기적 유산일수 있다. 지구별 어느 나라가 우리의 지금과 같은 선례를 남긴 나라가 있는가? 인류가 지구에 나타난 이후 과거에도 없었고 앞으로도 없을 이 땅에서 처음 일어나는 자랑스럽고 존엄한 대 역사라 할 만 하다.

우리나라에 天運(천운)이 와 닿았음을 아는 세 가지증표가 있다.
첫째로는 대통령께서 청와대를 나와 광화문으로 집무실을 옮긴다는 공약이다. 이는 공약도 중요하지만 이공약이 나오게 된 배경이 더 중요하다. 현대사의 시작인 해방이후 현재까지 청와대의 터에서의 시름 많은 정치사는 너나할 것 없이 우리국민 모두 피로감에 지쳐있는 상황이다. 이런 연유에서인지 기이하게도 이 공약에 반기를 든 야당도 국민도 없었다.

우리민담에 소위 "자리를 폈다, 자리를 뜬다"라는 말이 전해지고 있다. 거주지나 사업장 같은 장소에서 자리를 옮기기 전 나타나는 사전 징조를 말한다. 광화문으로 집무실을 옮긴다는 공약은 이미 청와대 터의 시운은 끝났다고 보아야 된다. 잘 나가는 터라면 망언과 같은 공약이라 그렇다. 이사 갈 운기가 왔기 때문에 그러한 공약이 나온 것이다.

여기에 한술 더 떠 청와대를 폭파한다는 거친 말까지 나왔다. 청와대 터의 존엄이 땅에 떨어지고 만신창이가 된 최악의 상황을 그대로 보여주는 대목이다. 이런 터에 무슨 미련을 두는가?

둘째는 용산에 주둔한 미군이 평택으로 옮겨간 사안이다. 만약 미군이 그대로 용산에 주둔해 있다면 아무리 천시원이 천하명당 이라 해도 왕도처로 쓰기는 요원하다. 대한민국의 국운이 앞으로 나아가기 위하여 미군을 평택으로 옮기는 상황을 만들어 떠나가게 한 것이다. 인력으로 이루어지는 일이 아니다.

셋째는 이렇게 절묘한 시기에 맞춰 계룡도읍지가 세상 밖으로 등장한 것이 그 세 번째다.

삼위일체란 말이 이런 상황을 두고 한말인 듯하다. 여기서 하나라도 결함이 생긴다면 청와대 이전은 공염불이 되고 만다. 그러나 하늘은 우리 대한민국을 외면하지 않고 있다.

정도령은 누구일까?

　격암유록에서 최고의 화두는 두말할 것도 없이 정도령과 계룡도읍지이다. 그중에서도 계룡도읍지는 해독이 되어 그 장소가 밝혀졌다. 수 백 년 동안 지나오면서 명쾌한 해독이 불가능할 것 같았던 격암유록의 비밀스런 수수께끼가 의외로 쉽게 벗겨지고 있다. 모두 시운 탓이리라.

　도읍지라는 공간적 이미지는 어느 한지역의 특정한 장소를 지목한 것으로서 풍수지리와 연계되어 쉽게 해독이 된 편이다. 예언서에서 밝힌 남산과 한강의 이미지를 실제 천시원과의 위치적 조건을 비교 분석하여 비교적 객관성 있는 해석이 나올 수 있었다고 본다.

　이런 상황으로 볼 때 천시원을 몰랐다면 격암유록은 영원히 올바른 해독을 할 수 없었으리라 본다. 이 상황을 다른 각도에서 본다면 시운으로 볼 수 있다. 천시원이란 왕도처를 사용할 시기가 됐기 때문에 우연을 가장하여 천운으로 숨겨졌던 실체가 세상에 드러난 것으로 볼 수 있단 뜻이다.

　계룡도읍지에서 빠질 수 없는 것이 정도령이다. 아득한 옛날부터 계룡도읍지는 영웅적인 정도령이 나와서 계룡에 도읍한다는 것이 정설로 되어있다. 도탄에 빠진 백성도 구하고……

　필자도 소시적부터 이런 이야기를 들은 관계로 정도령을 인격체로 확신하고 심정적으로 세상에 나와 활동중인 지도자들 중 한분이 될수도 있겠다라고 판단했었다.

　2011년(신묘년)초에 계룡도읍지를 처음 해독을 했을 때만해도 정도령은 계룡도읍지에서 집무를 보는 대통령일거라고 쉽게 결론을 내고 있었다. 그런 미완의 상태에서 원고를 가지고 출판사의 문을 두드렸으나 (10군데에 이름)이상하게 받아주질 않아 크게 실망하고 있었다.

　그리고 있던 차에 격암유록을 다시 보게 되었으며 큰 생각 없이 정도령에 대한 문구를 살펴보게 되었다. 그때가 2012년(임진년)8월 이었는데 정도령을 설명한 문구를 자세히 보니 평소생각한 정도령 하고는 전혀 딴판이었다. 처음엔 도저히 알 수가 없었다. 그러나 곧 거룩한 정도령의 존재를 찾아내 밝히게 되니 무량한 마음 어디에 비교 할 수가 없었다.

　본인을 한동안 정도령의 실체를 알 수 없어 실의를 격 게 한 비밀의 수수께끼를 독자 여러분과 함께 풀어 보는 시간을 가져보자.

　예언서의 문장을 해석 할 때는 무엇보다도 신중하고 공정한 객관성이 요구됨은 두말할 필요가 없다. 한 문장에서 그에 맞는 해독을 했더라도 연결되는 다른 문장에서 부합하지 않는다면 그것은 올바른 해석이라고 볼 수 없다. 이제까지 이전의 전문가들이 격암유록을 해석한 내용들이 큰 감동을 이끌어내지 못한 이유가 있다. 거개의 예언서가 그렇듯 문장의 애매모호한 부분에서 종교적인 억지 색깔로 대부분 도색을 했기 때문에 독자들의 가슴에 와 닿질 않았던 것이다.

　본인도 정도령을 떠올릴 때 제일먼저 부모도 없고 배우자도 없는 혈혈단신이란 글이다. 이러니 핏줄을 이을 자손도 없다. 이 문장 때문에 한동안 정도령은 박근혜 대표일거라 생각 했었다. 그 당시는 새누리당 대표 였었다.

누가 봐도 딱 들어맞는 상황이 확실했다. 대통령은 따논 당상이었고……

또 한사람의 후보가 있었다. 아무런 정치적 기반 없이 뛰어든 안철수 후보였다. 혈혈단신으로 정치판에 뛰어든 자체가 그럴 듯 해 보였다. 그러나 얼마안가 정도령 찾기에 깊은 난관에 봉착했다. 누구라도 혈혈단신이란 상황에는 어느 정도 부합했지만 다른 문장에서 태클이 걸린 것이다. 성씨를 알 수 없다는 내용에서다. 성씨를 알 수 없다는 내용의 글은 정도령의 해석을 포기 할려고도 했다.

이 문장은 정도령이란 존재가 애매모호하여 쉽게 떠올려지는 대상이 아님을 말해주고 있다.

이 때문에 어떤 사람일지라도 이 사람이 정도령 일 것이다 라고 판단하는 순간 애석하게도 정도령이 아닌 것을 증명하는 꼴이 되고 있다. 성씨가 밝혀지기 때문이다. 이 지구상에 성명이 없는 사람은 없다. 성씨를 알 수 없다는 문장은 정도령이 사람이 아닐 수 있음을 가정케 하고 있다. 그런데도 불구하고 격암유록은 정도령이란 의문의 인물을 내세워 인격체인 듯 분명하게 기술하고 있다.

한술 더 떠 왕이란 절대적 신분을 은근히 노출시켜 평범한 존재가 아님도 함께 그리고 있다. 또 한편 왕의 신분을 언급한 부분을 세찰해 보면 천상의 왕과도 연계시켜 특별한 신분의 정도령으로 보이고자 한 뜻이 대부분을 차지하고 있다. 이러한 언급들은 정도령은 하늘을 대상으로 하는 일반적인 종교에서 내세우는 절대자와는 사뭇 다른 뉘앙스를 주고 있다. 실제로 불교적인 정서로서 정도령을 미륵불로 인정한다면 무리가 있을 수밖에 없다. 특히 기독교적 정서에서 볼 때 하느님이란 절대자가 지상에 부활 강림한다는 내용도 더 큰 무리가 따를 수밖에 없다 왜냐하면 미륵불이던 하느님이던 어느 날 갑자기 천상에서 지상으로 나타나 "내가 너희의 절대자이니 나를 보라" 한다면 독자여러분들은 어떻게 판단하겠는가?

아마도 사기꾼이 나타났다고 하며 고소고발을 할지도 모른다.

우리 세상은 이런 주장에 귀 기울일 만큼 어리석을까? 이러한 판단은 정도령을 종교적인 관점에서 접근하는 것이 얼마나 모순된 것인지 보여주는 대목이다. 또 실제로 정도령은 어느때 갑자기 출현하는 내용으로 되어있다.

현세의 종교적 기능으로는 격암유록에서 주창하는 이상향의 세계로 가는 것은 요원하다.

오히려 종교의 등장으로 갈등과 분열 파괴와 전쟁으로 심화되고 있는 모순은 지구의 역사가 증명하고 있다. 어느 때 불현 듯 성인이 나타난다는 글 뜻의 이면에는 어느 전지전능한 종교적 절대자가 나타나 "나를 따르라" 하는 그런 황당한 결론은 있을 수 없음을 알아야 하는 것은 아닌가 한다. 이러한 종교적 관점에서 정도령을 해석 하는 것을 제외시킨다면 언뜻 정도령을 하늘(天上)의 기운을 받고 특별한 능력의 성인(聖人)으로 세상에 출현하는 것은 아닐까하는 추측도 가능하나 이런 생각에 찬물을 끼얹는 글이 있으니 그것은 어느 성씨인지 알 수 없다는 글이다.

이 내용은 어떠한 경우라도 정도령을 사람에서 찾지 말라는 강한 메시지를 던지고 있다. 정도령을 언급한 문장 중에서 절반 이상이 어느 성씨인지 모른다는 글은 사람이 아닌 것을 강조하기 위해 거듭 거듭 반복한 것으로 보인다. 이는 정도령을 상징적 인격체이며 어떤 추상적 개념으로 대신한 것으로 볼 수 있는 대목이다.

이 예언서에서 정도령을 소개한 글을 모두 살펴보자.

아버지(부모)가 없고, 배우자도 없다.
핏줄을 이을 자손도 없다.
성씨를 알 수 없다.
구름 속에 왕, 혹은 하늘의 왕이다.
사람이 아니며 사람 비슷하다.
진년, 사년에 성인이 출현한다.
천하를 둘러본 뒤 반듯이 남쪽조선 땅에 내려온다.

격암유록에 소개된 성인의 존재를 요약하면 이상과 같다. 성인(정도령)으로 인정 받을려면 이 8가지 조건에 모두 부합해야 된다는 뜻이다. 이 글들을 종합하여 정리하여 보면 성인은 사람이 아니며 천상의 특별한 기운을 받고 한반도 남쪽에 내려와 사람 비슷한 성인이란 가상의 인격체로 재탄생한다는 결론을 가능케 하고 있다.

종교적인 접근을 거부하고 있는 것이 확실하다. 종교적 메시아로서는 격암유록의 문장에서 발붙일 틈을 주고 있지 않으며 역시 영웅적인 인간의 등장도 허락하질 않고 있다.

현실적으로도 정도령이 사람이라고 인정하게 될 경우 사회적인 위치에서 그 사람을 바라보게 되면 당장 비토의 대상으로 바뀔 수 있다는 점이다. 정도령은 어느 때 어떤 상황에 처해있던 항시 왕 이여야 하며 고귀한 성인의 자리에 있는 정도령이어야 옳다. 환경과 상황이 바뀔때마다 그 이미지가 바뀐다는 것은 격암유록의 정체성으로 볼 때 상상 할 수도 없다. 그리고 안타깝지만 우리의 현실로 볼 때 정치인은 성인이 될 수 없다.

　지난 역사를 보더라도 많은 사람들이 격암유록을 인용하며 스스로에게 혹은 조직과 종교단체의 수장에게 정도령이기를 소원하고 이를 밝혔으나 세인들에게 많은 공감을 얻지 못한 이유가 이러한 현상 때문이다.

　정도령이 천하를 두루 살핀 후 정착할 곳을 하필이면 한반도 남쪽에 내려온 이유하며 모든 조건들을 보고 신중에 신중을 기하고 많은 시간을 들여 종합 판단하던 중 불현 듯 모범답안이 될 만한 한 생각이 떠올랐다.

　즉 정도령을 정리해보면 성씨를 알 수 없으니 사람이 아니며, 그러나 가족이 없는 혈혈단신 이어야하고, 그럼에도 불구하고 사람이라는 인격체로 그 존재감이 분명해야하고, 또한 사람이 아니나 사람 비슷해야 하며, 지금 이 시간에도 하늘의 왕 이라 불리워지고 있으며 그러나 그 무엇보다도 지구상 모든 나라 제쳐두고 우리나라로 내려올 수밖에 없는 뚜렷한 이유가 있는 등 이 모든 물음에 꼭 맞는 절대절명의 존재가 있었으니 그 이름은 하늘의 천시성좌에 거처하는 천자(天子)였던 것이다.

　즉 무형의 상징적인 불노불사의 존재였던 것이다.

　그는 천상의 천시성좌에서 호령하던 천자였지만 지구별 모든 나라마다하고 우리 한반도에만 있는 천시원의 왕도처에 정도령 이라는 이름으로 내려올 수밖에 없는 천명을 띠고 있었던 것이다. 이는 정녕코 피할 수 없는 시운에 따른 천운이고 국운이다.

　고대의 선철(先哲)들이 말하기를 천상에는 자미성좌 천시성좌 등이 있고 이곳은 하늘의 천자가 거처하는 곳으로서 지상의 인간을 관장하며 역시 지상에서도 자미원 천시원 등을 똑같이 존재케 하여 천상과 지상이 같은 동격으로 상서로운 우주자연의 불가사의를 정의 하였던 것이다.

남사고선생은 격암유록이라는 예언서의 주제 중에서 계룡도읍지와 정도령이란 호칭으로 나누어 구분하였으나 정도령과 계룡도읍지는 결국 한 구심점으로 모아 질 수밖에 없었다. 알고보니 정도령이 계룡도읍지요 계룡도읍지가 정도령이였다.

이 말은 곧 천운에 의해 지금 이 시대 이 땅에 탄생하여 숨 쉬고 있는 우리 국민 모두가 정도령이란 뜻이 된다.

정도령은 이미 이 땅에 내려와 계룡도읍을 완성할 준비를 하고 있었으며 우리 대한민국을 근본적으로 변혁시키고 새로운 패러다임에 열어갈 영웅은 국민 여러분이 맞다.

앞장에 일렀던 남녀노소, 부자, 가난한자, 부모형제, 일가친척, 이웃사촌, 빠짐없이 손에손잡고 우리 주님 영접하러 나가세 라는 의미가 무얼 말하겠는가?

한편 인간세상에서 천자의 존재감은 최고최상의 신분을 나타내고 있으니 천시원의 지령과 천기는 앞으로 우리나라의 국운을 천자와도 같은 동격으로 바뀔 수 있음을 우리의 선사들은 내다보았다.

아!~ 이 땅의 후손들이여!

우리 대한민국이 자랑스럽고 사랑스럽지 않은가?

정녕코 하늘에서 선택받은 땅에서 살고 있음에 무한한 감회를 느낀다.

수천 년간 외부로부터 침입과 고난을 견뎌낸 우리민족에게 영광을 하늘로부터 받게 되었으니 남산아래 천시원 왕도처에 궁궐을 지을 때 어느 때일까?

그 때는 이미 야비한 정치, 속 터지는 정치, 비겁한 정치, 같은 불의(不義)는 사라져 있으리라.

그 옛날 대국의 반열에 있었던 고조선, 고구려 의 기상이 태동할 것이며 우리나라가 위대한 국가로 재탄생 했을 때 천시원의 지령(地靈)과 천기(天氣)는 지구별 곳곳에 미치지 않는 곳이 없을 것이다.

정도령이 되기 위해 나선 사람들

2013년 필자가 펴낸 "새로운 천년의터"가 출간된 후 3개월쯤 지난 때에 어느 독자로부터 다급한 전화를 받게 되었다. 그 독자는 태백산에서 30년 동안 기도생활을 한사람이라고 소개한 후 필자의 책을 보고 놀라움에 어쩔줄 몰라 전화를 한다는 것이다. 그의 목소리는 당황한듯하였고 불안정한 정서에 있음을 읽을 수 있었다.

그 독자는 20대 중반이 되는 때에 우연히 신유승씨가 펴낸 격암유록을 읽고 느낀바있어 태백산에 들어가 정도령이 되기 위하여 기도생활을 하기 시작 했다고 했다.

그 에게 크게 울림을 준 글은 정도령이 계룡도읍을 하여 나라를 구한다는 대목에 마음이 꽂혔던 것이다. 더구나 정도령은 부모도 없고 처자식도 없는 혈혈단신 이란 문장에 맞추기 위해 부모의 인연도 끊고 결혼도 포기하고 혈혈단신에 스스로 발 벗고 뛰어든 것이다. 부모님은 본인의 굳은 결심에 처음엔 사려을 다해 말렸으나 지금은 자식의 미래도 포기 했다고 한다. 그러던 와중에 어느 날 필자의 책을 보게 되면서 정도령의 자격 조건을 보고 크게 낙심을 하니 30년 동안 헛고생 한 것을 안 것이다.

그러면서 자기는 이제 어떻게 하면 좋겠느냐며 하소연을 한다. 이제는 오십대 중반이 되어서 사회생활도 못하는 것은 물론 결혼도 물건너갔고 한번밖에 없는 인생 어찌하면 좋겠느냐 하는데……

이야기를 다 듣고 보니 어이도 없거니와 참으로 딱한 처지가 된 사람이구나……

혈혈단신이란 한 가지 문장만을 보고 행동에 옮긴 가벼움을 탓해서 무엇 하랴.

지난 과거사를 돌이켜볼 때 정도령 이고자 하는 사람들이 의외로 많다. 이조시대 정여립의 난이 일어난 배경에는 이때도 난세를 구할 정도령을 자칭했던 사건이다. 이후 현대사에 이르러서는 개인은물론 조직에서 스스로 정도령임을 자처하는 예가 많다고 한다.

10년이 넘은 여러해 전에 MBC PD수첩에서 격암유록을 방송한 적이 있는데 그 방송 내용 중에서도 정도령임을 자청하는 사람들을 본 적이 있다. 그때당시는 그런 쪽에 별 관심이 없었을 때인데도 왠지 허접스런 감을 느꼈었다. 지금도 정도령을 자처하는 인사가 많다고 하는 얘길 들을 수 있다. 예언서의 단편적인 한 부분만을 해석하여 오판을 하는 예 가 대부분인 듯하다.

개중에는 의도적으로 정도령으로 둔갑해서 이익을 취하기도 하는데 본인의 책이 널리 알려져 앞으로는 정도령으로 인한 피해가 없길 바라는 마음이다.

상기의 예처럼 정도령은 일가친척이 없는 혈혈단신이란 한 구절 때문에 본인은 물론이고 가족에까지 돌이킬 수 없는 해악을 경험케 해서는 안 될 것이다.

소 울음소리 정체는?

　우리는 실생활에서 하나의 우연이 생기는 것만 으로도 특별한 생각이 들기도 한다. 그런데 이 우연이 계속 연이어진다고 한다면 이때는 전혀 다른 상황일수 있다.
　필연이 될 수 있다는 뜻이다.
　필자가 전국 천리강산을 다니며 수많은 명당 혈을 찾아보았던 경험이 밑바탕이 되어 전설속의 계룡도읍지를 알아보는 영광을 차지한 것으로 보인다. 이제 겨우 혈(穴)의 진짜와 가짜를 구분할 정도밖에 안되는데 너무 과분한 영광이다. 필자가 격암유록을 처음 본 해가 2011년(신묘년)초이다.
　첫 번째 우연은 신묘년에 "하늘에서 책을 받는다는"라는 글에 기이한 우연이다 라고만 생각 했었다.
　그때 그 책은 격암유록이 틀림없다는 촉이 느껴졌다. 하늘에서 책을 받는다는 뜻은 신서(神書)를 본다는 의미로 해석되었기 때문이다. 당연히 격암유록은 신서이다.
　두 번째는 계룡에 도읍할 시기가 청학동이 한강을 넘어설 때라고 한 글이다. 물론 가짜 청학동이 아닌 진짜 청학동을 말하는 것이며 이 내용은 전국에 진짜 청학동이 알려짐을 적은 글이다 2005년에 실제 청학동을 발견하고 그 견문록을 이 책에 실었기 때문에 이때부터 뭔가 이상하다는 생각이 들기 시작한다.

또한 계룡도읍지도 격암유록을 보게 됨으로서 알게 된 일이다. 만약에 신묘년에 격암유록을 보지 못했다면 지금 이 순간 이글을 쓸 수도 없다.

한편으로는 필자가 30代일 때 한강을 계룡으로 생각 했었다는 점이다. 지금 생각해도 참 황당한 발상 이였는데 문제는 그 생각이 옳았다는 것이다. 그때야 말로 아무것도 모르는 천치였는데 그런 생각이 들었던 것이다.

그 생각이 밑바탕이 돼서 계룡도읍지를 쉽게 해석하게 된 계기가 된다.

다음은 병신년에 계룡에 기초하는 해가 될 거라는 글이다. 격암유록이 500년 전 나온 후 병신년이 8번 정도 거쳤는데 2016년 병신년을 지목하는 이유는 청학동이 세상에 알려질 때라는 글이 다른 병신년은 자연 도태되는 사유가 된다.

또한 2016년 병신년에 계룡에 기초한다는 글과 천하가 시시비비에 든다는 글 내용이 실제로 그해 촛불시민운동이 일어났고 대통령 후보가 광화문으로 나온다는 발표로 인해 이때부터 격암유록의 기록에 확신이 들기 시작한다.

다음은 앞장에서도 암시를 했지만 흰토끼를 따르라는 글은 분명히 신묘생(辛卯生)을 말한다. 이 내용의 글도 여러 곳에서 볼 수 있는데 신묘생을 암시하는 글을 보았을 때 필자 크게 놀랐다.

필자의 생년이 1952년 1월7일(음력)임진생 이다. (양력은2월2일), 그런데 겉으로만 임진생 이지 생일이 빨라 명리학상 실제는 신묘생 이다.

또 신묘생이 신묘년에 처음 격암유록을 보고 계룡도읍을 알게 되었으니 육십일 세가 아닌가?

이때부터 대망을 품기 시작했다고 볼 수 있다.

또 한편 조소가의 첫줄에 언급한 "북두칠성에 의지한 사람"을 명시한 글이 있는데 필자의 왼쪽 손바닥 중심에 별 문양이 또렷이 나타나 있다.

이 문양이 북두칠성과 무슨 연관이 있는지는 본인도 알 수 없으나 흔치않은 손금이라 덩달아 연관성을 떠올리게 한다.

기이한 것은 6년 전 천년의터를 발간할 즈음에는 별 문양의 손금이 미완성이었는데 지금은 별 문양이 바뀌어서 완성된 별이 되었다는 점이다.

그리고 경자년 전후 3년의 움직일 때를 놓치지 말라는 글에서는 실제 놀라움으로 전율이 일었다. 원고를 작성하고 있는 중인데 그 글을 보았을 때 누군가 대신할 수 없는 운명을 느꼈다.

마지막으로 수수께끼의 소 울음소리는 무엇인가?

필자의 성명이 모성학(牟成學)이다. 모라는 성씨가 소울음소리 牟였던 것이다. 격암유록의 그 많은 소 울음소리의 표현은 필자의 외침이였다고 본다. 계룡도읍을 실현시키기 위한 애절한 몸짓으로 이해해달라고 녹자 여러분께 부탁드리고 싶다.

본인의 신상을 밝히는 이유는 한가지이다. 격암유록에서 주장하는 계룡도읍에 관한 내용들이 모두진실 이였다고 말하고 싶어서이다.

천 수백 년을 숨겨온 진실이 우리 앞에서 손짓을 하는데 이 과업을 실현 시키는데 조금이라도 힘이 될까 해서 신상을 밝히는 것이다.

그러나 이 모든 결과는 국민 여러분 손에 달렸다고 본다. 본인이 아무리 진실을 얘기해도 국민하나하나가 모여 "아니요!"라고 말한다면 그때는 결과도 없어진다고 보기 때문이다.

  이러할진대 모든 격암유록에서 주장하는 결실은 천운을 받고 있는 우리국민들의 몫이요 역량에 달려 있다.

  왜냐하면 그대님들은 이미 정도령 이였기 때문이다.

미국 백악관의 풍수지리
중국은 미국을 넘을 수 없다

현재 지구상의 가장 강한 나라

경제력, 국방력 문화예술 등 거의 모든 분야에서 세계 최고의 자리를 굳건히 지키고 있다. 지구가 탄생한 이후 이처럼 강한 나라의 등장은 처음이라고 세인들은 말하고 있다.

풍수지리를 연구하는 자로서 서구유럽의 풍수와 특히 미국의 수도 워싱턴 D.C의 풍수적 상황이 항상 궁금증이 되어 떠나질 않았다.

미국의 백악관은 풍수적으로 어떨까 하는 마음이다. 풍수에서 요구하는 조건으로 이상적으로 자리를 잡았는지 아니면 풍수와는 전혀 관계없는 개념으로 아무런 터에 백악관이 세워졌는지?

그러하다 2016년 실제 워싱턴 D.C에 있는 백악관을 탐방할 기회가 주어져 미국에 가보니 뜻밖의 사실에 놀라움을 금치 못했다.

미국 동부지역에 위치한 애팔래치아 산맥은 동북방향에서 서남방향으로 비스듬히 흘러간 장대한 산맥이다. 이 애팔래치아 산맥의 남쪽은 광대한 평원으로 이루어져 우리나라의 기복 활달한 산천과는 전혀 다르게 높고 낮은 둔덕형태의 완만한 평원을 만들면서 수만리 뻗쳐있는 것이 특징이다. 지역에 따라서 산 같은 형상으로 높은 곳도 있으나, 산 능선이 완만하여 좀 게으른 듯 한 느낌을 주고 있다.

이러한 산천의 생김새 때문에 그런지 미국인들의 행동이 우리보다 훨씬 느리다.

좋게 말하면 여유 있는 행동이라고도 할 수 있는데 하여튼 느리다.

워싱턴 D.C는 서울의 한강처럼 포토맥 강이 비스듬히 북서쪽에서 흘러들어 오는데 강의 규모는 용산앞 한강보다 작다. 그런데 놀라운 점을 발견하게 된다.

워싱턴 D.C의 북동쪽에서 에너코스티아 강이 지류가 되어 비스듬히 흘러들어 포토맥 강과 만나서 연안으로 흘러 바다로 나가는데 하늘에서 보면 강물의 흐름이 Y자 형태로 이루어져 워싱턴 D.C는 Y자의 위쪽 안에 도심을 이루고 있었던 것이다. 이것은 풍수지리에서 가장 중요한 형태의 강물의 흐름이며 도심의 위치이다. 풍수학에서는 물길이 좌우 양쪽에서 흘러나와 앞에서 만나면 그 안쪽은 지기가 가기를 멈추고 응결하는 것이 자연의 질서이고 법칙이다. 즉 풍수의 정석이다.

그런데 워싱턴 D.C는 풍수지리에서 요구하는 완벽한 외형적 강물의 흐름을 갖춘 것이다.

그러나 여기서 더 놀라운 점이 발견되는데 포토맥 강이 에너코스티아 강과 만나 흘러나갈 때 연안으로 흘러나가다 말고 다시 되돌아오는 형태로 급하게 꺾여서 흡사 S자를 옆으로 세워서 보는 형태로 강줄기를 이루어 다시 바다로 빠져나간다는 사실이다.

이 같은 형태는 흡사 서울 한강이 용산 앞을 지나며 김포를 거쳐 바다로 들어가기 직전 김포 통진 앞에서 임진강과 만나면서 급하게 꺾여 나가는 형상과 똑같은 것이다.

풍수란 문자 그대로 바람과 물의 기운을 가두는 것을 근본을 삼고 있다.

즉 눈에 보이지 않는 지기, 수기, 천기 등을 가두어 인간 생활에 삶의 질을 높이는데 유용하게 쓰는 학문이다. 강물이 흐르다 말고 획 돌아 꺾이는 현상은 물이 갖고 있는 기운이 곧게 빠져나가지 못하게 하고 가두는 역할을 하는 것이다.

이는 재물로 상징되는 기운이 빠져나가지 못하게 하는 대 자연의 신비한 법칙이다.

대 명당을 이루는 곳은 항상 이러한 교묘한 질서가 따라다닌다. 영원히 풀리지 않는 불가사의이다. 만약 강물이 곧게 빠져나간다면 그 부근의 산천에는 혈을 못 맺는다. 명당이 없다는 얘기이다. 이것이 자연이다. 자연산천은 혈을 맺기 위해 구성되어 있다. 더구나 백악관에서 가까운 포토맥 강에 루즈벨트 섬이 출몰하여 라성이 되었으니 존귀한 격국 으로 위상을 갖췄다.

이러할진대 외형상 워싱턴 D.C는 풍수지리 적으로 완벽한 장소라 할만하다.

서구유럽에는 풍수학이 없었을 텐데 풍수지리의 A,B,C가 모두 갖춰지고 기운이 가득한 곳에 수도를 세운 것을 보니, 정신이 혼돈스러울 정도로 경이로운 생각뿐이다.

워싱턴을 수도로 정할 당시 모르긴 해도 노련한 능력자의 조언이 틀림없이 있었을 거란 생각을 지울 수 없다.

백악관이 있는 워싱턴 D.C는 평지로 이루어져있는 관계로 또한 건물들이 이미 시야를 가려 주변경관을 알아볼 수가 없다. 산다운 산을 찾아볼 수가 없다는 뜻이다.

우리나라는 도심에 있어도 시야를 멀리 보면 어느 곳이든 산을 쉽게 볼 수 있는 것과는 대조적이다. 백악관에서 북쪽으로 수키로 진행하면 우리나라 야산수준에 세운 국립 동물원이 있다. 그러나 말이 산이지 좀 높고 두툼한 언덕수준 정도밖에 안 된다. 동물원이 있는 이곳 야산에서 용맥이 출 맥 하여 백악관이 있는 방향으로 평양룡으로 되어 흘러간 듯하다.

그러나 주변 산을 볼 수 없어 백악관을 중심으로 어떤 형태로 격국이 형성되었는지 알아낼 수가 없다.

그리고 있는 중에 기회가 찾아와 워싱턴에서 볼 때 포토맥 강을 건너 서남쪽에 있는 알링턴 시에 있는 어느 빌딩옥상에서 워싱턴 D.C의 전경을 바라보게 되었다.

높은 빌딩 옥상에서 미국의 수도를 한눈에 바라보니 탄성이 절로 나온다. 아!..

온몸에 전율이 일었다. 드디어 보고 싶은 것을 보았던 것이다.

워싱턴 D.C는 거대한 원국형태로 극초대형 명당의 격국 으로 그 면모를 갖추고 있었다. 도심은 완벽한 분지로 되어 있었으며, 평지에서 높이가 100미터 안팎의 둔덕이 산봉을 대신해서 주회천리가 넘을 정도로 장대하게 워싱턴 D.C를 포진하고 있었던 것이다. 그야말로 천하가경이다.

미국의 수도에 와서 이런 장대한 경관을 볼 수 있다니... 소름 돋는 감동이 진하게 전해진다. 무엇보다도 미국의 수도 워싱턴은 우리가 배우고 추구해왔던 풍수지리가 요구하는 정신에 한 점 오차 없는 완벽한 천하대명당의 격국을 갖추고 있었다. 놀라운 일이였다. 오늘의 강력한 미국을 있게 한 그 근본을 본 것이다.

이 광경을 보고 제일 먼저 떠오른 장면은 우리나라 가야산 줄기에 있는 자미원이 떠올랐다. 자미원을 이루고 있는 격국의 형태와 비슷했기 때문이다.

안면도는 높이가 해발 100미터 내외이다. 이러한 얕은 야산으로 된 용맥이 수 백리 뻗치어 자미원을 감싸안은 형태와 매우 닮아있었다.

분지형태로 된 워싱턴 D.C는 강물마저 풍수의 이치에 한 점 오차 없이 흐르고 있었으며 백악관이 들어서있는 터는 틀림없는 양택 터의 천하대혈 이다.

백악관 좌향은 자좌오향(子坐午向)으로 정남향이었으며 수법은 우선수(오른쪽에서 왼쪽으로 강물이 흐름)에 파구(破口)는 병파(丙破)이다. 수법 입향 도 한치 오차가 없다.

백악관을 보고 있노라면 신기한 장면이 하나 있다.

백악관의 정문은 북향이다. 북쪽이 현관출입문이 있다. 가상학적으로 보면 집을 거꾸로 방향을 잡아 지은 것이다. 풍수적으로 보면 완전한 패착이다.

그런데 어찌된 일인지 백악관 뒤쪽에 해당하는 쪽의 건물의 디자인이 현관처럼 되어있었고 외관이 둥글고 멋있으며 우아한 모양을 하고 있다. 우리가 사진이나 화면을 통해 보는 백악관 건물은 100프로 모두 뒷면을 보고 찍은 것이다.

백악관 뒤쪽이 실질적 얼굴마담 역할을 하고 있고 백악관의 실재 현관은 참 볼품없이 밋밋한 뒤통수 같은 느낌이다.

백악관의 이러한 실재적 구조가 좌향에서 오류가 있으나 향법이 자연적으로 전환이 되어 발음이 되는 것으로 본다. 도대체 누구의 작품인가?

어찌도 저렇게 완벽한 터를 잡아 백악관을 세웠는지 미국 땅에 도선국사가 환생하여 터를 잡은 듯 착각이 든다.

워싱턴 D.C를 미국의 수도로 정하고 백악관 터를 정한 것은 어떻게 하다 보니 우연히 되었다라고 필자는 생각지 않는다. 틀림없이 어느 능력자의 도움과 그를 신임하고 따라준 워싱턴 초대대통령의 결단력이 보여준 최고의 작품이라고 보고 싶다. 백악관 터에서 강한 지기가 발생하고 있다. 그러나 그 지기는 우리의 전쟁기념관 터에서 올라오는 지기를 능가하지 못하고 있다.

백악관 인근에 또 하나의 양택 터가 있는데 그곳은 국회의사당 건물이 올바르게 세워져 있다. 이곳은 지기의 역량이 백악관보다 떨어진다.

미국이 일찍부터 강한 나라가 되었던 것은 결코 우연이 아니며 지구별의 숙명 같은 생각이 든다. 우주의 운기는 서양에서 동양으로 이동하고 있다.

그 중심에 천시원이 우리에게 있다.

우리가 주목해야 할 미국수도 결정과정

　미국의 수도는 처음부터 지금의 워싱턴 D.C는 아니었다. 수도는 9번이나 바뀐 역사가 있다.
　미국 최초의 수도는 펜실베이니아 주의 필라델피아가 첫 수도로 등장한다.
　이때가 1774년 9월 5일부터 10월 26일까지 필라델피아 총회에서 대륙회의가 열렸기 때문에 최초의 수도로 보고 있다.
　두 번째는 볼티모어! 이곳에서 단 한차례의 대륙회의가 열려 잠깐 동안(몇 시간) 이지만 두 번째 수도로 기록되고 있다.
　세 번째는 펜실베니아 주의 랭커스터라는 도시! 이곳에서는 단 하루의 수도로 기록된다. 그때가 1777년 9월 27일이다. 대륙회의가 영국군에게 쫓겨서 이곳에서 도망쳤기 때문이다.
　네 번째는 역시 펜실베이니아 주의 요크! 때로는 미국의 첫 번째 수도라고 불리워지는 도시이다.
　미국을 아메리카 합중국으로 지칭하는 법률문서가 채택되었기 때문이다.
　다섯 번째는 프리스턴 대학! 이곳은 1783년 7월부터 10월까지 이 대학에서 연방의회를 주재했다.
　여섯 번째는 1783년 11월 26일부터 1784년 8월 13일까지 매릴랜드 주의 아나폴리스에서 수도의 기능을 수행.

일곱 번째는 뉴저지 주의 트랜턴에서 잠시.

여덟 번째는 뉴욕 이곳에서 4년 동안 수도로서 기능을 함.

이곳에서 역사적인 워싱턴 대통령이 첫 선서가 있었고, 이곳이 월 스트리트 가이다. 이곳에서 역사적인 사건이 시작된다.

워싱턴이 대통령의 권한으로 수도를 정할 수 있는 법안이 통과되었기 때문이다.

이때가 1790년이다.

워싱턴이 지정하는 장소에 수도를 정한다는 좀 색다른 법안이다.

그러나 이 법안이 통과되기 전까지의 과정은 정확히 알 수 없지만 모종의 협약이 정치적으로 작용하였을 거라는 추측을 어렵지 않게 하고 있다.

지금 워싱턴 D.C는 특히 백악관 터 근처에서 워싱턴이 살았었다는 기록이 있다.

그의 고향이 이곳에서 멀지않은 곳 차편으로 30분 거리에 있으나 많은 시간을 지금의 백악관 터 부근 혹은 백악관 터 위에서 살았던 것으로 본다.

이 추측은 풍수적으로 이해가 가능하다. 지금 백악관 터가 군왕지지의 혈 터였기 때문에 워싱턴이 이 터에서 살았음으로 이 터의 기운이 영광된 미국의 첫 번째 대통령이 될 수 있었던 운명이 주어졌다고 본다.

법안이 통과된 그 이듬해 1791년부터 도시 설계에 들어가는데 설계자는 프랑스사람 찰스 랑팡 이라는 사람이다.

워싱턴은 자기가 살던 곳을 중심으로 사방 16Km 정사각형 구획을 만들고 싶어 했다. 물론 중심은 백악관 터가 중심이 된다. 이 사실로 볼 때 워싱턴이 살던 집터가 지금의 백악관이 들어선 것이라고 볼 수 있다.

설계는 정해졌고 기하학적, 과학적으로 바탕을 한 설계로 도시를 만들었다.

서구인들도 동양처럼 뭔가 하늘에 신의 힘을 빌리고 싶어 했다.

그리하여 전체적인 구상은 하늘의 처녀별자리에 바탕을 두고 도시 설계를 했다.

필자가 설계자 랑팡 이라는 사람한테 남다른 주목이 가는 건 어쩔 수 없는 시선이다.

지금의 백악관 터와 국회의사당 터를 정해놓고 주변에 방사형 도로를 추가했기 때문이다.

서구유럽에서도 오랜 옛날부터 땅의 기를 감지하거나 수맥을 탐지하여 실생활에 유용하게 쓰고 있던 전통이 있다. 흔히 우리가 아는 다우징롯드 라고 하는 수맥탐지기구도 그의 일종이라고 보면 된다. 설계자 랑팡 자신이 그런 능력이 있었거나 아니면 랑팡을 지근거리에서 돕는 조력자가 있었음을 상기해 볼 수가 있다.

한편으론 도시설계의 최고 책임자 죠지 워싱턴은 이러한 설계자와 협력자들의 자연관에 대하여 긍정의 시선으로 보고 많은 부분을 공감했다고 볼 수 있다.

우리나라의 현실처럼 풍수학을 쓰지 않았어도 땅의 기운을 감지하고 다룬다는 것은 그 자체가 우리의 풍수지리와 맥을 같이 하는 것이다.

특히나 백악관 터는 우리의 전쟁기념관 건물처럼 혈위에 정확히 건물을 세웠다는 점이 놀라운 일이다. 더구나 좌향 이라는 두 번째 관문을 통과했다는 것은 우연일수가 없다. 용산의 전쟁기념관은 방향이 안 맞아 두 번째 관문을 통과하지 못했다.

모든 것이 자연의 뜻, 하늘의 뜻으로 느껴진다.

죠지 워싱턴이 살던 터에 백악관을 세우고 국정을 돌보는데 발복이 일어나기 시작하는 것을 역사의 기록으로 살펴보자.

백악관 터에서 일어난 기적같은 발복
〈초 강대국으로 가는 길목에 서다〉

　1792년 10월 13일 초대 대통령 죠지 워싱턴의 승인을 받아 백악관은 착공에 들어간다.
　그러나 그 당시는 독립한지 얼마 안 되어서인지 8년의 긴 기간을 거쳐 완공을 본다. 방은 130개가 넘는다.
　이때가 1800년 11월이다. 첫 입주자는 2대 대통령의 임기가 끝나가는 애담스 대통령이었다.
　그러나 처음부터 백악관이란 명칭이 주어진 것은 아니다.
　이때까지만 해도 미국과 영국이 군사적 충돌이 있던 시기라 1814년 영국군과 전투에 의해 소실된 후, 미국정부는 나라의 위상을 세우는 상징으로 흰색으로 칠을 한 후 "화이트 하우스"라 불리어졌다.
　그러다가 1901년 루스벨트 대통령이 취임하면서 공식적으로 백악관이라 명명되었다.
　백악관에 입주할 무렵의 미국은 지금의 미국과는 사뭇 다르다. 영토가 현재 동부지역으로 보스턴, 뉴욕, 워싱턴을 비롯한 플로리다 반도가 포함된 동부지역에 국경을 두고 있었다.
　현재 미국영토의 3분의 1 수준밖에 안 되는 면적이 미국 땅이었다.
　이때 독립선언문 작성자인 토머스 제퍼슨이 3대 대통령으로 백악관에 입성했다. 1800년에 완공된 백악관 터의 누적된 기운이 포효를 하기 시작했다.

  1803년 제퍼슨이 루이지애나 땅을 프랑스로부터 사들이는 사건이 발생했다. 현재 미국 중부지역에 위치한 땅인데 면적이 한반도의 10배에 이르는 광대한 땅을 1500만 달러를 주고 프랑스로부터 사들인 것이다.

  때마침 프랑스는 나폴레옹이 집권하던 시기라 군비자금이 필요했던 관계로 북미대륙의 식민지 땅을 팔아버린 것이다. 루이지애나 매입으로 대서양에서 태평양에 이르는 미국의 광활한 영토가 수립되는 기초가 되는 결정적으로 기여한 사건이었다.

  갑자기 미국의 영토가 두배로 늘어나고 대국으로 가는길의 반석이 된 셈이다.

  이 땅을 사들일 때 만 해도 경계도 불분명했으며, 무엇이 있는지도 몰랐던 황무지로 인식되던 땅이었다고 한다.

  그 후 제퍼슨은 탐사대를 파견하여 각종 조사를 하니 천연자원이 풍부한 노다지 땅으로 알려지며 이때부터 본격적인 서부개척의 막이 올랐다.

  이 후 미국은 1845년 제임스 K. 포크 11대 대통령이 취임하면서 다시한번 기회를 맞는다. 제임스 K. 포크 대통령은 평소 미국의 영토 확장에 야망이 있던 인물이었다.

  캘리포니아를 비롯한 태평양 연안과 함께 인접한 뉴멕시코를 합병하기 위해 군사를 일으켜 뉴멕시코에 침공했다.

  이때 따라주는 국운은 전투마다 연전연승, 밀리던 뉴멕시코는 하는 수 없이 매각대금 1500만 달러를 받고 합병에 서명한다.

  이 사건으로 오늘날 대서양에서 태평양 연안까지 광활한 영토가 탄생하게 된 것이다. 백악관 터의 위력적인 발음은 이것으로 끝나지 않는다.

1867년에 미국이 러시아로부터 720만 달러를 주고 160만 제곱킬로미터의 광대한 알라스카 땅을 사들인 사건이 발생한다.

백악관 터의 위력은 미국에게 연이어 수지맞는 거래를 안겨주고 있다.

1861년에 발발한 남북전쟁도 4년 동안 많은 희생이 있었지만 결국은 미국에게 노예해방과 통일된 국론을 이끌어낸 결과물이 되었다.

풍수에 의한 상승하는 국운은 국내외적으로 부침이 있으면 있는 대로 행운이 따르면 따르는 대로 모두 국가의 이익에 부합하고 있으며, 강해지는 국력의 마중물이 되고 있다.

풍수지리는 땅을 어느 관점에서 보느냐 에서 출발하는 학문이다.

대지를 그저 흙과 돌무더기로 뭉쳐진 무기물로 보는 것과 풍수학에서처럼 모든 생물을 키워내고 생육하는 모태로서 무한한 생명력의 기운이 존재한다고 보는 것이 그것이다. 그렇지만 풍수지리는 대지가 모든 것을 품어주는 생명력과는 또 다른 차원일 수 있다. 생명력만으로는 명쾌히 설명이 안 되는 부분이 분명 존재하기에 그렇다.

땅에는 분명 기가 흐르고 뭉치기도 한다. 인간이 믿든 안 믿든 그런 사고와는 관계없이 대지의 기는 존재한다.

대지에 기가 없다고 하는 것은 이기적인 인간이 만들어낸 편견이며, 과학을 빙자한 오만이다. 우리가 실생활에서 쓰는 스마트폰의 기능도 그 근원은 기의 다룸에 불과하다.

서구에도 땅에 흐르는 기를 유용하게 인간생활에 활용하는 곳이 있다.

아리조나주에 있는 유명한 세도나라는 지방이 있다.

이 지역은 드넓게 밝고 맑은 붉은색 사암층으로 형성되었는데 대지에서 특별한 기운(볼텍스)이 올라오는 곳으로 유명한 곳이다.

과거 서부개척시절 인디언들은 이곳을 신성한 곳으로 여겨 백인들에게 끝까지 지키기 위해 처절하게 저항했던 곳이기도 하다.

인디언들은 지금과 같은 과학적 지식은 없었지만 경험과 느낌으로 대지에서 방출하는 신성한 기운을 알았으리라.

현대에 이르러 세도나는 휴양과 명상 질병치료 등의 목적으로 수많은 사람들이 이곳을 방문한다.

우리나라의 박세리, 박찬호 선수등도 이곳에서 질병치료와 휴양차 들렀던 곳이다.

필자는 워싱턴 D.C의 백악관을 방문하면서 가슴절절하게 느꼈던 진한 감동이 하나 있다. 초강대국 미국의 등장은 지구별에 피하지 못할 숙명이라는 생각이 들게 한 필연의 위대함을 보았기 때문이다.

혈처에 정확히 백악관과 국회의사당이 들어앉은 감탄을 뒤로하고 또 하나 감동을 보았으니 그것은 워싱턴 기념탑! 그것이다.

일명 연필탑 이라고 하는 이 탑이 들어선 낮은 동산은 우리의 풍수학적으로 해석하면 임금이 쓰는 옥새에 해당된다. 옥새가 무엇인가? 임금도 옥새가 없으면 뜻을 펼 수 없다. 그런데 어찌된 일인지 이 동산 정중앙에 거대한 기념탑이 들어선 것이다. 워싱턴 D.C의 상징탑이 되어버린 그 기념탑은 임금이 쓰는 옥새의 손잡이 역할을 톡톡히 하고 있음을 본 것이다.

미국인들은 이 낮은 동산이 풍수학 상 옥새라는 사실을 알고 세운 것이 아니기 때문에 필자로선 감동이 남다를 수밖에 없었다.

미국이 기침하면 세계가 감기 든다는 미국의 위상!

필자 개인으로 보는 풍수관은 중국은 미국을 넘을 수 없다.

미국은 젊고 정신과 민도가 건강한 국가다. 부정부패도 아주 적다. 백악관이 옮겨지지 않는 한 이 국격은 유지된다. 중국은 미국의 이러한 국격에 훨씬 못 미친다.

지구별에 미국이 탄생하기 전에는 중국은 강대국일지 몰라도 지금은 선두에 올라설 수 없다. 미국과 중국의 대결은 백악관 터와 자금성터의 부딪침으로 보면 이해가 쉽다. 애초부터 상대가 안 되는 게임이다.

많은 인구를 앞세워 처음에는 대등하게 보일지 몰라도 시간이 지날수록 백악관터의 기운은 중국의 기운을 와해시킬 수밖에 없다. 홍콩사태는 터의 기운이 부딪쳐 한쪽이 허물어지는 증표다. 중국은 허장성세에 있다.

지구별에서 미국을 상대할 수 있는 나라는 대한민국이 유일하다.

천시원에 궁궐을 세운다는 전제하에 그렇다.

앞으로 중국은 우리 대한민국도 넘지 못한다. 중국이 이러 할진데 일본은 더 말할 나위도 없다.

시금 태어닌 아이들이 장년이 되었을 때는 대한민국의 국권은 지금 상상하기 어려울 정도로 변해 있을 것이다. 한반도의 국경선은 훨씬 달라져 있을 것이며 국격의 모든 면에서 미국과 대등하거나 앞서있는 부분도 있을 것이다. 이렇게 내다보는 이유는 지금 선천에서 후천으로 넘어선 대 변혁기에 이른 지구별이 시운에 맞게 천시원이 세상에 들어난 것이 그 이유다. 이 뜻은 대한민국이 지구별의 중심으로 가기 위한 국제정세의 판이 새로 정립된다는 뜻이다.

미국이 백악관을 세운 후 세계의 중심으로 들어선 역사를 되돌아보면 이해가 쉽다.

 미국의 백악관터는 우연히 선택된 사유라면 우리의 천시원터는 반듯이 사용해야할 의무와 책임이 동반된다는 사실이다. 앞장에서 "움직일 때를 놓치지 말라"라는 글 뜻은 어느 개인에게 전하는 말이 아닌 국민 모두에게 전달하는 메시지이다.

 우리의 선사들이 천여 년 전부터 천시원터를 계룡이라 이름 지어 후손에게 전하고자 했던 심오한 뜻을 지금 우리들은 새겨 보아야 하는 것이 아닌가 한다. 따라서 이 시대 우리 땅에서 살고 있는 모든 국민은 우리 대한민국을 변혁 시켜야할 막중한 사명이 틀림없이 있다고 본다.

 그 사명은 계룡도읍의 완성이다.

 그때 미국과 같이 국경선이 바뀌게 될 기회가 반듯이 찾아오며 우리는 그 기회를 잡게 된다. 훗날 그 기회의 파장은 다시 지구별 전체에 미치게 될 것이다.

 중국이 미국을 넘고 싶으면 백악관을 이사 시키든가, 중국에 있는 자미원을 찾아서 도읍을 하든가 둘 중 하나를 선택을 하라.

 중국에 자미원은 황하강 지류에 하나 양자강 지류에 하나! 두 곳에 있다.

| 맺음말 |

孟母三遷之敎
맹모삼천지교

　사람들은 종종 어릴 때 인성이 다듬어질 무렵 주변 환경이 얼마나 중요한지를 알리는 맹모삼천지교의 예를 들을 때 가 많다. 맹자의 모친이 맹자가 노는 모습을 보고 느낀바 있어 세 번 이사했다는 것을 교훈으로 삼는다는 얘기다. 사람이 세상에 나서 성장하고 활동하며 쇠하고 명을 다 할 때까지 주변 환경의 지대한 영향을 받는다는 믿음이 있기에 국어 교과서에 교육용으로 쓰고 있다.
　교육용으로 교과서에 실릴 정도라면 주변 환경에 대한 중요성이 상당한 근거가 갖추어져 있다는 뜻이다. 그러나 이 전제는 우리가 만능으로 여기는 과학적 수치의 결과로 나타낸 검증을 받아 본적이 한번도 없다.

엄격하게 말하면 비 과학 적이며 믿을 것이 못되는데도 불구하고 많은 사람들은 이를 인용하며 교육용으로 사용하고 있다. 한발 더 나아간다면 이 사안은 미신으로도 볼 수 있다.

그 이유는 이 사안에 대해 원인과 과정과 결과를 과학적인 세밀한 도수로서 한 번도 밝혀낸 적이 없어서이다.

일반 대중에게 풍수지리를 어떻게 이해시킬까 해서 적절할지 모르지만 맹모삼천지교와 비유를 해보았다. 그러나 풍수지리는 맹모삼천지교와 비교 할 수 없을 정도로 치밀하고 엄격한 자연산천의 영향 받는 것을 학문으로 다룬 자연과학이다.

독자 분들이 본인의 이 글을 읽고 있노라면 풍수만이 살길처럼 여겨지고 풍수만이 우리의 미래가 있는 것처럼 느껴질 것이다. 그러나 안타깝게도 이것은 사실이다.

험한 산에 험한 자 나오고 붓끝 같은 산에 학자 나오고 풍후한 산에 부자 나오는 것이 대 자연의 섭리이다. 이러한 현상이 개인에게는 운이요, 나라에는 국운이다.

북악산 같은 험한 산에 궁궐을 지어 험한 정치사를 지금 경험 하고 있잖은가?

이런 오욕을 이젠 끝낼 때도 됐다. 600년 동안 겪어냈으면 됐지 얼마를 더 견뎌내야 하나?

남산 같은 부드럽고 단정 수발한 산 밑에 궁궐을 지어 좋은 정기를 받아 정의롭고 건강한 정치를 온 국민에게 경험케 해야 될 것 아닌가?

보다 사려 깊은 냉철함과 통찰력이 필요한 때다.

천년을 숨겨온 진실 계룡도읍지 天市垣
글을 마치며
智山 모성학

부록

청학동으로 들어가는 길

사진 저 멀리 보이는 산중턱 비스듬히 가로지르는 임도를 따라 올라가면 신기하게도 산 정상에서 하늘과 맞닿은 동리가 나온다.
그곳은 중국의 도담(道談)에도 등장하는 전설속의 청학동이다.
천여 년 동안 세인들이 찾지 못한 이상향의 땅이요 무릉도원처럼 여겨져 신화속의 터전이 된 명당이다.
사진에서 보듯 세상과 격리되어 있어 별유천지라 해도 하등 이상할 것이 없다.
계곡엔 물이 많아 청학이 놀만하고 여름철엔 신선처럼 쉬었다 갈만하다.
돌담도 있고 논도 있으며 밭도 있다.
또한 도선국사와 무학대사의 발자취와 야사가 녹아있기도 한 곳이다.
기이한 것은 저 청학동이 세상에 알려질 때 대한민국의 국운이 바뀌기 시작하며 그와 함께 도읍지도 바뀐다고 옛 선사는 기록으로 남겼다.
나라가 바뀌어야 하고 바뀐다는 뜻 일게다.
開國은 天命이리라.
정녕 신비로운 땅이며 풍수지리의 심오한 뜻은 평범한 인간의 지혜로는 헤아리기 어렵다.
악양에서 동북방향간에 있다.

황토밭에 맺힌 혈

사진 상으로 보아도 혈과 황토는 뚜렷한 차이가 있다.
또한 마사토 와도 근본적으로 다르다.
풍수지리의 근본이며 핵심이자 풍수의 본질이다.
풍수학에서 말하는 산천정기의 융결 처라는 것이 사진속의 저 장소를 가리키는 것이다.
저 장소도 반 평이 채 안되며 어느 장소든지 지기는 훈훈한 기운과 함께 올라온다.
저 작은 융결 처를 만들기 위하여 수많은 산줄기와 산맥들이 멀리서 가까이에서 에워 쌓고 보호하며 감싸 안아 수십 백리를 몰아서 한 평의 혈을 탄생 시키는 것이다.
천기누설을 무릅쓰고 혈의 사진을 올리는 이유는 사이비 사기꾼 같은 풍수건달들이 풍수 계에 너무 많아 진리의 풍수를 미신으로 대접받게 하는 원인을 조금이라도 막아질까 해서다.
또한 풍수에 속지 말라는 뜻에서다.
차라리 명당이란 거창한 용어를 안 쓰고 활동하는 지사라면 믿을만하다.
근자에 이름난 정치인이나 재력가가 쓴 묘 터는 명당이 한 군데도 없다.
풍수의 아이러니요, 시류의 아이러니이다.
차선책으로 혈이 아닌 생기라도 있는 곳을 만난다면 다행이다.
워싱턴의 명당도 저와 같은 곳이요, 자미원, 천시원도 저와 같은 곳이다.
남연군묘도 저와 같은 곳에 썼다.
그러나 천시원의 혈은 사진 상의 색상과는 달리 회백색 혹은 유백색이라 추측된다.

혈을 다룬 현장

310쪽에 있는 현장사진이다.

부록

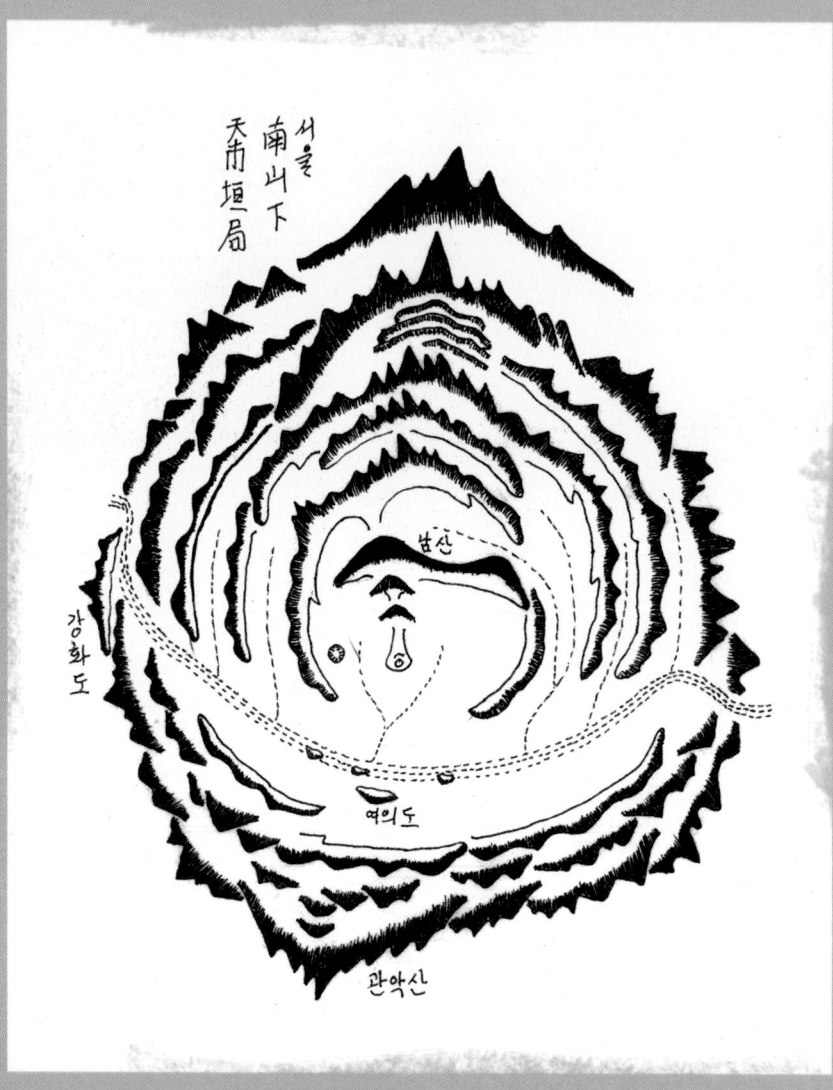

천시원국의 산도